T0281679

Masterkurs Client/Server-Programmierung mit Java

Dietmar Abts

Masterkurs Client/Server-Programmierung mit Java

Anwendungen entwickeln mit
Standard-Technologien

6. Auflage

 Springer Vieweg

Dietmar Abts
Ratingen, Deutschland

ISBN 978-3-658-37199-9   ISBN 978-3-658-37200-2   (eBook)
https://doi.org/10.1007/978-3-658-37200-2

Die Deutsche Nationalbibliothek verzeichnet diese Publikation in der Deutschen Nationalbibliografie;
detaillierte bibliografische Daten sind im Internet über http://dnb.d-nb.de abrufbar.

Planung: Leonardo Milla
Springer Vieweg ist ein Imprint der eingetragenen Gesellschaft Springer Fachmedien Wiesbaden GmbH und ist
ein Teil von Springer Nature.
Die Anschrift der Gesellschaft ist: Abraham-Lincoln-Str. 46, 65189 Wiesbaden, Germany

Vorwort zur 6. Auflage

> »Was du mir sagst, das vergesse ich.
> Was du mir zeigst, daran erinnere ich mich.
> Was du mich tun lässt, das verstehe ich.«
>
> *Konfuzius (551 - 479 v. Chr.)*

Das vorliegende Buch bietet eine Einführung in Standard-Technologien zur Entwicklung von modernen Client/Server-Anwendungen auf der Basis der Programmiersprache Java (Standard Edition) mit zahlreichen Programmbeispielen und Aufgaben.

Dabei werden die folgenden Themenkomplexe behandelt:

- Socket-Programmierung
- Verteilte Objekte
- Messaging
- Webservices

Die sechste Auflage enthält zahlreiche Verbesserungen und Aktualisierungen sowie neue Themen:

- Einführung in *RSocket*, das ein reaktives Programmiermodell für die TCP-Kommunikation bietet,
- Kommunikation mit *MQTT*, das ein Standard-Messaging-Protokoll für das Internet of Things (IoT) ist.

Alle Programmbeispiele wurden mit Java 17 und den zum Zeitpunkt der Drucklegung aktuellen Versionen der Bibliotheken ausführlich getestet.

Die verschiedenen Themen des Buches können mit guten Java-Grundkenntnissen erarbeitet werden. Geeignete Zielgruppen sind Studierende der Informatik und Wirtschaftsinformatik, IT-Beschäftigte in Ausbildung und Beruf sowie Java-Programmierer in der Praxis.

Auf der Webseite zu diesem Buch

```
https://link.springer.com
```

stehen pro Kapitel die zugehörigen Projekte und Lösungen zu den Übungsaufgaben als ZIP-Dateien zum Download bereit.

Weitere, übergreifende Materialien – wie z. B. die benötigten Bibliotheken – sind in einer separaten Datei archiviert und dem ersten Kapitel zugeordnet.

Alternativ kann das Begleitmaterial auch von den folgenden Webseiten heruntergeladen werden:

```
https://www.dietmar-abts.de
```
```
https://github.com/abtsd/MKJava
```

Danken möchte ich meinen Leserinnen und Lesern für die konstruktive Kritik und Herrn Leonardo Milla, Lektor des Verlags, für die gute Beratung und Zusammenarbeit.

Nun wünsche ich Ihnen viel Spaß beim Lesen und Erarbeiten der Themen.

Ratingen, März 2022   Dietmar Abts

abts@hs-niederrhein.de

Inhaltsverzeichnis

1 Einleitung...1

1.1 Zielsetzung und Aufbau des Buches..1

1.2 Tools zur Entwicklung...2

1.3 Verteilte Systeme...4

1.4 TCP/IP...11

1.5 Java-Klassen für IP-Adressen und Sockets.....................................16

1.6 Aufgaben...20

2 Datenaustausch mit JSON..21

2.1 Verarbeitung von JSON-Dokumenten...22

2.2 Serialisierung eines Objektgraphen..29

2.3 Aufgaben...35

3 Kommunikation mit UDP..37

3.1 Das Protokoll UDP..37

3.2 DatagramSocket und DatagramPacket..39

3.3 Nachrichten senden und empfangen..42

3.4 Anfrage und Antwort...45

3.5 Punkt-zu-Mehrpunkt-Verbindungen...49

3.6 Aufgaben...53

4 Netzwerkprogrammierung mit TCP-Sockets..55

4.1 Das Protokoll TCP..55

4.2 TCP-Sockets..56

4.3 Iterative und parallele Server..60

    4.3.1 Iterativer Server...60

    4.3.2 Paralleler Server..65

    4.3.3 Thread-Pooling..66

4.4 Ein Framework für TCP-Server...70

4.5 Beenden eines Datenstroms...74

4.6 Ein Chat-Programm...76

4.7 Asynchrone Kommunikation..84

4.8 Portweiterleitung...90

4.9 Ein TCP-Monitor für Anfragen und Antworten..............................93

4.10 Aufgaben...96

5 Einführung in RSocket..99

5.1 Reaktive Programmierung..99

5.2 Reaktive Kommunikation mit RSocket..110

5.3 Aufgaben..120

6 Remote Method Invocation (RMI)..121

6.1 Vom lokalen zum entfernten Methodenaufruf....................................121

6.2 Die Architektur einer RMI-Anwendung...125

    6.2.1 Protokoll und Komponenten..125

    6.2.2 Implementierungsvarianten..132

    6.2.3 Dienstauskunft..133

6.2.4 Aufrufparameter und Rückgabewerte..134

6.3 Übertragung von Remote Objects..135

6.4 Mobile Agenten...139

6.5 Der Einsatz von Callback-Methoden...143

6.6 Hinweis zum Security Manager bei RMI...148

6.7 Aufgaben..149

7 Nachrichtentransfer mit JMS..153

7.1 Jakarta Messaging...154

7.2 Das Point-to-Point-Modell...157

    7.2.1 Installation und Konfiguration von ActiveMQ..............................157

    7.2.2 Wichtige Typen und Methoden des JMS-API.................................159

    7.2.3 Das Pull- und Push-Prinzip..162

    7.2.4 Der QueueBrowser...167

7.3 Das Request/Response-Modell...169

7.4 Das Publish/Subscribe-Modell..172

7.5 Dauerhafte Subscriber...175

7.6 Nachrichten filtern..179

7.7 Transaktionen..182

7.8 Aufgaben..185

8 Machine-to-Machine-Kommunikation mit MQTT...........................187

8.1 Grundlegende Konzepte..187

8.2 MQTT-Broker und Client-Bibliothek..189

8.3 Messwerte versenden und empfangen..191

8.4 Verbindungsstatus anzeigen...198

8.5 Binärsensor steuern...201

8.6 Messwerte in Live-Grafik anzeigen..205

8.7 Persistent Session..210

8.8 Aufgaben...214

9 Kommunikation über HTTP...217

9.1 Die Protokolle HTTP/1.0 und HTTP/1.1...217

9.2 Ein einfacher Webserver...227

9.3 HttpURLConnection..235

9.4 Netzwerk-Monitor...237

9.5 Ein Webserver mit CRUD-Operationen...239

9.6 HttpClient..248

9.7 HTTP/2 und SSL/TLS im Beispiel...253

9.8 Aufgaben...259

10 Bidirektionale Verbindung mit WebSocket..261

10.1 Das WebSocket-Protokoll...261

10.2 Eine einfache WebSocket-Anwendung...263

10.3 Server-Push...269

10.4 Eine Chat-Anwendung..273

10.5 Aufgaben...278

11 XML Web Services..281

11.1 Grundlagen..281

11.2 Ein erstes Beispiel..287

11.3 Ein Web Service mit CRUD-Operationen..293

11.4 Web Services mit Apache Tomcat veröffentlichen.....................................297

11.5 Oneway-Operationen...298

11.6 Asynchrone Aufrufe..300

11.7 Transport von Binärdaten..304

11.8 Filterketten..310

11.9 Contract First..322

11.10 Fazit...327

11.11 Aufgaben..327

12 RESTful Web Services...331

12.1 Die Grundprinzipien von REST..331

12.2 Ein erstes Beispiel..334

    12.2.1 Die erforderlichen Bibliotheken..335

12.2.2 Der Web Service...335

12.2.3 Die Beschreibungssprache WADL....................................343

12.2.4 Test mit cURL..345

12.2.5 Ein Java-Client..349

12.2.6 Das Client-API von JAX-RS...354

12.3 CRUD-Operationen mit Datenbank..358

12.4 Upload und Download von Dateien...368

12.5 Zuverlässigkeit..372

12.5.1 PUT statt POST...373

12.5.2 Kombination von POST und PUT.....................................375

12.6 Parallelzugriffe..379

12.7 Caching...384

12.7.1 Expirationsmodell..387

12.7.2 Validierungsmodell..389

12.8 Asynchrone Verarbeitung...393

12.8.1 Polling..393

12.8.2 Callback..398

12.8.3 Client- und Server-API für asynchrone Verarbeitung.......402

12.9 Server-Sent Events (SSE)..409

12.10 Filterketten..416

12.11 Rollenbasierter Zugriffsschutz und Verschlüsselung....................426

12.12 Aufgaben...435

Anhang A...441

A.1 Implementierung eines Webservers..441

A.2 Server-Zertifikat...444

Anhang B...447

B.1 Das Datenbankmanagementsystem MariaDB................................447

B.2 Funktionstest..447

Anhang C HTTP-Status-Codes..453

Anhang D Bibliotheken und Tools..455

Anhang E Literaturhinweise..459

Sachwortverzeichnis..461

1 Einleitung

Sie erfahren zunächst, was Sie von diesem Buch erwarten können, welche Themen behandelt werden und wie es aufgebaut ist. Es folgen Hinweise zu vorausgesetzten Kenntnissen, zur verwendeten Entwicklungsumgebung und zu den zur Verfügung gestellten Quellcodes und Tools.

Des Weiteren erfahren Sie, was man unter einem *Verteilten System* versteht, und lernen Grundlagen zu TCP/IP, zu IP-Adressen und Sockets kennen.

1.1 Zielsetzung und Aufbau des Buches

Das vorliegende Buch beschäftigt sich mit der Implementierung von *Client/Server-Anwendungen* auf Basis der Internet-Protokolle TCP/IP und der darauf aufsetzenden Technologien. Die dazu gehörenden Spezifikationen sind zum großen Teil unabhängig von der verwendeten Programmiersprache (wie beispielsweise bei MQTT, HTTP, WebSocket, SOAP- und REST-basierten Web Services). Wir nutzen für die Implementierung der Beispiele durchweg Java und bekannte Referenz-implementierungen der oben angesprochenen Spezifikationen.

Angesichts des Umfangs der Themen musste eine Auswahl getroffen werden, die beispielsweise in einem vier Semesterwochenstunden umfassenden Kurs behandelt werden kann.

Zielsetzung

Ziel des Buches ist es, über die Themenvielfalt angemessen zu informieren und in die Einzelthemen systematisch mit der für die Anwendungsentwicklung nötigen Tiefe einzuführen. Besonderer Wert wurde dabei auf praxisnahe Programmbeispiele und Übungsaufgaben gelegt.

Die Technologien *JMS* (für die asynchrone Nachrichtenverarbeitung), *JAX-WS* (hilft bei der Erstellung von Web Services und zugehörigen Clients, die über SOAP kommunizieren) und *JAX-RS* (verwendet den Architekturstil REST) sind Teil der Enterprise-Edition *Jakarta EE*. Sie werden hier durchweg *stand-alone* verwendet.

Aufbau des Buches

Dieses Buch ist in zwölf Kapitel gegliedert, die jeweils einen Schwerpunkt behandeln. Obwohl die Kapitel weitestgehend in sich geschlossen sind und unabhängig voneinander bearbeitet werden können, wird empfohlen, diese in der hier vorgegebenen Reihenfolge zu bearbeiten, da in manchen Abschnitten auf frühere Kapitel verwiesen wird.

Die vorgestellten Themen werden anhand vollständiger Programmbeispiele verdeutlicht. Übungsaufgaben am Ende eines jeden Kapitels regen zur selbständigen Beschäftigung mit dem dargebotenen Stoff an.

Ergänzende Information Die elektronische Version dieses Kapitels enthält Zusatzmaterial, auf das über folgenden Link zugegriffen werden kann https://doi.org/10.1007/978-3-658-37200-2_1.

© Springer Fachmedien Wiesbaden GmbH, ein Teil von Springer Nature 2022
D. Abts, *Masterkurs Client/Server-Programmierung mit Java*,
https://doi.org/10.1007/978-3-658-37200-2_1

Die verschiedenen Themen ab Kapitel 3 können zu den folgenden Themengruppen zusammengefasst werden:

Socket-Programmierung
– Kommunikation mit UDP
– Netzwerkprogrammierung mit TCP-Sockets
– Einführung in RSocket

Verteilte Objekte
– Remote Method Invocation (RMI)

Messaging
– Nachrichtentransfer mit JMS
– Machine-to-Machine-Kommunikation mit MQTT

Webservices
– Kommunikation über HTTP
– Bidirektionale Verbindung mit WebSocket
– XML Web Services
– RESTful Web Services

Vorausgesetzte Kenntnisse

Von den Leserinnen und Lesern werden erwartet:

* Grundlegende Java-Kenntnisse, insbesondere: Konzepte der objektorientierten Programmierung, Dateiverarbeitung und Thread-Programmierung,
* Basiswissen zum Internet und praktische Kenntnisse im Umgang mit einem Webbrowser,
* Grundlagenkenntnisse in HTML, CSS und JavaScript.

Buchtipps hierzu finden Sie am Ende des Buches im Anhang E.

1.2   Tools zur Entwicklung

Java

Ab *Java 11* sind einige Module und Frameworks nicht mehr Bestandteil des JDK (Java Development Kit), so sind z. B. entfallen:

* Oberfächen-Framework JavaFX,
* Java API for XML Web Services (JAX-WS),
* Java Architecture for XML Binding (JAXB),
* JavaBeans Activation Framework (JAF)
* sowie alle weiteren Tools, die zu den entfernten Teilen gehören.

Alle Programmbeispiele wurden mit *Java 17* entwickelt. Fast alle hier verwendeten externen Bibliotheken sind Bestandteil der Materialien zu diesem Buch.

Anhang D enthält eine Aufstellung aller benötigten Tools und Bibliotheken.

Entwicklungsumgebung

Als Entwicklungsumgebung wird die frei zugängliche Community-Version von *IntelliJ IDEA* eingesetzt. Die Beispielprojekte und Lösungen zu den Übungsaufgaben sind alle auf diese Entwicklungsumgebung ausgerichtet.

Häufig werden innerhalb eines Projekts Unterprojekte (sogenannte *Module*, nicht zu verwechseln mit dem Java-Feature *Modul*) zur besseren Organisation der Java-Artefakte (wie Quellcode und Bytecode) verwendet.

Mit geringen Anpassungen können allerdings auch andere Java-Entwicklungs-umgebungen (z. B. *Eclipse IDE*) eingesetzt werden.

Alle Beispielprogramme und Lösungen zu den Übungsaufgaben wurden mit Hilfe von Java 17 unter Windows 10 entwickelt. Selbstverständlich sind die hier vorge-stellten Programme ohne Änderung auch auf UNIX/Linux-Systemen lauffähig.

Die Java-Programme (insbesondere Server-Programme) wurden mit Java 11 unter der Debian-basierten Distribution *Raspberry Pi OS* (*Raspbian*) für den Minirechner *Raspberry Pi 4 Model B* getestet.

Einzelheiten zur Verwendung der Tools und Bibliotheken können den entsprechen-den Kapiteln entnommen werden.

Hinweis zur Eingabe von Kommandos im Terminal

Mitunter besteht ein Kommando zur Programmausführung aus einer sehr langen Zeile. Auch wenn im Buch das auszuführende Kommando aus drucktechnischen Gründen mehrere Zeilen umfasst, muss es im Terminal in einer einzigen Zeile eingegeben werden.

Hinweis zum Test von Webanwendungen

Einige Projekte enthalten kleine Webanwendungen (realisiert mit HTML, CSS, JavaScript), die über den Browser (Google Chrome, Firefox) Server-Programme (z. B. REST-Server) nutzen.

Manche Ressourcen in den verschiedenen Projekten haben gleichlautende Namen. Aus diesem Grund ist es erforderlich, vor dem Aufruf der Website den Cache im Browser zu leeren bzw. zu deaktivieren. Somit können dann keine falschen, gecachten Ressourcen verwendet werden, was unweigerlich zu Fehlern führen würde.

Zwei Möglichkeiten bieten sich an:

- Der Browser-Cache kann über das Browser-Menü geleert werden, Tasten-kombination: *Strg + Umschalttaste + Entf.*
- In Google Chrome und Firefox kann mit der Funktionstaste *F12* oder der Tastenkombination *Strg + Umschalttaste + I* die Netzwerkanalyse aufge-rufen werden. Hier darf dann die Option *Cache deaktivieren* nicht gesetzt sein.

Materialien zum Buch

Auf der Webseite zu diesem Buch

```
https://link.springer.com
```

oder

```
https://www.dietmar-abts.de
```

```
https://github.com/abtsd/MKJava
```

stehen alle Projekte, Lösungen zu den Übungsaufgaben und benötigten Biblio-theken zum Download bereit.

1.3   Verteilte Systeme

Jede (klassische) Anwendung kann grob in drei Schichten eingeteilt werden:

Präsentation
   Diese Schicht (auch Benutzungsschnittstelle genannt) hat die Aufgabe, den Dialog mit dem Benutzer zu steuern sowie Daten und Befehle an das System zu übermitteln.

Verarbeitung
   Diese Schicht enthält die Verarbeitungslogik. Hier wird der eigentliche Nutzen der Anwendung erzielt.

Datenhaltung
   Diese Schicht hat die Aufgabe, die Daten abzuspeichern und bei Bedarf wieder zur Verfügung zu stellen.

Abbildung 1-1 zeigt eine Webanwendung, die dem Benutzer das Produktangebot eines Unternehmens präsentiert. Die drei Schichten *Präsentation*, *Verarbeitung* und *Datenhaltung* sind jeweils auf eigenen Rechnern implementiert.

Der *Webbrowser* ist die Benutzungsoberfläche, die die abgefragten Informationen grafisch präsentiert.

Der *Webserver* erzeugt Datenbankabfragen, bereitet die Ergebnisse der Abfrage als Webseite auf und übermittelt diese an den Client.

Der *Datenbankserver* verwaltet den Produktkatalog und führt die Datenbankabfragen aus.

Webbrowser, Webserver und Datenbankserver sind autonome Teilsysteme, die
koordiniert miteinander kooperieren.

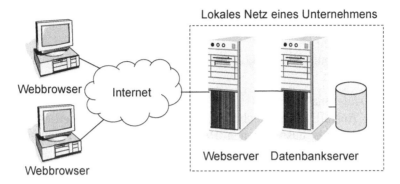

Abbildung 1-1: Beispiel Webanwendung

Definition Verteiltes System

Ein V*erteiltes System* ist ein System, bei dem einzelne Komponenten auf verschiedene, räumlich getrennte Knoten eines Netzwerks verteilt sind, die miteinander kooperieren, um eine gemeinsame Aufgabe zu erfüllen.

Da es im Allgemeinen mehrere Möglichkeiten für die Verteilung der Komponenten
im Netz gibt, besteht die *Konfigurationsaufgabe* darin, die *logische* Struktur der
Anwendung auf die *physische* Struktur (Rechner im Netz) so abzubilden, dass bei
vorgegebenen Randbedingungen ein maximaler Nutzen erzielt wird.

Ob eine Verteilung überhaupt möglich ist, entscheidet sich bereits beim Entwurf
der Anwendung. Der Entwurf muss unabhängig von einer späteren physischen
Konfiguration sein. Dem Benutzer muss die konkrete physische Aufteilung verborgen bleiben.

Die verteilte Verarbeitung hat folgende Vor- und Nachteile:

Vorteile

- *Abbild der Realität*
  Leistungen werden dort erbracht, wo sie benötigt werden. Daten werden
  dort erfasst, wo sie im Geschäftsprozess entstehen.

- *Wirtschaftlichkeit*
  Teure Ressourcen (Geräte, Softwarekomponenten) stehen mehreren
  Rechnern zur Verfügung und können gemeinsam genutzt werden. Auto-

matisierte Aufgaben werden möglichst dort ausgeführt, wo sie am wirt-
schaftlichsten sind.

- *Lastverteilung*
  Da mehrere Rechner mit jeweils eigenem Betriebssystem arbeiten, kann
  durch teilweise parallele Verarbeitung die Gesamtbearbeitungszeit verkürzt
  werden.

- *Skalierbarkeit*
  Einzelne Komponenten können leichter an einen steigenden Bedarf angepasst werden.

- *Fehlertoleranz*
  Beim Ausfall eines Rechners bleiben die anderen betriebsbereit. Die
  Aufgaben des ausgefallenen Rechners können oft von einem anderen
  Rechner übernommen werden.

Nachteile

- *Komplexität durch Verteilung und Heterogenität*
  Die Verteilung der Komponenten großer Systeme und die Heterogenität bei
  Betriebssystemen, Programmiersprachen, Datenformaten und Kommuni-
  kationsprotokollen stellen hohe Anforderungen an die Entwickler, wenn
  das Gesamtsystem überschaubar bleiben soll.

- *Komplexe Netzinfrastrukturen*
  Netzarchitektur und Netzmanagement sind das Rückgrat der Systeme eines
  Unternehmens. Die Integration heterogener Systeme mit Komponenten
  unterschiedlicher Hersteller- und Standardarchitekturen stellt hohe Anforderungen an die Administration.

- *Sicherheitsrisiken*
  Verteilte Systeme bieten Möglichkeiten für unberechtigte Zugriffe. Im Netz
  übertragene Nachrichten können abgehört oder sogar verändert werden.
  Der Einsatz von Verschlüsselungsverfahren und Firewall-Systemen sind
  wirksame Schutzmaßnahmen.

Aufgabe von sogenannten Verteilungsplattformen ist es, die Komplexität verteilter
Systeme beherrschbar zu machen.

Das Client/Server-Modell

Das *Client/Server-Modell* ist das am weitesten verbreitete Modell für die verteilte
Verarbeitung.

Client/Server bezeichnet die Beziehung, in der zwei Programme zueinander stehen.
Der *Client* stellt eine Anfrage an den Server, eine gegebene Aufgabe zu erledigen.

Der *Server* erledigt die Aufgabe und liefert das Ergebnis beim Client ab. Ein Kommunikationsdienst verbindet Client und Server miteinander.

Ein *Client/Server-System* besteht also aus

- einem oder mehreren Clients (Auftraggebern),
- einem Server (Auftragnehmer) und
- einem Kommunikationsdienst (Netzwerk, Vermittler).

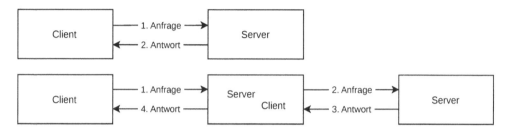

Abbildung 1-2: Client/Server-Modell

Software-Sicht

Client und Server sind Programme, die auch auf demselben Rechner laufen können. Sie müssen also nicht notwendig über ein Netz verbunden sein. Das macht deutlich, dass es sich hierbei um eine Software- und keine Hardwarearchitektur handelt. In der Praxis werden natürlich Client und Server auf unterschiedlichen Rechnern verteilt, um die bekannten Vorteile eines verteilten Systems zu erzielen.

Hardware-Sicht

Gelegentlich werden auch die *Trägersysteme* (Rechner), auf denen die Programme laufen, als Client bzw. Server bezeichnet. Wir nutzen die Begriffe Client bzw. Server als Homonyme. Aus dem Zusammenhang wird dann klar, welche Bedeutung gemeint ist.

Ein Server kann die Erledigung einer Aufgabe weiter delegieren und dazu auf andere Server zugreifen. Er spielt dann selbst die Rolle eines Clients. Der Webserver in Abbildung 1-1 hat diese Doppelfunktion.

Im Folgenden sind charakteristische Merkmale von Client und Server zusammengefasst:

Client-Merkmale

- Ein Programm wird vorübergehend zum Client, wenn es einen Dienst von einem anderen Programm (Server) anfordert. Darüber hinaus kann das Programm andere Aufgaben lokal ausführen.

- Der Client leitet den Kontakt mit einem Server *aktiv* ein.

- Der Client kann im Laufe einer Sitzung auf mehrere Server zugreifen, kontaktiert aber aktiv nur jeweils einen Server.

Server-Merkmale

- Der Server ist ein Programm, das einen bestimmten Dienst bereitstellt. Er kann in der Regel gleichzeitig mehrere Clients bedienen.

- Häufig werden Server automatisch beim Hochfahren des Rechners gestartet und beim Herunterfahren beendet.

- Der Server wartet *passiv* auf die Verbindungsaufnahme durch einen Client.

- Da Server eigenständige Programme sind, können mehrere Server unabhängig voneinander auf einem einzigen Rechner als Trägersystem laufen.

- *Parallelbetrieb* ist ein grundlegendes Merkmal von Servern. Mehrere Clients können einen bestimmten Dienst in Anspruch nehmen, ohne warten zu müssen, bis der Server mit der Erledigung der laufenden Anfrage fertig ist.

synchron/asynchron

Die Interaktion zwischen Client und Server kann synchron oder asynchron erfolgen (siehe Abbildung 1-3).

Bei der *synchronen* Kommunikation wartet der Client nach Absenden der Anfrage an den Server so lange, bis er eine Antwort erhält, und kann dann erst andere Aktivitäten ausführen.

Im *asynchronen* Fall sendet der Client die Anfrage an den Server und arbeitet sofort weiter. Beim Eintreffen der Antwort werden dann bestimmte Ereignisbehandlungsroutinen beim Client aufgerufen.

Die durch den Server initiierten Rückrufe (*Callbacks*) erfordern allerdings zusätzliche Kontrolle beim Client, wenn unerwünschte Unterbrechungen der Arbeit vermieden werden sollen.

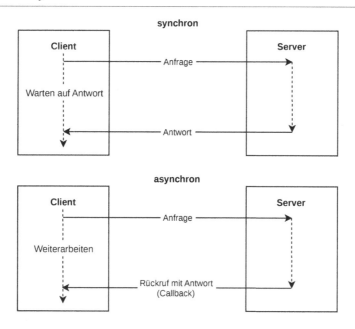

Abbildung 1-3: Synchrone und asynchrone Kommunikation

Beispiel einer vierstufigen Architektur

Abbildung 1-4 zeigt eine klassische webbasierte Anwendung. Dabei wird die Präsentation in Form von HTML-Seiten auf dem Webserver erzeugt, die dann per HTTP an den Client ausgeliefert werden.

Dank leistungsfähiger Technologien wie HTML5, CSS3 und JavaScript-Frameworks setzen sich immer mehr sogenannte *Single-Page-Webanwendungen* durch.

Eine solche Anwendung besteht in der Regel aus einer einzigen HTML-Seite, deren Dateninhalte asynchron nachgeladen werden.

Die HTML-Elemente werden dynamisch mit JavaScript im Browser verändert. Die Validierung von Formulareingaben und die Navigationssteuerung werden ebenfalls mit JavaScript im Browser ausgeführt. Es ist kein klassischer Seitenwechsel mehr nötig.

Die Daten werden meist im JSON-Format vom Server übertragen. Dazu werden vorzugsweise REST-basierte Web Services eingesetzt.

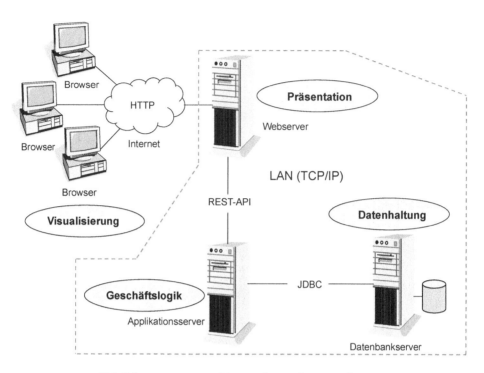

Abbildung 1-4: Eine klassische Webanwendung

Middleware

Middleware ist Software, die den Austausch von Informationen zwischen den verschiedenen Komponenten eines verteilten, heterogenen Systems unterstützt. Die Anwendungen werden dabei von den komplexen Details der internen Vorgänge abgeschirmt.

Middleware-Produkte stellen dem Entwickler die für die Anwendung benötigten Funktionen in Form eines *API* (Application Programming Interface) zur Verfügung.

Datenbank-Middleware ermöglicht den Zugriff auf unterschiedliche Datenbanksysteme, ohne das Anwendungsprogramm beim Wechsel des Datenbanksystems ändern zu müssen. Das *JDBC-API* erlaubt es einem Java-Programm, SQL-Anweisungen an beliebige relationale Datenbanken zu schicken.

Andere Middleware-Produkte verwenden eine synchrone Verbindung zwischen Client und Server, um Prozeduren nach dem *RPC-Modell* aufzurufen.

Der *Remote Procedure Call* (*RPC*) versteckt den Aufruf einer auf einem anderen Rechner im Netz implementierten Prozedur hinter einem lokalen Prozeduraufruf und bietet damit ein sehr vertrautes Programmiermodell an. Das Programm, das die Prozedur aufruft, agiert als Client, das Programm, das die aufgerufene Prozedur ausführt, als Server.

Remote Method Invocation (*RMI*) ist die objektorientierte Umsetzung des RPC-Modells für Java-Programme (siehe Kapitel 6).

Message Oriented Middleware (*MOM*) unterstützt den zeitversetzten (asynchronen) Austausch von Nachrichten mit Hilfe eines Vermittlers (Message Broker), der eine Warteschlange verwaltet. Die Nachricht des Senders wird vom Vermittler in die Warteschlange des Empfängers gelegt. Der Empfänger kann diese Nachricht zu einem späteren Zeitpunkt aus der Warteschlange holen. Sender und Empfänger agieren unabhängig voneinander und sind also über den Vermittler nur lose gekoppelt (siehe Kapitel 7 und 8).

1.4   TCP/IP

Das *Internet* ist ein weltumspannendes Rechnernetz, das aus einer Vielzahl von internationalen und nationalen öffentlichen Netzen sowie privaten lokalen Netzen besteht. Spezielle Kopplungselemente, sogenannte Router, verbinden diese Teilnetze miteinander und ermöglichen so den Datenaustausch zwischen Rechnern, die sich in unterschiedlichen Teilnetzen befinden. Das Internet ist ein offenes Netz, zu dem Unternehmen, nicht-kommerzielle Organisationen sowie Privatpersonen gleichermaßen Zugang haben.

Kommunikationsprotokolle beinhalten Sprach- und Handlungsregeln für den Datenaustausch. Sie sind das Verständigungsmittel in einem Rechnernetz.

TCP/IP (*Transmission Control Protocol/Internet Protocol*) bezeichnet eine Familie von einzelnen, aufeinander abgestimmten Protokollen für die Kommunikation im Internet. TCP und IP sind die beiden wichtigsten Protokolle dieser Familie.

Im Gegensatz zum offenen Internet ist ein *Intranet* ein privates, innerbetriebliches Rechnernetz auf Basis der Internet-Protokolle ("privates Internet").

Schichtenmodell

Zur Beschreibung der Kommunikation werden allgemein Schichtenmodelle eingesetzt. Im Internet werden vier aufeinander aufbauende Schichten unterschieden. Jede Schicht hat ihre eigene Funktionalität, die sie der jeweils höheren Schicht zur Verfügung stellt.

Abbildung 1-5: TCP/IP-Schichtenmodell

1. Die *Verbindungsschicht* umfasst die Netzwerkhardware und Gerätetreiber. Sie ist die Basis für eine zuverlässige physische Verbindung zwischen zwei benachbarten Systemen.

2. Die *Vermittlungsschicht* enthält das Protokoll IP (*Internet Protocol*), das die Internet-Adressen (IP-Adressen) definiert, die als Basis für die Wahl der Route im Internet dienen. Einzelne Datenpakete werden vom Sender zum Empfänger über verschiedene Teilnetze des Internets geleitet. Das hier angesiedelte Protokoll *ARP* (*Address Resolution Protocol*) übersetzt logische IP-Adressen in physische Adressen (Hardwareadressen) eines Geräts im lokalen Netz.

3. Die *Transportschicht* enthält die beiden Protokolle *TCP* (*Transmission Control Protocol*) und *UDP* (*User Datagram Protocol*).

   TCP stellt der Anwendung ein verlässliches, verbindungsorientiertes Protokoll zur Verfügung. Vor der eigentlichen Datenübertragung in Form von Datenpaketen wird eine virtuelle Ende-zu-Ende-Verbindung zwischen Sender und Empfänger aufgebaut.

   UDP ist ein sogenanntes verbindungsloses Protokoll. Datenpakete werden ins Internet geschickt, ohne dass vorher eine Verbindung mit dem Empfänger hergestellt wurde.

   UDP und TCP werden in den Kapiteln 3 und 4 behandelt.

4. Beispiele für die Protokolle der *Anwendungsschicht* sind: *SMTP* (*Simple Mail Transfer Protocol*), *Telnet*, *FTP* (*File Transfer Protocol*) und *HTTP* (*Hypertext Transfer Protocol*), das die Basis für das *World Wide Web* (*WWW*) ist.

Abbildung 1-6 zeigt den Ablauf einer Kommunikation zwischen Client und Server, die ihre Daten direkt über TCP austauschen.

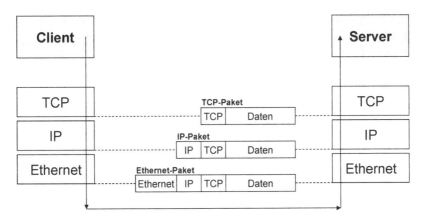

Abbildung 1-6: Datenübertragung mit TCP

Der Client übergibt seine Daten an die Transportschicht. TCP sorgt für die Aufteilung der Daten in Pakete, versieht jeweils die Nutzdaten eines Pakets mit einem
Datenkopf (Header) und gibt die Pakete weiter an die Vermittlungsschicht. Die
Vermittlungsschicht fügt ihrerseits einen IP-Header hinzu. Schließlich packt die
Netzwerkkarte einen Rahmen um diese Daten. Beim Empfänger werden in um-
gekehrter Reihenfolge die Header Schicht für Schicht wieder entfernt und ausgewertet, bevor die Daten an die übergeordnete Schicht weitergegeben werden.

IP-Adressen

Eine Aufgabe des Protokolls IP ist die Bereitstellung eines Adressschemas, das von
den physischen Adressen der Netzwerkhardware unabhängig ist.

Jeder Rechner im Internet (genauer: der Rechner als Komponente eines Teilnetzes)
hat eine eindeutige *IP-Adresse,* die in der Version *IPv4* aus 32 Bit besteht und
durch eine Folge von vier durch Punkte getrennte Zahlen zwischen 0 und 255
dargestellt wird.

Eine IP-Adresse besteht aus zwei Teilen: der *Netzadresse,* die das Netz eindeutig
identifiziert, und der *Rechneradresse,* die den Rechner in diesem Netz eindeutig
identifiziert. Offizielle Netzadressen werden zentral vergeben, Rechneradressen
können frei vom Netzwerkadministrator der jeweiligen Institution vergeben werden.

Die Adressen können in fünf verschiedene Klassen eingeteilt werden. Adressen der
Klasse A nutzen 8 Bit für die Netzadresse (beginnend mit 0), Adressen der *Klasse
B* 16 Bit (beginnend mit 10) und Adressen der *Klasse C* 24 Bit (beginnend mit
110). Adressen der *Klasse D* sind für Multicast-Anwendungen (siehe Kapitel 3.5),
Adressen der *Klasse E* sind für zukünftige Zwecke reserviert.

Adressbereiche:

```
Klasse A: 0.0.0.0   - 127.255.255.255
Klasse B: 128.0.0.0 - 191.255.255.255
Klasse C: 192.0.0.0 - 223.255.255.255
Klasse D: 224.0.0.0 - 239.255.255.255
Klasse E: 240.0.0.0 - 247.255.255.255
```

Beispiel:

Die IP-Adresse 194.94.124.236 gehört zur Klasse C und identifiziert einen Rechner in dem durch die Netzadresse 194.94.124.0 identifizierten Netz.

Die Platzhalter-Adresse (*wildcard address*) 0.0.0.0 hat verschiedene Anwendungsfälle. Zum Beispiel: Wenn ein Server auf einem Rechner ausgeführt wird, der mehrere IP-Adressen hat, und an 0.0.0.0 gebunden ist, so ist er an allen IP-Adressen des Rechners erreichbar.

Die starre Klasseneinteilung der IP-Adressen wird durch das heute übliche Verfahren *CIDR* (*Classless Inter-Domain Routing*) aufgehoben. Hierbei erfolgt die Aufteilung in Netz- und Rechneradresse bitweise mit Hilfe von sogenannten Subnetzmasken.

Jeder Rechner im Internet kann sich selbst mit der Adresse 127.0.0.1 adressieren (*Loopback-Adresse*).

Private IP-Adressen wie z. B. 10.0.0.0 bis 10.255.255.255 oder 192.168.0.0 bis 192.168.255.255 werden nie im Internet geroutet. Jede Organisation kann sie frei im internen Netz verwenden. Um eine Verbindung mit dem Internet zu ermöglichen, werden private Adressen in öffentliche Adressen übersetzt und umgekehrt.

Die neue Version *IPv6* bietet vor allem einen größeren Adressraum. Es werden 128 Bit zur Darstellung der Adresse verwendet. IPv6-Adressen werden hexadezimal notiert, wobei die Adresse in 8 Blöcken zu jeweils 16 Bit unterteilt wird. Führende Nullen innerhalb eines Blockes dürfen weggelassen werden. Blöcke werden durch einen Doppelpunkt getrennt. Blöcke mit lauter Nullen können durch zwei Doppelpunkte ersetzt werden. Diese Notation ist aber nur an einer Stelle der Adresse erlaubt, damit die Eindeutigkeit nicht verloren geht.

Beispiel:

2001:0db8:0:0:0:0:1428:57ab ist gleichbedeutend mit 2001:db8::1428:57ab

Domain Name System

Zur besseren Handhabbarkeit wird das Nummernsystem durch ein Namensystem, dem *Domain Name System* (*DNS*), überlagert. IP-Adressen werden einem sprechenden Namen, dem Domain-Namen, zugeordnet. Domain-Namen sind hierarchisch aufgebaut.

Beispiel: `www.hs-niederrhein.de`

Hier handelt es sich um den Webserver der Hochschule Niederrhein mit de (Deutschland) als *Top Level Domain*.

Der Hostname *localhost* identifiziert den eigenen Rechner und entspricht der IP-Adresse `127.0.0.1`.

DNS-Server sind spezielle Verzeichnisdienste, die die Zuordnung von IP-Adressen zu DNS-Namen und umgekehrt unterstützen. Hierüber kann z. B. die IP-Adresse zu einem Namen erfragt werden.

Zu beachten ist, dass mehrere Rechner mit jeweils eigener IP-Adresse denselben DNS-Namen haben können und zu einer IP-Adresse mehrere DNS-Namen gehören können.

Portnummern

Um einen bestimmten Dienst (Server) im Internet zu identifizieren, reicht die IP-Adresse des Rechners, auf dem der Server läuft, nicht aus, da mehrere Server auf demselben Rechner gleichzeitig laufen können.

Zur Identifizierung eines Servers dient neben der IP-Adresse des Rechners die sogenannte *Portnummer*. Portnummern werden auch vom Server benutzt, um den anfragenden Client für die Rückantwort zu adressieren.

Portnummern sind ganze Zahlen von `0` bis `65535`. Sie werden von den Protokollen der Transportschicht verwendet. TCP und UDP können Portnummern unabhängig voneinander verwenden, d. h. ein TCP-Server und ein UDP-Server können auf einem Rechner unter derselben Portnummer zur gleichen Zeit laufen.

Die Portnummern von `0` bis `1023` (*System Ports*) sind für sogenannte *well-known services* reserviert.

Im Bereich von `1024` bis `49151` sind weitere Portnummern (*User Ports*) registriert, z. B. `1099` für die RMI-Registry und `3306` für den MySQL-Datenbankserver.

Der Bereich `49152 - 65535` steht zur freien Verfügung.

Beispiele für *System Ports*:

Port	Protokoll	Service	Beschreibung
7	TCP/UDP	Echo	liefert die Eingabe als Antwort zurück
13	TCP/UDP	Daytime	liefert die aktuelle Zeit des Servers
20	TCP	FTP (Data)	überträgt Daten zum Server
21	TCP	FTP (Control)	sendet FTP-Kommandos zum Server
23	TCP	Telnet	Terminalemulation
25	TCP	SMTP	überträgt E-Mails zwischen Rechnern

Port	Protokoll	Service	Beschreibung
53	TCP/UDP	DNS	Domain Name System
80	TCP	HTTP	Webserver

1.5   Java-Klassen für IP-Adressen und Sockets

InetAddress

Die Klasse `java.net.InetAddress` repräsentiert eine IP-Adresse. Subklassen hiervon sind `Inet4Address` und `Inet6Address`, die IP-Adressen der Version 4 bzw. 6 repräsentieren.

Die folgenden drei statischen Methoden erzeugen `InetAddress`-Objekte:

`static InetAddress getLocalHost() throws UnknownHostException`
> ermittelt die IP-Adresse des Rechners, auf dem diese Methode aufgerufen wird. `java.net.UnknownHostException` ist Subklasse von `java.io.IOException`. Eine Ausnahme dieses Typs wird ausgelöst, wenn die IP-Adresse eines Rechners nicht ermittelt werden kann.

`static InetAddress getByName(String host) throws UnknownHostException`
> liefert die IP-Adresse zu einem Hostnamen. Enthält das Argument `host` die numerische Adresse anstelle eines Namens, so wird nur die Gültigkeit des Adressformats geprüft.

`static InetAddress[] getAllByName(String host) throws UnknownHostException`
> liefert ein Array von IP-Adressen, die alle zum vorgegebenen Hostnamen gehören.

Weitere `InetAddress`-Methoden:

`String getHostAddress()`
> liefert die IP-Adresse eines `InetAddress`-Objekts als Zeichenkette.

`String getHostName()`
> liefert den Hostnamen zu dieser IP-Adresse. Falls das `InetAddress`-Objekt mittels einer numerischen Adresse erzeugt wurde und der zugehörige Hostname nicht ermittelt werden konnte, wird diese Adresse wieder zurückgegeben.

→ Projekt address

Das Programm `LocalhostV1` zeigt den Hostnamen und die IP-Adresse des eigenen Rechners an.

```
import java.net.InetAddress;
import java.net.UnknownHostException;

public class LocalhostV1 {
    public static void main(String[] args) throws UnknownHostException {
        var address = InetAddress.getLocalHost();
        System.out.printf("%s/%s%n",
                address.getHostName(),
                address.getHostAddress());
    }
}
```

Ausgabebeispiel:
```
MSI/192.168.2.91
```

Bei manchen Systemen (z. B. *Raspberry Pi 4 Model B*) wird von LocalhostV1 nicht die reale IP-Adresse, sondern die Loopback-Adresse 127.0.1.1 angezeigt.

Dann kann aber mit dem folgenden Programm die reale Adresse ermittelt werden:

```
import java.net.Inet4Address;
import java.net.NetworkInterface;
import java.net.SocketException;
import java.util.Collections;

public class LocalhostV2 {
    public static void main(String[] args) throws SocketException {
        var nets = NetworkInterface.getNetworkInterfaces();
        for (var netif : Collections.list(nets)) {
            var addresses = netif.getInetAddresses();
            for (var address : Collections.list(addresses)) {
                if (!address.isLoopbackAddress() && address instanceof Inet4Address) {
                    System.out.printf("%s:%n%s/%s%n",
                            netif.getDisplayName(),
                            address.getHostName(),
                            address.getHostAddress());
                }
            }
        }
    }
}
```

Ausgabebeispiel:
```
docker0:
172.17.0.1/172.17.0.1
wlan0:
PC192-168-2-99/192.168.2.99
```

Das Programm Lookup liefert die IP-Adresse zu einem Hostnamen.

```
import java.net.InetAddress;
import java.net.UnknownHostException;

public class Lookup {
    public static void main(String[] args) throws UnknownHostException {
```

```
      var host = args[0];
      var address = InetAddress.getByName(host);
      System.out.printf("Looking up %s -> %s/%s%n",
              host,
              address.getHostName(),
              address.getHostAddress());
   }
}
```

Aufrufbeispiel:

`java -cp out/production/address Lookup www.hs-niederrhein.de`

Ausgabe:

`Looking up www.hs-niederrhein.de -> www.hs-niederrhein.de/194.94.120.88`

Wird beim Aufruf des Programms eine numerische Adresse anstelle eines Namens mitgegeben und konnte der Hostname nicht ermittelt werden, so wird als Hostname die vorgegebene Adresse ausgegeben.

InetSocketAddress

Java-Programme nutzen sogenannte *Sockets* als Programmierschnittstelle für die Kommunikation über UDP/IP und TCP/IP. Sockets stellen die Endpunkte einer Kommunikationsbeziehung zwischen Prozessen dar. Sie basieren auf einer IP-Socket-Adresse, bestehend aus einer IP-Adresse und einer Portnummer.

Die Klasse `java.net.InetSocketAddress` repräsentiert eine IP-Socket-Adresse (IP-Adresse und Portnummer). Diese Klasse ist von der abstrakten Klasse `java.net.SocketAddress` abgeleitet.

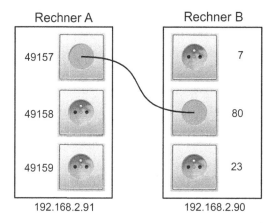

Abbildung 1-7: Kommunikationsverbindung zwischen zwei Programmen

Abbildung 1-7 visualisiert die Verbindung von zwei Programmen über Sockets, hier z. B. die Verbindung eines Browsers auf Rechner A mit einem Webserver auf Rechner B.

Um ein `InetSocketAddress`-Objekt zu erzeugen, stehen die folgenden Konstruktoren zur Verfügung:

`InetSocketAddress(int port)`

    erzeugt eine Socket-Adresse mit der sogenannten *Wildcard-Adresse* `0.0.0.0`. Hiermit ist irgendeine IP-Adresse des Rechners, auf dem der Konstruktor aufgerufen wird, gemeint. Zu beachten ist, dass ein Rechner mehrere Netzwerkadapter mit jeweils eigener IP-Adresse haben kann.

`InetSocketAddress(InetAddress addr, int port)`
`InetSocketAddress(String hostname, int port)`

Einige `InetSocketAddress`-Methoden:

`InetAddress getAddress()`
    liefert die IP-Adresse.

`String getHostName()`
    liefert den Hostnamen.

`int getPort()`
    liefert die Portnummer.

Das Programm `CreateSocketAddress` verwendet die verschiedenen Konstruktoren zur Veranschaulichung.

```java
import java.net.InetAddress;
import java.net.InetSocketAddress;
import java.net.UnknownHostException;

public class CreateSocketAddress {
    public static void main(String[] args) throws UnknownHostException {
        var address = InetAddress.getByName("www.google.de");
        var socketAddress = new InetSocketAddress(address, 80);
        output(socketAddress);

        socketAddress = new InetSocketAddress(80);
        output(socketAddress);

        socketAddress = new InetSocketAddress("www.google.de", 80);
        output(socketAddress);

        socketAddress = new InetSocketAddress("localhost", 80);
        output(socketAddress);
    }
```

```
    private static void output(InetSocketAddress socketAddress) {
        System.out.printf("Address: %s%n   Hostname: %s%n   Port: %s%n",
                socketAddress.getAddress(),
                socketAddress.getHostName(),
                socketAddress.getPort());
    }
}
```

Ausgabe:
```
Address: www.google.de/142.250.186.163
   Hostname: www.google.de
   Port: 80
Address: 0.0.0.0/0.0.0.0
   Hostname: 0.0.0.0
   Port: 80
Address: www.google.de/142.250.186.163
   Hostname: www.google.de
   Port: 80
Address: localhost/127.0.0.1
   Hostname: localhost
   Port: 80
```

1.6 Aufgaben

1. Entwickeln Sie eine verbesserte Version des Programms Lookup mit den folgenden Eigenschaften:

    a) Sind einem Hostnamen mehrere IP-Adressen zugeordnet, so sollen alle angezeigt werden.

    b) Wird statt eines Namens eine numerische Adresse beim Aufruf mitgegeben, so soll eine Fehlermeldung ausgegeben werden, wenn der Hostname nicht ermittelt werden konnte, ansonsten soll der zugeordnete Hostname angezeigt werden.

    Lösung: siehe Programm Lookup

2. Das Programm LocalhostV1 bzw. LocalhostV2 (aus Kapitel 1.5) soll den Hostnamen und die IP-Adresse des lokalen Rechners in einem Fenster anzeigen. Verwenden Sie z. B. die Swing-Methode

    ```
    JOptionPane.showMessageDialog(...)
    ```

    Um das Programm mit einem Doppelklick auf einem grafischen Symbol starten zu können, muss eine JAR-Datei wie folgt erzeugt werden:
    ```
    jar --create --file localhostv1.jar --main-class LocalhostV1
    -C out/production/Aufgaben LocalhostV1.class
    ```
    Lösung: siehe Programme LocalhostV1 und LocalhostV2

3. Entwickeln Sie ein Programm, das die Netzklasse (A, B, C, D oder E) einer IP-Adresse (siehe Kapitel 1.4) ermittelt.

    Lösung: siehe Programm IPClass

2 Datenaustausch mit JSON

JSON (*JavaScript Object Notation*) ist ein platzsparendes Datenaustauschformat, das für Menschen einfach zu lesen und zu schreiben ist. Für alle gängigen Programmiersprachen gibt es Tools, um Datenstrukturen im JSON-Format zu analysieren und zu generieren. JSON-Dokumente (Texte im JSON-Format) können direkt von JavaScript interpretiert werden.[1]

In den folgenden Kapiteln werden JSON-Dokumente häufig für den Austausch von Daten zwischen Client und Server benutzt.

Struktur und Datentypen

Ein JSON-Dokument beruht im Allgemeinen auf einer ungeordneten Menge von Name/Wert-Paaren (*Objekte*) und einer geordneten Liste von Werten (*Arrays*).

Ein Wert kann

- ein Objekt,
- ein Array,
- eine Zeichenkette,
- eine Zahl,
- ein boolescher Wert (true, false) oder
- null sein.

Strukturen können auch ineinander verschachtelt sein. Ein Objekt beginnt mit { und endet mit }. Jedem Namen in doppelten Anführungszeichen folgt ein Doppelpunkt. Paare sind durch Komma getrennt. Ein Array beginnt mit [und endet mit]. Die Werte sind ebenfalls durch Komma getrennt.

Beispiel:

Das folgende JSON-Dokument beschreibt eine Person mit Id, Name, Alter und Hobbys.

```
{
  "id": 4711,
  "name": "Meier",
  "age": 28,
  "hobbies": [
    "Sport",
    "Lesen",
    "Musik"
  ]
}
```

---

1   Siehe auch: https://www.json.org/json-de.html

Ergänzende Information Die elektronische Version dieses Kapitels enthält Zusatzmaterial, auf das über folgenden Link zugegriffen werden kann https://doi.org/10.1007/978-3-658-37200-2_2.

Um Java-Objekte leicht in JSON-Dokumente zu konvertieren bzw. aus JSON-Dokumenten wiederum Objekte zu erhalten, verwenden wir ein spezielles Java-API für das sogenannte *JSON Binding*.

JSON Processing bietet ein API für die Verarbeitung von mit JSON formatierten Daten.

2.1   Verarbeitung von JSON-Dokumenten

JSON-B (*JSON Binding*) ist ein Standard (spezifiziert im Java Specification Request JSR 367) zur Konvertierung von Java Objekten in JSON-Dokumente und umgekehrt.[2]

Die Referenzimplementierung *Yasson* wurde von *Eclipse.org* entwickelt.

JSON-P (*JSON Processing*) bietet ein API zum Parsen, Generieren, Transformieren und Abfragen von JSON-Dokumenten (JSR 374).[3]

Das Begleitmaterial zu diesem Buch enthält im Verzeichnis *libs/json* die erforderlichen JAR-Dateien.

In der Entwicklungsumgebung IntelliJ IDEA kann unter *Project Structure* dieses Verzeichnis im folgenden Projekt bzw. in den späteren Projekten, die JSON-B und JSON-P benötigen, leicht als *Dependency* zugewiesen werden.

→ Projekt json

Die Programme des Projekts *json* geben eine Einführung in die Verwendung von JSON Binding anhand von Beispielen.

Das folgende Programm zeigt, wie Java-Objekte einfacher Typen wie Array, `List`, `Set` und `Map` in Strings (JSON-Dokumente) gewandelt und diese dann wieder zurück in Objekte entsprechenden Typs konvertiert werden können, wobei im letzten Fall der Typ als Klassenliteral anzugeben ist.

Die statische Methode `create` des Interface `jakarta.json.bind.JsonbBuilder` erzeugt eine Instanz vom Typ des Interface `jakarta.json.bind.Jsonb`, mit der Objekte geschrieben (`toJson`) und JSON-Dokumente gelesen (`fromJson`) werden können.

---

2   https://jakarta.ee/specifications/jsonb

3   https://jakarta.ee/specifications/jsonp

```java
import jakarta.json.bind.JsonbBuilder;

import java.util.List;
import java.util.Map;
import java.util.Set;

public class DefaultTypesTest {
    public static void main(String[] args) {
        var jsonb = JsonbBuilder.create();

        var array = new String[]{"one", "two", "three"};
        var list = List.of("one", "two", "three");
        var set = Set.of(1, 2, 3);
        var map = Map.ofEntries(
                Map.entry("Hugo", 22),
                Map.entry("Emil", 25),
                Map.entry("Tim", 18)
        );

        System.out.println("--- Serialize: Objekt -> JSON-Dokument");

        var json1 = jsonb.toJson(array);
        System.out.println(json1);

        var json2 = jsonb.toJson(list);
        System.out.println(json1);

        var json3 = jsonb.toJson(set);
        System.out.println(json3);

        var json4 = jsonb.toJson(map);
        System.out.println(json4);

        System.out.println("--- Deserialize: JSON-Dokument -> Objekt");

        var array1 = jsonb.fromJson(json1, List.class);
        System.out.println(array1);

        var list1 = jsonb.fromJson(json2, List.class);
        System.out.println(list1);

        var set1 = jsonb.fromJson(json3, Set.class);
        System.out.println(set1);

        var map1 = jsonb.fromJson(json4, Map.class);
        System.out.println(map1);
    }
}
```

Ausgabe des Programms:

```
--- Serialize: Objekt -> JSON-Dokument
["one","two","three"]
["one","two","three"]
[3,2,1]
{"Tim":18,"Emil":25,"Hugo":22}
--- Deserialize: JSON-Dokument -> Objekt
[one, two, three]
```

```
[one, two, three]
[3, 2, 1]
{Hugo=22, Tim=18, Emil=25}
```

Mit Annotationen des Pakets `jakarta.json.bind.annotation` kann die Konvertierung von Objekten selbst definierter Klassen angepasst werden:

`@JsonbProperty`

Hiermit kann der Name der Eigenschaft für die Darstellung im JSON-Dokument geändert werden. Mit `nillable = true` werden auch `null`-Werte serialisiert (Default ist `false`).

`@JsonbTransient`

verhindert die Serialisierung der Eigenschaft.

`@JsonbNumberFormat`

spezifiziert die Darstellung einer Zahl.

`@JsonbDateFormat`

spezifiziert die Darstellung eines Datums.

Das folgende Beispiel zeigt auch, wie mit Hilfe einer Instanz vom Typ `jakarta.json.bind.JsonbConfig` die Konvertierung beeinflusst werden kann:

Binärdaten werden mit Hilfe des Verfahrens *Base64* codiert.[4] Eigenschaftsnamen werden im JSON-Dokument auf besondere Weise dargestellt: Hier wird z. B. der Name `publicString` in `public-string` konvertiert (`LOWER_CASE_WITH_DASHES`). Das JSON-Dokument wird formatiert ausgegeben.

```
import jakarta.json.bind.JsonbBuilder;
import jakarta.json.bind.JsonbConfig;
import jakarta.json.bind.annotation.JsonbDateFormat;
import jakarta.json.bind.annotation.JsonbNumberFormat;
import jakarta.json.bind.annotation.JsonbProperty;
import jakarta.json.bind.annotation.JsonbTransient;
import jakarta.json.bind.config.BinaryDataStrategy;
import jakarta.json.bind.config.PropertyNamingStrategy;

import java.io.FileInputStream;
import java.io.FileNotFoundException;
import java.io.FileOutputStream;
import java.time.LocalDate;
import java.time.LocalDateTime;
import java.time.LocalTime;
import java.util.Arrays;
import java.util.Optional;
```

---

4 https://de.wikipedia.org/wiki/Base64

```java
public class ConvertTest {
    public String publicString;
    private String privateString;

    @JsonbProperty("writer")
    private String author;

    private String comment1;

    @JsonbProperty(nillable = true)
    private String comment2;

    @JsonbTransient
    private String internal;

    private Priority prio;
    private String person1;
    private String person2;

    @JsonbNumberFormat(value = "#.00", locale = "Locale.ENGLISH")
    private double price;

    @JsonbDateFormat("dd.MM.yyyy")
    private LocalDate date;

    private LocalTime time;
    private LocalDateTime timestamp;
    private byte[] token;

    public enum Priority {LOW, MIDDLE, HIGH}

    public ConvertTest() {
        internal = "internal";
    }

    public String getPrivateString() {
        return privateString;
    }

    public void setPrivateString(String privateString) {
        this.privateString = privateString;
    }

    public String getAuthor() {
        return author;
    }

    public void setAuthor(String author) {
        this.author = author;
    }

    public String getComment1() {
        return comment1;
    }

    public void setComment1(String comment1) {
        this.comment1 = comment1;
    }
```

```java
public String getComment2() {
    return comment2;
}

public void setComment2(String comment2) {
    this.comment2 = comment2;
}

public String getInternal() {
    return internal;
}

public void setInternal(String internal) {
    this.internal = internal;
}

public Priority getPrio() {
    return prio;
}

public void setPrio(Priority prio) {
    this.prio = prio;
}

public Optional<String> getPerson1() {
    return Optional.ofNullable(person1);
}

public void setPerson1(String person1) {
    this.person1 = person1;
}

public Optional<String> getPerson2() {
    return Optional.ofNullable(person2);
}

public void setPerson2(String person2) {
    this.person2 = person2;
}

public double getPrice() {
    return price;
}

public void setPrice(double price) {
    this.price = price;
}

public LocalDate getDate() {
    return date;
}

public void setDate(LocalDate date) {
    this.date = date;
}

public LocalTime getTime() {
    return time;
}
```

```java
public void setTime(LocalTime time) {
    this.time = time;
}

public LocalDateTime getTimestamp() {
    return timestamp;
}

public void setTimestamp(LocalDateTime timestamp) {
    this.timestamp = timestamp;
}

public byte[] getToken() {
    return token;
}

public void setToken(byte[] token) {
    this.token = token;
}

@Override
public String toString() {
    return "ConvertTest{" +
            "\npublicString='" + publicString + '\'' +
            ", \nprivateString='" + privateString + '\'' +
            ", \nauthor='" + author + '\'' +
            ", \ncomment1='" + comment1 + '\'' +
            ", \ncomment2='" + comment2 + '\'' +
            ", \ninternal='" + internal + '\'' +
            ", \nprio=" + prio +
            ", \nperson1=" + person1 +
            ", \nperson2=" + person2 +
            ", \nprice=" + price +
            ", \ndate=" + date +
            ", \ntime=" + time +
            ", \ntimestamp=" + timestamp +
            ", \ntoken=" + Arrays.toString(token) +
            '}';
}

public static void main(String[] args) throws FileNotFoundException {
    var t1 = new ConvertTest();

    t1.publicString = "My public string";
    t1.setPrivateString("My private string");
    t1.setAuthor("Joseph Roth");
    t1.setPrio(Priority.HIGH);
    t1.setPerson1("Hugo");
    t1.setPerson2(null);
    t1.setPrice(10.986);
    t1.setDate(LocalDate.now());
    t1.setTime(LocalTime.of(17, 43));
    t1.setTimestamp(LocalDateTime.of(2021, 1, 10, 16, 24, 10));
    t1.setToken("Mein Token".getBytes());

    var jsonbConfig = new JsonbConfig()
            .withBinaryDataStrategy(BinaryDataStrategy.BASE_64)
```

```
                .withPropertyNamingStrategy(
                        PropertyNamingStrategy.LOWER_CASE_WITH_DASHES)
                .withFormatting(true);

        var jsonb = JsonbBuilder.create(jsonbConfig);
        jsonb.toJson(t1, new FileOutputStream("test.json"));

        var t2 = jsonb.fromJson(
                new FileInputStream("test.json"), ConvertTest.class);
        System.out.println(t2);
    }
}
```

Das Programm erzeugt die Datei *test.json*:

```
{
    "comment2": null,
    "date": "09.01.2022",
    "person1": "Hugo",
    "price": "10.99",
    "prio": "HIGH",
    "private-string": "My private string",
    "public-string": "My public string",
    "time": "17:43:00",
    "timestamp": "2021-01-10T16:24:10",
    "token": "TWVpbiBUb2tlbg==",
    "writer": "Joseph Roth"
}
```

Ausgabe auf der Konsole:

```
ConvertTest{
publicString='My public string',
privateString='My private string',
author='Joseph Roth',
comment1='null',
comment2='null',
internal='internal',
prio=HIGH,
person1=Hugo,
person2=null,
price=10.99,
date=2022-01-09,
time=17:43,
timestamp=2021-01-10T16:24:10,
token=[77, 101, 105, 110, 32, 84, 111, 107, 101, 110]}
```

Hinweis

- JSON Binding benötigt den Default-Konstruktor.
- `public`-Eigenschaften werden auch ohne get-/set-Methoden konvertiert.
- Null-Werte werden standardmäßig nicht serialisiert.

2.2   Serialisierung eines Objektgraphen

Eine Liste von Bestellungen soll serialisiert werden. Dann soll das erzeugte JSON-Dokument wieder als Objektgraph deserialisiert werden.

Zugrunde liegt das folgende Datenmodell:

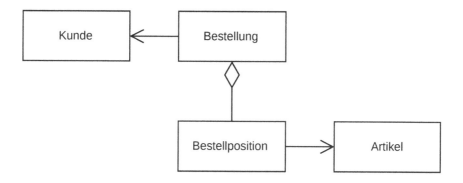

Abbildung 2-1: Datenmodell Bestellung

```
package model;

import jakarta.json.bind.annotation.JsonbPropertyOrder;

@JsonbPropertyOrder({"id", "name"})
public class Kunde {
    private int id;
    private String name;

    public Kunde() {
    }

    public Kunde(int id, String name) {
        this.id = id;
        this.name = name;
    }

    // get-/set-Methoden

    @Override
    public String toString() {
        // ...
    }
}
```

```java
package model;

import jakarta.json.bind.annotation.JsonbPropertyOrder;

@JsonbPropertyOrder({"id", "preis", "bestand"})
public class Artikel {
    private int id;
    private double preis;
    private int bestand;

    public Artikel() {
    }

    public Artikel(int id, double preis, int bestand) {
        this.id = id;
        this.preis = preis;
        this.bestand = bestand;
    }

    // get-/set-Methoden

    public void addBestand(int menge) {
        this.bestand += menge;
    }

    @Override
    public String toString() {
        // ...
    }
}
```

```java
package model;

import jakarta.json.bind.annotation.JsonbPropertyOrder;

import java.time.LocalDate;
import java.util.ArrayList;
import java.util.List;

@JsonbPropertyOrder({"id", "datum", "kunde", "positionen"})
public class Bestellung {
    private int id;
    private LocalDate datum;
    private Kunde kunde;
    private List<Bestellposition> positionen;

    public Bestellung() {
    }

    public Bestellung(int id, LocalDate datum) {
        this.id = id;
        this.datum = datum;
        positionen = new ArrayList<Bestellposition>();
    }
```

```
    // get-/set-Methoden

    public void addPosition(Bestellposition pos) {
        positionen.add(pos);
    }

    @Override
    public String toString() {
        // ...
    }
}


package model;

import jakarta.json.bind.annotation.JsonbPropertyOrder;

@JsonbPropertyOrder({"posnr", "menge", "artikel"})
public class Bestellposition {
    private int posnr;
    private int menge;
    private Artikel artikel;

    public Bestellposition() {
    }

    public Bestellposition(int posnr, int menge) {
        this.posnr = posnr;
        this.menge = menge;
    }

    // get-/set-Methoden


    @Override
    public String toString() {
        // ...
    }
}
```

Die Annotation `jakarta.json.bind.annotation.JsonbPropertyOrder` sorgt dafür, dass die angegebenen Attribute in der vorgegebenen Reihenfolge serialisiert werden.

Serialisierung

```
import jakarta.json.bind.JsonbBuilder;

import model.Artikel;
import model.Bestellposition;
import model.Bestellung;
import model.Kunde;

import java.io.FileNotFoundException;
import java.io.FileOutputStream;
import java.time.LocalDate;
import java.util.List;
```

```
public class Serialize {
    public static void main(String[] args) throws FileNotFoundException {
        var a1 = new Artikel(4711, 10., 100);
        var a2 = new Artikel(4712, 20., 200);
        var a3 = new Artikel(4713, 30., 300);

        var k1 = new Kunde(1, "Hugo Meier");
        var k2 = new Kunde(2, "Emil Schulz");

        var b1 = new Bestellung(101, LocalDate.now());
        b1.setKunde(k1);

        var p11 = new Bestellposition(1, 3);
        p11.setArtikel(a1);
        b1.addPosition(p11);

        var p12 = new Bestellposition(2, 10);
        p12.setArtikel(a2);
        b1.addPosition(p12);

        var b2 = new Bestellung(102, LocalDate.now());
        b2.setKunde(k2);

        var p21 = new Bestellposition(1, 1);
        p21.setArtikel(a1);
        b2.addPosition(p21);

        var p22 = new Bestellposition(2, 5);
        p22.setArtikel(a3);
        b2.addPosition(p22);

        var bestellungen = List.of(b1, b2);

        var jsonb = JsonbBuilder.create();
        jsonb.toJson(bestellungen, new FileOutputStream("bestellungen.json"));
    }
}
```

Das Programm erzeugt die Datei *bestellung.json*:

```
[
  {
    "id": 101,
    "datum": "2022-01-09",
    "kunde": {
      "id": 1,
      "name": "Hugo Meier"
    },
    "positionen": [
      {
        "posnr": 1,
        "menge": 3,
        "artikel": {
          "id": 4711,
          "preis": 10.0,
          "bestand": 100
        }
      },
```

```
      {
        "posnr": 2,
        "menge": 10,
        "artikel": {
          "id": 4712,
          "preis": 20.0,
          "bestand": 200
        }
      }
    ]
  },
  {
    "id": 102,
    "datum": "2022-01-09",
    "kunde": {
      "id": 2,
      "name": "Emil Schulz"
    },
    "positionen": [
      {
        "posnr": 1,
        "menge": 1,
        "artikel": {
          "id": 4711,
          "preis": 10.0,
          "bestand": 100
        }
      },
      {
        "posnr": 2,
        "menge": 5,
        "artikel": {
          "id": 4713,
          "preis": 30.0,
          "bestand": 300
        }
      }
    ]
  }
]
```

Deserialisierung

```java
import jakarta.json.bind.JsonbBuilder;
import model.Bestellung;

import java.io.FileInputStream;
import java.io.FileNotFoundException;
import java.util.ArrayList;
import java.util.List;

public class Deserialize {
    public static void main(String[] args) throws FileNotFoundException {
        var jsonb = JsonbBuilder.create();
        var type = new ArrayList<Bestellung>() {}
                        .getClass().getGenericSuperclass();
```

```
    List<Bestellung> bestellungen = jsonb.fromJson(
        new FileInputStream("bestellungen.json"), type);

  for (var b : bestellungen) {
      System.out.println(b.getKunde());
      System.out.println("    " + b);
      for (var bpos : b.getPositionen()) {
          System.out.println("        " + bpos);
          System.out.println("            " + bpos.getArtikel());
      }
      System.out.println();
  }
  }
}
```

Das zweite Argument im Aufruf der Methode `fromJson` ist normalerweise der Typ des sogenannten Root-Objekts der JSON-Struktur. `List.class` an dieser Stelle funktioniert jedoch nicht, da die Information zum Typparameter `Bestellung` zur Laufzeit nicht mehr vorhanden ist. Diese wird jedoch für die Deserialisierung benötigt.

Wenn die Superklasse ein parametrisierter Typ ist, muss das zurückgegebene `Type`-Objekt die tatsächlichen Typ-Argumente genau wiedergeben:

```
    ArrayList<Bestellung> list = new ArrayList<>() {};
    Type type = list.getClass().getGenericSuperclass();
```

`getGenericSuperclass` liefert hier den Parametertyp der Superklasse:

```
    java.util.ArrayList<model.Bestellung>
```

Ausgabe des Programms:

```
Kunde{id=1, name='Hugo Meier'}
    Bestellung{id=101, datum=2022-01-09}
        Bestellposition{posnr=1, menge=3}
            Artikel{id=4711, preis=10.0, bestand=100}
        Bestellposition{posnr=2, menge=10}
            Artikel{id=4712, preis=20.0, bestand=200}

Kunde{id=2, name='Emil Schulz'}
    Bestellung{id=102, datum=2022-01-09}
        Bestellposition{posnr=1, menge=1}
            Artikel{id=4711, preis=10.0, bestand=100}
        Bestellposition{posnr=2, menge=5}
            Artikel{id=4713, preis=30.0, bestand=300}
```

2.3   Aufgaben

1. Entwickeln Sie die Klasse `Person` mit den Eigenschaften *id*, *name*, *age*, *hobbies* (Liste aus Strings). Erzeugen Sie aus einem `Person`-Objekt ein in einer Datei gespeichertes JSON-Dokument. Konvertieren Sie dann umgekehrt dieses Dokument in ein `Person`-Objekt.

   Lösung: siehe Paket person

2. Entwickeln Sie die Klasse `MyImage` mit den Eigenschaften *name* (`String`), *type* (`String`), *data* (`byte[]`). Schreiben Sie ein Programm, das eine Liste von kleinen Bildern vom Typ `MyImage` in ein JSON-Dokument konvertiert. Dabei sollen die Binärdaten mit *Base64* codiert werden. Entwickeln Sie auch ein Programm, das aus dem JSON-Dokument Grafikdateien erzeugt.

   Lösung: siehe Paket images

3   Kommunikation mit UDP

Das *User Datagram Protocol* (*UDP*) stellt grundlegende Funktionen zur Verfügung, um mit geringem Aufwand Daten zwischen kommunizierenden Prozessen austauschen zu können. UDP ist als Transportprotokoll der dritten Schicht im TCP/IP-Schichtenmodell zugeordnet und nutzt den Vermittlungsdienst IP.

3.1   Das Protokoll UDP

UDP ist ein verbindungsloses Protokoll, d. h. es bietet keinerlei Kontrolle über die sichere Ankunft versendeter Datenpakete, sogenannter Datagramme. UDP ist im *RFC* (*Request for Comments*) 768 der *IETF* (*Internet Engineering Task Force*) spezifiziert.[1]

Datagramme müssen nicht den Empfänger in der Reihenfolge erreichen, in der sie abgeschickt werden. Datagramme können verloren gehen, weder Sender noch Empfänger werden über den Verlust informiert. Fehlerhafte Datagramme werden nicht nochmals übertragen.

Abbildung 3-1 zeigt den Aufbau des *UDP-Datagramms*, das in ein IPv4-Paket eingebettet ist.

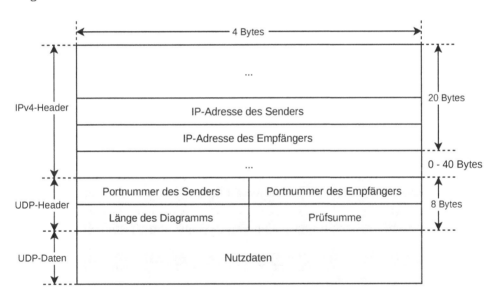

Abbildung 3-1: Aufbau des UDP-Datagramms

---

1   https://tools.ietf.org/html/rfc768

Ergänzende Information Die elektronische Version dieses Kapitels enthält Zusatzmaterial, auf das über folgenden Link zugegriffen werden kann https://doi.org/10.1007/978-3-658-37200-2_3.

© Springer Fachmedien Wiesbaden GmbH, ein Teil von Springer Nature 2022
D. Abts, *Masterkurs Client/Server-Programmierung mit Java*,
https://doi.org/10.1007/978-3-658-37200-2_3

Der UDP-Header enthält vier 16 Bit lange Felder:

- die Portnummer des Senders,
- die Portnummer des Empfängers,
- die Gesamtlänge des UDP-Datagramms und
- die Prüfsumme.

Darauf folgen dann die eigentlichen Nutzdaten des Datagramms.

Die Maximallänge eines UDP-Datagramms ist durch das zugrundeliegende IP-Protokoll begrenzt. Um mögliche Fragmentierungen der IP-Pakete durch Router zu vermeiden, sollten Anwendungen eine bestimmte Länge der Nutzdaten in einem Datagramm nicht überschreiten. Diese Grenze wird bestimmt durch den hardware-abhängigen Wert *Maximum Transmission Unit* (MTU) des Protokolls der Verbindungsschicht des TCP/IP-Schichtenmodells.

Beispiel für MTU = 576 Bytes (siehe Abbildung 3-1):

max. Länge der UDP-Nutzdaten: 508 = 576 *MTU* - 60 *IP-Header* - 8 *UDP-Header*

UDP ist ein einfaches Mittel, um Nachrichten, die keine zuverlässige Übertragung erfordern, zu versenden. UDP hat gegenüber TCP den Vorteil eines viel geringeren Kontroll-Overheads.

UDP-Anwendungen

Einige bekannte Anwendungen, die UDP nutzen, sind:

- das *Domain Name System* (*DNS*) zur automatischen Konvertierung von Domain-Namen (Rechnernamen) in IP-Adressen und umgekehrt,
- das *Simple Network Management Protocol* (*SNMP*) zur Verwaltung von Ressourcen in einem TCP/IP-basierten Netz,
- das *Trivial File Transfer Protocol* (*TFTP*), das einen einfachen Dateitrans-ferdienst zum Sichern und Laden von System- und Konfigurationsdateien bietet,
- das *Dynamic Host Configuration Protocol* (*DHCP*) zur dynamischen Zu-weisung von IP-Adressen.

Die unidirektionale Übertragung von Video- und Audiosequenzen zur Wiedergabe in Echtzeit (*Multimedia Streaming*) ist besonders zeitkritisch. Der gelegentliche Verlust eines Datenpakets kann aber toleriert werden. Hier ist UDP sehr gut geeignet.

3.2   DatagramSocket und DatagramPacket

Ein *UDP-Socket* wird an eine Portnummer auf dem lokalen Rechner gebunden. Er kann dann Datagramme an jeden beliebigen anderen UDP-Socket senden und von jedem beliebigen UDP-Socket empfangen (siehe Abbildung 3-2).

DatagramSocket

Die Klasse `java.net.DatagramSocket` repräsentiert einen Socket zum Senden und Empfangen von UDP-Datagrammen. Ein solcher Socket muss an einen Port des lokalen Rechners gebunden werden.

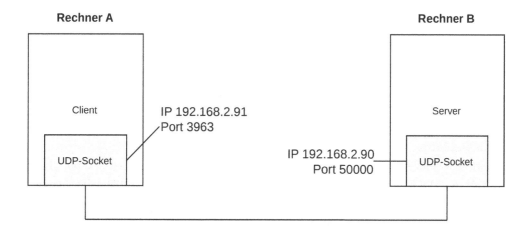

Abbildung 3-2: UDP-Sockets

Hierzu stehen Konstruktoren zur Verfügung:

`DatagramSocket() throws SocketException`
   erzeugt einen UDP-Socket und bindet ihn an einen verfügbaren Port des lokalen Rechners.

`DatagramSocket(int port) throws SocketException`
   erzeugt einen UDP-Socket und bindet ihn an die Portnummer `port` des lokalen Rechners. Hierdurch kann ein Server den Port, den er nutzen möchte, festlegen.

`DatagramSocket(int port, InetAddress laddr) throws SocketException`
`DatagramSocket(SocketAddress bindaddr) throws SocketException`
   Diese beiden Konstruktoren binden den Socket an eine vorgegebene Adresse.

Alle Konstruktoren können bei Fehlern im zugrunde liegenden Protokoll die Ausnahme `java.net.SocketException` auslösen. `SocketException` ist Subklasse von `java.io.IOException`.

Einige `DatagramSocket`-Methoden:

`void close()`
schließt den Socket.

`InetAddress getLocalAddress()`
liefert die IP-Adresse, an die der Socket gebunden ist.

`int getLocalPort()`
liefert die Portnummer, an die der Socket gebunden ist.

`SocketAddress getLocalSocketAddress()`
liefert die Socket-Adresse, an die der Socket gebunden ist.

`DatagramSocket` implementiert das Interface `AutoCloseable`. Somit können UDP-Sockets in *try-with-resources*-Blöcken automatisch geschlossen werden.

DatagramPacket

Die Klasse `java.net.DatagramPacket` repräsentiert ein UDP-Datagramm.

Der Konstruktor

```
DatagramPacket(byte[] buf, int length, InetAddress address, int port)
```
erzeugt ein UDP-Datagramm zum Senden von Daten. `buf` enthält die Daten, `address` ist die IP-Adresse und `port` die Portnummer des Empfängers. Die Anzahl `length` der zu übertragenden Bytes muss kleiner oder gleich der Pufferlänge sein.

Ein ähnlicher Konstruktor, der eine Socket-Adresse verwendet:

```
DatagramPacket(byte[] buf, int length, SocketAddress address)
    throws SocketException
```
Der Konstruktor

```
DatagramPacket(byte[] buf, int length)
```
erzeugt ein UDP-Datagramm zum Empfangen von Daten. `buf` ist der Puffer, der die empfangenen Daten aufnimmt. `length` legt fest, wie viele Bytes maximal gelesen werden sollen. `length` muss kleiner oder gleich der Pufferlänge sein.

Wendet man auf dieses Paket die Methoden `setAddress` und `setPort` (siehe weiter unten) an, so kann es auch gesendet werden.

Senden und empfangen

Die `DatagramSocket`-Methode

```
void send(DatagramPacket p) throws IOException
```
sendet ein UDP-Datagramm von diesem Socket aus.

Die `DatagramSocket`-Methode

    void receive(DatagramPacket p) throws IOException

empfängt ein UDP-Datagramm von diesem Socket. `p` enthält die Daten sowie die
IP-Adresse und die Portnummer des Senders. Die Methode blockiert so lange, bis
ein Datagramm empfangen wurde.

Weitere `DatagramPacket`-Methoden sind:

`byte[] getData()`
    liefert den Datenpufferinhalt.

`int getLength()`
    liefert die Länge der Daten, die empfangen wurden bzw. gesendet werden
    sollen.

`InetAddress getAddress()`
    liefert die (entfernte) IP-Adresse des Senders (beim empfangenen Datagramm)
    bzw. des Empfängers (beim zu sendenden Datagramm).

`int getPort()`
    liefert die (entfernte) Portnummer des Senders (beim empfangenen Datagramm)
    bzw. des Empfängers (beim zu sendenden Datagramm).

`SocketAddress getSocketAddress()`
    liefert die (entfernte) Socket-Adresse des Senders (beim empfangenen Data-
    gramm) bzw. des Empfängers (beim zu sendenden Datagramm).

`void setData(byte[] buf)`
    setzt den Datenpuffer des Datagramms.

`void setLength(int length)`
    bestimmt die Anzahl Bytes, die gesendet werden sollen bzw. die maximale
    Anzahl Bytes, die empfangen werden sollen. `length` muss kleiner oder gleich
    der Pufferlänge des Datagramms sein.

`void setAddress(InetAddress address)`
    setzt die IP-Adresse des Rechners, an den das Datagramm gesendet werden soll.

`void setPort(int port)`
    setzt die Portnummer, an die das Datagramm gesendet werden soll.

`void setSocketAddress(SocketAddress address)`
    setzt die Socket-Adresse des Rechners, an den das Datagramm gesendet werden
    soll.

In allen Beispielen dieses Kapitels ist die Bearbeitungszeit des Servers nach
Eintreffen eines Pakets relativ kurz. Deshalb ist eine iterative Implementierung
(Paket empfangen – Anfrage bearbeiten – Paket senden) ausreichend.

Bei längeren Bearbeitungszeiten sollten für die Bearbeitung und das Senden der Antwort zu einer Anfrage Threads benutzt werden (parallele Implementierung), um die Wartezeit eines Clients zu reduzieren.

3.3   Nachrichten senden und empfangen

Das erste Programmbeispiel (Paket *messages*) ist eine einfache Client/Server-Anwendung, die den Umgang mit den Methoden des vorigen Abschnitts zeigen soll.

→ Projekt udp

Der Client sendet eine Nachricht, die der Server entgegennimmt und auf der Konsole ausgibt.

Die Nachricht ist ein Objekt vom Typ `Message`. Der Client konvertiert das Objekt für die Übertragung in ein JSON-Dokument (*Serialisierung*). Der Server konvertiert dieses Dokument wiederum in ein Objekt (*Deserialisierung*).

Das Projekt *udp* muss *libs/json* (aus Kapitel 2) als Dependency einbinden.

```
package messages;

import java.time.LocalDateTime;

public class Message {
    private String user;
    private LocalDateTime timestamp;
    private String message;

    public Message() {
    }

    public Message(String user, LocalDateTime timestamp, String message) {
        this.user = user;
        this.timestamp = timestamp;
        this.message = message;
    }

    public String getUser() {
        return user;
    }

    public void setUser(String user) {
        this.user = user;
    }

    public LocalDateTime getTimestamp() {
        return timestamp;
    }

    public void setTimestamp(LocalDateTime timestamp) {
        this.timestamp = timestamp;
    }
```

```java
    public String getMessage() {
        return message;
    }

    public void setMessage(String message) {
        this.message = message;
    }

    @Override
    public String toString() {
        return "Message{" +
                "user='" + user + '\'' +
                ", timestamp=" + timestamp +
                ", message='" + message + '\'' +
                '}';
    }
}


package messages;

import jakarta.json.bind.JsonbBuilder;

import java.io.IOException;
import java.net.DatagramPacket;
import java.net.DatagramSocket;

public class ReceiveMessages {
    private static final int BUFSIZE = 508;

    public static void main(String[] args) {
        int port = 50000;

        try (var socket = new DatagramSocket(port)) {
            var packet = new DatagramPacket(new byte[BUFSIZE], BUFSIZE);
            while (true) {
                socket.receive(packet);
                var data = new String(packet.getData(), 0, packet.getLength());
                var message = deserialize(data);
                System.out.println(message);
            }
        } catch (IOException e) {
            System.err.println(e.getMessage());
        }
    }

    private static Message deserialize(String data) {
        var jsonb = JsonbBuilder.create();
        return jsonb.fromJson(data, Message.class);
    }
}


package messages;

import jakarta.json.bind.JsonbBuilder;
```

```
import java.net.DatagramPacket;
import java.net.DatagramSocket;
import java.net.InetAddress;
import java.time.LocalDateTime;

public class SendMessage {
    private static final int BUFSIZE = 508;

    public static void main(String[] args) throws Exception {
        var host = args[0];
        var user = args[1];
        var text = args[2];
        var port = 50000;

        var message = createMessage(user, text);
        try (var socket = new DatagramSocket()) {
            var addr = InetAddress.getByName(host);
            var packet = new DatagramPacket(
                            new byte[BUFSIZE], BUFSIZE, addr, port);
            var data = message.getBytes();
            packet.setData(data);
            packet.setLength(data.length);
            socket.send(packet);
        }
    }

    private static String createMessage(String user, String text) {
        var msg = new Message(user, LocalDateTime.now(), text);
        var jsonb = JsonbBuilder.create();
        return jsonb.toJson(msg);
    }
}
```

Zu Beginn des Programms ReceiveMessages wird ein UDP-Socket erzeugt und an die Portnummer 50000 gebunden. Es wird ein Datagramm zum Empfangen von Daten erzeugt. In einer Endlos-Schleife werden Daten empfangen, konvertiert und ausgegeben. Das Programm kann über Tastatur mit *Strg + C* abgebrochen werden.

Aufruf des Servers:

```
java -cp out/production/udp;../../libs/json/* messages.ReceiveMessages
```
[2]

Das Programm SendMessage erzeugt einen UDP-Socket sowie ein Datagramm zum Senden von Daten an den Server. Hierzu werden IP-Adresse und Portnummer des Servers eingetragen. Das Datagramm wird mit den Daten (JSON-Dokument) bestückt und an den Server gesendet.

---

2   In IntelliJ-Projekten liegt der Bytecode standardmäßig im Verzeichnis out/production/<*Projekt bzw. Modul*>.

   Das Verzeichnis *libs* enthält Bibliotheken (Sammlung von JAR-Dateien) wie z. B. *json*. Projekte eines Kapitels befinden sich in dem jeweiligen Ordner (hier *03_UDP*). *libs* liegt in dem Ordner, in dem auch der Ordner eines Kapitels gespeichert ist.

Aufruf des Clients (Kommando in einer einzigen Zeile):

```
java -cp out/production/udp;../../libs/json/* messages.SendMessage localhost Hugo
"Das ist ein Test."
```

Ausgabe im Terminal-Fenster des Servers (Beispiel):

```
Message{user='Hugo', timestamp=2022-01-12T15:55:17.247288400, message='Das ist ein
Test.'}
```

3.4   Anfrage und Antwort

Im folgenden Beispiel (Paket *digest*) schickt der Client einen Text zum Server und erhält den mit dem Algorithmus SHA-256 erzeugten Hash-Wert des Textes zurück. Anfrage und Antwort werden in einem JSON-Dokument transportiert.

Das Beispiel zeigt auch, wie eine Verbindung auf eine bestimmte Adresse (IP-Adresse und Portnummer) eingeschränkt werden kann.

Erhält der Client nicht innerhalb von 10 Sekunden eine Antwort vom Server, wird eine Ausnahme ausgelöst und das Programm beendet.

Verbindung einschränken

Die Klasse `DatagramSocket` enthält eine Methode, die es ermöglicht, die Adresse, an die Datagramme gesendet werden bzw. von der Datagramme empfangen werden, gezielt auszuwählen und alle anderen Datagramme zu verwerfen:

```
void connect(InetAddress address, int port)
void connect(SocketAddress addr) throws SocketException
```
Datagramme können nur an diese IP-Adresse/Portnummer gesendet bzw. von dieser IP-Adresse/Portnummer empfangen werden.

```
void disconnect()
```
hebt die durch `connect` hergestellte Restriktion auf.

Mit den `DatagramSocket`-Methoden

```
InetAddress getInetAddress()
int getPort()
SocketAddress getRemoteSocketAddress()
```

können IP-Adresse/Portnummer des `connect`-Aufrufs abgefragt werden. Wurde `connect` nicht benutzt, wird `null` bzw. `-1` geliefert.

Timeout

Die Zeitsteuerung wird durch Aufruf der folgenden `DatagramSocket`-Methode erreicht:

void setSoTimeout(int timeout) throws SocketException

setzt ein Timeout in Millisekunden. receive für diesen Socket blockiert höchstens timeout Millisekunden und löst dann die Ausnahme java.net. SocketTimeoutException aus. Wird timeout = 0 gesetzt, so wird die Timeout-Steuerung deaktiviert. SocketTimeoutException ist Subklasse von java.io. InterruptedIOException.

int getSoTimeout() throws SocketException

liefert die Timeout-Angabe.

```java
package digest;

public class Digest {
    private String text;
    private String hashValue;

    public Digest() {
    }

    public Digest(String text) {
        this.text = text;
    }

    public String getText() {
        return text;
    }

    public void setText(String text) {
        this.text = text;
    }

    public String getHashValue() {
        return hashValue;
    }

    public void setHashValue(String hashValue) {
        this.hashValue = hashValue;
    }
}
```

```java
package digest;

import jakarta.json.bind.JsonbBuilder;

import java.net.DatagramPacket;
import java.net.DatagramSocket;
import java.net.InetAddress;
import java.security.MessageDigest;
import java.security.NoSuchAlgorithmException;

public class DigestServer {
    private static final int BUFSIZE = 508;
```

```java
public static void main(String[] args) {
    var clientHost = args[0];
    var port = 50000;
    var clientPort = 40000;

    try (var socket = new DatagramSocket(port)) {
        // Es werden nur Datagramme dieser Adresse entgegengenommen
        socket.connect(InetAddress.getByName(clientHost), clientPort);

        // Pakete zum Empfangen bzw. Senden
        var packetIn = new DatagramPacket(new byte[BUFSIZE], BUFSIZE);
        var packetOut = new DatagramPacket(new byte[BUFSIZE], BUFSIZE);

        System.out.println("Server gestartet ...");

        while (true) {
            // Paket empfangen
            socket.receive(packetIn);
            System.out.println("Received: " + packetIn.getLength() + " bytes");

            var json = new String(packetIn.getData(), 0, packetIn.getLength());

            var digest = deserialize(json);
            var hashValue = digest(digest.getText());
            digest.setHashValue(hashValue);

            var data = serialize(digest).getBytes();

            // Daten und Länge im Antwortpaket speichern
            packetOut.setData(data);
            packetOut.setLength(data.length);

            // Zieladresse und Zielport im Antwortpaket setzen
            packetOut.setSocketAddress(packetIn.getSocketAddress());

            // Antwortpaket senden
            socket.send(packetOut);
        }
    } catch (Exception e) {
        System.err.println(e.getMessage());
    }
}

private static Digest deserialize(String data) {
    var jsonb = JsonbBuilder.create();
    return jsonb.fromJson(data, Digest.class);
}

private static String serialize(Digest digest) {
    var jsonb = JsonbBuilder.create();
    return jsonb.toJson(digest);
}

private static String digest(String data) throws NoSuchAlgorithmException {
    var md = MessageDigest.getInstance("SHA-256");
    md.update(data.getBytes());
    var digest = md.digest();
    var sb = new StringBuilder();
```

```java
        for (var b : digest) {
            sb.append(String.format("%02x", b));
        }
        return sb.toString();
    }
}


package digest;

import jakarta.json.bind.JsonbBuilder;

import java.net.DatagramPacket;
import java.net.DatagramSocket;
import java.net.InetAddress;
import java.net.SocketTimeoutException;

public class DigestClient {
    private static final int BUFSIZE = 508;
    private static final int TIMEOUT = 10000;

    public static void main(String[] args) {
        var host = args[0];
        var text = args[1];
        var localPort = 40000;
        var port = 50000;

        try (var socket = new DatagramSocket(localPort)) {
            // Maximal TIMEOUT Millisekunden auf Antwort warten
            socket.setSoTimeout(TIMEOUT);

            var data = serialize(new Digest(text)).getBytes();

            // Paket an Server senden
            var addr = InetAddress.getByName(host);
            var packetOut = new DatagramPacket(data, data.length, addr, port);
            socket.send(packetOut);

            // Antwortpaket empfangen
            var packetIn = new DatagramPacket(new byte[BUFSIZE], BUFSIZE);
            socket.receive(packetIn);

            var json = new String(packetIn.getData(), 0, packetIn.getLength());
            var digest = deserialize(json);
            System.out.println(digest.getText());
            System.out.println(digest.getHashValue());
        } catch (SocketTimeoutException e) {
            System.err.println("Timeout: " + e.getMessage());
        } catch (Exception e) {
            System.err.println(e.getMessage());
        }
    }

    private static Digest deserialize(String data) {
        var jsonb = JsonbBuilder.create();
        return jsonb.fromJson(data, Digest.class);
    }
}
```

```java
   private static String serialize(Digest digest) {
      var jsonb = JsonbBuilder.create();
      return jsonb.toJson(digest);
   }
}
```

Der Client bindet den UDP-Socket an die vorgegebene Portnummer 40000. Wird diese Nummer geändert (z. B. 40001), so erhält der Client keine Antwort und bricht nach 10 Sekunden mit der Meldung *Timeout: Receive timed out* ab.

Aufruf des Servers:

```
java -cp out/production/udp;../../libs/json/* digest.DigestServer localhost
```

Aufruf des Clients (Kommando in einer einzigen Zeile):

```
java -cp out/production/udp;../../libs/json/* digest.DigestClient localhost "Das
ist ein Test."
```

Ausgabe im Terminal-Fenster des Servers:

```
Server gestartet ...
Received: 28 bytes
```

Ausgabe im Terminal-Fenster des Clients:

```
Das ist ein Test.
1d94336663002167a47c61f4fd9296d67b1db74c60dc7e9b658ced82c3132f0d
```

3.5 Punkt-zu-Mehrpunkt-Verbindungen

Bisher haben wir in diesem Kapitel ausschließlich *Punkt-zu-Punkt-Verbindungen* (*Unicast*) betrachtet. Unter *Multicast* versteht man die Übertragung von einem Teilnehmer zu einer Gruppe von Teilnehmern (*Punkt-zu-Mehrpunkt-Verbindung*).

Der Vorteil dieses Verfahrens liegt darin, dass gleichzeitig Pakete über eine einzige Adresse an mehrere Teilnehmer gesendet werden. Die Vervielfältigung der Pakete findet nicht beim Sender statt, sondern erst an jedem Verteiler (Switch, Router) auf dem Übertragungsweg. So wird *Multicasting* insbesondere zur Übertragung von Audio- und Videoströmen eingesetzt, um die Netzbelastung zu reduzieren.

Im Internet werden für das Multicasting bei IPv4 die IP-Adressen der Klasse D verwendet: 224.0.0.0 - 239.255.255.255. Eine IPv6-Multicast-Adresse beginnt immer mit FF.

Eine *Multicast-Gruppe* in IPv4 wird durch eine Adresse des oben genannten Bereichs aus IPv4-Adressen (*Multicast-Adresse*) und eine UDP-Portnummer repräsentiert. Adressen im Bereich 224.0.0.0 - 224.255.255.255 sind reserviert und sollten nicht benutzt werden.

Teilnehmer können jederzeit einer Multicast-Gruppe beitreten oder diese wieder verlassen. Wird eine Nachricht an eine Multicast-Gruppe gesendet, erhalten alle Gruppenteilnehmer diese Nachricht, sofern sie sich im Time-to-Live-Bereich des Pakets befinden. Das Feld *Time-to-Live* (*TTL*) im Header eines IP-Pakets gibt an, wie lange ein Paket im Internet verbleiben darf. Es handelt sich um einen Zähler, der von jedem Router, den das Paket passiert, um 1 dekrementiert wird. Bei einem Wert von 0 wird das Paket zerstört. Die Reichweite der gesendeten Pakete kann also durch die Angabe des *Time-to-Live*-Wertes eingeschränkt werden.

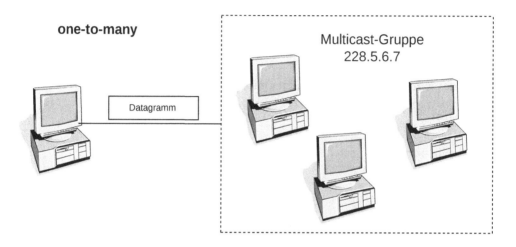

Abbildung 3-3: Multicasting

Die Klasse `java.net.MulticastSocket` (Subklasse von `DatagramSocket`) wird zum Senden und Empfangen von Mulitcast-Datagrammen verwendet.

`void setTimeToLive(int ttl) throws IOException`
  setzt den *Time-To-Live*-Wert. Zulässige Werte: `0 <= ttl <= 255`. Voreinstellung ist `1`.

`void joinGroup(SocketAddress mcastaddr, NetworkInterface netIf)`
      `throws IOException`
  tritt der Multicast-Gruppe bei.

`void leaveGroup(SocketAddress mcastaddr, NetworkInterface netIf)`
      `throws IOException`
  verlässt die Multicast-Gruppe.

Ein Client, der ein Datagramm an eine Multicast-Gruppe sendet, muss selbst nicht Teilnehmer dieser Gruppe sein.

Im folgenden Beispiel (Paket *multicast*) bilden zwei Empfänger zusammen eine Multicast-Gruppe (IP-Adresse: `228.5.6.7`, Portnummer: `50000`). Zum Testen kann das Programm `ReceiveMessages` zweimal gestartet werden.

Für den Datenaustausch verwenden wir die Klasse `Message` aus dem Projekt *messages*.

```
package multicast;

import jakarta.json.bind.JsonbBuilder;

import java.net.DatagramPacket;
import java.net.DatagramSocket;
import java.net.InetAddress;
import java.time.LocalDateTime;

public class SendMessage {
    private static final int BUFSIZE = 508;

    public static void main(String[] args) throws Exception {
        var user = args[0];
        var text = args[1];
        var host = "228.5.6.7";
        var port = 50000;

        var message = createMessage(user, text);

        try (var socket = new DatagramSocket()) {
            var addr = InetAddress.getByName(host);
            var packet = new DatagramPacket(new byte[BUFSIZE], BUFSIZE, addr, port);
            var data = message.getBytes();
            packet.setData(data);
            packet.setLength(data.length);
            socket.send(packet);
        }
    }

    private static String createMessage(String user, String text) {
        var msg = new Message(user, LocalDateTime.now(), text);
        var jsonb = JsonbBuilder.create();
        return jsonb.toJson(msg);
    }
}
```

```
package multicast;

import jakarta.json.bind.JsonbBuilder;

import java.io.IOException;
import java.net.*;
import java.time.LocalDateTime;

public class ReceiveMessages {
    private static final int BUFSIZE = 508;
```

```
public static void main(String[] args) {
    var multicastAddress = "228.5.6.7";
    var port = 50000;

    try (var socket = new MulticastSocket(port)) {
        socket.setTimeToLive(1);
        var inetSocketAddress = new InetSocketAddress(multicastAddress, 50000);
        var netif = NetworkInterface.getByInetAddress(
                            InetAddress.getLocalHost());
        socket.joinGroup(inetSocketAddress, netif);

        var packet = new DatagramPacket(new byte[BUFSIZE], BUFSIZE);

        System.out.println("Receiver gestartet: " + LocalDateTime.now());

        while (true) {
            socket.receive(packet);
            var data = new String(packet.getData(), 0, packet.getLength());
            var message = deserialize(data);
            System.out.println(message);
        }
    } catch (IOException e) {
        System.err.println(e.getMessage());
    }
}

private static Message deserialize(String data) {
    var jsonb = JsonbBuilder.create();
    return jsonb.fromJson(data, Message.class);
}
}
```

Der Aufruf von

```
NetworkInterface.getByInetAddress(InetAddress.getLocalHost())
```

liefert das "Netzwerkinterface", an das die Adresse des lokalen Rechners gebunden ist.

Zum Testen auf einem lokalen Rechner muss das Netzwerk-Interface mit einer IP-Adresse konfiguriert sein. Ggf. sind Firewall-Einstellungen anzupassen.

Das Programm ReceiveMessages wird zweimal gestartet (jeweils in einem eigenen Terminal-Fenster):

```
java -cp out/production/udp;../../libs/json/* multicast.ReceiveMessages
```

```
java -cp out/production/udp;../../libs/json/* multicast.SendMessage Hugo "Das ist
ein Test."
```

Ausgabebeispiel:

```
Receiver gestartet: 2022-01-12T16:08:11.322742300
Message{user='Hugo', timestamp=2022-01-12T16:08:44.571825700, message='Das ist ein
Test.'}

Receiver gestartet: 2022-01-12T16:08:19.185442900
Message{user='Hugo', timestamp=2022-01-12T16:08:44.571825700, message='Das ist ein
Test.'}
```

3.6   Aufgaben

1. Ein Server (`QuoteServer`) liefert zufallsgesteuert Zitate. Alle Zitate befinden sich in einer Datei *quotes.txt*, die den folgenden Zeilenaufbau hat:

   ```
   Zitat#Autor
   ```

   Erhält der Server ein "leeres" Datagramm, so bestimmt eine Zufallszahl, welches Zitat (mit Autor) an den Client gesendet wird.

   Programmieren Sie auch eine Anwendung mit grafischer Oberfläche (*JavaFX*) zur Anzeige von Zitaten in regelmäßigen Zeitabständen.

   Aufruf:

   ```
   java -Dfile.encoding=UTF-8 -cp out/production/Aufgaben;../../libs/json/*
   -p %PATH_TO_FX% --add-modules=javafx.controls quotes.QuoteApp localhost
   ```

   Die Umgebungsvariable `PATH_TO_FX` zeigt hier auf das *lib*-Verzeichnis der JavaFX-Installation.

   Lösung: siehe Paket quotes

2. Entwickeln Sie das Programm `Talk`, mit dem zwei Benutzer an verschiedenen Rechnern eine Unterhaltung online führen können. Das Programm soll eine grafische Oberfläche haben. Verwenden Sie z. B. *JavaFX*.

   Szenario:

   Benutzer "Hugo" sitzt am Rechner A (IP-Adresse `192.168.2.99`), Benutzer "Emil" am Rechner B (IP-Adresse `192.168.2.91`).

   Benutzer "Hugo" ruft das Programm wie folgt auf (die Umgebungsvariable `PATH_TO_FX` zeigt auf das *lib*-Verzeichnis der JavaFX-Installation):

   ```
   java -Dfile.encoding=UTF-8 -cp out/production/Aufgaben -p %PATH_TO_FX%
   --add-modules=javafx.controls talk.Talk --user=Hugo --remoteHost=192.168.2.91
   ```

   Benutzer "Emil" gibt das folgende Kommando ein:

   ```
   java -Dfile.encoding=UTF-8 -cp out/production/Aufgaben -p %PATH_TO_FX%
   --add-modules=javafx.controls talk.Talk --user=Emil --remoteHost=192.168.2.99
   ```

   Der UDP-Socket wird hier jeweils an die explizit im Programm vorgegebene Portnummer `50000` gebunden.

   Zum Testen kann das Programm auch zweimal auf demselben Rechner gestartet werden. Allerdings müssen dann die Portnummern unterschiedlich sein:

   ```
   java -Dfile.encoding=UTF-8 -cp out/production/Aufgaben -p %PATH_TO_FX%
   --add-modules=javafx.controls talk.Talk --user=Hugo --localPort=40000
   --remoteHost=localhost --remotePort=50000
   ```

   ```
   java -Dfile.encoding=UTF-8 -cp out/production/Aufgaben -p %PATH_TO_FX%
   --add-modules=javafx.controls talk.Talk --user=Emil --localPort=50000
   --remoteHost=localhost -remotePort=40000
   ```

   Lösung: siehe Paket talk

3. Erstellen Sie eine Anwendung mit zwei Servern und einem Client, die Such-
    anfragen an eine verteilte Dateiablage simuliert. Die beiden Server sollen zu
    einer *Multicast-Gruppe* gehören und jeweils eine Map verwalten mit dem
    Schlüssel "Datei-Id" und dem Wert "Dateiname". Der Client richtet Such-
    anfragen an beide Server, indem er die Id der Datei, nach der er suchen will,
    mitgibt. Derjenige Server, der die Datei in seiner Map verwaltet, antwortet mit
    einer entsprechenden Nachricht. Ein Timeout von 10 Sekunden signalisiert,
    dass die Datei auf keinem der beiden Server vorhanden ist.

    Lösung: siehe Paket filesearch

4 Netzwerkprogrammierung mit TCP-Sockets

Das wichtigste Protokoll der Transportschicht im TCP/IP-Schichtenmodell ist das *Transmission Control Protocol* (*TCP*). Es ist aufwändiger als UDP, stellt aber dafür eine zuverlässige Verbindung zwischen Client und Server her. Viele bekannte Internet-Dienste wie FTP (File Transfer Protocol), Telnet, SMTP (Simple Mail Transfer Protocol), POP (Post Office Protocol) und HTTP (Hypertext Transfer Protocol) nutzen TCP.

4.1 Das Protokoll TCP

TCP ist im Gegensatz zu UDP ein *verbindungsorientiertes* Protokoll. Zwischen zwei Prozessen (Client und Server) wird eine virtuelle Verbindung hergestellt, die dann eine beidseitige Übertragung von Bytefolgen beliebiger Länge erlaubt. Die Übertragung kann also in beide Richtungen analog zu einem Telefongespräch erfolgen.

Vor der Übertragung von Daten muss der Client eine Verbindung zum Server anfordern. Wird die Verbindung nicht mehr gebraucht, fordert einer der beteiligten Prozesse TCP auf, sie abzubauen.

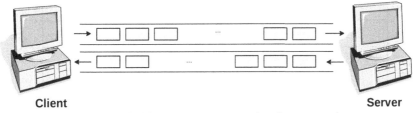

Abbildung 4-1: TCP-Verbindung

TCP sorgt für die Aufteilung der Daten in einzelne Pakete, garantiert, dass die Pakete den Empfänger in der richtigen Reihenfolge erreichen, und initiiert die Neuübertragung von verloren gegangenen oder defekten Paketen. TCP ist im *RFC* 793 der *IETF* spezifiziert.[1]

Abbildung 4-2 zeigt den Aufbau eines TCP-Pakets, das Bestandteil der Nutzdaten des IPv4-Pakets ist.

Der TCP-Header enthält:
- die Portnummer des Senders (2 Byte),
- die Portnummer des Empfängers (2 Byte),

---

1   https://tools.ietf.org/html/rfc793

Ergänzende Information Die elektronische Version dieses Kapitels enthält Zusatzmaterial, auf das über folgenden Link zugegriffen werden kann https://doi.org/10.1007/978-3-658-37200-2_4.

© Springer Fachmedien Wiesbaden GmbH, ein Teil von Springer Nature 2022
D. Abts, *Masterkurs Client/Server-Programmierung mit Java*,
https://doi.org/10.1007/978-3-658-37200-2_4

- weitere Felder mit einer Gesamtlänge von 16 Byte wie z. B. Reihenfolge-
  nummer und Prüfsumme,
- optionale Felder variabler Länge.

Darauf folgen dann die eigentlichen Nutzdaten des TCP-Pakets.

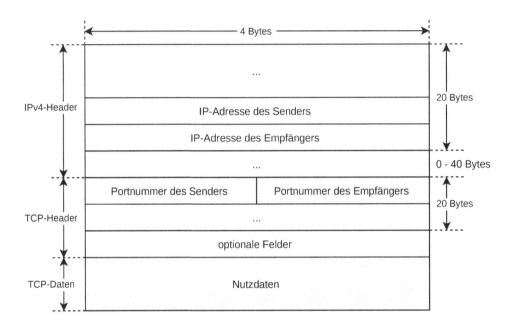

Abbildung 4-2: Aufbau des TCP-Pakets

4.2   TCP-Sockets

Im Gegensatz zu UDP wird bei TCP zwischen *Client-Socket* und *Server-Socket*
unterschieden.

Der Server-Socket versetzt den Server in die Lage, die Verbindungsanforderungen
der Clients abzuhören und diese dann zu bedienen.

Bevor Daten zwischen Client und Server ausgetauscht werden können, muss eine
Verbindung zwischen Sockets hergestellt werden. Der Aufruf der Methode accept
des Server-Sockets blockiert den Server so lange, bis ein Client versucht, Kontakt
aufzunehmen. accept liefert als Ergebnis einen Socket, über den dann die eigentliche Kommunikation stattfindet.

Die Kontaktaufnahme auf der Client-Seite geschieht automatisch bei der Erzeugung des Client-Sockets mit einem geeigneten Konstruktor. Eine Verbindung

kann natürlich nur hergestellt werden, wenn der Server zeitlich vor dem Start des Clients `accept` aufgerufen hat. Über Ein- und Ausgabeströme können nun Daten empfangen bzw. gesendet werden (vgl. auch Abbildung 4-3).

Die Verbindung wird abgebaut, wenn einer der beiden Sockets geschlossen wird.

Die Klasse Socket

Die Klasse `java.net.Socket` implementiert einen Client-Socket.

`Socket(InetAddress address, int port) throws IOException`
>   erzeugt einen Client-Socket und bindet ihn an die vorgegebene IP-Adresse und Portnummer.

`Socket(String host, int port) throws java.net.UnknownHostException,`
`        IOException`
>   erzeugt einen Client-Socket und bindet ihn an den vorgegebenen Host und an die vorgegebene Portnummer.

`void close() throws IOException`
>   schließt den Socket und auch die mit ihm verbundenen Ein- und Ausgabeströme (siehe weiter unten).

`boolean isClosed()`
>   liefert true, falls der Socket geschlossen ist, sonst false.

`void setSoTimeout(int timeout) throws SocketException`
>   setzt ein Timeout in Millisekunden. `read` für den Eingabestrom dieses Sockets blockiert höchstens `timeout` Millisekunden und löst dann die Ausnahme `java.net.SocketTimeoutException` aus. Wird `timeout = 0` gesetzt, so wird die Timeout-Steuerung deaktiviert.

`int getSoTimeout() throws SocketException`
>   liefert die Timeout-Angabe.

`InetAddress getLocalAddress()`
>   liefert die lokale IP-Adresse, an die der Socket gebunden ist.

`int getLocalPort()`
>   liefert die lokale Portnummer, an die der Socket gebunden ist.

`SocketAddress getLocalSocketAddress()`
>   liefert die lokale Socket-Adresse, an die der Socket gebunden ist.

`InetAddress getInetAddress()`
>   liefert die entfernte IP-Adresse, mit der der Socket verbunden ist.

`int getPort()`
>   liefert die entfernte Portnummer, mit der der Socket verbunden ist.

`SocketAddress getRemoteSocketAddress()`
>   liefert die entfernte Socket-Adresse, mit der der Socket verbunden ist.

`Socket` implementiert das Interface `AutoCloseable`. Somit können Sockets in *try-with-resources*-Blöcken automatisch geschlossen werden.

Input/Output

`InputStream getInputStream() throws IOException`
   liefert einen Eingabestrom für diesen Socket.

`OutputStream getOutputStream() throws IOException`
   liefert einen Ausgabestrom für diesen Socket.

Wird einer der beiden Datenströme mit der entsprechenden `close`-Methode geschlossen, so wird auch der zugehörige Socket geschlossen.

Mit einer der folgenden Methoden kann jeweils *nur einer* der beiden Datenströme (Eingabe bzw. Ausgabe) geschlossen werden, ohne damit den Socket selbst zu schließen:

`void shutdownInput() throws IOException`
   setzt den Eingabestrom für diesen Socket auf EOF (End Of File).

`void shutdownOutput() throws IOException`
   deaktiviert den Ausgabestrom für diesen Socket.

Die Klasse ServerSocket

Die Klasse `java.net.ServerSocket` implementiert einen Server-Socket.

`ServerSocket()`
   erzeugt einen ungebundenen Server-Socket.

`ServerSocket(int port) throws IOException`
   erzeugt einen Server-Socket und bindet ihn an die vorgegebene Portnummer.

`void bind(SocketAddress addr) throws IOException`
   bindet den Server-Socket an eine Socket-Adresse (IP-Adresse und Portnummer).

`void close() throws IOException`
   schließt den Server-Socket.

`boolean isClosed()`
   liefert `true`, falls der Server-Socket geschlossen ist, sonst `false`.

`Socket accept() throws IOException`
   nimmt einen Verbindungswunsch an und erzeugt einen neuen Socket für diese Verbindung. `accept` blockiert so lange, bis eine neue Verbindung aufgenommen wurde.

`void setSoTimeout(int timeout) throws SocketException`
   setzt ein *Timeout* in Millisekunden. `accept` blockiert höchstens `timeout` Millisekunden und löst dann die Ausnahme `java.net.SocketTimeoutException` aus. Wird `timeout = 0` gesetzt, so wird die Timeout-Steuerung deaktiviert.

`int getSoTimeout() throws IOException`
   liefert die Timeout-Angabe.

`InetAddress getInetAddress()`
   liefert die IP-Adresse, an die der Server-Socket gebunden ist.

`int getLocalPort()`
   liefert die Portnummer, an die der Server-Socket gebunden ist.

`SocketAddress getLocalSocketAddress()`
   liefert die Socket-Adresse, an die der Server-Socket gebunden ist.

`ServerSocket` implementiert das Interface `AutoCloseable`. Somit können Server-Sockets in *try-with-resources*-Blöcken automatisch geschlossen werden.

Herstellen einer TCP-Verbindung

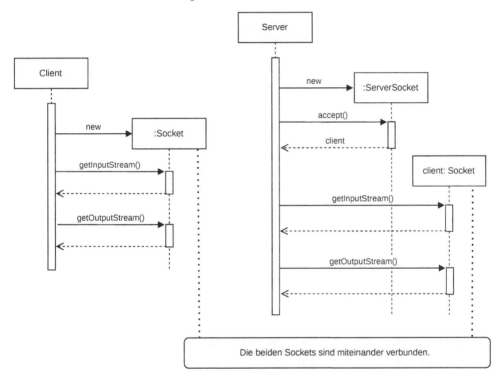

Abbildung 4-3: Herstellen einer TCP-Verbindung

1.   Der Server erzeugt ein `ServerSocket`-Objekt, das an einen vorgegebenen Port gebunden wird.

2.   Der Server ruft die Methode `accept` des Server-Sockets auf und wartet auf den Verbindungswunsch eines Clients.

3.   Der Client erzeugt ein `Socket`-Objekt mit der Adresse und der Portnummer des Servers und versucht damit, eine Verbindung zum Server aufzunehmen.

4. Der Server erzeugt ein `Socket`-Objekt, das das serverseitige Ende der Kommunikationsverbindung darstellt. Die Methode `accept` gibt dieses Objekt zurück.

5. Um eine bidirektionale Verbindung zwischen Client und Server aufzubauen, stellen Client und Server jeweils einen Aus- und Eingabestrom mit Hilfe ihrer `Socket`-Objekte bereit.

6. Nun können Daten mittels Lese- und Schreiboperationen hin- und hergeschickt werden.

Abbildung 4-3 zeigt den Ablauf.

Backlog

Verbindungswünsche, für die mittels `accept` noch kein Socket erzeugt werden konnte, werden in einer Warteschlange (*backlog*) verwaltet. Falls die Warteschlange voll ist und ein neuer Verbindungswunsch eingeht, wird beim Client die Ausnahme `java.net.ConnectException` ausgelöst. Die maximale Länge der Warteschlange ist standardmäßig 50.

Mit dem Konstruktor

```
ServerSocket(int port, int backlog) throws IOException
```

kann die maximale Länge der Warteschlange explizit festgelegt werden.

Der folgende Konstruktor bindet den Socket an die explizit vorgegeben IP-Adresse:

```
ServerSocket(int port, int backlog, InetAddress bindAddr)
      throws IOException
```

```
void bind(SocketAddress addr, int backlog) throws IOException
```
   bindet den Server-Socket an eine Socket-Adresse (IP-Adresse und Portnummer).

4.3   Iterative und parallele Server

→ Projekt tcp

Die beiden folgenden Beispiele (Paket *info*) zeigen verschiedene Varianten eines TCP-Servers, der Informationen zu Artikeln bereitstellt.

4.3.1 Iterativer Server

Die *erste Variante* kann nicht mehrere Clients gleichzeitig bedienen. Werden z. B. zwei Clients kurz hintereinander gestartet, so werden sie der Reihe nach bedient.

Erst wenn der erste Client beendet wurde, kommt der zweite zum Zuge. Es handelt sich also um einen sogenannten *iterativen Server*.

```java
package info;

import java.io.EOFException;
import java.io.IOException;
import java.io.ObjectInputStream;
import java.io.ObjectOutputStream;
import java.net.ServerSocket;
import java.net.SocketAddress;
import java.util.HashMap;
import java.util.Map;

public class InfoServer1 {
    private final int port;
    private Map<Integer, Artikel> map;

    public InfoServer1(int port) {
        this.port = port;
        load();
    }

    public void startServer() {
        try (var serverSocket = new ServerSocket(port)) {
            System.out.println("InfoServer1 gestartet ...");
            process(serverSocket);
        } catch (IOException e) {
            System.err.println(e.getMessage());
        }
    }

    private void process(ServerSocket serverSocket) throws IOException {
        while (true) {
            SocketAddress socketAddress = null;

            try (var socket = serverSocket.accept();
                 var out = new ObjectOutputStream(socket.getOutputStream());
                 var in = new ObjectInputStream(socket.getInputStream())) {

                socketAddress = socket.getRemoteSocketAddress();
                System.out.println("Verbindung zu " + socketAddress +
                        " hergestellt");

                out.flush();

                while (true) {
                    var id = in.readInt();
                    var artikel = map.get(id);
                    out.writeObject(artikel);
                    out.flush();
                }
            } catch (EOFException ignored) {
            } catch (IOException e) {
                System.err.println(e.getMessage());
```

```
            } finally {
                System.out.println("Verbindung zu " + socketAddress + " beendet");
            }
        }
    }

    private void load() {
        map = new HashMap<>();
        map.put(4711, new Artikel(4711, "Hammer", 2.99));
        map.put(4712, new Artikel(4712, "Zange", 3.99));
        map.put(4713, new Artikel(4713, "Schraubendreher", 1.50));
    }

    public static void main(String[] args) {
        new InfoServer1(50000).startServer();
    }
}
```

In der Methode `startServer` wird der Server-Socket erzeugt und an die Portnummer 50000 gebunden.

Je Schleifendurchgang in der Methode `process` erfolgen diese Schritte:

- Aufruf der Methode `accept`, die so lange blockiert, bis ein Client versucht, Verbindung aufzunehmen,
- Bereitstellung der Ein- und Ausgabeströme `in` und `out`,
- In einer Schleife werden Artikelnummern gelesen und gefundene Artikel-Objekte in den Ausgabestrom geschrieben. Die Schleife läuft so lange, bis der Client die Verbindung und damit seinen Ausgabestrom geschlossen hat.

Zum Lesen und Schreiben wird `ObjectInputStream` bzw. `ObjectOutputStream` verwendet. Die vom Client gesendete Artikelnummer wird mit `readInt` gelesen. In der Map wird der zur Artikelnummer passende Artikel (eine Instanz der Klasse `Artikel`) gelesen und serialisiert an den Client geschickt.

```
package info;

import java.io.Serializable;

public class Artikel implements Serializable {
    private int id;
    private String name;
    private double preis;

    public Artikel() {
    }

    public Artikel(int id, String name, double preis) {
        this.id = id;
        this.name = name;
        this.preis = preis;
    }
```

```
    // get-/set-Methoden

    @Override
    public String toString() {
        return "Artikel{" +
                "id=" + id +
                ", name='" + name + '\'' +
                ", preis=" + preis +
                '}';
    }
}



package info;

import java.io.ObjectInputStream;
import java.io.ObjectOutputStream;
import java.net.Socket;
import java.util.Scanner;

public class InfoClient {
    public static void main(String[] args) {
        var host = args[0];
        var port = 50000;

        try (var socket = new Socket(host, port);
             var in = new ObjectInputStream(socket.getInputStream());
             var out = new ObjectOutputStream(socket.getOutputStream())) {

            var scanner = new Scanner(System.in);
            while (true) {
                System.out.print("> ");
                var id = 0;
                try {
                    id = Integer.parseInt(scanner.next());
                } catch (NumberFormatException e) {
                    continue;
                }
                if (id == 0)
                    break;
                out.writeInt(id);
                out.flush();
                var artikel = (Artikel) in.readObject();
                if (artikel != null)
                    System.out.println(artikel);
                else
                    System.out.println("Artikel " + id + " nicht vorhanden");
            }
        } catch (Exception e) {
            System.err.println(e.getMessage());
        }
    }
}
```

Zunächst wird ein Client-Socket erzeugt und damit versucht, die Verbindung zum Server herzustellen. Die ObjectInputStream-Instanz in ist der Eingabestrom, die ObjectOutputStream-Instanz out der Ausgabestrom für diesen Socket.

In einer Schleife werden nun von der Tastatur Artikelnummern eingelesen, in den Ausgabestrom out geschrieben und damit zum Server geschickt. in.readObject() blockiert so lange, bis die Antwort vom Server vorliegt. Diese wird dann angezeigt.

Der Server erzeugt zuerst den ObjectOutputStream und danach den ObjectInput-Stream. Der Client macht das genau umgekehrt. Dass hier die Reihenfolge bei der Erstellung der Streams wichtig ist, geht aus den folgenden Erläuterungen hervor:

Der Konstruktor

```
ObjectOutputStream(OutputStream out) throws IOException
```

erstellt einen ObjectOutputStream, der in den angegebenen OutputStream schreibt. Dieser Konstruktor schreibt den sogenannten *Serialisierungs-Stream-Header* in den zugrunde liegenden Stream. Aufrufer sollten den Stream sofort leeren, um sicherzustellen, dass Konstruktoren zum Empfangen von ObjectInputStreams beim Lesen der Kopfzeile nicht blockieren.

Der Konstruktor

```
public ObjectInputStream(InputStream in) throws IOException
```

erstellt einen ObjectInputStream, der aus dem angegebenen InputStream liest. Ein *Serialisierungs-Stream-Header* wird aus dem Stream gelesen und verifiziert. Dieser Konstruktor blockiert, bis der entsprechende ObjectOutputStream den Header geschrieben und den Stream geleert hat.

Testablauf

Aufruf des Servers:
```
java -cp out/production/tcp info.InfoServer1
```

Ausgabe des Servers:
```
InfoServer1 gestartet ...
```

Aufruf des Clients (hier auf demselben Rechner):
```
java -cp out/production/tcp info.InfoClient localhost
```

Der Server meldet den Aufbau der Verbindung:
```
Verbindung zu /127.0.0.1:50459 hergestellt
```

Eingabe des Clients:
```
> 4711
Artikel{id=4711, name='Hammer', preis=2.99}
> 4712
Artikel{id=4712, name='Zange', preis=3.99}
```

```
> 4799
Artikel 4799 nicht vorhanden
> 0
```

Der Server meldet den Abbau der Verbindung:

```
Verbindung zu /127.0.0.1:50459 beendet
```

Der Server kann über Tastatur mit *Strg + C* abgebrochen werden.

Wird während der Client-Sitzung das Client-Programm nochmals in einem neuen Terminal-Fenster gestartet, so wird die angeforderte Verbindung zum Server erst dann aufgebaut, wenn der erste Client die Sitzung beendet hat.

4.3.2 Paralleler Server

Die im letzten Absatz geschilderte Einschränkung ist in der nächsten Variante nicht vorhanden. Hier wir die Client-bezogene Verarbeitung in einem eigenen Thread ausgeführt. Sofort nach dem Start dieses Threads ist der `main`-Thread bereit, weitere Verbindungen per `accept` entgegenzunehmen. Der Server ermöglicht also die parallele Bedienung mehrerer Clients (*paralleler Server*).

```java
package info;

import java.io.EOFException;
import java.io.IOException;
import java.io.ObjectInputStream;
import java.io.ObjectOutputStream;
import java.net.ServerSocket;
import java.net.Socket;
import java.net.SocketAddress;
import java.util.HashMap;
import java.util.Map;

public class InfoServer2 {
    private final int port;
    private Map<Integer, Artikel> map;

    public InfoServer2(int port) {
        this.port = port;
        load();
    }

    public void startServer() {
        try (var serverSocket = new ServerSocket(port)) {
            System.out.println("InfoServer2 gestartet ...");
            while (true) {
                var socket = serverSocket.accept();
                new Thread(new Handler(socket)).start();
            }
        } catch (IOException e) {
            System.err.println(e.getMessage());
        }
    }
}
```

```java
    private class Handler implements Runnable {
        private final Socket socket;

        public Handler(Socket socket) {
            this.socket = socket;
        }

        @Override
        public void run() {
            SocketAddress socketAddress = null;

            try (var out = new ObjectOutputStream(socket.getOutputStream());
                 var in = new ObjectInputStream(socket.getInputStream())) {

                socketAddress = socket.getRemoteSocketAddress();
                System.out.println("Verbindung zu " + socketAddress + " hergestellt");

                out.flush();

                while (true) {
                    var id = in.readInt();
                    var artikel = map.get(id);
                    out.writeObject(artikel);
                    out.flush();
                }
            } catch (EOFException ignored) {
            } catch (IOException e) {
                System.err.println(e.getMessage());
            } finally {
                System.out.println("Verbindung zu " + socketAddress + " beendet");
            }
        }
    }

    private void load() {
        map = new HashMap<>();
        map.put(4711, new Artikel(4711, "Hammer", 2.99));
        map.put(4712, new Artikel(4712, "Zange", 3.99));
        map.put(4713, new Artikel(4713, "Schraubendreher", 1.50));
    }

    public static void main(String[] args) {
        new InfoServer2(50000).startServer();
    }
}
```

4.3.3 Thread-Pooling

Die Fähigkeit des Servers, mehrere Clients quasi gleichzeitig zu bedienen, wurde bisher so gelöst, dass für jede Anfrage eines Clients ein neuer Thread erzeugt wurde. Im Vergleich zu Prozessen ist die Erzeugung eines Threads weniger aufwändig. Trotzdem sollte man hiermit sparsam umgehen; insbesondere dann, wenn kurzzeitig sehr viele Threads mit kurzer Laufzeit benötigt werden.

Ein *Thread-Pool* bietet die Möglichkeit, mehrere separate Aufgaben vom selben Thread nacheinander ausführen zu lassen. Nicht mehr benutzte Threads werden in den Pool zurückgelegt und können wiederverwendet werden.

Wir benutzen hier eine spezielle Thread-Pool-Variante, einen sogenannten *Cached Thread Pool*. Ein solcher Pool wächst bzw. schrumpft nach Bedarf. Steht eine neue Aufgabe (hier eine Client-Anfrage) zur Bearbeitung an und gibt es keinen "freien" Thread im Pool, so wird ein neuer erzeugt, der die Ausführung übernimmt. Ist die Aufgabe ausgeführt, steht dieser Thread als wieder "freier" Thread im Pool zur Verfügung. Wird er *innerhalb von 60 Sekunden* nicht benötigt, so wird er terminiert und ist dann nicht mehr verwendbar. Der Pool passt sich also dynamisch den momentanen Anforderungen an und ist optimal für kleinere Aufgaben, die in hoher Zahl kurzfristig anstehen.

Für unsere Zwecke benutzen wir die Klasse `java.util.concurrent.Executors` und das Interface `java.util.concurrent.ExecutorService`.

Die statische `Executors`-Methode

```
static ExecutorService newCachedThreadPool()
```

erzeugt einen *Cached Thread Pool* und liefert diesen als Objekt vom Typ `ExecutorService` zurück.

Das Interface `ExecutorService` enthält u. a. die folgenden Methoden:

`void execute(Runnable task)`
    führt die `run`-Methode von `task` in einem Thread des Pools aus.

`void shutdown()`
    bewirkt, dass vor dem Aufruf dieser Methode übergebene Aufgaben noch ausgeführt, neue aber nicht mehr akzeptiert werden; alle vom Pool verwalteten Threads werden dann terminiert.

Der folgende Server (Paket *pool*) nutzt zur Parallelisierung Thread-Pooling. Zudem werden `Artikel`-Objekte für die Übertragung in JSON-Dokumente konvertiert. Hier wird also die Dependency *json* benötigt (siehe auch Kapitel 2). Die Klasse Artikel ist dieselbe wie im letzten Beispiel, allerdings muss die Klasse nicht das Interface `Serializable` implementieren.

```java
package pool;

import jakarta.json.bind.JsonbBuilder;

import java.io.BufferedReader;
import java.io.IOException;
import java.io.InputStreamReader;
import java.io.PrintWriter;
```

```java
import java.net.ServerSocket;
import java.net.Socket;
import java.net.SocketAddress;
import java.util.HashMap;
import java.util.Map;
import java.util.concurrent.ExecutorService;
import java.util.concurrent.Executors;

public class InfoServer {
    private final int port;
    private Map<Integer, Artikel> map;
    private ExecutorService pool;

    public InfoServer(int port) {
        this.port = port;
        load();
    }

    public void startServer() {
        try (var serverSocket = new ServerSocket(port)) {
            System.out.println("InfoServer gestartet ...");
            pool = Executors.newCachedThreadPool();
            while (true) {
                var socket = serverSocket.accept();
                pool.execute(new Handler(socket));
            }
        } catch (IOException e) {
            System.err.println(e.getMessage());
            pool.shutdown();
        }
    }

    private class Handler implements Runnable {
        private final Socket socket;

        public Handler(Socket socket) {
            this.socket = socket;
        }

        @Override
        public void run() {
            SocketAddress socketAddress = null;

            try (var in = new BufferedReader(new InputStreamReader(
                            socket.getInputStream()));
                 var out = new PrintWriter(socket.getOutputStream(), true)) {

                socketAddress = socket.getRemoteSocketAddress();
                System.out.println("Verbindung zu " + socketAddress + " hergestellt");

                var line = "";
                while ((line = in.readLine()) != null) {
                    var id = Integer.parseInt(line);
                    var artikel = map.get(id);
                    artikel = (artikel != null) ? artikel : new Artikel();
                    out.println(serialize(artikel));
                }
            } catch (IOException e) {
                System.err.println(e.getMessage());
```

```
            } finally {
                System.out.println("Verbindung zu " + socketAddress + " beendet");
            }
        }
    }

    private void load() {
        map = new HashMap<>();
        map.put(4711, new Artikel(4711, "Hammer", 2.99));
        map.put(4712, new Artikel(4712, "Zange", 3.99));
        map.put(4713, new Artikel(4713, "Schraubendreher", 1.50));
    }

    private static String serialize(Artikel artikel) {
        var jsonb = JsonbBuilder.create();
        return jsonb.toJson(artikel);
    }

    public static void main(String[] args) {
        new InfoServer(50000).startServer();
    }
}


package pool;

import jakarta.json.bind.JsonbBuilder;

import java.io.BufferedReader;
import java.io.InputStreamReader;
import java.io.PrintWriter;
import java.net.Socket;
import java.util.Scanner;

public class InfoClient {
    public static void main(String[] args) {
        var host = args[0];
        var port = 50000;

        try (var socket = new Socket(host, port);
             var in = new BufferedReader(new InputStreamReader(
                          socket.getInputStream()));
             var out = new PrintWriter(socket.getOutputStream(), true)) {

            var scanner = new Scanner(System.in);
            while (true) {
                System.out.print("> ");
                var id = 0;
                try {
                    id = Integer.parseInt(scanner.next());
                } catch (NumberFormatException e) {
                    continue;
                }
                if (id == 0)
                    break;
                out.println(id);

                var artikel = deserialize(in.readLine());
```

```
            if (artikel.getId() == 0)
                System.out.println("Artikel " + id + " nicht vorhanden");
            else
                System.out.println(artikel);
        }
    } catch (Exception e) {
        System.err.println(e.getMessage());
    }
}

private static Artikel deserialize(String data) {
    var jsonb = JsonbBuilder.create();
    return jsonb.fromJson(data, Artikel.class);
}
}
```

4.4   Ein Framework für TCP-Server

Die Beispiele der vorhergehenden Abschnitte zeigen, dass die Implementierungen der TCP-Server im Großen und Ganzen fast immer dem gleichen Muster folgen. Es liegt also nahe, die immer wiederkehrenden Codeteile zu standardisieren und als Framework für eigene Server-Implementierungen anzubieten.

Das Framework

Das Framework besteht aus den beiden Klassen TCPServer und AbstractHandler, die zum Paket tcpframework gehören.

Der Konstruktor von TCPServer erwartet eine Portnummer und die Klasse des Handlers, der die eigentliche Kommunikation mit dem Client durchführt. Hier wird das Class-Objekt des Handlers angegeben. Anstelle der Handler-Klasse kann auch eine Handler-Instanz angegeben werden. Der Handler ist eine Subklasse von AbstractHandler.

Innerhalb des Konstruktors werden u. a. ein ServerSocket-Objekt und ein Thread-Pool (siehe Kapitel 4.3.3) erzeugt.

TCPServer ist von Thread abgeleitet. Innerhalb der run-Methode wird in einer Schleife die Methode accept aufgerufen. Für die im Konstruktor erzeugte bzw. übergebene Handler-Instanz wird die Methode handle mit den Referenzen für das Socket-Objekt und den Thread-Pool aufgerufen.

Die Methode stopServer schließt das ServerSocket Objekt und terminiert den Thread-Pool.

```
package tcpframework;

import java.io.IOException;
import java.net.ServerSocket;
import java.net.SocketException;
import java.util.concurrent.ExecutorService;
import java.util.concurrent.Executors;
```

```java
public class TCPServer extends Thread {
    private final AbstractHandler handler;
    private final ServerSocket serverSocket;
    private final ExecutorService pool;

    public TCPServer(int port, Class<?> handlerClass) throws Exception {
        handler = (AbstractHandler) handlerClass.getDeclaredConstructor()
                    .newInstance();
        serverSocket = new ServerSocket(port);
        pool = Executors.newCachedThreadPool();
    }

    public TCPServer(int port, AbstractHandler handlerObject) throws IOException {
        handler = handlerObject;
        serverSocket = new ServerSocket(port);
        pool = Executors.newCachedThreadPool();
    }

    public void run() {
        try {
            while (true) {
                var socket = serverSocket.accept();
                handler.handle(socket, pool);
            }
        } catch (SocketException ignored) {
            // Beim Aufruf von stopServer() wird eine SocketException ausgelöst
        } catch (Exception e) {
            System.err.println(e.getMessage());
        }
    }

    public void stopServer() {
        try {
            serverSocket.close();
        } catch (IOException ignored) {
        }
        pool.shutdown();
    }
}
```

Ein konkreter Handler ist von `AbstractHandler` abgeleitet und implementiert die Methode `runTask`.

```java
package tcpframework;

import java.io.IOException;
import java.net.Socket;
import java.util.concurrent.ExecutorService;

public abstract class AbstractHandler {
    public void handle(final Socket socket, ExecutorService pool) {
        pool.execute(() -> {
            var socketAddress = socket.getRemoteSocketAddress();
            System.out.println("Verbindung zu " + socketAddress + " hergestellt");
```

```
                runTask(socket);

                try {
                    socket.close();
                } catch (IOException ignored) {
                }

                System.out.println("Verbindung zu " + socketAddress + " beendet");
        });
    }

    public abstract void runTask(Socket socket);
}
```

Anwendung des Frameworks

Das Framework wird nun in einem Beispiel verwendet. Hierbei handelt es sich um
einen Server, der einen empfangenen Text als Echo wieder zurücksendet.

```
package tcpframework.test;

import tcpframework.TCPServer;

public class EchoServer {
    public static void main(String[] args) throws Exception {
        var port = Integer.parseInt(args[0]);

        var server = new TCPServer(port, EchoHandler.class);
        server.start();

        System.out.println("Stoppen mit ENTER");

        System.in.read();
        server.stopServer();
        System.out.println("EchoServer gestoppt.");
    }
}
```

Der Server wird nach Betätigung der ENTER-Taste gestoppt; allerdings erst dann,
wenn alle momentan aktiven Client-Bearbeitungen beendet sind.

```
package tcpframework.test;

import tcpframework.AbstractHandler;

import java.io.BufferedReader;
import java.io.IOException;
import java.io.InputStreamReader;
import java.io.PrintWriter;
import java.net.Socket;

public class EchoHandler extends AbstractHandler {
```

```java
    @Override
    public void runTask(Socket socket) {
        try (var in = new BufferedReader(new InputStreamReader(
                socket.getInputStream()));
             var out = new PrintWriter(socket.getOutputStream(), true)) {

            out.println("Server ist bereit ...");

            var input = "";
            while ((input = in.readLine()) != null) {
                out.println(input);
            }
        } catch (IOException e) {
            System.err.println(e.getMessage());
        }
    }
}
```

Hierzu ein passender Client:

```java
package tcpframework.test;

import java.io.BufferedReader;
import java.io.IOException;
import java.io.InputStreamReader;
import java.io.PrintWriter;
import java.net.Socket;
import java.nio.charset.StandardCharsets;

public class EchoClient {
    public static void main(String[] args) {
        var host = args[0];
        var port = Integer.parseInt(args[1]);

        try (var socket = new Socket(host, port);
             var in = new BufferedReader(new InputStreamReader(
                 socket.getInputStream(), StandardCharsets.UTF_8));
             var out = new PrintWriter(
                 socket.getOutputStream(), true, StandardCharsets.UTF_8);
             var input = new BufferedReader(new InputStreamReader(System.in))) {

            var msg = in.readLine();
            if (msg != null)
                System.out.println(msg);

            var line = "";
            while (true) {
                System.out.print("> ");
                line = input.readLine();
                if (line.equals("q"))
                    break;

                out.println(line);
                var response = in.readLine();
```

```
                    if (response == null)
                        break;
                    System.out.println(response);
                }
            } catch (IOException e) {
                System.err.println(e.getMessage());
            }
        }
    }
}
```

4.5 Beenden eines Datenstroms

Die Socket-Methode close schließt nicht nur den Socket, sondern auch gleichzeitig die mit ihm verbundenen Datenströme. Umgekehrt führt das Schließen eines der beiden Datenströme zum Schließen des Sockets.

Will man nur einen der Datenströme beenden, ohne auch den Socket zu schließen, kann die Socket-Methode shutdownInput bzw. shutdownOutput verwendet werden (siehe Kapitel 4.2).

Wir nutzen diese Möglichkeit im folgenden Programm (Paket *upload*). Der UploadClient sendet den Inhalt einer Datei zum Server und beendet dann den Ausgabestrom. Der UploadServer liest Bytes aus dem Eingabestrom, bis dieser beendet ist. Danach schickt er eine Meldung zum Client.

Würde der Ausgabestrom vom Client nicht durch shutdownOutput beendet, so würde der Server in Erwartung weiterer Daten in der Schleife zum Einlesen verbleiben und so das Programm nicht zum Ende kommen.

Der Client sendet den Dateinamen, danach ein Newline-Zeichen und dann den Inhalt der Datei. Die Datenstruktur ist also wie folgt:

> *Dateiname\nDateiinhalt*

```
package upload;

import java.io.BufferedReader;
import java.io.FileInputStream;
import java.io.InputStreamReader;
import java.net.Socket;

public class UploadClient {
    public static void main(String[] args) {
        var host = args[0];
        var port = 50000;
        var filename = "test.pdf";

        try (var socket = new Socket(host, port);
                var in = new BufferedReader(new InputStreamReader(
                        socket.getInputStream()));
                var out = socket.getOutputStream()) {
```

```
            out.write(filename.getBytes());
            out.write('\n');

            try (var is = new FileInputStream(filename)) {
                var buffer = new byte[1024];
                var c = 0;
                while ((c = is.read(buffer)) != -1) {
                    out.write(buffer, 0, c);
                }
                System.out.println(filename + " wurde hochgeladen.");
            }

            socket.shutdownOutput();

            var msg = in.readLine();
            System.out.println(msg);
        } catch (Exception e) {
            System.err.println(e.getMessage());
        }
    }
}
```

Für den Server nutzen wir das Framework aus Kapitel 4.4.

```
package upload;                          .

import tcpframework.AbstractHandler;

import java.io.File;
import java.io.FileOutputStream;
import java.io.IOException;
import java.io.PrintWriter;
import java.net.Socket;

public class UploadHandler extends AbstractHandler {
    private final String dir;

    public UploadHandler(String dir) {
        this.dir = dir;
    }

    @Override
    public void runTask(Socket socket) {
        try (var in = socket.getInputStream();
             var out = new PrintWriter(socket.getOutputStream(), true)) {

            var builder = new StringBuilder();
            var c = 0;
            while ((c = in.read()) != '\n') {
                builder.append((char) c);
            }
            var filename = builder.toString();
            var file = new File(dir, filename);

            var message = "";
```

```
            try (var os = new FileOutputStream(file)) {
                var buffer = new byte[8192];
                while ((c = in.read(buffer)) != -1) {
                    os.write(buffer, 0, c);
                }
                message = "Die Datei '" + filename + "' wurde in '" + dir +
                            "' gespeichert.";
            } catch (IOException e) {
                System.err.println(e.getMessage());
                message = e.getMessage();
            }

            out.println(message);
        } catch (IOException e) {
            System.err.println(e.getMessage());
        }
    }
}
```

Alle Zeichen bis zum ersten Newline-Zeichen bilden den Dateinamen. Alle Bytes,
die danach folgen, werden in die Datei mit dem gebildeten Namen im Verzeichnis
tmp gespeichert. Im Erfolgsfall wird eine entsprechende Nachricht als Antwort
gesendet.

4.6   Ein Chat-Programm

Mit dem Programm `ChatClient` (Paket *chat*) ist das "Chatten" mit mehreren
Teilnehmern im Netz möglich. Der Teilnehmer kann sich an- und abmelden und
Texte durch Eingabe von ENTER im Eingabefeld an alle anderen aktiven Teilnehmer senden. Der Server registriert die angemeldeten Teilnehmer und verteilt
eingehende Nachrichten an alle registrierten Teilnehmer.

Der Server verwendet das Framework aus Kapitel 4.4. Client und Server benötigen
die Bibliothek *libs/json* (siehe Kapitel 2).

Daten werden im JSON-Format zwischen Client und Server ausgetauscht. Diese
werden programmintern als Objekte vom Typ `Message` verwaltet.

```
package chat;

public class Message {
    public enum Action {
        LOGIN, JOIN, LEAVE, SAY, JOIN_ERROR
    }

    public Action action;
    public String user;
    public String text;
}
```

Die Klasse Message enthält die Attribute user und text sowie den Operationscode action (hier vom Aufzählungstyp Action), der die Art der Nachricht bestimmt:

- LOGIN
  wird bei der Anmeldung eines Benutzers verwendet.

- JOIN
  wird bei erfolgreicher Anmeldung verwendet.

- LEAVE
  wird bei der Abmeldung eines Benutzers verwendet.

- SAY
  wird für den Austausch einer Nachricht eines angemeldeten Benutzers verwendet.

- JOIN_ERROR
  wird verwendet, wenn die Anmeldung nicht erfolgreich war.

```
package chat;

import tcpframework.TCPServer;

public class ChatServer {
    public static void main(String[] args) throws Exception {
        var port = 50000;

        var server = new TCPServer(port, ChatHandler.class);
        server.start();

        System.out.println("Stoppen mit ENTER");
        System.in.read();
        server.stopServer();
    }
}
```

Der Server verwaltet zwei Listen:

- die Namen der angemeldeten User (Liste users) und
- die aktiven Verbindungen (Liste connections).

Beide Listen sind vom Typ CopyOnWriteArrayList. Diese Klasse verhindert Ausnahmen vom Typ ConcurrentModificationException während der Iteration über die Elemente der Liste.

Nach Aufnahme einer Verbindung wird die Referenz auf den Ausgabestrom vom Typ PrintWriter für den angemeldeten Teilnehmer in der Liste connections gespeichert und am Ende wieder entfernt.

```java
package chat;

import jakarta.json.bind.Jsonb;
import jakarta.json.bind.JsonbBuilder;
import tcpframework.AbstractHandler;

import java.io.BufferedReader;
import java.io.IOException;
import java.io.InputStreamReader;
import java.io.PrintWriter;
import java.net.Socket;
import java.util.List;
import java.util.concurrent.CopyOnWriteArrayList;

public class ChatHandler extends AbstractHandler {
    private final static int TIMEOUT = 600000; // 10 Min.
    private final List<PrintWriter> connections;
    private final List<String> users;
    private final Jsonb jsonb;

    public ChatHandler() {
        connections = new CopyOnWriteArrayList<>();
        users = new CopyOnWriteArrayList<>();
        jsonb = JsonbBuilder.create();
    }

    @Override
    public void runTask(Socket socket) {
        String user = null;
        PrintWriter out = null;
        var joined = false;

        try (socket) {
            socket.setSoTimeout(TIMEOUT);
            var in = new BufferedReader(new InputStreamReader(
                    socket.getInputStream()));
            out = new PrintWriter(socket.getOutputStream(), true);

            var line = "";
            while ((line = in.readLine()) != null) {
                var message = jsonb.fromJson(line, Message.class);
                switch (message.action) {
                    case LOGIN:
                        user = message.user;
                        joined = join(user, out);
                        break;
                    case SAY:
                        say(user, message.text, out);
                        break;
                }
            }
        } catch (IOException e) {
            System.err.println(e.getMessage());
        } finally {
            if (joined)
                leave(user, out);
        }
    }
```

```java
        private boolean join(String user, PrintWriter out) {
            if (users.contains(user)) {
                var message = new Message();
                message.action = Message.Action.JOIN_ERROR;
                message.user = user;
                var jsonStr = jsonb.toJson(message);
                out.println(jsonStr);
                out.close();
                return false;
            } else {
                connections.add(out);
                users.add(user);
                var message = new Message();
                message.action = Message.Action.JOIN;
                message.user = user;
                broadcast(message);
                System.out.println("Anzahl Verbindungen: " + connections.size());
                System.out.println("Angemeldete User: " + users);
                return true;
            }
        }

        private void leave(String user, PrintWriter out) {
            connections.remove(out);
            users.remove(user);
            var message = new Message();
            message.action = Message.Action.LEAVE;
            message.user = user;
            broadcast(message);
            System.out.println("Anzahl Verbindungen: " + connections.size());
            System.out.println("Angemeldete User: " + users);
        }

        private void say(String user, String text, PrintWriter out) {
            var message = new Message();
            message.action = Message.Action.SAY;
            message.user = user;
            message.text = text;
            broadcast(message);
        }

        private void broadcast(Message message) {
            var jsonStr = jsonb.toJson(message);
            for (var out : connections) {
                out.println(jsonStr);
            }
        }
    }
}
```

Kollidiert beim Versuch der Anmeldung der Name mit dem Namen eines bereits angemeldeten Benutzers, so wird eine Fehlermeldung (JOIN_ERROR) gesendet und die Verbindung beendet. Die Methode broadcast sendet Nachrichten an alle angemeldeten Teilnehmer. Nach der An- bzw. Abmeldung eines Teilnehmers werden auf der Server-Konsole die Anzahl aktiver Verbindungen und die Namen der momentan angemeldeten User angezeigt.

Hier folgt nun der Client, dessen Oberfläche mit JavaFX realisiert ist:[2]

```
package chat;

import jakarta.json.bind.Jsonb;
import jakarta.json.bind.JsonbBuilder;
import javafx.application.Application;
import javafx.application.Platform;
import javafx.scene.Scene;
import javafx.scene.control.Button;
import javafx.scene.control.TextArea;
import javafx.scene.control.TextField;
import javafx.scene.layout.VBox;
import javafx.stage.Stage;

import java.io.*;
import java.net.Socket;

public class ChatClient extends Application implements Runnable {
    private String host = "localhost";
    private final int port = 50000;

    private TextArea ta;
    private TextField tf;
    private Button btn;
    private boolean loggedIn;
    private String user;
    private Socket socket;
    private BufferedReader in;
    private BufferedWriter out;
    private Stage stage;
    private volatile Thread t;
    private Jsonb jsonb;

    @Override
    public void start(Stage stage) {
        this.stage = stage;

        var box = new VBox();
        ta = new TextArea();
        tf = new TextField();
        btn = new Button("Anmelden");

        box.getChildren().addAll(ta, tf, btn);

        ta.setWrapText(true);
        ta.setStyle("-fx-font: 16pt \"Arial\";");
        ta.setEditable(false);
        ta.setPrefHeight(500);

        tf.setStyle("-fx-font: 16pt \"Arial\";");
```

---

2 Die JAR-Dateien von JavaFX müssen zur Compilierung dem Projekt zugeordnet
   werden.

```
        tf.setOnAction(event -> {
            if (loggedIn)
                say();
        });

        btn.setStyle("-fx-font: 16pt \"Arial\";");
        btn.setOnAction(event -> btnAction());

        stage.setScene(new Scene(box, 800, 500));
        stage.setTitle("Chat");
        stage.show();

        jsonb = JsonbBuilder.create();
        var params = getParameters().getRaw();
        if (!params.isEmpty())
            host = params.get(0);
    }

    @Override
    public void stop() throws Exception {
        logout();
    }

    private void btnAction() {
        if (loggedIn) {
            logout();
        } else {
            user = tf.getText();
            if (user.length() != 0) {
                login();
            }
        }
    }

    private void login() {
        try {
            socket = new Socket(host, port);
            in = new BufferedReader(new InputStreamReader(
                        socket.getInputStream()));
            out = new BufferedWriter(new OutputStreamWriter(
                        socket.getOutputStream()));

            send(Message.Action.LOGIN, user, "");

            t = new Thread(this);
            t.start();
        } catch (IOException e) {
            ta.appendText(e.getMessage() + "\n");
            logout();
        } finally {
            tf.setText("");
            tf.requestFocus();
        }
    }

    private void logout() {
        try {
            loggedIn = false;
            stage.setTitle("Chat");
```

```java
            btn.setText("Anmelden");
            t = null;
            if (socket != null)
                socket.close();
            if (in != null)
                in.close();
            if (out != null)
                out.close();
        } catch (IOException ignored) {
        }
    }

    private void say() {
        try {
            send(Message.Action.SAY, user, tf.getText());
        } catch (IOException e) {
            ta.appendText(e.getMessage() + "\n");
            logout();
        } finally {
            tf.setText("");
            tf.requestFocus();
        }
    }

    private void send(Message.Action action, String user, String text)
            throws IOException {
        var message = new Message();
        message.action = action;
        message.user = user;
        message.text = text;
        var jsonStr = jsonb.toJson(message);

        out.write(jsonStr);
        out.newLine();
        out.flush();
    }

    @Override
    public void run() {
        try {
            while (Thread.currentThread() == t) {
                var line = in.readLine();
                if (line == null)
                    break;

                var message = jsonb.fromJson(line, Message.class);
                var msg = "";
                switch (message.action) {
                    case JOIN:
                        Platform.runLater(() -> {
                            loggedIn = true;
                            stage.setTitle("Chat - " + user);
                            btn.setText("Abmelden");
                        });
                        msg = message.user + " ist angemeldet.";
                        break;
                    case JOIN_ERROR:
                        msg = message.user + " ist bereits angemeldet.";
                        break;
```

```
                    case LEAVE:
                        msg = message.user + " ist abgemeldet.";
                        break;
                    case SAY:
                        msg = message.user + ": " + message.text;
                        break;
                }

                var output = msg;
                Platform.runLater(() -> {
                    ta.appendText(output);
                    ta.appendText("\n");
                });
            }
        } catch (IOException ignored) {
        }
    }

    public static void main(String[] args) {
        launch(args);
    }
}
```

In der Methode `login` wird ein Thread gestartet, der die eingehenden Nachrichten verarbeitet.

Abbildung 4-4: Der Chat-Client

Starten des Servers:

```
java -cp out/production/tcp;../../libs/json/* chat.ChatServer
```

Nachdem der Server gestartet wurde, kann das Client-Programm mehrfach aufgerufen werden (siehe Abbildung 4-4):

```
java -Dfile.encoding=UTF-8 -cp out/production/tcp;../../libs/json/* -p %PATH_TO_FX%
--add-modules=javafx.controls chat.ChatClient localhost
```

Die Umgebungsvariable PATH_TO_FX zeigt auf das *lib*-Verzeichnis der JavaFX-Installation.

Ausgabe des Servers:

```
Stoppen mit ENTER
Verbindung zu /127.0.0.1:53138 hergestellt
Anzahl Verbindungen: 1
Angemeldete User: [Hugo]
Verbindung zu /127.0.0.1:53139 hergestellt
Anzahl Verbindungen: 2
Angemeldete User: [Hugo, Emil]
```

4.7   Asynchrone Kommunikation

Hier stellen wir ein Beispiel vor, in dem Client und Server *asynchron* miteinander kommunizieren (Paket *async*). Senden und Empfangen von Daten sind zeitlich versetzt. Der Client ist nicht blockiert durch Warten auf die Antwort des Servers.

Der Client erteilt einen Auftrag an den Server. Nach der Empfangsbestätigung durch den Server wir die Verbindung beendet. Der Server bearbeitet nun den Auftrag und baut nach Beendigung der Bearbeitung seinerseits eine Verbindung zum Client auf, um ihm die Fertigstellung mitzuteilen. Dazu muss der Client selbst einen Server bereitstellen. Die Portnummer dieses im Client integrierten Servers wird dem Server, der den Auftrag bearbeiten soll, zu Beginn mitgeteilt.

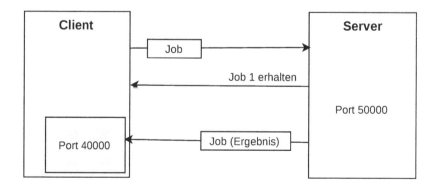

Abbildung 4-5: Asynchrone Kommunikation

Die Daten zum Auftrag werden in einem Objekt vom Typ `Job` gespeichert. Dieses wird für die Übertragung in eine JSON-Dokument konvertiert.

Der Auftrag enthält die Job-Id (`id`), die eigentliche Anfrage (`request`), das zugehörige Ergebnis (`response`), Adresse und Portnummer für die Kontaktaufnahme (`addr`, `port`) und die Dauer der serverseitigen Bearbeitung (`duration`).

```java
package async;

public class Job {
    private String id;
    private String request;
    private String response;
    private String addr;
    private int port;
    private long duration;

    // get-/set-Methoden

    @Override
    public String toString() {
        return "Job{" +
                "id='" + id + '\'' +
                ", request='" + request + '\'' +
                ", response='" + response + '\'' +
                ", addr='" + addr + '\'' +
                ", port=" + port +
                ", duration=" + duration +
                '}';
    }
}
```

```java
package async;

import tcpframework.TCPServer;

public class JobServer {
    public static void main(String[] args) throws Exception {
        var port = 50000;

        var server = new TCPServer(port, JobHandler.class);
        server.start();

        System.out.println("Stoppen mit ENTER");
        System.in.read();
        server.stopServer();
    }
}
```

```java
package async;

import jakarta.json.bind.JsonbBuilder;
import tcpframework.AbstractHandler;

import java.io.BufferedReader;
```

```java
import java.io.IOException;
import java.io.InputStreamReader;
import java.io.PrintWriter;
import java.net.Socket;

public class JobHandler extends AbstractHandler {
    @Override
    public void runTask(Socket socket) {
        try (var in = new BufferedReader(new InputStreamReader(
                            socket.getInputStream())));
             var out = new PrintWriter(socket.getOutputStream(), true)) {

            var data = in.readLine();
            if (data != null) {
                var job = deserialize(data);
                out.println(job.getId() + " erhalten.");
                new Worker(job).start();
            }
        } catch (IOException e) {
            System.err.println(e.getMessage());
        }
    }

    private static Job deserialize(String data) {
        var jsonb = JsonbBuilder.create();
        return jsonb.fromJson(data, Job.class);
    }
}
```

Die eigentliche Bearbeitung des Auftrags wird in einem separaten Thread (Worker)
ausgeführt. Dieser nimmt nach der Bearbeitung die Verbindung zum Client auf.

```java
package async;

import jakarta.json.bind.JsonbBuilder;

import java.io.IOException;
import java.io.PrintWriter;
import java.net.Socket;
import java.time.Duration;
import java.time.Instant;
import java.util.Random;

public class Worker extends Thread {
    private final Job job;

    public Worker(Job job) {
        this.job = job;
    }

    @Override
    public void run() {
        System.out.println(job.getId() + " wird bearbeitet.");
        var start = Instant.now();
```

```
    try {
        var random = new Random();
        Thread.sleep(8000 + random.nextInt(8000));
    } catch (InterruptedException ignored) {
    }

    var end = Instant.now();
    var millis = Duration.between(start, end).toMillis();
    job.setResponse("Hier steht das Ergebnis.");
    job.setDuration(millis);

    System.out.println(job.getId() + " ist fertig.");

    try (var socket = new Socket(job.getAddr(), job.getPort());
         var out = new PrintWriter(socket.getOutputStream(), true)) {
        out.println(serialize(job));
    } catch (IOException e) {
        System.err.println(e.getMessage());
    }
}

private static String serialize(Job job) {
    var jsonb = JsonbBuilder.create();
    return jsonb.toJson(job);
}
}
```

Der Client startet zu Beginn in der Methode startReceiver einen Server, der an die
Portnummer 40000 gebunden ist. Mit diesem integrierten Server nimmt der Worker
(siehe oben) Kontakt auf, um das Bearbeitungsergebnis zurückzusenden.

```
package async;

import jakarta.json.bind.JsonbBuilder;

import java.io.BufferedReader;
import java.io.IOException;
import java.io.InputStreamReader;
import java.io.PrintWriter;
import java.net.ServerSocket;
import java.net.Socket;
import java.net.SocketException;

public class JobClient {
    private static String host;
    private final static int PORT = 50000;
    private final static int SERVER_PORT = 40000;
    private ServerSocket serverSocket;

    public static void main(String[] args) throws Exception {
        var localHost = args[0];
        host = args[1];

        var client = new JobClient();
        client.startReceiver();
```

```java
    var job1 = new Job();
    job1.setId("Job 1");
    job1.setRequest("Hier steht die Auftragsbeschreibung.");
    job1.setAddr(localHost);
    job1.setPort(SERVER_PORT);

    var job2 = new Job();
    job2.setId("Job 2");
    job2.setRequest("Hier steht die Auftragsbeschreibung.");
    job2.setAddr(localHost);
    job2.setPort(SERVER_PORT);

    client.process(job1);
    Thread.sleep(3000);
    client.process(job2);

    System.in.read();
    client.serverSocket.close();
}

private void process(Job job) {
    try (var socket = new Socket(host, PORT);
         var in = new BufferedReader(new InputStreamReader(
                    socket.getInputStream())));
         var out = new PrintWriter(socket.getOutputStream(), true)) {
        out.println(serialize(job));
        System.out.println("Server: " + in.readLine());
    } catch (Exception e) {
        System.err.println(e.getMessage());
    }
}

private void startReceiver() {
    var t = new Thread(() -> {
        try {
            serverSocket = new ServerSocket(SERVER_PORT);

            while (true) {
                try (var socket = serverSocket.accept();
                     var in = new BufferedReader(new InputStreamReader(
                                socket.getInputStream())))) {
                    var data = in.readLine();
                    if (data != null) {
                        var job = deserialize(data);
                        System.out.println(job);
                    }
                } catch (SocketException e) {
                    break;
                } catch (IOException e) {
                    System.err.println(e.getMessage());
                }
            }
        } catch (IOException e) {
            System.err.println(e.getMessage());
        }
    });
```

```
        t.start();
    }

    private static String serialize(Job job) {
        var jsonb = JsonbBuilder.create();
        return jsonb.toJson(job);
    }

    private static Job deserialize(String data) {
        var jsonb = JsonbBuilder.create();
        return jsonb.fromJson(data, Job.class);
    }
}
```

Der Server verwendet das Framework aus Kapitel 4.4. Client und Server benötigen die Bibliothek *libs/json* (siehe Kapitel 2).

Im folgenden Test-Szenario werden zwei Aufträge (Job 1 und Job 2) kurz hintereinander gesendet.

Aufruf des Servers:
```
java -cp out/production/tcp;../../libs/json/* async.JobServer
```

Aufruf des Clients:
```
java -cp out/production/tcp;../../libs/json/* async.JobClient localhost localhost
```

Hier die Ausgabe des Servers:
```
Stoppen mit ENTER
Verbindung zu /127.0.0.1:53360 hergestellt
Verbindung zu /127.0.0.1:53360 beendet
Job 1 wird bearbeitet.
Verbindung zu /127.0.0.1:53361 hergestellt
Verbindung zu /127.0.0.1:53361 beendet
Job 2 wird bearbeitet.
Job 1 ist fertig.
Job 2 ist fertig.
```

Und hier die Ausgabe des Clients:
```
Job 1 erhalten.
Job 2 erhalten.
Job{id='Job 1', request='Hier steht die Auftragsbeschreibung.', response='Hier
steht das Ergebnis.', addr='localhost', port=40000, duration=10380}
Job{id='Job 2', request='Hier steht die Auftragsbeschreibung.', response='Hier
steht das Ergebnis.', addr='localhost', port=40000, duration=14011}
```

4.8   Portweiterleitung

Unter *Portweiterleitung* versteht man die Weiterleitung einer TCP-Verbindung, die auf einem bestimmten Port eingeht, zu einem anderen Rechner.

Wenn ein Client mit dem *Forward Server* verbunden ist, wird eine neue Verbindung zum *Ziel-Server* hergestellt. Der Datenverkehr vom Ziel-Server zum Forward Server wird zum Client und der Datenverkehr vom Client zum Forward Server wird zum Ziel-Server umgeleitet.

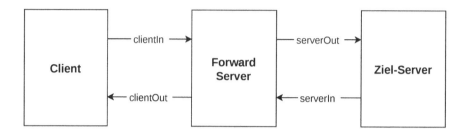

Abbildung 4-6: Portweiterleitung

Die Beschriftungen der Pfeile in Abbildung 4-6 bezeichnen die Datenströme zwischen Client und Forward Server bzw. zwischen Forward Server und Ziel-Server.

Einige Eigenschaften der Portweiterleitung:
- Der Ziel-Server kennt die IP-Adresse des Clients nicht.
- Der Forward Server kann mehreren Clients den Zugriff auf einen Dienst gewähren, der nur für eine bestimmte feste IP-Adresse erlaubt ist, wenn er auf dem Rechner mit dieser IP-Adresse gestartet wird.
- Der Forward Server kann auf einer von der Firewall zugelassenen Portnummer laufen und an eine von der Firewall nicht zugelassene Portnummer weiterleiten. So kann er in einem lokalen Netzwerk Zugriff auf einige von der Firewall deaktivierte Dienste gewähren.

Das folgende Programm (Paket *forwarding*) implementiert eine solche Portweiterleitung.

```
package forwarding;

import java.io.IOException;
import java.io.InputStream;
import java.io.OutputStream;
import java.net.ServerSocket;
```

```java
import java.net.Socket;

public class ForwardServer {
    private static String destination_host;
    public static int destination_port;

    private static class ClientThread extends Thread {
        private final Socket clientSocket;
        private Socket serverSocket;

        public ClientThread(Socket clientSocket) {
            this.clientSocket = clientSocket;
        }

        public void run() {
            InputStream clientIn;
            OutputStream clientOut;
            InputStream serverIn;
            OutputStream serverOut;

            // Verbindung zum Ziel-Server herstellen.
            // Streams zwischen Client und Server bereitstellen.
            try {
                serverSocket = new Socket(destination_host, destination_port);
                clientIn = clientSocket.getInputStream();
                clientOut = clientSocket.getOutputStream();
                serverIn = serverSocket.getInputStream();
                serverOut = serverSocket.getOutputStream();
            } catch (IOException e) {
                System.err.println(e.getMessage());
                close();
                return;
            }

            // Weiterleitung der Daten zwischen Client und Server
            var clientForward = new ForwardThread(this, clientIn, serverOut);
            clientForward.start();
            var serverForward = new ForwardThread(this, serverIn, clientOut);
            serverForward.start();
        }

        public void close() {
            try {
                serverSocket.close();
            } catch (Exception ignored) {
            }
            try {
                clientSocket.close();
            } catch (Exception ignored) {
            }
        }
    }

    private static class ForwardThread extends Thread {
        private static final int BUFFER_SIZE = 8192;
        private final InputStream inputStream;
        private final OutputStream outputStream;
        private final ClientThread clientThread;
```

```java
        public ForwardThread(ClientThread clientThread, InputStream inputStream,
                OutputStream outputStream) {
            this.clientThread = clientThread;
            this.inputStream = inputStream;
            this.outputStream = outputStream;
        }

        public void run() {
            var buffer = new byte[BUFFER_SIZE];
            try {
                var bytesRead = 0;
                while ((bytesRead = inputStream.read(buffer)) != -1) {
                    outputStream.write(buffer, 0, bytesRead);
                    outputStream.flush();
                }
            } catch (IOException ignored) {
            }

            clientThread.close();
        }
    }

    public static void main(String[] args) {
        var source_port = Integer.parseInt(args[0]);
        destination_host = args[1];
        destination_port = Integer.parseInt(args[2]);

        try {
            var serverSocket = new ServerSocket(source_port);
            while (true) {
                var clientSocket = serverSocket.accept();
                new ClientThread(clientSocket).start();
            }
        } catch (IOException e) {
            System.err.println(e.getMessage());
        }
    }
}
```

Nach Herstellung der Verbindung vom Client zum Forward Server nimmt der ClientThread die Verbindung zum Ziel-Server auf und stellt die Input- bzw. Output-Streams zwischen Client und Forward Server bzw. zwischen Forward Server und Ziel-Server bereit (siehe Abbildung 4-6). Zwei Threads vom Typ ForwardThread leiten die Daten vom Client zum Ziel-Server bzw. umgekehrt weiter.

Für den Test nutzen wir den EchoClient und EchoServer aus Kapitel 4.4:

```
java -cp out/production/tcp tcpframework.test.EchoServer 60000
java -cp out/production/tcp forwarding.ForwardServer 50000 localhost 60000
java -cp out/production/tcp tcpframework.test.EchoClient localhost 50000
```

4.9   Ein TCP-Monitor für Anfragen und Antworten

Das Programm TCPMonitor (Paket *monitor*) kann genutzt werden, um die zwischen Client und Server ausgetauschten Daten aufzuzeichnen. Das Programm aus Kapitel 4.8 muss hierzu nur leicht erweitert werden. Der ForwardThread schreibt die Daten der Anfrage des Clients bzw. die Antwort des Servers in entsprechende Dateien.

Ein Shutdown-Hook sorgt u. a. für das ordnungsgemäße Schließen der Log-Dateien, wenn das Programm mit *Strg + C* beendet wird.

```java
package monitor;

import java.io.FileOutputStream;
import java.io.IOException;
import java.io.InputStream;
import java.io.OutputStream;
import java.net.ServerSocket;
import java.net.Socket;

public class TCPMonitor {
    private static String destination_host;
    public static int destination_port;
    private static OutputStream logRequest;
    private static OutputStream logResponse;
    private static ServerSocket serverSocket;

    private static class ClientThread extends Thread {
        private final Socket clientSocket;
        private Socket serverSocket;

        public ClientThread(Socket clientSocket) {
            this.clientSocket = clientSocket;
        }

        public void run() {
            InputStream clientIn;
            OutputStream clientOut;
            InputStream serverIn;
            OutputStream serverOut;

            try {
                serverSocket = new Socket(destination_host, destination_port);
                clientIn = clientSocket.getInputStream();
                clientOut = clientSocket.getOutputStream();
                serverIn = serverSocket.getInputStream();
                serverOut = serverSocket.getOutputStream();
            } catch (IOException e) {
                System.err.println(e.getMessage());
                close();
                return;
            }

            var clientForward = new ForwardThread(this, clientIn, serverOut,
                    logRequest);
            clientForward.start();
```

```java
            var serverForward = new ForwardThread(this, serverIn, clientOut,
                    logResponse);
            serverForward.start();
        }

        public void close() {
            try {
                serverSocket.close();
            } catch (Exception ignored) {
            }
            try {
                clientSocket.close();
            } catch (Exception ignored) {
            }
        }
    }

    private static class ForwardThread extends Thread {
        private static final int BUFFER_SIZE = 8192;
        private final InputStream inputStream;
        private final OutputStream outputStream;
        private final ClientThread clientThread;
        private final OutputStream log;

        public ForwardThread(ClientThread clientThread, InputStream inputStream,
                        OutputStream outputStream, OutputStream log) {
            this.clientThread = clientThread;
            this.inputStream = inputStream;
            this.outputStream = outputStream;
            this.log = log;
        }

        public void run() {
            var buffer = new byte[BUFFER_SIZE];
            try {
                var bytesRead = 0;
                while ((bytesRead = inputStream.read(buffer)) != -1) {
                    outputStream.write(buffer, 0, bytesRead);
                    outputStream.flush();
                    log.write(buffer, 0, bytesRead);
                    log.flush();
                }
            } catch (IOException ignored) {
            }

            clientThread.close();
        }
    }

    public static void main(String[] args) {
        var source_port = Integer.parseInt(args[0]);
        destination_host = args[1];
        destination_port = Integer.parseInt(args[2]);
        var request = args[3];
        var response = args[4];
```

```
        Runtime.getRuntime().addShutdownHook(new Thread(() -> {
            try {
                if (logRequest != null) {
                    logRequest.close();
                }
                if (logResponse != null) {
                    logResponse.close();
                }
                if (serverSocket != null)
                    serverSocket.close();
            } catch (IOException ignored) {
            }
        }));

        try {
            logRequest = new FileOutputStream(request);
            logResponse = new FileOutputStream(response);
            var serverSocket = new ServerSocket(source_port);

            System.out.println("Stoppen mit Strg + C");

            while (true) {
                var clientSocket = serverSocket.accept();
                new ClientThread(clientSocket).start();
            }
        } catch (IOException e) {
            System.err.println(e.getMessage());
        }
    }
}
```

Für den Test nutzen wir wieder den `EchoClient` und `EchoServer` aus Kapitel 4.4:

```
java -cp out/production/tcp tcpframework.test.EchoServer 50000
```

```
java -cp out/production/tcp monitor.TCPMonitor 55555 localhost 50000 request.txt
response.txt
```

```
java -cp out/production/tcp tcpframework.test.EchoClient localhost 55555
```

```
Server ist bereit ...
> Das ist ein Test.
Das ist ein Test.
> q
```

Inhalt von *request.txt*:

```
Das ist ein Test.
```

Inhalt von *response.txt*:

```
Server ist bereit ...
Das ist ein Test.
```

Wireshark

Wireshark[3] ist eine Open-Source-Software zur Analyse von Netzwerkprotokollen. Der Netzwerkverkehr im lokalen Netz kann für die Aufzeichnung und die spätere Anzeige gefiltert werden. Wireshark wird hauptsächlich bei der Fehlersuche im Netzwerk eingesetzt, wenn einzelne Pakete untersucht werden müssen.

Vorteil ist hier, dass kein Proxy-Server zwischen Client und Server eingesetzt werden muss. Der Client kommuniziert wie bisher direkt mit dem Server.

Im Fall des obigen Echo-Beispiels wird

- als Schnittstelle der *Adapter for loopback traffic capture* gewählt,
- als Aufzeichnungsfilter *port 50000* und
- als Anzeigefilter *tcp.payload*.

Bei Verwendung von HTTP (siehe spätere Kapitel) kann zur Analyse der Anfrage- und Antwortparameter sowie der Nutzdaten der Anzeigefilter *http* gewählt werden.

4.10 Aufgaben

1. Erweitern Sie den Client und Server aus Kapitel 4.3.3 um die Möglichkeit, Artikelpreise zu ändern. Zum Datenaustausch soll die folgende Klasse dienen, die neben der Referenz auf den Artikel die Operation (READ oder UPDATE) enthält sowie einen Text, der über die erfolgreiche oder nicht erfolgreiche Änderung informiert:

   ```
   public class Message {
       public enum Op {
           READ, UPDATE
       }

       public Op op;
       public String info;
       public Artikel artikel;
   }
   ```

   Lösung: siehe Paket update

2. Entwickeln Sie ein Programm, mit dem Dateien von einem Rechner auf einen anderen kopiert werden können.

   Aufruf beim Empfänger (Server):

   ```
   java -cp out/production/Aufgaben copy.NetCopy > aus.pdf
   ```

   Aufruf beim Sender (Client):

   ```
   java -cp out/production/Aufgabe copy.NetCopy IP-Nummer < test.pdf
   ```

   Lösung: siehe Paket copy

---

3 https://www.wireshark.org

3. Entwickeln Sie einen Server `SecretReceiver`, der verschlüsselte Nachrichten empfangen kann und diese entschlüsselt auf der Konsole ausgibt, sowie einen Client `SecretSender`, der Nachrichten verschlüsselt an den Server sendet.

Aufruf des Servers:

`java -cp out/production/Aufgaben secret.SecretReceiver aus.txt`

Aufruf des Clients (Beispiel):

`java -cp out/production/Aufgaben secret.SecretSender localhost klar.txt`

Benutzen Sie den symmetrischen Verschlüsselungsalgorithmus *Blowfish*.[4]

Das Programm `CryptDemo` zeigt, wie Datenströme mit Blowfish verschlüsselt bzw. entschlüsselt werden können:

```java
package secret;

import javax.crypto.Cipher;
import javax.crypto.CipherInputStream;
import javax.crypto.CipherOutputStream;
import javax.crypto.spec.SecretKeySpec;

public class CryptDemo {
  private static void encode(byte[] password) throws Exception {
      var cipher = Cipher.getInstance("Blowfish");
      var key = new SecretKeySpec(password, "Blowfish");
      cipher.init(Cipher.ENCRYPT_MODE, key);

      try (var out = new CipherOutputStream(System.out, cipher)) {
          var buffer = new byte[8 * 1024];
          var c = 0;
          while ((c = System.in.read(buffer)) != -1) {
              out.write(buffer, 0, c);
          }
      }
  }

  private static void decode(byte[] password) throws Exception {
      var cipher = Cipher.getInstance("Blowfish");
      var key = new SecretKeySpec(password, "Blowfish");
      cipher.init(Cipher.DECRYPT_MODE, key);

      try (var in = new CipherInputStream(System.in, cipher)) {
          var buffer = new byte[8 * 1024];
          var c = 0;
          while ((c = in.read(buffer)) != -1) {
              System.out.write(buffer, 0, c);
          }
      }
  }

  public static void main(String[] args) throws Exception {
      var op = args[0].charAt(0);
      var password = args[1].getBytes();
```

---

4 https://de.wikipedia.org/wiki/Blowfish

```
    if (op == 'e')
        encode(password);
    else
        decode(password);
    }
}
```

Lösung: siehe Paket secret

5   Einführung in RSocket

In den beiden letzten Kapiteln haben Sie die Socket-Programmierung mit Java-Bordmitteln kennengelernt. In diesem Kapitel erhalten Sie eine Einführung in das Binärprotokoll *RSocket*, das den Transportmechanismus TCP und nicht-blockierende Operationen verwendet (asynchrone Datenübertragung).[1]

Das Framework RSocket wird neben Java für eine Reihe weiterer Programmiersprachen angeboten, z. B. Kotlin, JavaScript, C++.

RSocket verwendet Mechanismen und APIs des *reaktiven Programmiermodells*. Hierbei handelt es sich um ein Paradigma, das in den letzten Jahren immer mehr an Bedeutung gewonnen hat, vor allem für die Entwicklung von Webanwendungen und Apps.

Wir werden zunächst auf die Grundideen der reaktiven Programmierung mit Java eingehen und dann verschiedene Interaktionsmodelle für RSocket anhand von kleineren Beispielen erläutern.

5.1   Reaktive Programmierung

Bei der *reaktiven Programmierung* geht es im Wesentlichen darum, Datenströme zu verarbeiten und auf Ereignisse und Änderungen zu reagieren. Diese Ströme (Streams) können Mausklicks in einem Dialogprogramm, Tweets, Videostreams, Daten von Sockets usw. sein. Streams können mit geeigneten Operationen zusammengeführt, transformiert und gefiltert werden.

Publisher/Subscriber-Modell

Daten bzw. Ereignisse werden vom sogenannten *Publisher* veröffentlicht. Ein Empfänger (*Subscriber*), der diese veröffentlichten Elemente erhalten will, muss sich beim Publisher hierfür anmelden. Das hierzu passende Modell mit den zu implementierenden Interfaces wird im Folgenden beschrieben.

Stream

Ein *Stream* wird als zeitlich geordnete Folge von Daten oder Ereignissen betrachtet. Er kann einen Wert, einen Fehler oder ein Signal ausgeben, das zeigt, dass der Stream geschlossen ist.

Im Zusammenhang mit dem *Publish-Subscribe-Ansatz* spricht man auch von *Reactive Streams*.

---

1   https://rsocket.io/

Ergänzende Information Die elektronische Version dieses Kapitels enthält Zusatzmaterial, auf das über folgenden Link zugegriffen werden kann https://doi.org/10.1007/978-3-658-37200-2_5.

Publisher

Ein *Publisher* ist ein Anbieter einer potenziell unbegrenzten Anzahl sequenzieller Elemente, der diese entsprechend der von seinen Abonnenten (Subscriber) erhaltenen Anfrage veröffentlicht.

```
public interface Publisher<T> {
    void subscribe(Subscriber<? super T> s);
}
```

Subscriber

Es liegt in der Verantwortung des Abonnenten (*Subscriber*) zu entscheiden, wann und wie viele Elemente er empfangen kann und will.

```
public interface Subscriber<T> {
    void onSubscribe(Subscription s);
    void onNext(T t);
    void onError(Throwable t);
    void onComplete();
}
```

- onSubscribe: Ein Publisher hat über die Publisher-Methode subscribe ein Abonnement gestartet. Der Subscriber erhält eine Referenz auf das bereitgestellte Subscription-Objekt.
- onNext: Eine Nachricht wurde gesendet.
- onError: Ein Publisher wird mit einem Fehler geschlossen.
- onComplete: Ein Publisher wird geschlossen.

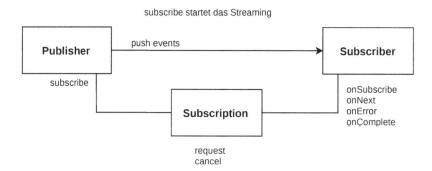

Abbildung 5-1: Zusammenhang zwischen Publisher und Subscriber

Subscription

Ein Abonnement (*Subscription*) stellt die eindeutige Beziehung zwischen einem Subscriber und einem Publisher dar. Der Subscriber hat die Kontrolle darüber, wann Elemente angefordert werden und wann keine weiteren Elemente mehr benötigt werden. Das Abonnement muss dem Subscriber ermöglichen, die Methode request synchron von onNext oder onSubscribe aus aufzurufen.

```
public interface Subscription {
    void request(long n);
    void cancel();
}
```

→ Projekt rsocket

Das Programm Demo1 (Unterprojekt *pub_sub*, Paket *simple*) enthält eine rudimentäre Implementierung der oben aufgeführten Interfaces.

Der Subscriber meldet sich beim Publisher an:

```
myPublisher.subscribe(mySubscriber);
```

Daraufhin veröffentlicht der Publisher drei Werte: die Zahlen 1, 2 und 3. Durch den Aufruf von setTimeout wird die Ausgabe für zwei Werte um 1 bzw. 2 Sekunden verzögert, sodass der Subscriber die Zahlen in der Reihenfolge 2, 1, 3 erhält.

```
package simple;

public class Demo1 {
    static class MyPublisher implements Publisher<Integer> {
        @Override
        public void subscribe(Subscriber<? super Integer> s) {
            setTimeout(() -> s.onNext(1), 1000);
            s.onNext(2);
            setTimeout(() -> {
                s.onNext(3);
                s.onComplete();
            }, 2000);
        }

        private void setTimeout(Runnable runnable, int delay) {
            new Thread(() -> {
                try {
                    Thread.sleep(delay);
                } catch (InterruptedException ignored) {
                }
                runnable.run();
            }).start();
        }
    }
}
```

```
static class MySubscriber implements Subscriber<Integer> {
    @Override
    public void onSubscribe(Subscription s) {
        throw new UnsupportedOperationException();
    }

    @Override
    public void onNext(Integer integer) {
        System.out.println("NEXT: " + integer);
    }


    @Override
    public void onError(Throwable t) {
        System.err.println("ERROR: " + t.getMessage());
    }

    @Override
    public void onComplete() {
        System.out.println("COMPLETE");
    }
}

public static void main(String[] args) {
    var myPublisher = new MyPublisher();
    var mySubscriber = new MySubscriber();
    myPublisher.subscribe(mySubscriber);
}
}
```

Aufruf des Programms:

```
java -cp out/production/pub_sub simple.Demo1
```

Ausgabe des Programms:

```
NEXT: 2
NEXT: 1
NEXT: 3
COMPLETE
```

Java enthält ein API, das Reactive Streams grundlegend unterstützt.

Die Klasse `java.util.concurrent.Flow` enthält die Interfaces des obigen Modells:

```
Flow.Publisher<T>
Flow.Subscriber<T>
Flow.Subscription
```

Die Klasse java.util.concurrent.SubmissionPublisher bietet eine Standard-Implementierung des Interface Publisher. Hier wird auch ein Subscription-Objekt nach der Anmeldung des Subscribers zur Verfügung gestellt.

Das folgende Programm `Demo2` (Unterprojekt *pub_sub*, Paket *flow*) zeigt den Umgang mit diesem API.

Der Publisher erzeugt 10 Zufallszahlen jeweils mit einer Verzögerung von einer Sekunde.

```
submissionPublisher.submit(...);
```

veröffentlicht den Wert. Intern wird `onNext` aufgerufen.

```
submissionPublisher.close();
```

löst intern `onComplete()` aus.

```java
package flow;

import java.util.Random;
import java.util.concurrent.Flow;
import java.util.concurrent.SubmissionPublisher;

public class Demo2 {
    static class MyPublisher {
        private final SubmissionPublisher<Integer> submissionPublisher;
        private final Random random;
        private final int bound;
        private final int number;
        private final int delay;

        public MyPublisher(int bound, int number, int delay) {
            this.bound = bound;
            this.number = number;
            this.delay = delay;
            random = new Random();
            submissionPublisher = new SubmissionPublisher<>();
        }

        public void subscribe(Flow.Subscriber<Integer> subscriber) {
            submissionPublisher.subscribe(subscriber);
            for (var i = 0; i <= number; i++) {
                try {
                    Thread.sleep(delay);
                } catch (InterruptedException ignored) {
                }
                submissionPublisher.submit(random.nextInt(bound));
            }
            submissionPublisher.close();
        }
    }

    static class MySubscriber implements Flow.Subscriber<Integer> {
        private Flow.Subscription subscription;

        @Override
        public void onSubscribe(Flow.Subscription subscription) {
            this.subscription = subscription;
            this.subscription.request(1);
        }
```

```
        @Override
        public void onNext(Integer item) {
            System.out.println(item);
            subscription.request(1);
        }

        @Override
        public void onError(Throwable throwable) {
            System.err.println(throwable.getMessage());
        }

        @Override
        public void onComplete() {
            System.out.println("Fertig");
        }
    }

    public static void main(String[] args) {
        var myPublisher = new MyPublisher(100, 10, 1000);
        var mySubscriber = new MySubscriber();
        myPublisher.subscribe(mySubscriber);
    }
}
```

Der Subscriber speichert die Referenz auf das Subscription-Objekt, das er mit dem Callback onSubscribe erhält.

Mit subscription.request(1) fordert er in onSubscribe ein erstes Element, in onNext ein weiteres Element an.

Aufruf des Programms:

```
java -cp out/production/pub_sub flow.Demo2
```

Ausgabebeispiel:

```
61
38
79
89
96
90
74
13
68
45
71
Fertig
```

RSocket benutzt die *Project-Reactor-Bibliothek*[2] und insbesondere den Standard-Publisher `reactor.core.publisher.Flux<T>`.

Ein *Flux* ist ein Publisher, der eine asynchrone Folge von 0 bis N Elementen darstellt und viele Operationen darauf anbietet.

Das folgende Programmbeispiel (Paket *reactivestreams*) präsentiert einige hiervon. Das Projekt *rsocket* muss *libs/rsocket* als Dependency einbinden.

```
package reactivestreams;

import org.reactivestreams.Subscriber;
import org.reactivestreams.Subscription;
import reactor.core.publisher.Flux;
import reactor.core.scheduler.Schedulers;

import java.time.Duration;
import java.time.Instant;
import java.time.ZoneId;
import java.util.ArrayList;

public class Test {
    public static void main(String[] args) {
        testStaticStream();
        // testSubscriberImplementation();
        // testBackpressureAndCancel();
        // testMapping();
        // testCombining();
        // testConnectableFlux();
        // testThrottling();
    }

    // Methoden testXxx
}
```

Ein "statischer" Stream

`Flux.just(…)` emittiert die als Argumente übergebenen Werte und liefert einen neuen Flux. Mit `subscribe(…)` wird ein Consumer (hier: `elements::add`) angemeldet, der die empfangenen Elemente in einer Liste speichert.

```
private static void testStaticStream() {
    var elements = new ArrayList<Integer>();
    Flux.just(1, 2, 3, 4).subscribe(elements::add);
    System.out.println(elements);
}
```

Aufruf des Programms:
```
java -cp out/production/rsocket;../../libs/rsocket/* reactivestreams.Test
```

---

2   https://projectreactor.io

Ausgabe:
```
[1, 2, 3, 4]
```

Implementierung eines Subscribers

Die `Flux`-Methode `subscribe` kann auch mit einem Objekt, das das Interface `org.reactivestreams.Subscriber<T>` implementiert, aufgerufen werden.

Mit `request(Long.MAX_VALUE)` in der Methode `onSubscribe` werden Elemente ohne Begrenzung ihrer Anzahl angefordert, so viele wie eben geliefert werden können.

```
private static void testSubscriberImplementation() {
    var elements = new ArrayList<Integer>();
    Flux.just(1, 2, 3, 4)
            .subscribe(new Subscriber<>() {
                @Override
                public void onSubscribe(Subscription s) {
                    s.request(Long.MAX_VALUE);
                }

                @Override
                public void onNext(Integer integer) {
                    elements.add(integer);
                }

                @Override
                public void onError(Throwable t) {
                    System.err.println(t.getMessage());
                }

                @Override
                public void onComplete() {
                    System.out.println("Fertig");
                }
            });
    System.out.println(elements);
}
```

Ausgabe:
```
Fertig
[1, 2, 3, 4]
```

Backpressure

Schickt der Publisher dem Subscriber schneller Daten, als dieser sie verarbeiten kann, kann es irgendwann zu Problemen kommen.

Backpressure bietet eine Lösung: Dem Subscriber werden nur so viele Daten zugestellt, wie er speichern bzw. verarbeiten kann. Dabei fordert der Subscriber die Daten explizit an, der Publisher darf nur maximal so viele Daten schicken, wie der

Subscriber angefordert hat. Somit kann eine Überlast beim Subscriber verhindert werden.

Im Beispiel fordert der Subscriber zunächst 3 Werte an, verarbeitet diese und fordert nach 2 Sekunden die nächsten 3 Werte an. Hat er 6 Werte erhalten, stoppt er den Empfang weiterer Werte.

```java
private static void testBackpressureAndCancel() {
    var elements = new ArrayList<Integer>();
    Flux.just(1, 2, 3, 4, 5, 6, 7, 8, 9)
            .subscribe(new Subscriber<>() {
                private Subscription s;
                private final int reqLimit = 3;
                private int reqCount;
                private int count;

                @Override
                public void onSubscribe(Subscription s) {
                    this.s = s;
                    s.request(reqLimit);
                }

                @Override
                public void onNext(Integer integer) {
                    System.out.println(integer);
                    elements.add(integer);
                    count++;
                    reqCount++;
                    if (reqCount == reqLimit) {
                        System.out.println("Verarbeiten");
                        try {
                            Thread.sleep(2000);
                        } catch (InterruptedException ignored) {
                        }
                        reqCount = 0;
                        s.request(reqLimit);
                    }
                    if (count == 6)
                        s.cancel();
                }

                @Override
                public void onError(Throwable t) {
                    System.err.println(t.getMessage());
                }

                @Override
                public void onComplete() {
                    System.out.println("Fertig");
                }
            });
    System.out.println(elements);
}
```

Ausgabe:

```
1
2
3
Verarbeiten
4
5
6
Verarbeiten
[1, 2, 3, 4, 5, 6]
```

Abbildung

Mit der `Flux`-Methode `map` wird jedes Element über die Abbildungsfunktion abgebildet und ein neuer Flux erstellt.

```
private static void testMapping() {
    var elements = new ArrayList<Integer>();
    Flux.just(1, 2, 3, 4)
            .map(i -> i * i)
            .subscribe(elements::add);
    System.out.println(elements);
}
```

Ausgabe:

```
[1, 4, 9, 16]
```

Kombination

Mit der `Flux`-Methode `zipWith` kann ein Flux mit einem anderen Stream paarweise verknüpft werden. Im Beispiel erzeugt `Flux.range(1, 10)` 10 Zahlen mit 1 beginnend: 1 ... 10. Die `BiFunction` als zweites Argument von `zipWith` bildet hier zwei Zahlen auf einen String ab.

```
private static void testCombining() {
    var elements = new ArrayList<String>();
    Flux.just(1, 2, 3, 4)
            .map(i -> i * i)
            .zipWith(Flux.range(1, 10),
                    (a, b) -> String.format("(%d, %d)", b, a))
            .subscribe(elements::add);
    System.out.println(elements);
}
```

Ausgabe:

```
[(1, 1), (2, 4), (3, 9), (4, 16)]
```

Geteilte Datenquelle

Mit der `Flux`-Methode `publish` wird ein Flux in einen `ConnectableFlux` umgewandelt. Melden sich nun mehrere Subscriber an, bleibt der Flux vorerst passiv. Erst beim Aufruf von `connect` ruft der ursprüngliche Flux die Daten ab und schickt sie über den `ConnectableFlux` an alle angemeldeten Subscriber.

Die Datenquelle wird also von mehreren Abonnenten geteilt und gleichzeitig "beobachtet".

```
private static void testConnectableFlux() {
    var flux = Flux.range(1, 3).publish();
    flux.subscribe(t -> System.out.println("A " + t));
    flux.subscribe(t -> System.out.println("B " + t));
    flux.connect();
}
```

Ausgabe:

```
A 1
B 1
A 2
B 2
A 3
B 3
```

Reduktion der Menge der Ereignisse und Nebenläufigkeit

Um die Menge der Ereignisse gezielt zu reduzieren, gibt es mehrere Methoden. Wir stellen hier nur die `Flux`-Methode `sample` vor.

Mit `sample(Duration.ofSeconds(5))` wird alle 5 Sekunden der Wert des letzten eingetreten Ereignisses emittiert.

Im Beispiel wird der hier zugrunde liegende Flux mit der `Flux`-Methode `create` erzeugt. Dieser Methode wird ein Lambda-Ausdruck als Parameter übergeben (Interface `Consumer`). Jede Sekunde wird die aktuelle Zeit in Millisekunden emittiert: `emitter.next(System.currentTimeMillis())`

`emitter` ist vom Typ `reactor.core.publisher.FluxSink`.

Mit `subscribeOn(Schedulers.parallel())` wird die synchrone Ausführung in eine asynchrone Ausführung überführt. Mit dem Anmelden und hier nach `connect()` werden die Ereignisse in einem Thread des gewählten Schedulers verarbeitet.

Der Aufruf von `connect()` liefert ein `Disposable`-Objekt. Mit dem Aufruf von `dispose()` (hier nach 30 Sekunden) werden keine weiteren Ereignisse mehr emittiert.

```
private static void testThrottling() {
    Flux<Long> flux = Flux.create(emitter -> {
        while (true) {
            emitter.next(System.currentTimeMillis());
            try {
                Thread.sleep(1000);
            } catch (InterruptedException ignored) {
            }
        }
    });

    var connectableFlux = flux
            .sample(Duration.ofSeconds(5))
            .map(l -> Instant.ofEpochMilli(l)
                    .atZone(ZoneId.systemDefault()).toLocalTime())
            .subscribeOn(Schedulers.parallel())
            .publish();
    connectableFlux.subscribe(System.out::println);
    var disposable = connectableFlux.connect();

    try {
        Thread.sleep(30000);
    } catch (InterruptedException ignored) {
    }
    disposable.dispose();
}
```

Ausgabebeispiel:
```
13:16:11.006
13:16:16.083
13:16:21.146
13:16:26.223
13:16:31.300
```

5.2   Reaktive Kommunikation mit RSocket

Wie bereits in der Einleitung zum Kapitel 5 erwähnt, ist *RSocket* ein binäres Protokoll für die Kommunikation zwischen Client und Server auf der Basis von TCP, das die Socket-Programmierung mit dem Paradigma der reaktiven Programmierung verknüpft. Dabei werden Datenpakete asynchron über eine einzige Verbindung ausgetauscht.

Der Client nimmt die Verbindung zum Server auf. Ab dann können beide – Client und Server – als Anfragender (*requester*) oder Antwortender (*responder*) auftreten.

RSocket unterstützt vier *Interaktionsmodelle*:

- *fire-and-forget*

  Der Requester erwartet keine Antwort. Der Rückkanal kann wegfallen. Einsatzszenarien dieses Modells: Senden von Notifications an mobile Geräte, Protokollierung.

- *request/response*

  Hier handelt es sich um das klassische Anfrage-Antwort-Modell (*one-to-one*).

- *request/stream*

  Auf eine einzelne Anfrage können mehrere Antworten in einem Stream erfolgen (*one-to-many*).

- *channel*

  Diese Interaktion öffnet einen bidirektionalen Kanal mit zwei potenziell unendlichen Streams zwischen dem Requester und dem Responder. In diesem Modell fließen also Nachrichtenströme in beide Richtungen (*many-to-many*).

Jedes Interaktionsmodell wird im Folgenden anhand eines Programmbeispiels (Paket *interaction-models*) demonstriert. Das Projekt *rsocket* muss *libs/rsocket* als Dependency einbinden.

RSocket-Server

Zunächst wird der Server implementiert.

Das Interface io.rsocket.RSocket definiert Default-Methoden für die vier Interaktionsmodelle. Diese Vorimplementierung wird in den folgenden Beispielen anwendungsspezifisch überschrieben. Mit RSocketServer.create wird ein RSocket-Server erstellt, dem mittels SocketAcceptor.with eine Implementierung von RSocket mitgegeben wird. Der Server wird an den TCP-Transportmechanismus und einen bestimmten Port gebunden.

Die Methode bind liefert einen Mono-Stream. Ein Mono ist ein spezialisierter Publisher, der höchstens ein Element über onNext ausgibt und dann mit onComplete beendet oder im Fehlerfall ein onError-Signal ausgibt.

block() meldet sich bei diesem Publisher an und blockiert so lange, bis ein onNext-Signal empfangen wird. Der Aufruf liefert ein Disposable-Objekt, womit der Server gestoppt werden kann.

```
package interaction_models;

import io.rsocket.Payload;
import io.rsocket.RSocket;
import io.rsocket.SocketAcceptor;
import io.rsocket.core.RSocketServer;
import io.rsocket.transport.netty.server.TcpServerTransport;
import io.rsocket.util.DefaultPayload;
import org.reactivestreams.Publisher;
import reactor.core.Disposable;
```

```
import reactor.core.publisher.Flux;
import reactor.core.publisher.Mono;

import java.io.IOException;
import java.nio.ByteBuffer;
import java.time.Duration;
import java.util.Random;

public class Server {
    private final Disposable server;

    public Server() {
        server = RSocketServer.create(SocketAcceptor.with(new RSocketImpl()))
                .bind(TcpServerTransport.create(50000))
                .block();
    }

    public void stop() {
        server.dispose();
    }

    private static class RSocketImpl implements RSocket {
        // Implementierung der Interaktionsmodelle
    }

    public static void main(String[] args) throws IOException {
        var server = new Server();
        System.out.println("Stoppen mit ENTER");
        System.in.read();
        server.stop();
    }
}
```

Starten des Servers:

```
java -cp out/production/rsocket;../../libs/rsocket/* interaction_models.Server
```

fire-and-forget

Server-Methode (überschreibt die Vorimplementierung von RSocket):

```
public Mono<Void> fireAndForget(Payload payload) {
    System.out.println(payload.getData().getInt());
    return Mono.empty();
}
```

io.rsocket.Payload enthält die binären Daten, getData() liefert einen ByteBuffer, getInt() liest die nächsten vier Bytes und erzeugt daraus einen int-Wert. Mono. empty() erzeugt einen "leeren" Mono.

Der Client:

```
package interaction_models;

import io.rsocket.RSocket;
import io.rsocket.core.RSocketConnector;
import io.rsocket.transport.netty.client.TcpClientTransport;
import io.rsocket.util.DefaultPayload;
import reactor.core.publisher.Flux;

import java.nio.ByteBuffer;
import java.time.Duration;
import java.util.Random;

public class FireAndForgetClient {
    private final RSocket socket;

    public FireAndForgetClient(String host) {
        socket = RSocketConnector.create()
                .connect(TcpClientTransport.create(host, 50000))
                .block();
    }

    public void fireAndForget(int n) {
        var buffer = ByteBuffer.allocate(4);
        var random = new Random();
        Flux.interval(Duration.ofSeconds(1))
                .take(n)
                .map(i -> buffer.clear().putInt(random.nextInt(100)).rewind())
                .map(DefaultPayload::create)
                .flatMap(socket::fireAndForget)
                .blockLast();
    }

    public void stop() {
        socket.dispose();
    }

    public static void main(String[] args) {
        var host = args[0];
        var client = new FireAndForgetClient(host);
        client.fireAndForget(5);
        client.stop();
    }
}
```

Über den RSocketConnector wird mit connect eine Verbindung zum Server hergestellt. connect liefert einen Mono. block() meldet sich bei diesem Publisher an und blockiert so lange, bis ein onNext-Signal empfangen wird. Der Aufruf liefert ein RSocket-Objekt, das auch das Interface Disposable implementiert, womit der Client gestoppt werden kann.

Flux.interval(Duration.ofSeconds(1)) emittiert jede Sekunde ein Zahl: 0, 1, 2 usw. take(n) nimmt nur die ersten n Zahlen und transformiert diese mit map in eine Folge von Zufallszahlen. Jede dieser Zahlen wird in den ByteBuffer buffer der

Länge 4 geschrieben, dessen Position anschließend zum späteren Auslesen mit `rewind()` auf 0 gesetzt wird.

Mit der zweiten Abbildung `map` werden die Pufferinhalte ausgelesen und Payloads erzeugt.

Mit `flatMap` werden die emittierten Payloads in einzelne Publisher (`Mono<Void>`) mittels Aufruf von `fireAndForget` transformiert und diese anschließend in einem einzelnen Flux zusammengefasst.

`blockLast()` meldet sich an und blockiert so lange, bis der letzte Wert emittiert wurde.

Aufruf des Clients:

```
java -cp out/production/rsocket;../../libs/rsocket/*
interaction_models.FireAndForgetClient localhost
```

Ausgabebeispiel (im Terminalfenster des Servers):

```
94
83
76
15
57
```

request/response

Server-Methode:

```java
public Mono<Payload> requestResponse(Payload payload) {
    var text = payload.getDataUtf8().toUpperCase();
    return Mono.just(DefaultPayload.create(text));
}
```

`getDataUtf8` wandelt die `Payload`-Daten in einen String. Der in Großbuchstaben transformierte Text wird als Payload verpackt. Ein Mono mit genau diesem Payload wird zurückgeliefert.

Der Client:

```java
package interaction_models;

import io.rsocket.Payload;
import io.rsocket.RSocket;
import io.rsocket.core.RSocketConnector;
import io.rsocket.transport.netty.client.TcpClientTransport;
import io.rsocket.util.DefaultPayload;

public class RequestResponseClient {
    private final RSocket socket;
```

```
    public RequestResponseClient(String host) {
        socket = RSocketConnector.create()
                .connect(TcpClientTransport.create(host, 50000))
                .block();
    }

    public String callBlocking(String text) {
        return socket.requestResponse(DefaultPayload.create(text))
                .map(Payload::getDataUtf8)
                .block();
    }

    public void stop() {
        socket.dispose();
    }

    public static void main(String[] args) {
        var host = args[0];
        var client = new RequestResponseClient(host);
        var response = client.callBlocking("Hallo Welt!");
        System.out.println(response);
        client.stop();
    }
}
```

In der Methode callBlocking wird ein Payload mit Text erzeugt und zum Server geschickt. Der Aufruf von requestResponse liefert einen Mono mit dem Payload, den der Server als Antwort geschickt hat. block() meldet sich an und liefert den mittels map erhaltenen String zurück.

Aufruf des Clients:

```
java -cp out/production/rsocket;../../libs/rsocket/*
interaction_models.RequestResponseClient localhost
```

Ausgabe:

```
HALLO WELT!
```

request/stream

Server-Methode:

```
public Flux<Payload> requestStream(Payload payload) {
    var n = payload.getData().getInt();
    var buffer = ByteBuffer.allocate(4);
    var random = new Random();
    return Flux.interval(Duration.ofSeconds(1))
            .take(n)
            .map(i -> buffer.clear().putInt(random.nextInt(100)).rewind())
            .map(DefaultPayload::create);
}
```

Der Aufrufparameter `payload` enthält eine Zahl n. Es werden nun n Zufallszahlen erzeugt und die zugehörigen Payloads in einem Flux zurückgeliefert (siehe auch `FireAndForgetClient`).

Der Client:

```
package interaction_models;

import io.rsocket.RSocket;
import io.rsocket.core.RSocketConnector;
import io.rsocket.transport.netty.client.TcpClientTransport;
import io.rsocket.util.DefaultPayload;

import java.nio.ByteBuffer;
import java.util.concurrent.CountDownLatch;

public class RequestStreamClient {
    private final RSocket socket;
    private static CountDownLatch latch;

    public RequestStreamClient(String host) {
        socket = RSocketConnector.create()
                .connect(TcpClientTransport.create(host, 50000))
                .block();
    }

    public void callBlocking(int n) {
        var buffer = ByteBuffer.allocate(4).putInt(n).rewind();
        socket.requestStream(DefaultPayload.create(buffer))
                .map(p -> p.getData().getInt())
                .doOnNext(System.out::println)
                .blockLast(); // subscribe and block
    }

    public void callNonBlocking(int n) {
        var buffer = ByteBuffer.allocate(4).putInt(n).rewind();
        latch = new CountDownLatch(1);
        socket.requestStream(DefaultPayload.create(buffer))
                .map(p -> p.getData().getInt())
                .doOnComplete(latch::countDown)
                .subscribe(System.out::println);
    }

    public void stop() {
        socket.dispose();
    }

    public static void main(String[] args) throws InterruptedException {
        var host = args[0];

        var client = new RequestStreamClient(host);
        System.out.println("Blocking");
        client.callBlocking(5);

        System.out.println("Non Blocking");
        client.callNonBlocking(5);
```

```
        latch.await();
        client.stop();
    }
}
```

Der Client sendet eine Zahl n und erhält nach Transformation mittels map einen Stream mit n Zufallszahlen, die im Terminal-Fenster ausgegeben werden.

Ausgeben, Anmelden und Blockieren wird im Beispiel auf zwei verschiedene Arten implementiert:

In der Methode callBlocking wird zur Ausgabe doOnNext verwendet. doOnNext wird bei jedem Emittieren eines Wertes (onNext-Ereignis) ausgeführt. Der Aufrufparameter von doOnNext ist vom Typ Consumer. blockLast() meldet sich an und blockiert so lange, bis der letzte Wert emittiert wurde.

In callNonBlocking wird ein CountDownLatch (eine Schranke) zur Synchronisation eingesetzt. Diese Schranke wird zu Beginn mit dem Startwert 1 erzeugt. doOnComplete wird beim Ereignis onComplete (wenn also alle Werte emittiert wurden) ausgeführt. Der Aufrufparameter von doOnComplete ist vom Typ Runnable. Im Beispiel wird hier die Schranke um eins erniedrigt. Somit ist der Wert null erreicht. Das Warten darauf, dass die Schranke null erreicht hat, erfolgt mit dem Aufruf await() in der main-Methode.

Aufruf des Clients:
```
java -cp out/production/rsocket;../../libs/rsocket/*
interaction_models.RequestStreamClient localhost
```

Ausgabebeispiel:
```
Blocking
70
14
28
48
88
Non Blocking
73
23
87
39
19
```

channel

Server-Methode:

```
public Flux<Payload> requestChannel(Publisher<Payload> payloads) {
    return Flux.from(payloads)
```

```
        .doOnNext(payload -> {
            System.out.println(payload.getDataUtf8());
        })
        .map(payload -> {
            int n = Integer.parseInt(payload.getDataUtf8());
            return DefaultPayload.create(String.valueOf(n * n));
        });
}
```

Im Parameter `Publisher<Payload>` wird der Stream vom Client zur Verfügung gestellt. Mit `Flux.from` wird der Publisher in einen Flux gewandelt. Mit `doOnNext` (siehe oben) werden die Werte (Strings) ausgegeben. Mit `map` wird jeder Wert in eine Quadratzahl transformiert. Diese Werte werden dann als `Flux<Payload>` zurückgegeben.

Der Client:

```
package interaction_models;

import io.rsocket.RSocket;
import io.rsocket.core.RSocketConnector;
import io.rsocket.transport.netty.client.TcpClientTransport;
import io.rsocket.util.DefaultPayload;
import reactor.core.Disposable;
import reactor.core.publisher.Flux;

import java.io.IOException;
import java.time.Duration;
import java.util.Random;

public class ChannelClient {
    private final RSocket socket;

    public ChannelClient(String host) {
        socket = RSocketConnector
                .connectWith(TcpClientTransport.create(host, 50000))
                .block();
    }

    public Disposable run() {
        return socket.requestChannel(subscriber -> {
            var random = new Random();
            Flux.interval(Duration.ofSeconds(1))
                    .map(i -> {
                        int n = random.nextInt(100);
                        System.out.println("send " + n);
                        return DefaultPayload.create(String.valueOf(n));
                    })
                    .subscribe(subscriber);
        }).subscribe(p -> System.out.println("received " + p.getDataUtf8()));
    }

    public void stop() {
        socket.dispose();
    }
}
```

```
    public static void main(String[] args) throws IOException {
        var host = args[0];
        var client = new ChannelClient(host);
        var disposable = client.run();
        System.out.println("Stoppen mit ENTER");
        System.in.read();
        disposable.dispose();
        client.stop();
    }
}
```

In der Methode `run` übergibt der Client beim Aufruf von `requestChannel` einen
Publisher, der den Kanal zum Server repräsentiert. Daten werden im Sekundentakt
geschickt, sobald die Anmeldung erfolgt ist. Die Rückgabe `Flux<Payload>` von
`requestChannel` repräsentiert den Kanal vom Server zum Client. Mit `subscribe`
meldet sich der Client beim Flux an und gibt die empfangenen Werte aus. Mit dem
Betätigen der Eingabetaste kann die Ausgabe beendet werden.

Aufruf des Clients:
```
java -cp out/production/rsocket;../../libs/rsocket/*
interaction_models.ChannelClient localhost
```

Ausgabebeispiel (im Terminalfenster des Servers):
```
Stoppen mit ENTER
84
60
86
27
25
...
```

Ausgabebeispiel (im Terminalfenster des Clients):
```
Stoppen mit ENTER
send 84
received 7056
send 60
received 3600
send 86
received 7396
send 27
received 729
send 25
received 625
...
```

Zusammenfassung wichtiger Aspekte [3]

- Die Netzwerkkommunikation ist asynchron. Das Protokoll blockiert niemals, während auf eine Antwort gewartet wird.

- Die gesamte Kommunikation erfolgt über eine einzige Netzwerkverbindung (*Multiplexing*).

- Durch die Binärcodierung werden Ressourcen effizient genutzt.

- Das Interaktionsmodell *request/response* ist ein Sonderfall des Modells *request/stream* (Stream mit nur einem Element).

- Fehler (Exceptions) werden als Nachrichten übertragen (siehe auch Aufgabe 4).

5.3   Aufgaben

1. Verwenden Sie das *request/response*-Modell von RSocket um einen einfachen Echo-Server und -Client zu realisieren.

   Lösung: siehe Paket echo

2. Der Client soll im Abstand von 5 Sekunden simulierte Temperaturwerte mit Datum und Uhrzeit zum Server senden. Der Server soll diese Daten ausgeben. Nutzen Sie das *fire-and-forget*-Modell von RSocket.

   Lösung: siehe Paket sensor

3. Die Klasse `MyPayload` enthält die `int`-Attribute `bound`, `count` und `delay`. Der Client schickt eine in einen JSON-String konvertierte Instanz von `MyPayload` an den Server. Der Server konvertiert den erhaltenen JSON-String wieder zurück in eine `MyPayload`-Instanz und liefert einen Flux, der im Abstand von `delay` Sekunden `count` Zufallszahlen zwischen 0 und `bound` (exklusiv) emittiert. Verwenden Sie das *request/stream*-Modell und nutzen Sie zur Synchronisation einen `CountDownLatch` wie im Beispiel `RequestStreamClient`.

   Lösung: siehe Paket random

4. Erweitern Sie die Lösung zu Aufgabe 1: Wenn der Server vom Client einen leeren Text erhalten hat, soll ein Mono zurückgegeben werden, der dazu führt, dass beim Client eine Exception ausgelöst wird. Nutzen Sie hierzu die statische Methode: `static <T> Mono<T> error(Throwable error)`

   Passen Sie auch den Client entsprechend an.

   Lösung: siehe Paket error_demo

---

3   https://rsocket.io/about/motivations

6   Remote Method Invocation (RMI)

In diesem Kapitel stellen wir ein System vor, das die Kommunikation zwischen Objekten, die sich auf verschiedenen Rechnern (JVMs) befinden, ermöglicht. Neben (fast) beliebigen Objekten kann auch das Verhalten (Bytecode) übertragen werden, so dass flexible Anwendungen realisiert werden können. Allerdings muss sowohl der Client als auch der Server in Java programmiert sein.

Das klassische *RPC-Modell* (RPC = Remote Procedure Call) versteckt den Aufruf einer auf einem anderen Rechner im Netz (bzw. einer anderen JVM) implementierten Prozedur hinter einem lokalen Prozeduraufruf und bietet damit ein sehr vertrautes Programmiermodell an. Das Programm, das die Prozedur aufruft, agiert als Client, das Programm, das die aufgerufene Prozedur ausführt, als Server.

Remote Method Invocation (RMI) ist die objektorientierte Umsetzung des RPC-Modells in Java.

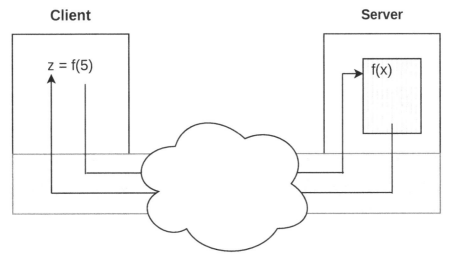

Abbildung 6-1: Entfernter Prozeduraufruf im RPC-Modell

6.1   Vom lokalen zum entfernten Methodenaufruf

→ Projekt rmi

Das folgende Programmbeispiel zeigt, wie einfach eine Anwendung mit *lokalem* Methodenaufruf in eine Client/Server-Anwendung mit *entferntem* Methodenaufruf (RMI) umgewandelt werden kann.

Die im Beispiel benutzte Methode berechnet die Summe zweier Zahlen.

Ergänzende Information Die elektronische Version dieses Kapitels enthält Zusatzmaterial, auf das über folgenden Link zugegriffen werden kann https://doi.org/10.1007/978-3-658-37200-2_6.

Hier zunächst die lokale Anwendung (Paket *intro1*):

```
package intro1;

public class AddServer {
    public double add(double x, double y) {
        return x + y;
    }
}
```

```
package intro1;

public class AddClient {
    public static void main(String[] args) {
        var service = new AddServer();
        System.out.println(service.add(2.3, 5.7));
    }
}
```

Die beiden Klassen werden nun über ein Interface entkoppelt (Paket *intro2*). Um ein Server-Objekt zu erzeugen, wird eine statische Methode benutzt, die den konkreten Namen der Implementierungsklasse (hier: AddServer) gegenüber dem Client verbirgt (*Factory-Methode*).

Das Klassendiagramm in Abbildung 6-2 verdeutlicht die Zusammenhänge.

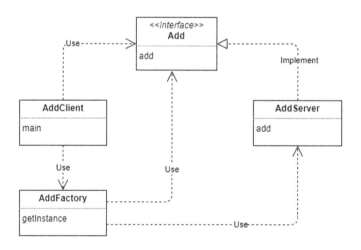

Abbildung 6-2: Klassendiagramm

```
package intro2;

public interface Add {
    double add(double x, double y);
}
```

```
package intro2;

public class AddServer implements Add {
    public double add(double x, double y) {
        return x + y;
    }
}
```

```
package intro2;

public class AddFactory {
    public static Add getInstance() {
        return new AddServer();
    }
}
```

```
package intro2;

public class AddClient {
    public static void main(String[] args) {
        var service = AddFactory.getInstance();
        System.out.println(service.add(2.3, 5.7));
    }
}
```

Die RMI-Version der Anwendung entsteht nun durch leichte Änderung (Paket *intro3*).

```
package intro3;

import java.rmi.Remote;
import java.rmi.RemoteException;

public interface Add extends Remote {
    double add(double x, double y) throws RemoteException;
}
```

```
package intro3;

import java.rmi.Naming;
import java.rmi.RemoteException;
import java.rmi.server.UnicastRemoteObject;

public class AddServer extends UnicastRemoteObject implements Add {
    public AddServer() throws RemoteException {
    }
```

```
    public double add(double x, double y) {
        return x + y;
    }

    public static void main(String[] args) throws Exception {
        var server = new AddServer();
        Naming.rebind("add", server);
    }
}


package intro3;

import java.rmi.Naming;

public class AddFactory {
    public static Add getInstance() throws Exception {
        return (Add) Naming.lookup("//localhost/add");
    }
}


package intro3;

public class AddClient {
    public static void main(String[] args) throws Exception {
        var service = AddFactory.getInstance();
        System.out.println(service.add(2.3, 5.7));
    }
}
```

`Add`, `AddServer` und `AddFactory` importieren RMI-spezifische Typen.

Das Interface `Add` ist von `java.rmi.Remote` abgeleitet, die Methode `add` enthält eine throws-Klausel mit der Ausnahme `java.rmi.RemoteException`.

Die Klasse `AddServer` ist von `java.rmi.server.UnicastRemoteObject` abgeleitet und besitzt eine `main`-Methode, die das erzeugte Server-Objekt bei einem Verzeichnisdienst registriert. Die Methode `getInstance` der Klasse `AddFactory` erhält ein `Add`-Objekt mit Hilfe dieses Verzeichnisdienstes.

Zur Vereinfachung laufen Client und Server auf demselben Rechner (`localhost`).

Test

Start des Verzeichnisdienstes:
```
rmiregistry -J-Djava.class.path=out/production/rmi
```

Start des Servers:
```
java -cp out/production/rmi intro3.AddServer
```

Aufruf des Clients:
```
java -cp out/production/rmi intro3.AddClient
```

Verzeichnisdienst und Server müssen am Ende mit *Strg + C* abgebrochen werden.

6.2   Die Architektur einer RMI-Anwendung

6.2.1   Protokoll und Komponenten

Das Protokoll *Remote Method Invocation* (RMI) setzt auf TCP/IP auf und verbirgt die Details einer Netzverbindung. RMI hat folgende Eigenschaften:

* Mit RMI können Methoden für Objekte aufgerufen werden, die von einer anderen virtuellen Maschine (JVM) erzeugt und verwaltet werden – in der Regel auf einem anderen Rechner.

* Für den Entwickler sieht der entfernte Methodenaufruf wie ein ganz normaler lokaler Aufruf aus.

* Entfernt aufrufbare Methoden werden in einem *Interface* deklariert. Nur hierüber kann der Client mit einem entfernten Objekt kommunizieren. Das Interface stellt einen sogenannten *Vertrag* zwischen Client und Server dar.

* *Netzspezifischer Code*, der die Codierung und Übertragung von Aufrufparametern und Rückgabewerten ermöglicht, wird ab Java SE 5 dynamisch zur Laufzeit generiert.

* Um für den ersten Aufruf einer entfernten Methode eine "Referenz" auf das entfernte Objekt, das diese Methode anbietet, zu erhalten, kann der Client einen sogenannten *Namensdienst* (Registry) nutzen.

* RMI bietet Mechanismen sowohl für die Übertragung von Objekten als auch für die Übertragung und das Laden des Bytecodes der zugehörigen Klassen, falls diese lokal nicht vorhanden sind.

* RMI ist eine rein Java-basierte Lösung, d. h. Client und Server müssen in Java programmiert sein.

Mit Hilfe eines *Namensdienstes* können Dienste zentral veröffentlicht werden, sodass Clients diese über ein Netz finden und nutzen können. Namensdienste ordnen den Adressen von Ressourcen (hier entfernten Objekten) eindeutige Namen zu. Die Adresse einer Ressource enthält alle Informationen, die ein Client braucht, um mit der Ressource zu kommunizieren.

Um eine "Referenz" auf die gewünschte Ressource zu erhalten, übergibt der Client dem Namensdienst den Namen, unter dem die Ressource angemeldet ist. Als Ergebnis erhält er die Referenz, mit der nun eine Verbindung zur Ressource aufgebaut werden kann.

Abbildung 6-3 zeigt den allgemeinen Fall einer mit RMI realisierten Client/Server-Anwendung.

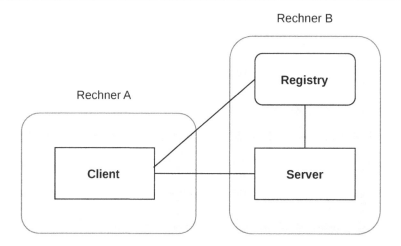

Abbildung 6-3: RMI-Anwendung

Der Client erhält über die *Registry* eine "Referenz" auf ein entferntes Objekt, das der Server vorher dort registriert hat. Für dieses Objekt ruft der Client dann eine Methode auf. Ggf. kann das RMI-System auch einen Webserver nutzen, um Bytecode für Objekte vom Server zum Client bzw. umgekehrt zu übertragen.

Die Zusammenhänge, Begriffe und die erforderlichen Klassen und Methoden zur Entwicklung einer RMI-Anwendung werden nun im Folgenden schrittweise erläutert.

Das Beispiel zeigt die Implementierung eines *Echo-Dienstes* (Paket *echo*).

Remote Interface

Das *Remote Interface* definiert die Sicht des Clients auf das entfernte Objekt. Dieses Interface enthält die Methoden, die für dieses Objekt entfernt aufgerufen werden können.

Ein *Remote Interface* ist von dem Interface `java.rmi.Remote` abgeleitet.

`Remote` dient dazu, Interfaces zu kennzeichnen, deren Methoden entfernt aufgerufen werden sollen. `Remote` muss von allen Interfaces erweitert werden, die entfernte Methoden deklarieren.

`java.rmi.RemoteException` ist von `java.io.IOException` abgeleitet und ist Super-klasse einer Reihe von Ausnahmen, die beim Aufruf einer entfernten Methode bei Netz- bzw. Protokollfehlern ausgelöst werden können. Jede Methode eines von `Remote` abgeleiteten Interfaces (*Remote Interface*) muss diese Klasse in der `throws`-Klausel aufführen.

```
package echo;

import java.rmi.Remote;
import java.rmi.RemoteException;

public interface Echo extends Remote {
    String getEcho(String s) throws RemoteException;
}
```

Remote Object

Jedes Objekt, dessen Klasse ein Remote Interface implementiert, ist ein sogenanntes entferntes Objekt (*Remote Object*), d. h. es implementiert die vorgeschriebenen entfernt aufrufbaren Methoden. Konstruktoren müssen RemoteException in der throws-Klausel enthalten. Methoden können in der Regel hierauf verzichten, falls sie selbst keine entfernten Methoden aufrufen.

Damit eine Verbindung zwischen Client und Server aufgenommen werden kann und Methoden des Objekts entfernt aufgerufen werden können, muss das entfernte Objekt *exportiert* und damit *remote-fähig* gemacht werden.

Dies geschieht z. B. durch Ableiten von der Klasse

> java.rmi.server.UnicastRemoteObject

Bei Erzeugung des entfernten Objekts wird der Konstruktor dieser Superklasse aufgerufen, der das Objekt *exportiert*. Das exportierte Objekt kann nun über TCP/IP eingehende Nachrichten erhalten.

Implementierung des Remote Interface

Wir nutzen die folgende *Namenskonvention*:

Der Name der Klasse, die das Interface Xxx implementiert, ist XxxImpl.

```
package echo;

import java.rmi.RemoteException;
import java.rmi.server.UnicastRemoteObject;

public class EchoImplV1 extends UnicastRemoteObject implements Echo {
    public EchoImplV1() throws RemoteException {
    }

    public String getEcho(String s) {
        return s;
    }
}
```

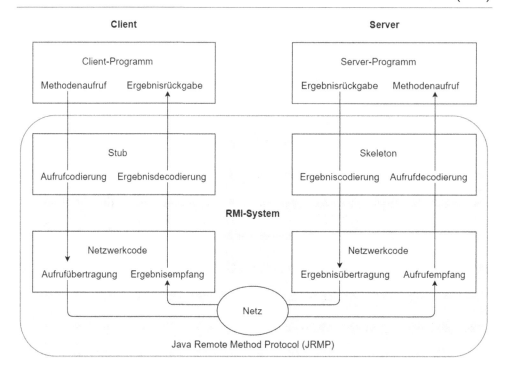

Abbildung 6-4: Aufruf einer entfernten Methode

Stub und Skeleton

Die Codierung bzw. Decodierung der Aufrufparameter und Rückgabewerte von
Methodenaufrufen und die Übermittlung der Daten zwischen Client und Server
wird vom RMI-System und von generierten Klassen, beim Client *Stub* und beim
Server *Skeleton* genannt, geregelt (siehe Abbildung 6-4).

Ein Stub-Objekt fungiert als *lokaler Stellvertreter* (Proxy) des entfernten Objekts.
Ein Stub implementiert dasselbe Remote Interface, das auch die Klasse des
entfernten Objekts implementiert. Das *Java Remote Method Protocol* (JRMP) wird
vom Stub genutzt, um mit dem Server zu kommunizieren.

Remote Reference

Ein Client erhält Zugriff auf ein entferntes Objekt durch eine sogenannte *entfernte
Referenz* (*Remote Reference*). Diese wird beim Erzeugen des lokalen Stub-Objekts
bereitgestellt. Das Stub-Objekt kapselt Informationen, die für den Zugriff auf das
entfernte Objekt benötigt werden. Der Client ruft eine Methode des Stub-Objekts
auf, die dann für den Methodenaufruf des entfernten Objekts auf der Serverseite

sorgt (siehe Abbildung 6-5). Kurz gesagt wird eine entfernte Referenz durch eine Referenz auf ein entsprechendes Stub-Objekt realisiert.

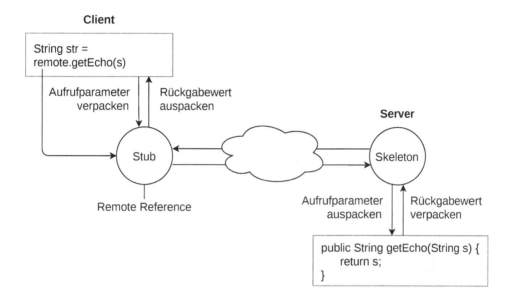

Abbildung 6-5: Remote Reference

Die Klasse EchoServerV1 (siehe unten) erzeugt ein entferntes Objekt vom Typ EchoImplV1 und registriert dieses bei einem Namensdienst (Registry).

Registry

Das vom JDK bereitgestellte Programm *rmiregistry* stellt einen einfachen Dienst zur Verfügung, der es dem Client erlaubt, eine *erste Referenz* auf ein entferntes Objekt als *Einstiegspunkt* zu erhalten. Weitere Referenzen auf andere entfernte Objekte können von hier aus dann anwendungsspezifisch, z. B. als Rückgabewerte von entfernten Methodenaufrufen, geliefert werden.

Jeder Eintrag in der Registry besteht aus einem *Namen* und einer *Objektreferenz*.

Der Name hat die Form eines URL:

>   //host:port/Dienstname

Bis auf *Dienstname* können alle Bestandteile entfallen. Der Rechnername ist in diesem Fall localhost und die Portnummer 1099.

Soll für die Registry eine andere als die standardmäßig vorgesehene Portnummer 1099 benutzt werden, so muss sie als Aufrufparameter beim Start von *rmiregistry* angegeben werden.

Die Klasse `java.rmi.Naming` wird von Clients und Servern benutzt, um mit der Registry zu kommunizieren.

```
static void bind(String name, Remote obj)
        throws java.rmi.AlreadyBoundException,
        java.net.MalformedURLException, java.rmi.RemoteException
```

registriert einen Eintrag für ein entferntes Objekt. `name` wird an `obj` gebunden. `AlreadyBoundException` wird ausgelöst, wenn `name` bereits eingetragen ist. `MalformedURLException` wird ausgelöst, wenn der Aufbau von `name` nicht korrekt ist.

```
static void rebind(String name, Remote obj)
        throws java.net.MalformedURLException, java.rmi.RemoteException
```

registriert einen Eintrag für ein entferntes Objekt. `name` wird an `obj` gebunden. Besteht bereits ein Eintrag zu diesem Namen, so wird der bestehende Eintrag überschrieben. `MalformedURLException` wird ausgelöst, wenn der Aufbau von `name` nicht korrekt ist.

```
static void unbind(String name)
        throws java.rmi.NotBoundException, java.net.MalformedURLException,
        java.rmi.RemoteException
```

entfernt den Eintrag zu `name`. `NotBoundException` wird ausgelöst, wenn zu `name` kein Eintrag vorhanden ist. `MalformedURLException` wird ausgelöst, wenn der Aufbau von `name` nicht korrekt ist.

Achtung!

Diese drei `Naming`-Methoden können nur auf dem Rechner ausgeführt werden, auf dem auch der Namensdienst läuft. Registry und Server müssen also auf demselben Rechner gestartet werden.

```
package echo;

import java.rmi.Naming;

public class EchoServerV1 {
    public static void main(String[] args) throws Exception {
        var remote = new EchoImplV1();
        Naming.rebind("echo", remote);
        System.out.println("EchoServerV1 gestartet ...");
    }
}
```

Das RMI-System sorgt dafür, dass der Server läuft, auch wenn alle Anweisungen der `main`-Methode bereits ausgeführt sind.

```
package echo;

import java.rmi.Naming;

public class EchoClient {
    public static void main(String[] args) throws Exception {
        var host = args[0];

        var remote = (Echo) Naming.lookup("//" + host + "/echo");
        var received = remote.getEcho("Das ist ein Test.");
        System.out.println(received);
    }
}
```

Mittels der Naming-Methode lookup erhält der Client das Stub-Objekt zum entfernten Objekt, das unter dem Namen "echo" in der Registry eingetragen ist.

```
static Remote lookup(String name) throws java.rmi.NotBoundException,
        java.net.MalformedURLException, java.rmi.RemoteException
```

liefert die Referenz auf das Stub-Objekt für das unter name eingetragene entfernte Objekt. MalformedURLException wird ausgelöst, wenn der Aufbau von name nicht korrekt ist. NotBoundException wird ausgelöst, wenn zu name kein Eintrag vorhanden ist.

Test

Start des Verzeichnisdienstes (Kommando in einer Zeile):
```
rmiregistry -J-Djava.class.path=out/production/rmi
-J-Djava.rmi.server.logCalls=true
```

Die zuletzt angegebene Systemeigenschaft bewirkt, dass der Kommunikationsfluss zwischen Client und Server protokolliert wird.

Start des Servers:
```
java -cp out/production/rmi echo.EchoServerV1
```

Aufruf des Clients:
```
java -cp out/production/rmi echo.EchoClient localhost
```

Verzeichnisdienst und Server müssen am Ende mit *Strg + C* abgebrochen werden. Client und Server können natürlich auch auf unterschiedlichen Rechnern installiert und getestet werden.

Bei einigen Betriebssystemen (wie z. B. *Raspberry Pi OS* für den Minirechner *Raspberry Pi*) muss die Systemeigenschaft java.rmi.server.hostname auf die externe IP-Adresse des Servers in der Server-JVM gesetzt werden, bevor entfernte Objekte exportiert werden:
```
java -Djava.rmi.server.hostname=IP-Adresse -cp rmi.jar echo.EchoServerV1
```

6.2.2   Implementierungsvarianten

Die folgende Variante des Echo-Beispiels zeigt, dass die das Interface `Echo`
implementierende Klasse nicht unbedingt von `UnicastRemoteObject` abgeleitet sein
muss.

Stattdessen wird im Server die statische `UnicastRemoteObject`-Methode `export` mit
einer expliziten Portnummer aufgerufen:

```
UnicastRemoteObject.exportObject(remote, 50000);
```

Mit dem Aufruf

```
UnicastRemoteObject.unexportObject(remote, true);
```

ist das Objekt nicht mehr *remote* aufrufbar, wobei der zweite Parameter angibt, ob
das Objekt entfernt werden soll, auch wenn noch RMI-Aufrufe ausgeführt werden.

```
package echo;

public class EchoImplV2 implements Echo {
    public String getEcho(String s) {
        return s;
    }
}
```

```
package echo;

import java.rmi.Naming;
import java.rmi.server.UnicastRemoteObject;

public class EchoServerV2 {
    public static void main(String[] args) throws Exception {
        var remote = new EchoImplV2();
        UnicastRemoteObject.exportObject(remote, 50000);
        Naming.rebind("echo", remote);
        System.out.println("EchoServerV2 gestartet ...");
    }
}
```

LocateRegistry

Eine individuelle Registry kann auch innerhalb des Servers gestartet werden. Dazu
steht die Klasse `LocateRegistry` im Paket `java.rmi.registry` zur Verfügung.

Die Methode

```
static Registry createRegistry(int port)
    throws java.rmi.RemoteException
```

erzeugt eine Registry die auf dem Port `port` Anfragen akzeptiert.

Wir demonstrieren den Einsatz von `LocateRegistry`. Gegenüber dem vorhergehenden Beispiel werden Server und Client wie folgt angepasst (Projekt *registry*) :

```java
package registry;

import java.rmi.Naming;
import java.rmi.registry.LocateRegistry;
import java.rmi.server.UnicastRemoteObject;

public class EchoServer {
    public static void main(String args[]) throws Exception {
        var registryPort = 40000;

        LocateRegistry.createRegistry(registryPort);
        var remote = new EchoImpl();
        UnicastRemoteObject.exportObject(remote, 50000);
        Naming.rebind("//:" + registryPort + "/echo", remote);
        System.out.println("EchoServer gestartet ...");
    }
}
```

```java
package registry;

import java.rmi.Naming;

public class EchoClient {
    public static void main(String args[]) throws Exception {
        var host = args[0];
        var port = 40000;
        String text = "Das ist ein Test.";

        var remote = (Echo) Naming.lookup("//" + host + ":" + port + "/echo");
        var received = remote.getEcho(text);
        System.out.println(received);
    }
}
```

6.2.3 Dienstauskunft

Das folgende Programm (Paket *list*) gibt eine Liste aller in der Registry gebun-
denen Namen aus.

Die `Naming`-Methode

```java
static String[] list(String name)
throws java.rmi.RemoteException,
       java.net.MalformedURLException
```

liefert ein Array von Namen, die an entfernte Objekte gebunden sind. `name` spezifiziert die Registry in der Form `//host:port`.

```
package list;

import java.rmi.ConnectException;
import java.rmi.Naming;

public class ListRegistry {
    public static void main(String[] args) throws Exception {
        var host = args[0];

        var registryNames = new String[]{
                "//" + host + ":1099",
                "//" + host + ":40000"
        };

        for (var registryName : registryNames) {
            try {
                var list = Naming.list(registryName);
                for (var name : list) {
                    System.out.println(name);
                }
            } catch (ConnectException e) {
                System.err.println("Keine Verbindung zu: " + registryName);
            }
        }
    }
}
```

Die Ausgabe hat die Form: `//host:port/Dienstname`

Für den Test können die beiden zuletzt gezeigten Server verwendet werden.

6.2.4 Aufrufparameter und Rückgabewerte

Die Aufrufparameter und der Rückgabewert einer entfernten Methode können von einem einfachen Datentyp, Referenzen auf "normale" lokale Objekte oder Referenzen auf entfernte Objekte sein.

Für *entfernte Methoden* gelten die folgenden Übertragungsregeln:

- *Werte von einfachem Datentyp* (z. B. `int`, `double`) werden wie bei lokalen Methodenaufrufen *by value* übertragen.

- *Lokale Objekte* werden serialisiert, übertragen und vom Server deserialisiert. Dafür sorgen Stub und Skeleton. Lokale Objekte werden, anders als beim lokalen Methodenaufruf, als Kopie *by value* übertragen. Diese Objekte müssen also das Interface `java.io.Serializable` implementieren.

- Exportierte *entfernte Objekte* werden *by reference* übertragen, d. h. es werden die Stub-Objekte, nicht Kopien der Originale übertragen.

Die folgende Tabelle fasst die Regeln zusammen:

Typ	lokale Methode	entfernte Methode
einfacher Typ	by value	by value
Objekt	by reference	by value (Serialisierung)
entferntes Objekt	by reference	by remote reference (Stub-Objekt)

6.3 Übertragung von Remote Objects

Beim Aufruf entfernter Methoden werden lokale Objekte als Kopie in serialisierter Form übertragen. Das folgende Beispiel zeigt eine entfernte Methode, die als Rückgabewert eine *entfernte Referenz* liefert, mit deren Hilfe eine entfernte Methode eines weiteren entfernten Objekts vom Client aufgerufen werden kann.

Beispiel (Paket *bank*):

Der RMI-Server soll Konten mit den Attributen Kontonummer (id), PIN und Saldo verwalten. Der Client kann ein neues Konto mit Angabe von Kontonummer und PIN anlegen oder ein bereits unter seiner Kontonummer eingerichtetes Konto öffnen. Für dieses Konto kann er dann einen Betrag einzahlen oder abheben sowie sich seinen Kontostand anzeigen lassen.

Remote Interface Konto

```
package bank;

import java.rmi.Remote;
import java.rmi.RemoteException;

public interface Konto extends Remote {
    int getSaldo() throws RemoteException;
    void add(int betrag) throws RemoteException;
}
```

Remote Interface KontoManager

```
package bank;

import java.rmi.Remote;
import java.rmi.RemoteException;

public interface KontoManager extends Remote {
    Konto getKonto(int id, int pin) throws RemoteException;
}
```

KontoImpl

```java
package bank;

import java.rmi.RemoteException;
import java.rmi.server.UnicastRemoteObject;

public class KontoImpl extends UnicastRemoteObject implements Konto {
    private final int pin;
    private int saldo;

    public KontoImpl(int pin) throws RemoteException {
        this.pin = pin;
    }

    public int getSaldo() {
        return saldo;
    }

    public void add(int betrag) {
        if (saldo + betrag < 0) {
            throw new IllegalArgumentException(
                    "Das Konto kann nicht überzogen werden.");
        }
        saldo += betrag;
    }

    public int getPin() {
        return pin;
    }
}
```

KontoManagerImpl

```java
package bank;

import java.rmi.RemoteException;
import java.rmi.server.UnicastRemoteObject;
import java.util.Hashtable;

public class KontoManagerImpl extends UnicastRemoteObject implements KontoManager {
    private final Hashtable<Integer, KontoImpl> hashtable;

    public KontoManagerImpl() throws RemoteException {
        hashtable = new Hashtable<>();
    }

    public Konto getKonto(int id, int pin) throws RemoteException {
        var konto = hashtable.get(id);
        if (konto == null) {
            konto = new KontoImpl(pin);
            hashtable.put(id, konto);
            System.out.println("Konto " + id + " wurde eingerichtet.");
            return konto;
        } else {
            if (konto.getPin() == pin)
                return konto;
```

```
        else
            throw new IllegalArgumentException("PIN ist ungültig.");
    }
  }
}
```

Die Konten werden in einer Hashtable unter der jeweiligen Kontonummer (id) gespeichert. Ist bereits unter der angegebenen Kontonummer ein Konto vorhanden, so
wird geprüft, ob die angegebene PIN gültig ist. Ist die PIN nicht korrekt, wird eine
Ausnahme ausgelöst. Ist die Kontonummer neu, so wird ein neues Konto eingerichtet. Bei fehlerfreier Verarbeitung wird in beiden Fällen die *entfernte Referenz
auf ein* Konto-*Objekt* zurückgeliefert.

BankServer

```java
package bank;

import java.rmi.Naming;

public class BankServer {
    public static void main(String[] args) throws Exception {
        var remote = new KontoManagerImpl();
        Naming.rebind("bank", remote);
        System.out.println("BankServer gestartet ...");
    }
}
```

Hier wird das "Einstiegsobjekt" vom Typ KontoManagerImpl registriert.

BankClient

```java
package bank;

import java.rmi.Naming;
import java.rmi.RemoteException;
import java.util.Scanner;

public class BankClient {
    public static void main(String[] args) {
        var host = args[0];
        var id = Integer.parseInt(args[1]);
        var pin = Integer.parseInt(args[2]);

        Konto konto;
        try {
            var manager = (KontoManager) Naming.lookup("//" + host + "/bank");
            konto = manager.getKonto(id, pin);
        } catch (Exception e) {
            System.err.println(e.getMessage());
            return;
        }
```

```
        try (var scanner = new Scanner(System.in)) {
            String input;
            while (true) {
                try {
                    System.out.println("get | <zahl> | q:");
                    input = scanner.nextLine();
                    if (input.length() == 0 || input.equals("q"))
                        break;
                    if (input.equals("get")) {
                        System.out.println("Aktueller Kontostand: "
                                + konto.getSaldo());
                    } else {
                        var betrag = Integer.parseInt(input);
                        konto.add(betrag);
                    }
                } catch (NumberFormatException ignored) {
                } catch (IllegalArgumentException | RemoteException e) {
                    System.err.println(e.getMessage());
                }
            }
        }
    }
}
```

Mit lookup erhält der Client Zugriff auf das entfernte KontoManager-Objekt. Hierfür ruft er die Methode getKonto auf und erhält als Rückgabewert eine entfernte Referenz auf ein Konto-Objekt, für das er dann die entfernten Konto-Methoden aufruft.

Registry und Server werden wie in Kapitel 6.2.1 aufgerufen:

```
rmiregistry -J-Djava.class.path=out/production/rmi
java -cp out/production/rmi bank.BankServer
```

Aufruf des Clients:

```
java -cp out/production/rmi bank.BankClient localhost 4711 12345
```

```
get | <zahl> | q:
1000
get | <zahl> | q:
get
Aktueller Kontostand: 1000
get | <zahl> | q:
-2000
Das Konto kann nicht überzogen werden.
get | <zahl> | q:
get
Aktueller Kontostand: 1000
get | <zahl> | q:
q
```

6.4 Mobile Agenten

Ein (serialisierbares) Objekt kann auch dann vom Client zum Server transportiert werden, wenn der Server den Bytecode der zugehörigen Klasse noch nicht zur Verfügung hat. Der Code muss dann ebenfalls zur Laufzeit ad hoc übertragen werden.

Wir nutzen hier diese Möglichkeit, um Methoden dieser Klasse auf dem Server *lokal* auszuführen. Derartige Nachrichten entsprechen von ihrem Wesen her einem *mobilen Agenten*, der im Auftrag eines Clients bestimmte Aufgaben auf einem anderen Rechner erledigt und danach zurückkehrt.

Wir entwickeln einen Server, der beliebige Aufgaben vom Client entgegennimmt, diese ausführt und die Ergebnisse zurückliefert. Das ist z. B. dann hilfreich, wenn der Server auf einer sehr schnellen Maschine läuft und komplexe mathematische Berechnungen ausgeführt werden müssen.

Eine Aufgabe kann durch ein beliebiges Objekt repräsentiert werden, dessen Klasse das Interface Agent implementiert.

Client und Server sind in verschiedenen Unterprojekten realisiert: *agent_client* und *agent_server*.

Interface Agent

```
package agent;

import java.io.Serializable;

public interface Agent extends Serializable {
    void execute();
}
```

Remote Interface ServerAgent

```
package agent;

import java.rmi.Remote;
import java.rmi.RemoteException;

public interface ServerAgent extends Remote {
    Agent execute(Agent agent) throws RemoteException;
}
```

ServerAgentImpl

Die entfernte Methode execute des Remote Interface ServerAgent initiiert den Transport des Agent-Objekts und ruft die Agent-Methode execute auf:

```java
import agent.Agent;
import agent.ServerAgent;

import java.rmi.RemoteException;
import java.rmi.server.UnicastRemoteObject;

public class ServerAgentImpl extends UnicastRemoteObject implements ServerAgent {
    public ServerAgentImpl() throws RemoteException {
    }

    public Agent execute(Agent agent) {
        agent.execute();
        return agent;
    }
}
```

Server

```java
import java.rmi.Naming;

public class Server {
    public static void main(String[] args) throws Exception {
        var remote = new ServerAgentImpl();
        Naming.rebind("agent", remote);
        System.out.println("Server gestartet ...");
    }
}
```

DemoAgent

Die Klasse DemoAgent implementiert das Interface Agent. Die Methode execute berechnet die Summe der Zahlen von 1 bis zu einer vorgegebenen Zahl n. Diese Klasse soll später über das Netz zum Server transportiert werden.

```java
import agent.Agent;

public class DemoAgent implements Agent {
    private final int n;
    private int sum;

    public DemoAgent(int n) {
        this.n = n;
    }

    public void execute() {
        for (var i = 1; i <= n; i++) {
            sum += i;
        }
    }

    public int getResult() {
        return sum;
    }
}
```

Client

```
import agent.ServerAgent;

import java.rmi.Naming;

public class Client {
    public static void main(String[] args) throws Exception {
        var host = args[0];
        var remote = (ServerAgent) Naming.lookup("//" + host + "/agent");
        var demo = new DemoAgent(100);
        var result = (DemoAgent) remote.execute(demo);
        System.out.println(result.getResult());
    }
}
```

Die Klasse DemoAgent im Unterprojekt *agent_client* ist für den Server im Unterprojekt *agent_server* über seinen CLASSPATH nicht erreichbar.

Um den Bytecode von DemoAgent herunterladen zu können, nutzt der Server einen HTTP-Server. Hierzu kann ein beliebiger Webserver eingesetzt werden. Wir nutzen den mit Tomcat implementierten Webserver aus Angang A.

Für den Start des Clients ist der URL für den zu übertragenden Bytecode als Wert der Systemeigenschaft java.rmi.server.codebase anzugeben. Diese Information wird zum Server übertragen, sodass dieser dann die geeignete HTTP-Anfrage stellen kann.

Der RMI-Server muss einen *Security Manager* nutzen, da das Laden von Bytecode im Allgemeinen eine unsichere Aktivität ist.[1]

Die *Policy-Datei policy.txt* hat für unsere Zwecke den folgenden Inhalt:

```
grant {
    permission java.net.SocketPermission "*:1024-", "connect,accept";
    permission java.net.SocketPermission "*:8080", "connect";
};
```

Der HTTP-Server wird an die Portnummer 8080 gebunden. Abbildung 6-6 zeigt die Konfiguration. Insbesondere geht aus der Abbildung hervor, welche Klassen und Interfaces dem Client, welche dem Server lokal zur Verfügung stehen.

Test

Auf dem Server

Aufruf der Registry:

```
rmiregistry -J-Djava.class.path=out/production/agent_server
```

---

1   Siehe auch https://docs.oracle.com/en/java/javase/17/rmi/index.html

Aufruf des RMI-Servers (in einer Zeile):

```
java -Djava.rmi.server.useCodebaseOnly=false -Djava.security.manager
-Djava.security.policy=policy.txt -cp out/production/agent_server Server
```

Die Systemeigenschaft `java.rmi.server.useCodebaseOnly` hat den Wert `false`, sodass dynamisches Laden von Bytecodes erlaubt ist.

Auf dem Client

Aufruf des HTTP-Servers (in einer Zeile):

```
java --add-opens=java.base/java.lang=ALL-UNNAMED
--add-opens=java.base/java.io=ALL-UNNAMED
--add-opens=java.rmi/sun.rmi.transport=ALL-UNNAMED
-cp ../../webserver/webserver.jar;../../libs/tomcat/*
WebServer /demo out/production/agent_client 8080 false false
```

`out/production/agent_client` ist das Root-Verzeichnis des Webservers (hier liegt die herunterzuladende Klasse `DemoAgent`.

Aufruf des Clients (in einer Zeile):

```
java -Djava.rmi.server.codebase=http://localhost:8080/demo/
-cp out/production/agent_client Client localhost
```

Wird der Client auf einem anderen Rechner ausgeführt, muss `localhost` durch die IP-Adresse dieses Rechners ersetzt werden.

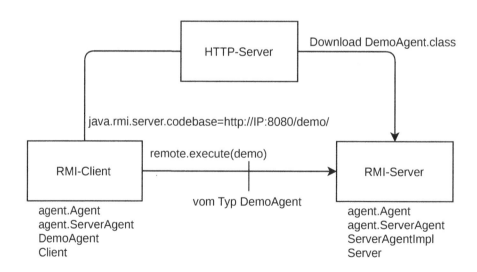

Abbildung 6-6: Dynamisches Laden einer Klasse

6.5 Der Einsatz von Callback-Methoden

In diesem Kapitel sehen wir, dass ein Client auch zeitweise selbst Dienste anbieten kann. Der Server ruft eine entfernte Methode des Clients auf.

Polling oder Callback

Eine typische Anwendungssituation:

Der Client will Ereignisse beobachten, die auf dem Server eintreten. Statt nun regelmäßig in bestimmten Abständen eine Anfrage an den Server zu stellen, ob das interessierende Ereignis eingetreten ist oder nicht (*Polling, Pull-Prinzip*), lässt sich der Client vom Server über das Eintreten des Ereignisses informieren (*Callback, Push-Prinzip*).

Damit dieser *Callback-Mechanismus* funktioniert, muss der Client sich beim Server registrieren (der Server speichert eine *entfernte Referenz auf ein Remote-Objekt des Clients*). Dann kann der Server bei Eintreten des Ereignisses eine entfernte Methode des Clients aufrufen. Bei dieser Lösung fällt im Vergleich zum Polling unnötige Rechenzeit und Netzlast weg.

Zur Veranschaulichung dieses Mechanismus entwickeln wir eine Anwendung (Unterprojekte *callback_client* und *callback_server*), mit der Textnachrichten, die ein sogenannter *Publisher* veröffentlicht, an interessierte Abonnenten (*Subscriber*) gesendet werden können. Der Server hat die Aufgabe, eine an ihn gerichtete Nachricht sofort an alle Abonnenten weiterzuleiten. Zu diesem Zweck muss er diese "kennen".

Textnachrichten werden in ein `Message`-Objekt verpackt, das zusätzlich den Zeitpunkt der Veröffentlichung enthält.

Das Paket `message.api` befindet sich in beiden Unterprojekten.

Das Paket `message.api`

```
package message.api;

import java.io.Serializable;
import java.time.LocalDateTime;

public class Message implements Serializable {
    private LocalDateTime timestamp;
    private String text;

    public LocalDateTime getTimestamp() {
        return timestamp;
    }

    public void setTimestamp(LocalDateTime timestamp) {
        this.timestamp = timestamp;
    }
```

```
    public void setText(String text) {
        this.text = text;
    }

    public String getText() {
        return text;
    }
}
```

Das *entfernte Objekt des Servers* (vom Typ `MessageManager`) hat drei Methoden:

void setMessageListener(MessageListener listener)
    meldet einen Subscriber an.

void removeMessageListener(MessageListener listener)
    meldet einen Subscriber ab.

void send(Message msg)
    sendet eine Nachricht.

```
package message.api;

import java.rmi.Remote;
import java.rmi.RemoteException;

public interface MessageManager extends Remote {
    void setMessageListener(MessageListener listener) throws RemoteException;
    void removeMessageListener(MessageListener listener) throws RemoteException;
    void send(Message message) throws RemoteException;
}
```

Das *entfernte Objekt des Clients* (vom Typ `MessageListener`) hat die Methode:

void onMessage(Message msg)
    gibt die Nachricht aus.

```
package message.api;

import java.rmi.Remote;
import java.rmi.RemoteException;

public interface MessageListener extends Remote {
    void onMessage(Message message) throws RemoteException;
}
```

Abbildung 6-7 zeigt den Zusammenhang.

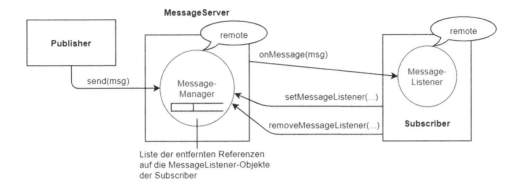

Abbildung 6-7: Callback-Mechanismus

Wir implementieren zunächst den RMI-Server. Die Liste `listeners` vom Typ `CopyOnWriteArrayList` speichert die entfernten Referenzen auf die `Message-Listener`-Objekte der Abonnenten. `CopyOnWriteArrayList` verhindert Ausnahmen vom Typ `ConcurrentModificationException` während der Iteration über die Elemente der Liste. Die Methode `send` ruft für jede in der Liste gespeicherte Referenz die entfernte `MessageListener`-Methode `onMessage` auf.

Ein Thread gibt alle 5 Sekunden die Anzahl der Abonnenten am Bildschirm aus.

```java
import message.api.Message;
import message.api.MessageListener;
import message.api.MessageManager;

import java.rmi.RemoteException;
import java.rmi.server.UnicastRemoteObject;
import java.util.List;
import java.util.concurrent.CopyOnWriteArrayList;

public class MessageManagerImpl extends UnicastRemoteObject implements
                                          MessageManager {
    private final List<MessageListener> listeners;

    public MessageManagerImpl() throws RemoteException {
        listeners = new CopyOnWriteArrayList<>();
        new ControlThread().start();
    }

    public void setMessageListener(MessageListener listener) {
        listeners.add(listener);
    }

    public void removeMessageListener(MessageListener listener) {
        listeners.remove(listener);
    }
```

```java
    public synchronized void send(Message message) {
        for (var listener : listeners) {
            try {
                listener.onMessage(message);
            } catch (RemoteException e) {
                System.err.println(e.getMessage());
            }
        }
    }

    private class ControlThread extends Thread {
        public void run() {
            while (true) {
                try {
                    Thread.sleep(5000);
                } catch (InterruptedException ignored) {
                }

                System.out.println("Anzahl Subscribers: " + listeners.size());
            }
        }
    }
}
```

```java
import java.rmi.Naming;

public class MessageServer {
    public static void main(String[] args) throws Exception {
        var remote = new MessageManagerImpl();
        Naming.rebind("message", remote);
        System.out.println("MessageServer gestartet ...");
    }
}
```

Nun implementieren wir *Publisher* und *Subscriber*.

```java
package publisher;

import message.api.Message;
import message.api.MessageManager;

import java.rmi.Naming;
import java.time.LocalDateTime;

public class Publisher {
    public static void main(String[] args) throws Exception {
        var host = args[0];
        var text = args[1];

        var manager = (MessageManager) Naming.lookup("//" + host + "/message");
        var message = new Message();
        message.setTimestamp(LocalDateTime.now());
        message.setText(text);
        manager.send(message);
    }
}
```

```
package subscriber;

import message.api.Message;
import message.api.MessageListener;

import java.rmi.RemoteException;
import java.rmi.server.UnicastRemoteObject;

public class MessageListenerImpl extends UnicastRemoteObject implements
MessageListener {
    public MessageListenerImpl() throws RemoteException {
    }

    public void onMessage(Message message) {
        System.out.println(message.getTimestamp());
        System.out.println("\t" + message.getText());
    }
}
```

```
package subscriber;

import message.api.MessageManager;

import java.rmi.Naming;
import java.rmi.RemoteException;

public class Subscriber {
    public static void main(String[] args) throws Exception {
        var host = args[0];
        var millis = Integer.parseInt(args[1]);

        var manager = (MessageManager) Naming.lookup("//" + host + "/message");

        var listener = new MessageListenerImpl();
        manager.setMessageListener(listener);

        Runtime.getRuntime().addShutdownHook(new Thread(() -> {
            try {
                manager.removeMessageListener(listener);
            } catch (RemoteException e) {
                System.err.println(e);
            }
        }));

        try {
            Thread.sleep(millis);
        } catch (InterruptedException ignored) {
        }

        System.exit(0);
    }
}
```

Der Subscriber wird nach einer vorgegebenen Anzahl Millisekunden automatisch beendet.

Test

Aufruf der Registry:

```
rmiregistry -J-Djava.class.path=out/production/callback_server
```

Aufruf des Servers:

```
java -cp out/production/callback_server MessageServer
```

Aufruf des Subscribers:

```
java -cp out/production/callback_client subscriber.Subscriber localhost 60000
```

Aufruf des Publishers (in einer Zeile):

```
java -cp out/production/callback_client publisher.Publisher localhost
"Das ist ein Test"
```

Auch hier ist wieder zu beachten, dass bei einigen Betriebssystemen die System-eigenschaft `java.rmi.server.hostname` auf die externe IP-Adresse des jeweiligen Rechners gesetzt werden muss, bevor entfernte Objekte exportiert werden. Das betrifft hier `MessageServer` und `Subscriber`, da beide *remote objects* exportieren.

6.6   Hinweis zum Security Manager bei RMI

Der von RMI verwendete Klassenlader lädt Klassen, die nicht über den `CLASSPATH` lokal erreichbar sind, nur dann, wenn ein *Security Manager* genutzt wird (wie im Kapitel 6.4 im Unterprojekt *agent_server*).

Mit Java 17 wird zur Laufzeit folgende Warnung ausgegeben:

The Security Manager is deprecated and will be removed in a future release

Siehe JDK Enhancement Proposal 411.[2]

Auch das Tool *rmiregistry* gibt beim Aufruf eine entsprechende Warnung aus.

Hier kann als Alternative (ohne Warnung) das Programm `MyRegistry` aus dem Unterprojekt *my_registry* verwendet werden:

```
import java.rmi.RemoteException;
import java.rmi.registry.LocateRegistry;
import java.util.concurrent.CountDownLatch;

public class MyRegistry {
   public static void main(String[] args)
         throws RemoteException, InterruptedException {
```

---

2   https://openjdk.java.net/jeps/411

```
        var port = 1099;
        if (args.length == 1) {
            port = Integer.parseInt(args[0]);
        }

        CountDownLatch latch = new CountDownLatch(1);
        LocateRegistry.createRegistry(port);
        latch.await();
    }
}
```

Beispiel:
```
java -cp out/production/my_registry;out/production/rmi MyRegistry
```

Zu beachten ist, dass die Klassen der zu registrierenden entfernten Objekte im Klassenpfad eingebunden sind, im Beispiel: `out/production/rmi`

6.7 Aufgaben

1. Programmieren Sie einen RMI-Dienst, dessen entfernte Methode
       `String getDaytime()`
    die aktuelle Systemzeit des Servers liefert.

    Lösung: siehe Paket time

2. Erstellen Sie für den RMI-Server aus Kapitel 6.4 einen neuen Agenten, der zu einer vorgegebenen Zahl `n` die Fakultät `n!` ermittelt. Zur Berechnung soll die Klasse `java.math.BigInteger` genutzt werden.

    Lösung: siehe Unterprojekt fak

3. Entwickeln Sie eine auf RMI basierende Chat-Anwendung mit Hilfe des Callback-Mechanismus.

    Remote-Methoden des Interface `ChatManager`:
    ```
    void login(String user, Callback callback) throws RemoteException;
    void logout(String user, Callback callback) throws RemoteException;
    void notifyClients(String user, String message) throws RemoteException;
    ```

    Remote-Methoden des Interface `Callback`:
    ```
    void showLogin(String user) throws RemoteException;
    void showLogout(String user) throws RemoteException;
    void showMessage(String user, String message) throws RemoteException;
    ```

    Angemeldete Clients sollen in einer Liste vom Typ
       `CopyOnWriteArrayList<Callback>`
    beim Server gespeichert werden.

    Der RMI-Client soll eine einfache Kommandozeilen-gesteuerte Anwendung sein.

    Lösung: siehe Paket chat

4. Erstellen Sie einen universellen RMI-Server (`MultiServer`), der mehrere Dienste gleichzeitig anbieten kann. Zur Laufzeit sollen bestehende Dienste beendet und neue Dienste hinzugefügt werden können. Ebenso soll der Server kontrolliert beendet werden können.

Der Server soll das Remote-Interface `MultiServerManager` mit den folgenden Methoden implementieren:

```
void shutdown()
void reconfigure()
```

`shutdown` entfernt in einem Thread alle Dienste (`Naming`-Methode `unbind`) und beendet den Server mit der Anweisung `System.exit(0)`.

`reconfigure` entfernt alle Dienste, liest die zu bindenden Dienste aus einer `Properties`-Datei ein und bindet diese (`Naming`-Methode `bind`).

Die neu zu bindenden Dienste sind in einer Textdatei in folgender Form gespeichert (Beispiel):

```
add=intro3.AddServer
echo=echo.EchoImplV1
```

Jede Zeile entspricht einem Dienst. Sie enthält den Dienstnamen als Schlüssel und den Namen der Klasse, die den Dienst implementiert, als Wert.

Für jeden Eintrag soll mittels *Reflection* (Nutzung der `Class`-Methoden `forName` und `getDeclaredConstructor().newInstance()`) ein neues entferntes Objekt erzeugt und bei der Registry angemeldet werden.

Des Weiteren ist ein Client `MultiServerManagerClient` zu erstellen, der den Aufruf der Methoden `shutdown` und `reconfigure` ermöglicht.

Lösung: siehe Paket multi

5. Realisieren Sie eine Mail-Anwendung auf Basis von RMI, die Mails senden und empfangen kann.

Erstellen Sie hierzu die Klasse `Mail` mit den Attributen `sender`, `recipient` und `message`. Benutzer können sich anmelden und abmelden.

Die Klasse `Credentials` enthält die Attribute `user` und `password`.

Das Remote-Interface `MailService` enthält die folgenden Methoden:

```
void register(Credentials credentials) throws RemoteException,
    MailException;
void unregister(Credentials credentials) throws RemoteException,
    MailException;
void sendMail(Credentials credentials, Mail mail) throws
    RemoteException, MailException;
List<Mail> getMails(Credentials credentials) throws RemoteException,
    MailException;
```

Funktionalität:

Zur Speicherung von User (Schlüssel ist der Username) und Mails (Schlüssel ist der Empfängername) enthält die implementierende Klasse `MailServiceImpl` zwei Tabellen vom Typ

```
Map<String, Credentials> bzw. Map<String, List<Mail>>
```

`register`

Ist der User noch nicht eingetragen, wird er gespeichert, ansonsten wird eine Ausnahme ausgelöst.

`unregister`

Ein User kann aus der Liste nur gelöscht werden, wenn User und Passwort gültig sind.

`sendMail`

Die Mail eines Users wird gespeichert, wenn User und Empfänger bereits registriert sind und der User mit dem Absender übereinstimmt. Die Mail wird der Empfängerliste hinzugefügt.

`getMails`

Ein bereits registrierter User kann nur die für ihn bestimmten Mails abfragen. Die Mail-Liste wird anschließend gelöscht.

Bei Beendigung des Servers sollen die beide oben erwähnten Tabellen serialisiert gespeichert werden. Hierzu ist ein *Shutdown hook* zu nutzen:

```
Runtime.getRuntime().addShutdownHook(new Thread(() -> {
    try {
        service.store();
    } catch (IOException ignored) {
    }
}));
```

Beim Starten des Servers sollen die beiden Tabellen wieder durch Deserialisierung zur Verfügung gestellt werden.

Des Weiteren soll für die Bedienung ein Kommandozeilen-gesteuerter RMI-Client erstellt werden mit den Kommandos: `register`, `unregister`, `get`, `send` und `exit`.

Lösung: siehe Paket mail

7 Nachrichtentransfer mit JMS

Die Kommunikation zwischen Client und Server in den vorangegangenen Kapiteln ist dadurch gekennzeichnet, dass die Teilnehmer direkt und zeitgleich miteinander in Verbindung treten. In der Regel ist der Client solange blockiert, bis der Server die Verarbeitung abgeschlossen und die Antwort zurückgesendet hat (*synchrone Kommunikation*).

Die Kommunikation auf der Basis von Nachrichten-orientierter Middleware (*Message Oriented Middleware, MOM*) macht sich von dieser engen Kopplung frei. Der Austausch von Nachrichten erfolgt *asynchron* mit Hilfe eines Vermittlers (*Message Broker, MOM-Server*), der Warteschlangen verwaltet. Die Nachricht des Senders wird vom Vermittler in die Warteschlange des Empfängers gelegt. Der Empfänger kann diese Nachricht zu einem späteren Zeitpunkt aus der Warteschlange holen. Sender und Empfänger agieren unabhängig voneinander und sind also über den Vermittler nur lose gekoppelt.

Abbildung 7-1: Nachrichtenaustausch

Vorteile dieser *asynchronen Kommunikation* sind:

- Sender und Empfänger arbeiten unabhängig voneinander. Auch bei Ausfall eines Teils (Sender, Empfänger oder Vermittler) kann die Nachricht noch nachträglich zugestellt werden. Die beteiligten Komponenten können getrennt voneinander wieder gestartet werden. Daraus ergibt sich eine hohe Fehlertoleranz.

- Eine Nachricht kann dank des Vermittlers an mehrere Empfänger gesendet werden, ohne dass jeweils eine explizite Verbindung vom Client zu jedem Empfänger aufgebaut werden muss.

- Mehrere gesendete Nachrichten können gebündelt werden und zur Steigerung der Effizienz erst zu einem späteren Zeitpunkt in einem Rutsch abgeholt und verarbeitet werden.

- Durch Verwendung Nachrichten-orientierter Middleware ist die Kommunikation unabhängig von Programmiersprache und Plattform.

- Die weitgehende Unabhängigkeit von Sender und Empfänger fördert den Einsatz dieser Technologie im Bereich der Anwendungsintegration.

Ergänzende Information Die elektronische Version dieses Kapitels enthält Zusatzmaterial, auf das über folgenden Link zugegriffen werden kann https://doi.org/10.1007/978-3-658-37200-2_7.

7.1   Jakarta Messaging

Jakarta Messaging (früher *Java Message Service; JMS*) wurde 1998 von Sun Microsystems veröffentlicht und ist Teil von Jakarta EE.

JMS ist ein API, das Syntax und Semantik für den Zugriff von in Java geschriebenen Clients auf Nachrichten-orientierte Middleware definiert. Verschiedene Hersteller bieten Implementierungen an, die diese Spezifikation umsetzen. Hier existieren sowohl kommerzielle Produkte als auch Open-Source-Projekte.

Wir nutzen die Open-Source-Implementierung

> *Apache ActiveMQ* 5 "Classic"

Sie kann über die Webseite `http://activemq.apache.org` heruntergeladen werden.

ApacheMQ implementiert vollständig JMS in der Version 1.1.[1] Wir verwenden hier dieses *Classic JMS API*.

Komponenten einer JMS-Anwendung

Abbildung 7-2 zeigt die JMS-Architektur.

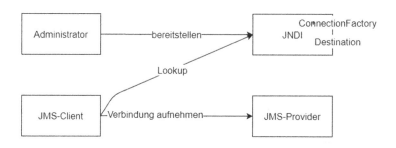

Abbildung 7-2: JMS-Architektur

Eine JMS-Anwendung besteht aus einem JMS-Provider und mehreren JMS-Clients.

- *JMS-Provider*
  Der JMS-Provider ist der MOM-Server, in unserem Fall also ActiveMQ.

- *JMS-Clients*
  JMS-Clients sind die Java-Programme, die Nachrichten senden (Message Producer) bzw. empfangen (Message Consumer).

---

1   Das Begleitmaterial enthält die API-Dokumentation zu JMS 1.1.

- *Messages*
  Messages (Nachrichten) haben ein festgelegtes Format und werden von JMS-Clients erzeugt, versandt und empfangen.

- *Administrierte Objekte*
  Administrierte Objekte werden vom JMS-Provider bereitgestellt und in einem sogenannten Namensdienst veröffentlicht. Diese Objekte werden von JMS-Clients über *JNDI (Java Naming and Directory Interface)*[2] angefordert, um Nachrichten senden oder empfangen zu können. *Connection-Factory* und *Destination* sind administrierte Objekte.

Die Interfaces und Klassen des JMS-API gehören alle zum Paket `javax.jms` bzw. `jakarta.jms`. Im Folgenden werden die in Abbildung 7-3 aufgeführten Interfaces kurz beschrieben.

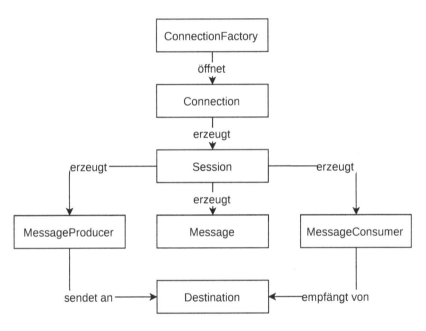

Abbildung 7-3: Wichtige JMS-Schnittstellen

ConnectionFactory

Eine Instanz dieses Typs wird vom JMS-Client genutzt, um Verbindungen zu einem JMS-Provider aufzubauen. Sie kann vom Administrator konfiguriert (administriertes Objekt) und über JNDI zur Verfügung gestellt werden.

---

2 https://de.wikipedia.org/wiki/Java_Naming_and_Directory_Interface

Connection

Eine Verbindung wird von einer `ConnectionFactory` erzeugt und stellt einen Kommunikationskanal zum JMS-Provider dar.

Session

Eine Sitzung wird von einer geöffneten Verbindung erstellt und repräsentiert einen Kontext, in dem Nachrichten, Sender oder Empfänger erzeugt werden.

Message

Eine Nachricht besteht aus einem Kopf (*Header*), Eigenschaften (*Properties*) und einem Rumpf (*Body*).

Der Kopf enthält verschiedene Felder, die zur Identifizierung und Verwaltung genutzt werden und zum Teil vom JMS-Provider automatisch gesetzt werden. Einige Header werden in den Beispielen dieses Kapitels verwendet.

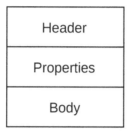

Abbildung 7-4: Aufbau einer Nachricht

Anwendungsbezogen können Properties hinterlegt werden. Hierzu stehen die folgenden `Message`-Methoden zur Verfügung:

```
void setXxxProperty(String name, xxx value) throws JMSException
xxx getXxxProperty(String name) throws JMSException
```

Hierbei steht *xxx* für `boolean`, `byte`, `short`, `int`, `long`, `float`, `double` oder `String`, also z. B.

```
void setBooleanProperty(String name, boolean value) throws JMSException
```

Der Rumpf speichert die Nutzdaten. Es existieren unterschiedliche Nachrichtentypen in Form von `Message`-Subinterfaces wie z. B.

```
BytesMessage, MapMessage und TextMessage
```

MessageProducer

Der `MessageProducer` hat die Aufgabe, Nachrichten an ein Ziel zu versenden.

`MessageConsumer`

Der MessageConsumer empfängt Nachrichten vom JMS-Provider.

`Destination`

Ein Nachrichtenziel (`Destination`-Objekt) repräsentiert je nach Nachrichtenmodell (*Point-to-Point*, *Publish/Subscribe*) eine Warteschlange des JMS-Providers. Das Nachrichtenziel kann vom Administrator eingerichtet (administriertes Objekt) und über JNDI bereitgestellt werden.

7.2 Das Point-to-Point-Modell

Beim *Point-to-Point-Modell* (*P2P*) wird eine vom Sender erzeugte Nachricht über eine *Queue* an genau einen Empfänger übermittelt (siehe Abbildung 7-1).

Sobald der Empfänger den Erhalt der Nachricht bestätigt hat, gilt sie als verbraucht und kann nicht erneut geholt werden. MOM-Server bieten das Konzept der *persistenten Warteschlange*. Nachrichten werden bis zu ihrer Auslieferung dauerhaft in einer Datenbank gespeichert, sodass sie ihren Empfänger auf jeden Fall erreichen, wenn er wieder aktiv ist.

In den Programmbeispielen dieses Abschnitts werden einfache Textnachrichten gesendet und empfangen.

7.2.1 Installation und Konfiguration von ActiveMQ

Im Installationsverzeichnis von *ActiveMQ* kann der Message Broker wie folgt (hier unter Windows) in einem Terminal-Fenster gestartet werden:

```
cd <Installationsverzeichnis>
bin\activemq start
```

Er läuft standardmäßig auf der Portnummer 61616. Durch Eingabe von *Strg + C* kann er später beendet werden.

Die Aktivitäten des Brokers sowie Nachrichtenziele (*Queues*, *Topics*) können mit Hilfe eines Browsers überwacht werden:

```
http://localhost:8161/admin
```

Diese Anwendung ist geschützt.

      Nutzername: admin
      Passwort: admin

Ein JMS-Client muss zunächst `ConnectionFactory` und `Destination` über *JNDI* abfragen (*Lookup*).

→ Projekt jms

Hierzu dient die folgende Hilfsmethode getContext der Klasse Utils im Paket
utils:

```
package utils;

import javax.naming.Context;
import javax.naming.InitialContext;
import javax.naming.NamingException;
import java.util.Properties;

public class Utils {
    public static Context getContext(String host) throws NamingException {
        var props = new Properties();
        props.setProperty(Context.INITIAL_CONTEXT_FACTORY,
                "org.apache.activemq.jndi.ActiveMQInitialContextFactory");
        props.setProperty(Context.PROVIDER_URL, "tcp://" + host + ":61616");
        return new InitialContext(props);
    }
}
```

getContext legt den JMS-Provider fest (Protokoll TCP und Port 61616) und liefert
ein Context-Objekt. Arbeitet man mit verschiedenen Rechnern, so kann natürlich
statt localhost die IP-Adresse des Rechners, auf dem ActiveMQ läuft, angegeben
werden.

In jedem JMS-Client werden dann ConnectionFactory und Destination wie im
folgenden Beispiel abgefragt:

```
var ctx = Utils.getContext(host);
var factory = (ConnectionFactory) ctx.lookup("ConnectionFactory");
var queue = (Destination) ctx.lookup("dynamicQueues/queue1");
```

Destinations werden in allen Beispielen dynamisch erzeugt, indem man die Schlüsselwörter dynamicQueues bzw. dynamicTopics verwendet.

JAR-Datei zur Compilierung und Ausführung

Zur Compilierung und Ausführung der Programme wird die JAR-Datei

```
activemq-all-5.x.x.jar
```

aus der ActiveMQ-Installation benötigt.

Das Begleitmaterial enthält in *libs/activemq* diese JAR-Datei in der im Anhang D
aufgeführten Version von ActiveMQ.

Home | Queues | Topics | Subscribers | Connections | Network | Scheduled | Send

Welcome!

Welcome to the Apache ActiveMQ Console of **localhost** (ID:MSI-51568-1629989975376-0:1)

You can find more information about Apache ActiveMQ on the Apache ActiveMQ Site

Broker

Name	**localhost**
Version	**5.16.3**
ID	**ID:MSI-51568-1629989975376-0:1**
Uptime	**2 minutes**
Store percent used	**0**
Memory percent used	**0**
Temp percent used	**0**

Copyright 2005-2020 The Apache Software Foundation.

Abbildung 7-5: ActiveMQ Console

Zunächst werden die in den Programmbeispielen benutzten Typen und Methoden vorgestellt.

7.2.2   Wichtige Typen und Methoden des JMS-API

Die meisten Methoden des JMS-API lösen bei Fehlern eine Ausnahme vom Typ JMSException (Subklasse von Exception) aus.

ConnectionFactory-Methode:
```
Connection createConnection() throws JMSException
```
   baut eine Verbindung auf.

Connection-Methoden:
```
Session createSession(boolean transacted, int acknowledgeMode)
      throws JMSException
```

erzeugt eine Session. `transacted` gibt an, ob das Senden bzw. Empfangen von Nachrichten innerhalb einer Transaktion stattfinden soll. `acknowledgeMode` legt fest, wer für die Empfangsbestätigung zuständig ist.

In den Beispielen wird `Session.AUTO_ACKNOWLEDGE` (automatische Bestätigung durch die Session) bzw. `Session.CLIENT_ACKNOWLEDGE` (explizite Bestätigung durch den Client) genutzt.

`void start() throws JMSException`
   startet die Auslieferung eingegangener Nachrichten beim Message Consumer.

`void stop() throws JMSException`
   stoppt den Empfang von Nachrichten beim Message Consumer. Mit `start` kann der Nachrichtenempfang fortgesetzt werden.

`void close() throws JMSException`
   schließt die Verbindung.

Session-Methoden:

`TextMessage createTextMessage() throws JMSException`
   erzeugt eine Textnachricht.

`Message createMessage() throws JMSException`
   erzeugt eine Nachricht ohne Rumpf.

`MessageProducer createProducer(Destination destination)`
`        throws JMSException`
   erzeugt einen Message Producer für das Nachrichtenziel. `destination` kann auch `null` sein, dann muss beim Aufruf der `MessageProducer`-Methode `send` (siehe unten) festgelegt werden, an welches Ziel die Nachricht geschickt werden soll.

`MessageConsumer createConsumer(Destination destination)`
`        throws JMSException`
   erzeugt einen Message Consumer für das Nachrichtenziel.

`void close() throws JMSException`
   schließt die Sitzung.

MessageProducer-Methoden:

`void setTimeToLive(long timeToLive) throws JMSException`
   setzt die Gültigkeitsdauer für Nachrichten in Millisekunden (0 steht für unbegrenzt und ist die Standard-Einstellung).

`void setPriority(int priority)`
   setzt die Priorität der Nachricht. 0 ist die niedrigste, 9 die höchste Priorität.

`void send(Message message) throws JMSException`
   sendet die Nachricht `message`.

`void send(Destination destination, Message message) throws JMSException`
   sendet die Nachricht `message` an das Ziel `destination`, falls der Message
   Producer ohne Nachrichtenziel erzeugt wurde.

`void close() throws JMSException`
   beendet den Message Producer.

`MessageConsumer`-Methoden:

`Message receive() throws JMSException`
   wartet auf das Eintreffen einer Nachricht und kehrt dann zurück.

`Message receive(long timeout) throws JMSException`
   wartet maximal `timeout` Millisekunden auf das Eintreffen einer Nachricht und
   kehrt dann zurück. Der Aufruf mit `0` ist gleichbedeutend mit dem parameter-
   losen Aufruf `receive()`.

`void setMessageListener(MessageListener listener) throws JMSException`
   registriert ein Objekt vom Typ `MessageListener`, das asynchron Nachrichten
   empfängt.

`void close() throws JMSException`
   beendet den Message Consumer.

Das Interface `MessageListener` definiert die Methode
`void onMessage(Message message)`

`TextMessage` ist Subinterface von `Message`.

`TextMessage`-Methoden:

`void setText(String string) throws JMSException`
   setzt den Inhalt der Textnachricht.

`String getText() throws JMSException`
   liefert den Inhalt der Textnachricht.

`Session`-, `MessageProducer`- und `MessageConsumer`-Objekte einer bereits geschlos-
senen Verbindung müssen nicht explizit geschlossen werden. Beim Schließen einer
Verbindung werden auch alle temporären Queues (siehe Kapitel 7.3) gelöscht.

7.2.3   Das Pull- und Push-Prinzip

Im folgenden ersten Beispiel (Paket *p2p*) demonstrieren wir, auf welche Arten ein
Consumer Nachrichten empfangen kann. Der Producer sendet eine Textnachricht
an den JMS-Provider. Optional kann eine Gültigkeitsdauer in Millisekunden angegeben werden, im Beispiel: 0 = unbegrenzt (Standardwert).

```java
package p2p;

import utils.Utils;

import javax.jms.*;
import javax.naming.NamingException;

public class Producer {
    public static void main(String[] args) {
        var host = args[0];

        Connection connection = null;
        try {
            var ctx = Utils.getContext(host);
            var factory = (ConnectionFactory) ctx.lookup("ConnectionFactory");
            var queue = (Destination) ctx.lookup("dynamicQueues/queue1");

            connection = factory.createConnection();
            var session = connection.createSession(false, Session.AUTO_ACKNOWLEDGE);
            var messageProducer = session.createProducer(queue);

            var message = session.createTextMessage();
            message.setText("Das ist ein Test.");
            message.setStringProperty("Status", "Test");
            messageProducer.setTimeToLive(0);
            messageProducer.send(message);
        } catch (NamingException | JMSException e) {
            System.err.println(e.getMessage());
        } finally {
            if (connection != null) {
                try {
                    connection.close();
                } catch (JMSException e) {
                    System.err.println(e.getMessage());
                }
            }
        }
    }
}
```

Pull-Prinzip

Im folgenden Programm wartet der Empfänger aktiv auf das Eintreffen von
Nachrichten (*Pull-Prinzip*). Nach 30 Sekunden Wartezeit wird das Programm
beendet. Hier wird der Empfang einer Nachricht nach Erhalt automatisch bestätigt.

```
package p2p;

import utils.Utils;

import javax.jms.*;
import javax.naming.NamingException;

public class Consumer1 {
    public static void main(String[] args) {
        var host = args[0];

        Connection connection = null;
        try {
            var ctx = Utils.getContext(host);
            var factory = (ConnectionFactory) ctx.lookup("ConnectionFactory");
            var queue = (Destination) ctx.lookup("dynamicQueues/queue1");

            connection = factory.createConnection();
            var session = connection.createSession(false, Session.AUTO_ACKNOWLEDGE);
            var messageConsumer = session.createConsumer(queue);
            connection.start();

            Message message;
            while ((message = messageConsumer.receive(30000)) != null) {
                if (message instanceof TextMessage) {
                    var textMessage = (TextMessage) message;
                    System.out.println("Nachricht: " + textMessage.getText());
                    System.out.println("Status: " +
                            message.getStringProperty("Status"));
                }
            }
        } catch (NamingException | JMSException e) {
            System.err.println(e.getMessage());
        } finally {
            if (connection != null) {
                try {
                    connection.close();
                } catch (JMSException e) {
                    System.err.println(e.getMessage());
                }
            }
        }
    }
}
```

Push-Prinzip

Im Programm `Consumer2` wird der Empfänger vom MOM-Server durch die Callback-Methode `onMessage` über das Eintreffen einer Nachricht informiert (*Push-Prinzip*). Das Programm wird nach 30 Sekunden beendet.

```
package p2p;

import utils.Utils;

import javax.jms.*;
```

```
import javax.naming.NamingException;

public class Consumer2 {
    public static void main(String[] args) {
        var host = args[0];

        Connection connection = null;
        try {
            var ctx = Utils.getContext(host);
            var factory = (ConnectionFactory) ctx.lookup("ConnectionFactory");
            var queue = (Destination) ctx.lookup("dynamicQueues/queue1");

            connection = factory.createConnection();
            var session = connection.createSession(false, Session.AUTO_ACKNOWLEDGE);
            var messageConsumer = session.createConsumer(queue);
            messageConsumer.setMessageListener(Consumer2::handleMessage);
            connection.start();

            Thread.sleep(30000);
        } catch (NamingException | JMSException | InterruptedException e) {
            System.err.println(e.getMessage());
        } finally {
            if (connection != null) {
                try {
                    connection.close();
                } catch (JMSException e) {
                    System.err.println(e.getMessage());
                }
            }
        }
    }

    private static void handleMessage(Message message) {
        try {
            if (message instanceof TextMessage) {
                var textMessage = (TextMessage) message;
                System.out.println("Nachricht: " + textMessage.getText());
                System.out.println("Status: " + message.getStringProperty("Status"));
            }
        } catch (JMSException e) {
            System.err.println(e.getMessage());
        }
    }
}
```

Redelivery

Das Programm Consumer3 entspricht im Aufbau dem Programm Consumer1. Jedoch muss hier der Empfang einer Nachricht explizit bestätigt werden:

```
Session.CLIENT_ACKNOWLEDGE
```

Hierzu dient die Message-Methode

```
void acknowledge() throws JMSException
```

Kurz nach Empfang der ersten Nachricht wird ein Abbruch simuliert und die `Session`-Methode

```
void recover() throws JMSException
```

aufgerufen. Das führt dazu, dass die bisher nicht bestätigten Nachrichten erneut ausgeliefert werden (*Redelivery*).

Ob eine Nachricht erneut ausgeliefert wurde, kann mit der `Message`-Methode

```
boolean getJMSRedelivered() throws JMSException
```

abgefragt werden.

```java
package p2p;

import utils.Utils;

import javax.jms.*;
import javax.naming.NamingException;

public class Consumer3 {
    public static void main(String[] args) {
        var host = args[0];

        Connection connection = null;
        try {
            var ctx = Utils.getContext(host);
            var factory = (ConnectionFactory) ctx.lookup("ConnectionFactory");
            var queue = (Destination) ctx.lookup("dynamicQueues/queue1");

            connection = factory.createConnection();
            var session = connection.
                    createSession(false, Session.CLIENT_ACKNOWLEDGE);
            var messageConsumer = session.createConsumer(queue);
            connection.start();

            Message message;
            int count = 0;
            while ((message = messageConsumer.receive(30000)) != null) {
                try {
                    if (message instanceof TextMessage) {
                        count++;

                        var textMessage = (TextMessage) message;
                        System.out.println("\nNachricht: " +
                                textMessage.getText());
                        System.out.println("Status: " +
                                message.getStringProperty("Status"));
                        System.out.println("Redelivered: " +
                                textMessage.getJMSRedelivered());

                        System.out.println("Nachricht wird verarbeitet");
                        try {
                            Thread.sleep(3000);
                        } catch (InterruptedException ignored) {
                        }
```

```
                              if (count == 1)
                                  throw new RuntimeException("Abbruch!");

                              System.out.println(
                                      "Nachricht wurde erfolgreich verarbeitet");
                              message.acknowledge();
                          }
                      } catch (RuntimeException e) {
                          System.err.println(e.getMessage());
                          try {
                              session.recover();
                          } catch (JMSException e1) {
                              System.err.println(e.getMessage());
                          }
                      }
                  }
              } catch (NamingException | JMSException e) {
                  System.err.println(e);
              } finally {
                  if (connection != null) {
                      try {
                          connection.close();
                      } catch (JMSException e) {
                          System.err.println(e.getMessage());
                      }
                  }
              }
          }
      }
}
```

Aufruf des Producers

```
java -cp out/production/jms;../../libs/activemq/* p2p.Producer localhost
```

(*libs/activemq* enthält die JAR-Datei *activemq-all-5.x.x.jar* von ActiveMQ.)

Die folgenden Programme können *alternativ* aufgerufen werden:

```
java -cp out/production/jms;../../libs/activemq/* p2p.Consumer1 localhost
java -cp out/production/jms;../../libs/activemq/* p2p.Consumer2 localhost
java -cp out/production/jms;../../libs/activemq/* p2p.Consumer3 localhost
```

Da im Point-to-Point-Modell eine gesendete Nachricht immer nur von einem Consumer empfangen wird, muss der Producer wiederholt gestartet werden.

Hier die Ausgabe beim Aufruf von `Consumer3`:

```
Nachricht: Das ist ein Test.
Status: Test
Redelivered: false
Nachricht wird verarbeitet
Abbruch!
```

```
Nachricht: Das ist ein Test.
Status: Test
Redelivered: true
Nachricht wird verarbeitet
Nachricht wurde erfolgreich verarbeitet
```

7.2.4 Der QueueBrowser

Das folgende Programm ermöglicht die Abfrage des Inhalts einer Warteschlange, ohne die Nachrichten zu löschen.

Hierzu gibt es das Interface QueueBrowser mit den folgenden Methoden:

java.util.Enumeration getEnumeration() throws JMSException
   liefert ein Enumeration-Objekt zum sequentiellen Durchlaufen der in der Warteschlange enthaltenen Nachrichten.

void close() throws JMSException
   schließt den Browser.

Mit der Session-Methode

   QueueBrowser createBrowser(Queue queue) throws JMSException

wird ein Browser für die Warteschlange queue erzeugt. Queue ist Subinterface von Destination.

Header-Felder einer Nachricht können mit get-Methoden des Interface Message abgefragt werden. Das Programm verwendet die folgenden vom JMS-Provider automatisch gesetzten Felder:

JMSDestination
Das Nachrichtenziel, an das die Nachricht gesendet wurde (Typ Destination).

JMSMessageID
Eindeutiger Bezeichner zur Identifikation einer Nachricht (Typ String).

JMSPriority
Wert zwischen 0 (niedrig) und 9 (hoch), der die Priorität der Auslieferung einer Nachricht festlegt (Typ int). Die Priorität kann mit der MessageProducer-Methode setPriority (siehe oben) gesetzt werden.

JMSTimestamp
Zeitpunkt der Übergabe der Nachricht an den JMS-Provider in Millisekunden (Typ long).

JMSExpiration

Zeitpunkt des Verfalls einer Nachricht in Millisekunden (Typ long). Dieser Zeitpunkt kann mit der MessageProducer-Methode setTimeToLive (siehe oben) bestimmt werden.

Die Message-Methode

```
java.util.Enumeration getPropertyNames() throws JMSException
```

liefert ein Enumeration-Objekt mit den Namen der in der Nachricht hinterlegten Properties.

```java
package p2p;

import utils.Utils;

import javax.jms.*;
import javax.naming.NamingException;
import java.text.SimpleDateFormat;
import java.util.Date;

public class QueueInfo {
    public static void main(String[] args) {
        var host = args[0];

        Connection connection = null;
        try {
            var ctx = Utils.getContext(host);
            var factory = (ConnectionFactory) ctx.lookup("ConnectionFactory");
            var queue = (Destination) ctx.lookup("dynamicQueues/queue1");

            connection = factory.createConnection();
            connection.start();
            var session = connection.createSession(false, Session.AUTO_ACKNOWLEDGE);
            var browser = session.createBrowser((Queue) queue);

            var e = browser.getEnumeration();
            SimpleDateFormat f = new SimpleDateFormat("dd.MM.yyyy HH:mm:ss");
            int cnt = 0;

            while (e.hasMoreElements()) {
                cnt++;

                var message = (Message) e.nextElement();

                System.out.print(cnt + ".");
                System.out.println("\tDestination: " + message.getJMSDestination());
                System.out.println("\tMessageID: " + message.getJMSMessageID());
                System.out.println("\tTimestamp: " +
                        f.format(new Date(message.getJMSTimestamp())));
                System.out.println("\tPriority: " + message.getJMSPriority());

                var expiration = message.getJMSExpiration();

                if (expiration == 0) {
                    System.out.println("\tExpiration: 0");
```

```
                } else {
                    System.out.println("\tExpiration: " +
                            f.format(new Date(expiration)));
                }

                System.out.println("\tProperties:");

                var names = message.getPropertyNames();

                while (names.hasMoreElements()) {
                    var name = (String) names.nextElement();
                    System.out.println("\t\t" + name + " = " +
                            message.getStringProperty(name));
                }

                System.out.println();
            }
        } catch (NamingException | JMSException e) {
            System.err.println(e.getMessage());
        } finally {
            if (connection != null) {
                try {
                    connection.close();
                } catch (JMSException e) {
                    System.err.println(e.getMessage());
                }
            }
        }
    }
}
```

Ausgabebeispiel:

```
1.      Destination: queue://queue1
        MessageID: ID:MSI-55352-1629995110631-1:1:1:1:1
        Timestamp: 29.01.2022 16:01:50
        Priority: 4
        Expiration: 0
        Properties:
                Status = Test
```

7.3 Das Request/Response-Modell

Ein Spezialfall des Point-to-Point-Modells ist das *Request/Response-Modell*, das eine synchrone Kommunikation zwischen Sender und Empfänger simuliert.

Der Sender wartet solange, bis die Antwortnachricht eintrifft. Hierzu wird eine *temporäre Warteschlange* für die Antwortnachricht genutzt. Diese wird für die Dauer der Kommunikation erzeugt und dem Empfänger über den Nachrichten-Header `JMSReplyTo` (Typ `Destination`) mitgeteilt.

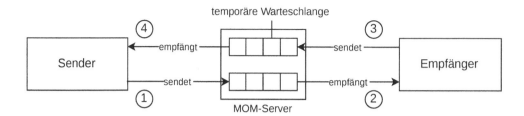

Abbildung 7-6: Das Request/Response-Modell

Das Interface `TemoraryQueue` ist Subinterface von `Queue` und enthält die Lösch-Methode

```
void delete() throws JMSException
```

Die folgende `Session`-Methode erzeugt eine temporäre Warteschlange:

```
TemporaryQueue createTemporaryQueue() throws JMSException
```

Wir realisieren zur Demonstration einen synchronen Echo-Dienst (Paket *reqresp*).

```
package reqresp;

import utils.Utils;

import javax.jms.*;
import javax.naming.NamingException;
import java.io.IOException;

public class Responder {
    public static void main(String[] args) {
        var host = args[0];

        Connection connection = null;
        try {
            var ctx = Utils.getContext(host);
            var factory = (ConnectionFactory) ctx.lookup("ConnectionFactory");
            var queue = (Destination) ctx.lookup("dynamicQueues/queue2");

            connection = factory.createConnection();
            var session = connection.
                createSession(false, Session.AUTO_ACKNOWLEDGE);
            var messageConsumer = session.createConsumer(queue);
            connection.start();

            var t = new Thread(() -> {
                System.out.println("Responder gestartet ...");

                try {
                    while (true) {
```

```
                        var request = (TextMessage) messageConsumer.receive();
                        if (request == null)
                            break;

                        var text = request.getText();
                        var tempQueue = request.getJMSReplyTo();
                        var response = session.createTextMessage();
                        response.setText("Anwort: " + text);
                        var producer = session.createProducer(tempQueue);
                        producer.send(response);
                        producer.close();
                    }
                } catch (JMSException e) {
                    System.err.println(e.getMessage());
                }
            });

            t.start();

            System.out.println("Stoppen mit ENTER");
            System.in.read();
            messageConsumer.close();
        } catch (NamingException | JMSException | IOException e) {
            System.err.println(e.getMessage());
        } finally {
            if (connection != null) {
                try {
                    connection.close();
                } catch (JMSException e) {
                    System.err.println(e.getMessage());
                }
            }
        }
    }
}


package reqresp;

import utils.Utils;

import javax.jms.*;
import javax.naming.NamingException;
import java.util.Scanner;

public class Requestor {
    public static void main(String[] args) {
        var host = args[0];

        Connection connection = null;
        try {
            var ctx = Utils.getContext(host);
            var factory = (ConnectionFactory) ctx.lookup("ConnectionFactory");
            var queue = (Destination) ctx.lookup("dynamicQueues/queue2");

            connection = factory.createConnection();
            var session = connection.createSession(false, Session.AUTO_ACKNOWLEDGE);
            var tempQueue = session.createTemporaryQueue();
            var messageProducer = session.createProducer(queue);
```

```
var messageConsumer = session.createConsumer(tempQueue);
connection.start();

var scanner = new Scanner(System.in);
while (true) {
    System.out.print("> ");
    var text = scanner.nextLine();
    if (text.equals("q"))
        break;

    var request = session.createTextMessage();
    request.setText(text);
    request.setJMSReplyTo(tempQueue);
    messageProducer.send(request);

    var response = (TextMessage) messageConsumer.receive();
    System.out.println(response.getText());
}
} catch (NamingException | JMSException e) {
    System.err.println(e.getMessage());
} finally {
    if (connection != null) {
        try {
            connection.close();
        } catch (JMSException e) {
            System.err.println(e.getMessage());
        }
    }
}
}
}
}
```

7.4   Das Publish/Subscribe-Modell

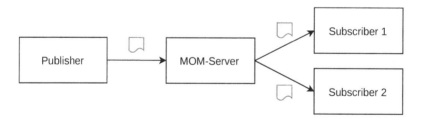

Abbildung 7-7: Das Publish/Subscribe-Modell

Beim *Publish/Subscribe-Modell* sendet der *Publisher* Nachrichten zu einem bestimmten Thema (*Topic*), die vom Vermittler (MOM-Server) verteilt werden.

Subscriber können beim Vermittler ein bestimmtes Thema abonnieren. Alle Subscriber erhalten dann die Nachrichten, die zu diesem Thema veröffentlicht wurden. Im Unterschied zum P2P-Modell erhalten sie aber nur die Nachrichten, die *während ihrer aktiven Verbindung* mit dem Vermittler versandt wurden. Publisher und Subscriber sind unabhängig voneinander.

Es können jedoch auch *dauerhafte Abonnements* eingerichtet werden. Ein *Subscriber* erhält dann später auch die Nachrichten zu einem Thema, die veröffentlicht wurden, während er keine Verbindung zum Vermittler hatte (siehe Kapitel 7.5).

Das folgende Programmbeispiel (Paket *topic.nondurable*) nutzt den Nachrichtentyp `MapMessage`. Eine solche Nachricht besteht im Nachrichtenrumpf aus Schlüssel-Wert-Paaren. Der Schlüssel ist vom Typ `String`, der Wert vom Typ `boolean`, `byte`, `short`, `char`, `int`, `long`, `float`, `double`, `String` oder `byte[]`.

Zu jedem Datentyp existieren die get- und set-Methoden:

```
void setXxx(xxx value) throws JMSException
xxx getXxx(String name) throws JMSException
```

Für den Typ `byte[]` heißen die Methoden `setBytes` und `getBytes`.

Eine `MapMessage` wird mit der folgenden `Session`-Methode erzeugt:

```
MapMessage createMapMessage() throws JMSException
```

Beispiel:

Der Publisher veröffentlicht in regelmäßigen Abständen Nachrichten mit Zeitstempel. Subscriber zeigen diese Nachrichten an.

Der zur Queue analoge Eintrag für ein Topic beginnt mit *dynamicTopics*.

```
package topic.nondurable;

import utils.Utils;

import javax.jms.*;
import javax.naming.NamingException;
import java.time.LocalTime;

public class Publisher {
    public static void main(String[] args) {
        var host = args[0];

        Connection connection = null;
        try {
            var ctx = Utils.getContext(host);
            var factory = (ConnectionFactory) ctx.lookup("ConnectionFactory");
            var topic = (Destination) ctx.lookup("dynamicTopics/topic1");

            connection = factory.createConnection();
            var session = connection.createSession(false, Session.AUTO_ACKNOWLEDGE);
            var messageProducer = session.createProducer(topic);
```

```java
            for (int i = 0; i < 24; i++) {
                System.out.println(i);
                var message = session.createMapMessage();
                message.setString("Time", LocalTime.now().toString());
                message.setString("Message", "Message " + i);
                messageProducer.send(message);
                Thread.sleep(5000);
            }
        } catch (NamingException | JMSException | InterruptedException e) {
            System.err.println(e.getMessage());
        } finally {
            if (connection != null) {
                try {
                    connection.close();
                } catch (JMSException e) {
                    System.err.println(e.getMessage());
                }
            }
        }
    }
}


package topic.nondurable;

import utils.Utils;

import javax.jms.*;
import javax.naming.NamingException;

public class Subscriber {
    public static void main(String[] args) {
        var host = args[0];

        Connection connection = null;
        try {
            var ctx = Utils.getContext(host);
            var factory = (ConnectionFactory) ctx.lookup("ConnectionFactory");
            var topic = (Destination) ctx.lookup("dynamicTopics/topic1");

            connection = factory.createConnection();
            var session = connection.createSession(false, Session.AUTO_ACKNOWLEDGE);
            var messageConsumer = session.createConsumer(topic);
            messageConsumer.setMessageListener(Subscriber::handleMessage);
            connection.start();

            Thread.sleep(60000);
        } catch (NamingException | JMSException | InterruptedException e) {
            System.err.println(e.getMessage());
        } finally {
            if (connection != null) {
                try {
                    connection.close();
                } catch (JMSException e) {
                    System.err.println(e.getMessage());
                }
            }
        }
    }
```

```
    private static void handleMessage(Message message) {
        try {
            if (message instanceof MapMessage) {
                MapMessage mapMessage = (MapMessage) message;
                System.out.println(mapMessage.getString("Time"));
                System.out.println(mapMessage.getString("Message"));
                System.out.println();
            }
        } catch (JMSException e) {
            System.err.println(e);
        }
    }
}
```

Mehrere Subscriber können in verschiedenen Konsolen gestartet werden. Sie sind jeweils 60 Sekunden aktiv. Sie erhalten nur die Nachrichten, die während ihrer Verbindung mit dem Server (ActiveMQ) bei diesem eingegangen sind.

7.5 Dauerhafte Subscriber

Ein Subscriber erhält standardmäßig nur solche Nachrichten, die an ein Topic geschickt werden, während er eine Verbindung zum MOM-Server hat.

Ein *dauerhafter Subscriber* kann auch nachträglich Nachrichten abrufen, die geschickt wurden, während er inaktiv war. Der Server muss dann für jeden dauerhaften Subscriber eine Instanz der Nachricht vorhalten, da jeder dieser Subscriber eine eigene Kopie der Nachricht erhält.

Hierzu muss eine Subskription eindeutig identifiziert werden können. Zur Identifizierung einer Subskription dienen

- die *Client-Identifikation* für die Verbindung und
- der *Name*, der die Subskription innerhalb dieser Client-Identifikation eindeutig identifiziert.

Innerhalb ein und derselben Verbindung kann ein Client mehrere Subskriptionen (bei verschiedenen Topics) haben.

Die Client-Identifikation wird mit der folgenden Connection-Methode gesetzt, unmittelbar nachdem das Connection-Objekt erzeugt wurde:

```
    void setClientID(String clientID) throws JMSException
```

Die Connection-Methode

```
    String getClientID() throws JMSException
```

liefert die Client-Identifikation der Verbindung.

Die `Session`-Methode

```
    TopicSubscriber createDurableSubscriber(Topic topic,  String name)
        throws JMSException
```

erzeugt einen dauerhaften Subscriber. `name` ist der oben erwähnte Subskriptionsname. `Topic` ist Subinterface von Destination. `TopicSubscriber` ist Subinterface
von `MessageConsumer`.

Mit der `Session`-Methode

```
    void unsubscribe(String name) throws JMSException
```

kann sich der Subscriber vom Server abmelden. `name` ist der Subskriptionsname.

Das folgende Beispiel (Paket *topic.durable*) demonstriert Anmeldung, Abruf von
Nachrichten und Abmeldung eines dauerhaften Subscribers.

Der Publisher entspricht dem aus Kapitel 7.4.

```
package topic.durable;

import utils.Utils;

import javax.jms.*;
import javax.naming.NamingException;

public class DurableSubscriber {
   public static void main(String[] args) {
      var host = args[0];
      var clientID = args[1];
      var subscriptionName = "test";

      Connection connection = null;
      try {
         var ctx = Utils.getContext(host);
         var factory = (ConnectionFactory) ctx.lookup("ConnectionFactory");
         var topic = (Destination) ctx.lookup("dynamicTopics/topic2");

         connection = factory.createConnection();
         connection.setClientID(clientID);
         var session = connection.createSession(false, Session.AUTO_ACKNOWLEDGE);
         var messageConsumer = session
               .createDurableSubscriber((Topic) topic, subscriptionName);

         messageConsumer.setMessageListener(DurableSubscriber::handleMessage);
         connection.start();

         Thread.sleep(20000);
      } catch (NamingException | JMSException | InterruptedException e) {
         System.err.println(e.getMessage());
      } finally {
         if (connection != null) {
            try {
               connection.close();
            } catch (JMSException e) {
```

```
                        System.err.println(e.getMessage());
                    }
                }
            }
        }

    private static void handleMessage(Message message) {
        try {
            if (message instanceof MapMessage) {
                var mapMessage = (MapMessage) message;
                System.out.println(mapMessage.getString("Time"));
                System.out.println(mapMessage.getString("Message"));
                System.out.println();
            }
        } catch (JMSException e) {
            System.err.println(e.getMessage());
        }
    }
}
```

Testszenario

Starten Sie den Publisher, danach in einer neuen Konsole den Subscriber:

```
java -cp out/production/jms;../../libs/activemq/* topic.durable.Publisher localhost
```

```
java -cp out/production/jms;../../libs/activemq/* topic.durable.DurableSubscriber
localhost 0001
```

Subskriptionsname ist *test*, die Client-Id ist *0001*.

Der Publisher sendet alle 5 Sekunden eine Nachricht an den Server. Die Ausgabe des Subschribers könnte so aussehen:

```
15:58:57.052864
Message 3

15:59:02.124120400
Message 4

15:59:07.176333700
Message 5

15:59:12.223433
Message 6
```

Warten Sie ca. 10 Sekunden und starten Sie den Subscriber erneut. Hier werden nun auch die Nachrichten ausgegeben, die den Server zur inaktiven Zeit des Subscribers erreicht haben, also:

```
15:59:17.247395400
Message 7
```

```
15:59:22.312028600
Message 8
…
```

Mit der ActiveMQ Console (siehe Kapitel 7.2) können die aktiven und nicht aktiven Subscriber abgefragt werden.

Das folgende Programm meldet den Subscriber vom Server ab.

```java
package topic.durable;

import utils.Utils;

import javax.jms.*;
import javax.naming.NamingException;

public class Unsubscribe {
    public static void main(String[] args) {
        var host = args[0];
        var clientID = args[1];
        var subscriptionName = "test";

        Connection connection = null;
        try {
            var ctx = Utils.getContext(host);
            var factory = (ConnectionFactory) ctx.lookup("ConnectionFactory");
            var topic = (Destination) ctx.lookup("dynamicTopics/topic2");

            connection = factory.createConnection();
            connection.setClientID(clientID);
            var session = connection.createSession(false, Session.AUTO_ACKNOWLEDGE);

            session.unsubscribe(subscriptionName);
        } catch (NamingException | JMSException e) {
            System.err.println(e.getMessage());
        } finally {
            if (connection != null) {
                try {
                    connection.close();
                } catch (JMSException e) {
                    System.err.println(e.getMessage());
                }
            }
        }
    }
}
```

Aufruf:

```
java -cp out/production/jms;../../libs/activemq/* topic.durable.Unsubscribe
localhost 0001
```

7.6   Nachrichten filtern

Um nur die Nachrichten zu empfangen, die bestimmte Bedingungen erfüllen, kann der Subscriber einen Filtermechanismus verwenden.

Die Nachrichten werden beim JMS-Provider auf der Basis von Bedingungen, die sich auf *Header-Felder* und *Properties* beziehen können, selektiert.

Zur Formulierung dieser Bedingungen wird eine *SQL-ähnliche Notation* verwendet. Es können Vergleichsoperatoren (=, <, <=, >, >=), logische Operatoren (AND, OR, NOT), sowie IN, LIKE und IS NULL benutzt werden.

Ein *Message Selector* ist ein String, der einen so gebildeten Bedingungsausdruck enthält.

Im Programmbeispiel wird beispielsweise der folgende *Message Selector* verwendet:

```
"Priority = 'normal' OR Priority = 'high'"
```

Beim Erzeugen des Empfängers kann der *Message Selector* festgelegt werden. Hierzu stehen die folgenden Session-Methoden zur Verfügung:

```
MessageConsumer createConsumer(Destination destination, String
      messageSelector, boolean noLocal) throws JMSException

TopicSubscriber createDurableSubscriber(Topic topic, String name, String
      messageSelector, boolean noLocal) throws JMSException
```

Für den Fall, dass über dieselbe Verbindung für ein Topic Nachrichten sowohl gesendet als auch empfangen werden, kann der Empfänger festlegen, ob von ihm selbst gesendete Nachrichten auch von ihm wieder empfangen werden sollen. Hat noLocal den Wert true, so wird dies ausgeschlossen.

Im folgenden Beispiel (Paket *filter*) erzeugt der Publisher zufallsgesteuert Nachrichten unterschiedlicher Priorität (low, normal, high).

```
package filter;

import utils.Utils;

import javax.jms.*;
import javax.naming.NamingException;

public class Publisher {
   public static void main(String[] args) {
      var host = args[0];

      Connection connection = null;
      try {
         var ctx = Utils.getContext(host);
```

```
        var factory = (ConnectionFactory) ctx.lookup("ConnectionFactory");
        var topic = (Destination) ctx.lookup("dynamicTopics/topic3");

        connection = factory.createConnection();
        var session = connection.createSession(false, Session.AUTO_ACKNOWLEDGE);
        var messageProducer = session.createProducer(topic);

        for (int i = 0; i < 60; i++) {
            var message = session.createTextMessage();
            message.setText("Nachricht " + i);

            if (Math.random() < 0.25) {
                message.setStringProperty("Priority", "low");
            } else if (Math.random() < 0.75) {
                message.setStringProperty("Priority", "normal");
            } else {
                message.setStringProperty("Priority", "high");
            }

            messageProducer.send(message);
            System.out.println(message.getText() + ": " +
                    message.getStringProperty("Priority"));
            Thread.sleep(1000);
        }
    } catch (NamingException | JMSException | InterruptedException e) {
        System.err.println(e.getMessage());
    } finally {
        if (connection != null) {
            try {
                connection.close();
            } catch (JMSException e) {
                System.err.println(e.getMessage());
            }
        }
    }
    }
}
```

Der Subscriber kann

- alle Nachrichten,
- Nachrichten mit normaler und hoher Priorität oder
- nur Nachrichten mit hoher Priorität

empfangen.

```
package filter;

import utils.Utils;

import javax.jms.*;
import javax.naming.NamingException;

public class Subscriber {
    public static void main(String[] args) {
        var host = args[0];
```

```
            var messageSelector = "";
            if (args.length == 2)
                messageSelector = args[1];

        Connection connection = null;
        try {
            var ctx = Utils.getContext(host);
            var factory = (ConnectionFactory) ctx.lookup("ConnectionFactory");
            var topic = (Destination) ctx.lookup("dynamicTopics/topic3");

            connection = factory.createConnection();
            var session = connection
                    .createSession(false, Session.AUTO_ACKNOWLEDGE);
            var messageConsumer = session
                    .createConsumer(topic, messageSelector, false);
            messageConsumer.setMessageListener(Subscriber::handleMessage);
            connection.start();

            Thread.sleep(30000);
        } catch (NamingException | JMSException | InterruptedException e) {
            System.err.println(e.getMessage());
        } finally {
            if (connection != null) {
                try {
                    connection.close();
                } catch (JMSException e) {
                    System.err.println(e.getMessage());
                }
            }
        }
    }

    private static void handleMessage(Message message) {
        try {
            if (message instanceof TextMessage) {
                var textMessage = (TextMessage) message;
                System.out.print(textMessage.getText());
                System.out.println(": " +
                        textMessage.getStringProperty("Priority"));
            }
        } catch (JMSException e) {
            System.err.println(e);
        }
    }
}
```

Aufrufbeispiele für den Subscriber:

```
java -cp out/production/jms;../../libs/activemq/* filter.Subscriber localhost
```

```
java -cp out/production/jms;../../libs/activemq/* filter.Subscriber localhost
"Priority = 'normal' OR Priority = 'high'"
```

```
java -cp out/production/jms;../../libs/activemq/* filter.Subscriber localhost
"Priority = 'high'"
```

7.7   Transaktionen

Die Kommunikation mit dem JMS-Provider kann *transaktionsorientiert* erfolgen.

Der *Transaktionsmodus* (`false` oder `true`) wird durch den ersten Aufrufparameter der `Connection`-Methode `createSession` eingestellt (siehe Kapitel 7.2).

Es wird zwischen Transaktionssteuerung beim Senden und Empfangen unterschieden:

- Mehrere Nachrichten können beim *Producer* in einer Transaktion gebündelt werden. Der Versand der Nachrichten wird solange zurückgehalten, bis die Transaktion mit dem Aufruf der `Session`-Methode `commit` abgeschlossen wird. Die gesamte Transaktion kann durch den Aufruf der `Session`-Methode `rollback` rückgängig gemacht werden. `commit` bzw. `rollback` öffnet sofort wieder eine neue Transaktion.

- Beim *Consumer* können innerhalb einer Transaktion nacheinander mehrere Nachrichten empfangen werden. Der Aufruf von `commit` bestätigt den Empfang und schließt die Transaktion ab. Wird die Transaktion mit `rollback` beendet, wird versucht, alle Nachrichten, die in der letzten Transaktion empfangen wurden, erneut zuzustellen. Ob eine Nachricht schon einmal zugestellt wurde, kann durch Auswerten des Header-Feldes `JMSRedelivered` (`true` oder `false`) ermittelt werden.

```
Session-Methoden:
void commit() throws JMSException
void rollback() throws JMSException

boolean getTransacted() throws JMSException
```
   prüft, ob die aktuelle Session mit Transaktionssteuerung arbeitet.

Das folgende Beispiel (Paket *transaction*) demonstriert das Arbeiten mit Transaktionen. Der *Producer* schickt innerhalb einer Transaktion vier Textnachrichten und eine weitere Nachricht als Abschlussnachricht, die das Ende einer Nachrichtenfolge signalisiert.

Hat die Programmvariable `exception` den Wert `true`, so wird eine Fehlersituation simuliert, die zum Abbruch der Transaktion mit anschließendem `rollback` führt.

```
package transaction;

import utils.Utils;

import javax.jms.*;
import javax.naming.NamingException;
import java.time.LocalTime;
```

```java
public class Producer {
    public static void main(String[] args) {
        var host = args[0];
        var exception = Boolean.parseBoolean(args[1]);

        Connection connection = null;
        Session session = null;
        try {
            var ctx = Utils.getContext(host);
            var factory = (ConnectionFactory) ctx.lookup("ConnectionFactory");
            var queue = (Destination) ctx.lookup("dynamicQueues/queue3");

            connection = factory.createConnection();
            session = connection.createSession(true, Session.AUTO_ACKNOWLEDGE);
            var messageProducer = session.createProducer(queue);

            for (int i = 0; i < 4; i++) {
                var message = session.createTextMessage();
                message.setText("Nachricht " + i + " " + LocalTime.now().toString());
                messageProducer.send(message);
            }

            // Leere Nachricht signalisiert den Abschluss
            messageProducer.send(session.createMessage());

            if (exception) {
                throw new RuntimeException("Simulierter Fehler");
            }

            session.commit();
            System.out.println("Committed");
        } catch (RuntimeException e) {
            System.err.println(e.getMessage());
            try {
                if (session != null) {
                    session.rollback();
                    System.out.println("Rolled back");
                }
            } catch (JMSException e1) {
                System.err.println(e1.getMessage());
            }
        } catch (NamingException | JMSException e) {
            System.err.println(e.getMessage());
        } finally {
            if (connection != null) {
                try {
                    connection.close();
                } catch (JMSException e) {
                    System.err.println(e.getMessage());
                }
            }
        }
    }
}
```

```java
package transaction;

import utils.Utils;

import javax.jms.*;
import javax.naming.NamingException;

public class Consumer {
    public static void main(String[] args) {
        var host = args[0];
        var exception = Boolean.parseBoolean(args[1]);

        Connection connection = null;
        try {
            var ctx = Utils.getContext(host);
            var factory = (ConnectionFactory) ctx.lookup("ConnectionFactory");
            var queue = (Destination) ctx.lookup("dynamicQueues/queue3");

            connection = factory.createConnection();
            var session = connection.createSession(true, Session.AUTO_ACKNOWLEDGE);
            var messageConsumer = session.createConsumer(queue);
            connection.start();

            while (true) {
                try {
                    var message = messageConsumer.receive(30000);
                    if (message == null)
                        break;

                    if (message instanceof TextMessage) {
                        var textMessage = (TextMessage) message;
                        System.out.println(textMessage.getText() +
                                " (Redelivered: " + textMessage.getJMSRedelivered() + ")");
                    } else {
                        session.commit();
                        System.out.println("Committed");
                        continue;
                    }

                    if (exception) {
                        exception = false;
                        throw new RuntimeException("Simulierter Fehler");
                    }
                } catch (RuntimeException e) {
                    System.err.println(e.getMessage());
                    try {
                        session.rollback();
                        System.out.println("Rolled back");
                    } catch (JMSException e1) {
                        System.err.println(e1.getMessage());
                    }
                }
            }
        } catch (NamingException | JMSException e) {
            System.err.println(e.getMessage());
        } finally {
            if (connection != null) {
                try {
                    connection.close();
```

```
            } catch (JMSException e) {
               System.err.println(e.getMessage());
            }
         }
      }
   }
}
```

Die Nachrichten werden in derselben Reihenfolge empfangen wie sie gesendet wurden (*FIFO-Prinzip*).

Nach dem Empfang der ersten Nachricht wird ein Abbruch simuliert, der zum *Rollback* führt. Diese Nachricht wird wieder ausgeliefert. Die letzte Nachricht (leere Nachricht vom Typ `Message`) signalisiert das Ende und löst *Commit* aus.

Ausgabe:

```
Nachricht 0 16:41:39.852757400 (Redelivered: false)
Simulierter Fehler
Rolled back
Nachricht 0 16:41:39.852757400 (Redelivered: true)
Nachricht 1 16:41:39.861733300 (Redelivered: false)
Nachricht 2 16:41:39.861733300 (Redelivered: false)
Nachricht 3 16:41:39.862732900 (Redelivered: false)
Committed
```

7.8 Aufgaben

1. Entwickeln Sie auf Basis des *Publish/Subscribe*-Modells einen Zeitangabe-Service, der jede Minute die aktuelle Uhrzeit übermittelt. Ein Client soll diese Zeitangabe ausgeben.

    Lösung: siehe Paket time

2. Durch Vergabe von Prioritäten (siehe Kapitel 7.2) kann die Reihenfolge der ausgelieferten Nachrichten vom Producer beeinflusst werden. Testen Sie diesen Sachverhalt, indem Sie einen geeigneten Producer und Consumer entwickeln. Der Consumer muss gestartet werden, nachdem der Producer seine Nachrichten gesendet hat.

    Die Prioritätensteuerung für Queues muss eigens konfiguriert werden. Hierzu muss die XML-Datei

    <ActiveMQ-Installationsverzeichnis>/conf/activemq.xml

    angepasst werden:

```
         <destinationPolicy>
            <policyMap>
               <policyEntries>
                 ...
                  <policyEntry queue=">" prioritizedMessages="true" />
               </policyEntries>
            </policyMap>
         </destinationPolicy>
```

`queue=">"` bedeutet, dass für alle Queues Prioritäten berücksichtigt werden.

Lösung: siehe Paket priority

3. Implementieren Sie auf Basis des *Publish/Subscribe*-Modells ein einfaches Chat-Programm. Die Bedienung soll über Kommandozeilen erfolgen.

   Damit Nachrichten sowohl gesendet als auch empfangen werden können, muss das Chat-Programm sowohl einen Publisher als auch einen Subscriber implementieren.

   Lösung: siehe Paket chat

4. Mit dem Nachrichtentyp `BytesMessage` können Binärdaten übertragen werden. Diese Bytes werden als Rohdaten behandelt und von der *Java Virtual Machine* nicht interpretiert. Erstellen Sie JMS-Clients, die Binärdaten (z. B. ein GIF-Bild) senden bzw. empfangen.

   Die `Session`-Methode

   ```
   BytesMessage createBytesMessage() throws JMSException
   ```

   erzeugt eine `BytesMessage`.

   Zur Lösung dieser Aufgabe sollen die folgenden `BytesMessage`-Methoden verwendet werden:

   ```
   void writeBytes(byte[] value, int offset, int length) throws JMSException
   int readBytes(byte[] value) throws JMSException
   ```

   Lösung: siehe Paket binary

5. Realisieren Sie Programme, die das folgende Szenario umsetzen:
   Ein Händler (`Vendor`) bestellt mehrere Artikel in bestimmten Stückzahlen bei einem Lieferanten (`Supplier`). Die Bestellung (`TextMessage` mit JSON) wird an die Warteschlage *orderQueue* versandt. Für die Antwort des Lieferanten wird eine temporäre Warteschlage (*replyQueue*) erzeugt.

   Der Lieferant prüft für jeden bestellten Artikel, ob er lieferbar ist. Ggf. wird eine kleinere Menge geliefert. Er sendet das Ergebnis an die Warteschlange *replyQueue* und wartet dann auf weitere Aufträge.

   Die Session beim Lieferanten soll transaktionsorientiert arbeiten.

   Lösung: siehe Paket order

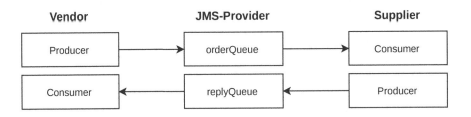

8   Machine-to-Machine-Kommunikation mit MQTT

Im letzten Kapitel haben wir uns mit der asynchronen Messaging-Technologie JMS (Jakarta Messaging) beschäftigt.

Einige Eigenschaften von JMS:

- JMS ist das Standard-Messaging-API für Java und JVM-Sprachen (JVM = Java Virtual Machine).
- JMS unterstützt Messaging mit Queues und Topics sowie Transaktionen.
- Das Nachrichtenformat (Header, Properties und Body) kann festgelegt werden.

Das Messaging-Protokoll *MQTT* (*Message Queueing Telemetry Transport*) kommt vor allem im Bereich des *Internet Of Things* (*IOT*) zum Einsatz.

Ziel bei der Entwicklung dieses Protokolls war das Funktionieren in unzuverlässigen Netzwerken mit geringer Bandbreite mit Geräten, die nur über eingeschränkte Ressourcen (wie geringem Speicher) verfügen und verhältnismäßig kurze Nachrichten übertragen.

8.1   Grundlegende Konzepte

Topics

Publisher versenden Nachrichten, ein oder mehrere *Subscriber* empfangen Nachrichten. Publisher und Subscriber sind über einen *MQTT-Broker* (siehe Kapitel 8.2) entkoppelt. Nachrichten werden an ein Topic gesendet, Subscriber melden sich für ein *Topic* an. Topics sind hierarchisch aufgebaut und können aus mehreren Ebenen bestehen.

Beispiel: `sensor/temperature/room`

Geht eine Nachricht zu einem bestimmten Topic beim Broker ein, wird diese an alle für dieses Topic angemeldeten Subscriber weitergeleitet. Mit Wildcards können Subscriber definieren, an welchen Topics sie interessiert sind.

Beispiel: `sensor/#`

Hiermit sind alle Topics, die mit `sensor/` beginnen festgelegt. # deckt also mehrere Ebenen ab. # kann nicht nur am Ende, sondern auch an Stelle beliebiger Ebenen stehen.

Der Wildcard-Operator + deckt nur eine Ebene ab.

Beispiel: `sensor/temperature/+`

Ergänzende Information Die elektronische Version dieses Kapitels enthält Zusatzmaterial, auf das über folgenden Link zugegriffen werden kann https://doi.org/10.1007/978-3-658-37200-2_8.

D. Abts, *Masterkurs Client/Server-Programmierung mit Java*,
https://doi.org/10.1007/978-3-658-37200-2_8

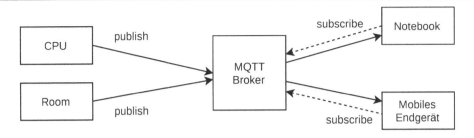

Abbildung 8-1: MQTT Publish / Subscribe

Client-ID

Die *Client-ID* identifiziert jeden MQTT-Client, der eine Verbindung zu einem MQTT-Broker herstellt. Der Broker verwendet die Client-ID, um den Client und den aktuellen Status des Clients zu identifizieren. Daher sollte diese ID pro Client und Broker eindeutig sein.

Quality of Service (QoS)

Die *Servicequalitätsstufe* (QoS) ist eine Vereinbarung zwischen dem Absender einer Nachricht und dem Empfänger einer Nachricht, die die Zustellgarantie für eine bestimmte Nachricht festlegt.

Es gibt drei Stufen in MQTT:

- *Level 0*: Eine Nachricht wird höchstens einmal zugestellt; es gibt keine Garantie, dass die Nachricht beim Subscriber ankommt (*at most once*).

- *Level 1*: Eine Nachricht wird mindestens einmal zugestellt; die Zustellung ist also garantiert, allerdings sind Duplikate möglich (*at least once*).

- *Level 2*: Es wird garantiert, dass die Nachricht genau einmal ankommt (*exactly once*).

Die Level von Publisher und Subscriber können verschieden sein.

Beispiel: Der Publisher setzt den Level 2, der Subscriber den Level 1. Der Broker liefert die Nachricht mit Level 1 aus.

Generell wird die Nachricht immer mit dem niedrigsten Level von Publisher und Subscriber vom Broker ausgeliefert.

Retained Messages

Eine *Retained Message* ist eine normale Nachricht, die für ein bestimmtes Topic vom Broker gespeichert wird. Es handelt sich dabei immer um die letzte erhaltene Nachricht. Jeder Subscriber, der sich für dieses Topic angemeldet hat, erhält diese Nachricht unmittelbar nach seiner Anmeldung, also auch wenn er zum Zeitpunkt,

an dem die Nachricht gesendet wurde, noch nicht angemeldet war. Eine Retained
Message muss mit einem besonderen Flag gekennzeichnet sein.

Last Will and Testament (LWT)

Eine Nachricht kann als *Last Will and Testament* (*LWT*) an andere Clients gesendet
werden, um diese über einen unerwarteten Verbindungsabbruch zu informieren.
Der Publisher kann diese besondere Nachricht angeben, wenn er sich mit einem
Broker verbindet.

Persistent Session

Wenn die Verbindung zwischen Client und Broker während einer nicht persistenten
Sitzung unterbrochen wird, gehen Nachrichten verloren und der Client muss sich
beim Broker erneut anmelden. Um dieses erneute Anmelden nach jedem Abbruch
zu vermeiden, kann der Client eine *persistente Sitzung* bei Herstellung der
Verbindung zum Broker anfordern. Die Client-ID, die der Client beim Herstellen
einer Verbindung zum Broker bereitstellt, identifiziert die Sitzung.

Verliert der Client die Verbindung zum Broker und verbindet sich erneut, erhält er
automatisch alle verpassten Nachrichten.

8.2   MQTT-Broker und Client-Bibliothek

Es existieren zahlreiche Implementierungen für MQTT-Broker. Wir stellen hier
drei Broker vor:

- ActiveMQ 5 "Classic"
- HiveMQ Community Edition (CE)
- Eclipse Mosquitto

ActiveMQ

ActiveMQ kennen wir bereits aus Kapitel 7. ActiveMQ unterstützt MQTT 3.1.1.[1]
In der Datei *conf/activemq.xml* im Installationsverzeichnis müssen unter

```
<transportConnectors>
```

die folgenden Konnektoren definiert sein (jeweils in einer Zeile):

```
<transportConnector name="mqtt" uri="mqtt://0.0.0.0:1883?
maximumConnections=1000&amp;wireFormat.maxFrameSize=104857600"/>

<transportConnector name="mqtt+ws" uri="ws://0.0.0.0:9001?
maximumConnections=1000&amp;wireFormat.maxFrameSize=104857600"/>
```

---

1   https://activemq.apache.org/mqtt

Mit *MQTT Over WebSockets* (mqtt+ws) können MQTT-Daten direkt in einem Webbrowser empfangen werden. Diese Unterstützung wird von einem speziellen JavaScript-Client bereitgestellt.

Der Broker verpackt ein MQTT-Paket in ein WebSocket-Paket[2] und sendet es zum Client. Der Client entpackt das MQTT-Paket aus dem WebSocket-Paket und verarbeitet es dann als normales MQTT-Paket.

Start des Brokers:

```
cd <Installationsverzeichnis>
bin\activemq start
```

HiveMQ

HiveMQ CE ist ein Java-basierter MQTT-Broker, der MQTT 3.1.1 und MQTT 5 unterstützt.[3] Die ZIP-Datei *hivemq-ce-xxxx.x.zip* muss heruntergeladen und entpackt werden (siehe Anhang D).

Die Datei *conf/config.xml* im Installationsverzeichnis muss den folgenden Inhalt haben:

```
<hivemq>
    <listeners>
        <tcp-listener>
            <port>1883</port>
            <bind-address>0.0.0.0</bind-address>
        </tcp-listener>
        <websocket-listener>
            <port>9001</port>
            <bind-address>0.0.0.0</bind-address>
            <path>/mqtt</path>
            <subprotocols>
                <subprotocol>mqttv3.1</subprotocol>
                <subprotocol>mqtt</subprotocol>
            </subprotocols>
            <allow-extensions>true</allow-extensions>
        </websocket-listener>
    </listeners>

    <anonymous-usage-statistics>
        <enabled>true</enabled>
    </anonymous-usage-statistics>
</hivemq>
```

Start des Brokers:

```
cd <Installationsverzeichnis>
bin\run.bat
```

---

2   Siehe auch Kapitel 10.

3   https://www.hivemq.com

Mosquitto

Eclipse Mosquitto ist ein Open Source MQTT-Broker, der MQTT 3.1.1 und MQTT 5 unterstützt.[4] Einzelheiten zu Download und Installation können der im Anhang D aufgeführten Webseite entnommen werden.

Die Datei *mosquitto.conf* im Installationsverzeichnis muss die folgenden Einträge enthalten:

```
allow_anonymous true
listener 1883
persistence false
```

Mit `persistence true` werden Session-Infos und andere Daten in der Datenbank *mosquitto.db* gespeichert und stehen nach dem Restart des Brokers wieder zur Verfügung.

Start des Brokers:
```
cd <Installationsverzeichnis>
mosquitto.exe -v -c mosquitto.conf
```

Eclipse Paho Java Client

Paho Java Client ist eine in Java geschriebene MQTT-Client-Bibliothek für die Entwicklung von Anwendungen, die auf der JVM oder anderen Java-kompatiblen Plattformen wie Android ausgeführt werden.[5]

Das Begleitmaterial zu diesem Buch enthält im Verzeichnis *libs/mqtt* diese Bibliothek als JAR-Datei:

> *org.eclipse.paho.client.mqttv3-x.x.x.jar*

In der Entwicklungsumgebung IntelliJ IDEA kann unter *Project Structure* dieses Verzeichnis als *Dependency* zugewiesen werden.

8.3 Messwerte versenden und empfangen

→ Projekt mqtt

Das Paket *sensor* enthält die Programme zum Senden und Empfangen von Messwerten.

Schauen wir uns zunächst einen Publisher an, der alle 15 Sekunden den Temperaturwert der CPU zum Broker sendet. Die Messwerte werden über Zufallszahlen simuliert. Das Programm enthält auch eine Methode, die die echten Tempe-

---

4 https://mosquitto.org
5 https://www.eclipse.org/paho

raturwerte auf einen Raspberry Pi ermittelt. Hierzu muss natürlich das Programm
auf dem Raspberry Pi laufen.

```java
package sensor;

import org.eclipse.paho.client.mqttv3.MqttClient;
import org.eclipse.paho.client.mqttv3.MqttConnectOptions;
import org.eclipse.paho.client.mqttv3.MqttException;
import org.eclipse.paho.client.mqttv3.MqttMessage;

import java.io.IOException;
import java.util.Scanner;
import java.util.regex.Pattern;

public class CPUTempPublisher implements AutoCloseable {
    private static final String TOPIC = "sensor/temperature/cpu";
    private final MqttClient client;
    private final boolean rpi;

    public CPUTempPublisher(String url, boolean rpi) throws MqttException {
        this.rpi = rpi;
        var clientId = MqttClient.generateClientId();
        var client = new MqttClient(url, clientId);
        var options = new MqttConnectOptions();
        options.setAutomaticReconnect(true);
        client.connect(options);
        this.client = client;
    }

    public void publish() throws MqttException {
        if (rpi) {
            try {
                var msg = readRpiTemp();
                msg.setQos(0);
                msg.setRetained(true);
                client.publish(TOPIC, msg);
            } catch (IOException | InterruptedException e) {
                System.out.println(e.getMessage());
            }
        } else {
            var msg = readSimulatedTemp();
            msg.setQos(0);
            msg.setRetained(true);
            client.publish(TOPIC, msg);
        }
    }

    @Override
    public void close() throws MqttException {
        client.disconnect();
        client.close();
    }

    private static MqttMessage readSimulatedTemp() {
        ...
    }
```

```
// Raspberry Pi
private static MqttMessage readRpiTemp() throws IOException,
                                InterruptedException {
    ...
}

public static void main(String[] args) {
    var url = args[0];
    var rpi = false;
    if (args.length == 2 && args[1].equals("rpi"))
        rpi = true;

    try (var publisher = new CPUTempPublisher(url, rpi)) {
        var thread = new Thread(() -> {
            while (true) {
                try {
                    publisher.publish();
                    Thread.sleep(15000);
                } catch (MqttException e) {
                    System.err.println(e.getMessage());
                } catch (InterruptedException e) {
                    break;
                }
            }
        });
        thread.start();

        System.out.println("Stoppen mit ENTER");
        System.in.read();
        thread.interrupt();
    } catch (MqttException | IOException e) {
        System.err.println(e.getMessage());
    }
}
}
```

Im Konstruktor wird zunächst eine zufällige *Client-ID* generiert. Dann wird eine MqttClient-Instanz mittels MQTT-Broker-Adresse (z. B. tcp://localhost:1883) und Client-ID erzeugt. Es wird festgelegt, dass der Client automatisch versucht, sich erneut mit dem Server zu verbinden, wenn die Verbindung unterbrochen wird. Dann wird die Verbindung zum Broker hergestellt.

In der Methode publish wird ein Messwert erzeugt (verpackt in einer MqttMessage-Instanz) und gesendet. Die *Servicequalitätsstufe* wird auf 0 gesetzt und die Nachricht wird als *Retained Message* gekennzeichnet. Schließlich wird die Nachricht für das *Topic sensor/temperature/cpu* zum Broker gesendet.

Das Programm kann mit der Eingabetaste beendet werden. Mittels *try with resources* wird automatisch die Verbindung beendet und alle Ressourcen werden geschlossen, da die Klasse CPUTempPublisher das Interface AutoCloseable implementiert.

Hier nun die beiden Methoden, die Messwerte ermitteln:

```java
private static MqttMessage readSimulatedTemp() {
    var temp = 35 + Math.random() * 10.0;
    System.out.println(temp + " C°");
    var payload = String.format("%.1f", temp).getBytes();
    return new MqttMessage(payload);
}

private static MqttMessage readRpiTemp() throws IOException, InterruptedException {
    var builder = new ProcessBuilder();
    builder.command("vcgencmd", "measure_temp");
    var process = builder.start();
    var status = process.waitFor();
    var temp = 0.;
    if (status == 0) {
        try (var scanner = new Scanner(process.getInputStream())) {
            var line = scanner.next();
            var matcher = Pattern.compile("\\d+\\.\\d+").matcher(line);
            if (matcher.find())
                temp = Double.parseDouble(matcher.group());
        }
    }
    System.out.println("Raspberry Pi: " + temp + " C°");
    var payload = String.format("%.1f", temp).getBytes();
    return new MqttMessage(payload);
}
```

Das Programm `RoomTempPublisher` sendet die simulierte Raumtemperatur für das Topic *sensor/temperature/room* an den Broker.

```java
package sensor;

import org.eclipse.paho.client.mqttv3.MqttClient;
import org.eclipse.paho.client.mqttv3.MqttConnectOptions;
import org.eclipse.paho.client.mqttv3.MqttException;
import org.eclipse.paho.client.mqttv3.MqttMessage;

import java.io.IOException;

public class RoomTempPublisher implements AutoCloseable {
    private static final String TOPIC = "sensor/temperature/room";
    private final MqttClient client;

    public RoomTempPublisher(String url) throws MqttException {
        var clientId = MqttClient.generateClientId();
        var client = new MqttClient(url, clientId);
        var options = new MqttConnectOptions();
        options.setAutomaticReconnect(true);
        client.connect(options);
        this.client = client;
    }

    public void publish() throws MqttException {
        var msg = readSimulatedTemp();
        msg.setQos(0);
        msg.setRetained(true);
        client.publish(TOPIC, msg);
    }
```

```
    @Override
    public void close() throws MqttException {
        client.disconnect();
        client.close();
    }


    private static MqttMessage readSimulatedTemp() {
        var temp = 20 + Math.random();
        System.out.println(temp + " C°");
        var payload = String.format("%.1f", temp).getBytes();
        return new MqttMessage(payload);
    }

    public static void main(String[] args) {
        var url = args[0];

        try (var publisher = new RoomTempPublisher(url)) {
            var thread = new Thread(() -> {
                while (true) {
                    try {
                        publisher.publish();
                        Thread.sleep(15000);
                    } catch (MqttException e) {
                        System.err.println(e.getMessage());
                    } catch (InterruptedException e) {
                        break;
                    }
                }
            });
            thread.start();

            System.out.println("Stoppen mit ENTER");
            System.in.read();
            thread.interrupt();
        } catch (MqttException | IOException e) {
            System.err.println(e.getMessage());
        }
    }
}
```

Der Subscriber ist ähnlich aufgebaut wie der Publisher. Die `MqttClient`-Methode `subscribe` wird mit den folgenden Argumenten aufgerufen:

- Angabe zum Topic, diese kann Wildcards enthalten.
- Servicequalitätsstufe
- Callback vom Typ `IMqttMessageListener` zur Verarbeitung eingehender Nachrichten.

```
package sensor;

import org.eclipse.paho.client.mqttv3.MqttClient;
import org.eclipse.paho.client.mqttv3.MqttConnectOptions;
import org.eclipse.paho.client.mqttv3.MqttException;
```

```java
import java.io.IOException;

public class TempSubscriber implements AutoCloseable {
    private final String topic;
    private final MqttClient client;


    public TempSubscriber(String url, String topic) throws MqttException {
        this.topic = topic;
        var clientId = MqttClient.generateClientId();
        var client = new MqttClient(url, clientId);
        var options = new MqttConnectOptions();
        options.setAutomaticReconnect(true);
        client.connect(options);
        this.client = client;
    }

    public void subscribe() throws MqttException {
        client.subscribe(topic, 0, (topic, msg) -> {
            var temp = new String(msg.getPayload());
            System.out.println(topic + ": " + temp + " C°");
        });
    }

    @Override
    public void close() throws MqttException {
        client.disconnect();
        client.close();
    }

    public static void main(String[] args) {
        var url = args[0];
        var topic = args[1];

        try (var subscriber = new TempSubscriber(url, topic)) {
            subscriber.subscribe();
            System.out.println("Stoppen mit ENTER");
            System.in.read();
        } catch (MqttException | IOException e) {
            System.out.println(e.getMessage());
        }
    }
}
```

Test

Zunächst muss der Broker gestartet werden (siehe Kapitel 8.2).

Publisher starten:

```
java -cp out/production/mqtt;../../libs/mqtt/* sensor.CPUTempPublisher
tcp://localhost:1883
java -cp out/production/mqtt;../../libs/mqtt/* sensor.RoomTempPublisher
tcp://localhost:1883
```

Subscriber starten:

```
java -cp out/production/mqtt;../../libs/mqtt/* sensor.TempSubscriber
tcp://localhost:1883 sensor/temperature/cpu

java -cp out/production/mqtt;../../libs/mqtt/* sensor.TempSubscriber
tcp://localhost:1883 sensor/temperature/room

java -cp out/production/mqtt;../../libs/mqtt/* sensor.TempSubscriber
tcp://localhost:1883 sensor/temperature/+
```

MQTT Over WebSockets

Mit *MQTT Over Websockets* können MQTT-Daten direkt in einen Webbrowser empfangen werden. Hierfür benötigen wir einen speziellen JavaScript-Client.

Wir verwenden hier das *MQTT.js*-Bundle *mqtt.min.js* (siehe Verzeichnis *web* im Projekt *mqtt*).

Datei *index.html*:

```html
<!DOCTYPE html>
<html lang="en">
<head>
    <meta charset="UTF-8"/>
    <meta name="viewport" content="width=device-width, initial-scale=1.0"/>
    <title>Sensor</title>
</head>
<body>
<h1>Temperatur</h1>
<div id="data"></div>

<script src="mqtt.min.js"></script>
<script>
    const topic = "sensor/temperature/room";
    const client = mqtt.connect("ws://" + window.location.hostname + ":9001/mqtt");

    client.on("connect", () => {
    client.subscribe(topic, { qos: 0 });
    });

    client.on("message", (topic, message) => {
    document.getElementById("data").innerHTML += message + "<br>";
    console.log(message.toString());
    });
</script>
</body>
</html>
```

Zunächst muss der Broker gestartet werden. Hier kommen *ActiveMQ* oder *HiveMQ* in Frage, da sie MQTT Over Websockets standardmäßig unterstützen.

Dann wird der Webserver gestartet, der auf demselben Rechner wie der Broker laufen muss (Kommando in einer Zeile):

```
java --add-opens=java.base/java.lang=ALL-UNNAMED
--add-opens=java.base/java.io=ALL-UNNAMED
--add-opens=java.rmi/sun.rmi.transport=ALL-UNNAMED
-cp ../../webserver/webserver.jar;../../libs/tomcat/*
WebServer /demo web 8080 false false
```

Publisher starten:

```
java -cp out/production/mqtt;../../libs/mqtt/* sensor.RoomTempPublisher
tcp://localhost:1883
```

Temperatur

20,6
20,6
20,8
20,5

Abbildung 8-2: Anzeige von MQTT-Daten im Browser

8.4   Verbindungsstatus anzeigen

Im folgenden Beispiel (Paket *lwt*) zeigt der Subscriber den Verbindungsstatus des Publishers an (offline oder online).

Zu diesem Zweck nutzt der Publisher das Topic *lwt/status*.

Sobald der Publisher mit dem Broker verbunden ist, sendet er an dieses Topic die Nachricht "online" als Retained Message mit Servicequalitätsstufe 1. Ebenso sendet er kurz vor der normalen Beendigung des Programms die Nachricht "offline".

Im Falle eines Verbindungsabbruchs wird ein "letzter Wille" (*Last Will and Testament*) gesendet. Dieser besteht aus der Retained Message "offline" mit der Servicequalitätsstufe 1.

```
package lwt;

import org.eclipse.paho.client.mqttv3.MqttClient;
import org.eclipse.paho.client.mqttv3.MqttConnectOptions;
import org.eclipse.paho.client.mqttv3.MqttException;
import org.eclipse.paho.client.mqttv3.MqttMessage;

import java.time.LocalTime;
import java.time.format.DateTimeFormatter;

public class Publisher implements AutoCloseable {
    private static final String TOPIC_DATA = "lwt/data";
```

```java
    private static final String TOPIC_STATUS = "lwt/status";
    private final MqttClient client;

    public Publisher(String url) throws MqttException {
        var clientId = MqttClient.generateClientId();
        var client = new MqttClient(url, clientId);
        var options = new MqttConnectOptions();
        options.setAutomaticReconnect(true);
        options.setWill(TOPIC_STATUS, "offline".getBytes(), 1, true);
        client.connect(options);

        if (client.isConnected()) {
            client.publish(TOPIC_STATUS, "online".getBytes(), 1, true);
        }

        this.client = client;
    }

    public void publish(String topic, String message) throws MqttException {
        var payload = message.getBytes();
        var msg = new MqttMessage(payload);
        msg.setQos(0);
        client.publish(topic, msg);
    }

    @Override
    public void close() throws MqttException {
        client.publish(TOPIC_STATUS, "offline".getBytes(), 1, true);
        client.disconnect();
        client.close();
    }

    public static void main(String[] args) {
        var url = args[0];

        try (var publisher = new Publisher(url)) {
            var formatter = DateTimeFormatter.ofPattern("HH:mm:ss");

            for (var i = 0; i < 10; i++) {
                var msg = formatter.format(LocalTime.now()) + " " + i;
                publisher.publish(TOPIC_DATA, msg);
                System.out.println(msg);
                Thread.sleep(3000);
            }
        } catch (MqttException | InterruptedException e) {
            System.out.println(e.getMessage());
        }
    }
}
```

```java
package lwt;

import org.eclipse.paho.client.mqttv3.MqttClient;
import org.eclipse.paho.client.mqttv3.MqttConnectOptions;
import org.eclipse.paho.client.mqttv3.MqttException;

import java.io.IOException;
```

```java
public class Subscriber implements AutoCloseable {
    private static final String TOPIC = "lwt/+";
    private final MqttClient client;

    public Subscriber(String url) throws MqttException {
        var clientId = MqttClient.generateClientId();
        var client = new MqttClient(url, clientId);
        var options = new MqttConnectOptions();
        options.setAutomaticReconnect(true);
        client.connect(options);
        this.client = client;
    }


    public void subscribe() throws MqttException {
        client.subscribe(TOPIC, 1, (topic, msg) -> {
            var message = new String(msg.getPayload());
            System.out.println(topic + ": " + message);
        });
    }

    @Override
    public void close() throws MqttException {
        client.disconnect();
        client.close();
    }

    public static void main(String[] args) {
        var url = args[0];

        try (var subscriber = new Subscriber(url)) {
            subscriber.subscribe();
            System.out.println("Stoppen mit ENTER");
            System.in.read();
        } catch (MqttException | IOException e) {
            System.out.println(e.getMessage());
        }
    }
}
```

Test

Broker starten

Publisher starten:

```
java -cp out/production/mqtt;../../libs/mqtt/* lwt.Publisher tcp://localhost:1883
```

Subscriber starten:

```
java -cp out/production/mqtt;../../libs/mqtt/* lwt.Subscriber tcp://localhost:1883
```

Ausgabebeispiel:

```
lwt/status: online
lwt/data: 15:28:40 2
lwt/data: 15:28:43 3
```

```
lwt/data: 15:28:46 4
lwt/data: 15:28:49 5
lwt/data: 15:28:52 6
...
```

Nach Abbruch des Publishers mir Strg + C gibt der Subscriber aus:

```
lwt/status: offline
```

8.5 Binärsensor steuern

Dieses Beispiel (Paket *control*) simuliert, wie ein Gerät (Lampe) über MQTT per Fernsteuerung ein- und ausgeschaltet werden kann. Die Programme Sensor und Controller sind sowohl Publisher als auch Subscriber.

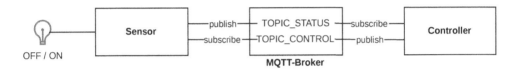

Abbildung 8-3: Abfrage und Steuerung eines Sensors

Der Sensor veröffentlicht (publish) alle 5 Sekunden den Zustand OFF bzw. ON der Lampe. Er empfängt (subscribe) die Anweisung zum Wechsel des Zustandes. Der Controller fragt den Zustand ab (subscribe) und sendet (publish) die Anweisung zum Zustandswechsel.

Die Klasse LightSensor repräsentiert die Lichtquelle. Der Zustand OFF bzw. ON wird in einer Datei mit Inhalt 0 bzw. 1 gespeichert. Die Methode getStatus fragt den Zustand aus der Datei ab. toggle wechselt den Zustand und schreibt den neuen Zustand in die Datei.

```java
package control;

import java.io.IOException;
import java.nio.file.Files;
import java.nio.file.Path;
import java.nio.file.Paths;

public class LightSensor {
    private static final Path PATH = Paths.get("light.txt");

    public LightSensor() throws IOException {
        if (!Files.exists(PATH))
            Files.writeString(PATH, "0");
    }
```

```java
    public int getStatus() throws IOException {
        var value = Files.readString(PATH);
        return value.equals("0") ? 0 : 1;
    }

    public void toggle() throws IOException {
        var status = getStatus() == 0 ? 1 : 0;
        Files.writeString(PATH, String.valueOf(status));
    }
}


package control;

import org.eclipse.paho.client.mqttv3.MqttClient;
import org.eclipse.paho.client.mqttv3.MqttConnectOptions;
import org.eclipse.paho.client.mqttv3.MqttException;
import org.eclipse.paho.client.mqttv3.MqttMessage;

import java.io.IOException;

public class Sensor implements AutoCloseable {
    private static final String TOPIC_STATUS = "light/status";
    private static final String TOPIC_CONTROL = "light/control";
    private final MqttClient client;
    private final LightSensor lightSensor;

    public Sensor(String url) throws MqttException, IOException {
        var clientId = MqttClient.generateClientId();
        var client = new MqttClient(url, clientId);
        var options = new MqttConnectOptions();
        options.setAutomaticReconnect(true);
        client.connect(options);
        this.client = client;

        lightSensor = new LightSensor();
    }

    public void publish(String topic, String message) throws MqttException {
        var payload = message.getBytes();
        var msg = new MqttMessage(payload);
        msg.setQos(0);
        msg.setRetained(true);
        client.publish(topic, msg);
    }

    public void subscribe() throws MqttException {
        client.subscribe(TOPIC_CONTROL, 0, (topic, msg) -> {
            var message = new String(msg.getPayload());
            if (message.equals("toggle"))
                lightSensor.toggle();
        });
    }

    @Override
    public void close() throws MqttException {
        client.disconnect();
```

```
            client.close();
        }

    public static void main(String[] args) {
        var url = args[0];

        try (var sensor = new Sensor(url)) {
            sensor.subscribe();

            var thread = new Thread(() -> {
                while (true) {
                    try {
                        var status = sensor.lightSensor
                                .getStatus() == 0 ? "OFF" : "ON";
                        sensor.publish(TOPIC_STATUS, status);
                        Thread.sleep(5000);
                    } catch (MqttException | IOException e) {
                        System.out.println(e.getMessage());
                    } catch (InterruptedException e) {
                        break;
                    }
                }
            });
            thread.start();

            System.out.println("Stoppen mit ENTER");
            System.in.read();
            thread.interrupt();
        } catch (MqttException | IOException e) {
            System.out.println(e.getMessage());
        }
    }
}
```

```
package control;

import org.eclipse.paho.client.mqttv3.MqttClient;
import org.eclipse.paho.client.mqttv3.MqttConnectOptions;
import org.eclipse.paho.client.mqttv3.MqttException;
import org.eclipse.paho.client.mqttv3.MqttMessage;

import java.util.concurrent.CountDownLatch;
import java.util.concurrent.TimeUnit;

public class Controller implements AutoCloseable {
    private static final String TOPIC_STATUS = "light/status";
    private static final String TOPIC_CONTROL = "light/control";
    private final MqttClient client;

    public Controller(String url) throws MqttException {
        var clientId = MqttClient.generateClientId();
        var client = new MqttClient(url, clientId);
        var options = new MqttConnectOptions();
        options.setAutomaticReconnect(true);
        client.connect(options);
        this.client = client;
    }
```

```java
    public void publish(String topic, String message) throws MqttException {
        var payload = message.getBytes();
        var msg = new MqttMessage(payload);
        msg.setQos(0);
        client.publish(topic, msg);
    }


    public void subscribe() throws MqttException, InterruptedException {
        var receivedSignal = new CountDownLatch(1);

        client.subscribe(TOPIC_STATUS, 0, (topic, msg) -> {
            var message = new String(msg.getPayload());
            System.out.println(message);

            receivedSignal.countDown();
        });
        receivedSignal.await(10, TimeUnit.SECONDS);
    }

    @Override
    public void close() throws MqttException {
        client.disconnect();
        client.close();
    }

    public static void main(String[] args) {
        var url = args[0];
        var value = args.length == 2 ? args[1] : null;

        try (var controller = new Controller(url)) {
            if (value == null) {
                controller.subscribe();
            } else {
                if (value.equalsIgnoreCase("TOGGLE"))
                    controller.publish(TOPIC_CONTROL, "toggle");
            }
        } catch (MqttException | InterruptedException e) {
            System.out.println(e.getMessage());
        }
    }
}
```

Die Methode `subscribe` wartet max. 10 Sekunden auf das Eintreffen einer Nachricht und wird dann beendet.

Test

Broker starten

Sensor starten:

```
java -cp out/production/mqtt;../../libs/mqtt/* control.Sensor tcp://localhost:1883
```

Controller für die Abfrage starten:

```
java -cp out/production/mqtt;../../libs/mqtt/* control.Controller
tcp://localhost:1883
```

Controller für den Zustandswechsel starten:

```
java -cp out/production/mqtt;../../libs/mqtt/* control.Controller
tcp://localhost:1883 TOGGLE
```

8.6   Messwerte in Live-Grafik anzeigen

Wir nutzen im folgenden Beispiel (Paket *chart*) JavaFX, um von einem Publisher veröffentlichte Messwerte in einer Grafik in Echtzeit anzuzeigen, d. h. die in der Grafik dargestellte Kurve ändert sich, sobald ein neuer Messwert empfangen wurde.

Hierbei sind zwei Aufgaben zu lösen:

- Der Publisher sendet jede Sekunde einen Wert, die Grafik soll aber nur alle 5 Sekunden aktualisiert werden.
- Es sollen immer nur die letzten 10 Messwerte in der Grafik angezeigt werden.

Die Messwerte werden mit einer Uhrzeit versehen. Publisher und Anzeigeprogramm verwenden die Klasse Payload, um Uhrzeit und Messwert (Zufallszahl) bequem zu handhaben. Die Payload-Methode toString erzeugt eine Zeichenkette aus den Daten, dieser String wird dann an den Broker gesendet. Die Methode fromString konvertiert einen solchen String in eine Payload-Instanz.

```
package chart;

public class Payload {
    public String time;
    public int data;

    public Payload(String time, int data) {
        this.time = time;
        this.data = data;
    }

    public String toString() {
        return time + "#" + data;
    }

    public static Payload fromString(String s) {
        var parts = s.split("#");
        return new Payload(parts[0], Integer.parseInt(parts[1]));
    }
}
```

```java
package chart;

import org.eclipse.paho.client.mqttv3.MqttClient;
import org.eclipse.paho.client.mqttv3.MqttConnectOptions;
import org.eclipse.paho.client.mqttv3.MqttException;
import org.eclipse.paho.client.mqttv3.MqttMessage;

import java.io.IOException;
import java.time.LocalTime;
import java.time.format.DateTimeFormatter;
import java.util.concurrent.ThreadLocalRandom;
public class Publisher implements AutoCloseable {
    private static final String TOPIC = "sensor/data";
    private final MqttClient client;

    public Publisher(String url) throws MqttException {
        var clientId = MqttClient.generateClientId();
        var client = new MqttClient(url, clientId);
        var options = new MqttConnectOptions();
        options.setAutomaticReconnect(true);
        client.connect(options);
        this.client = client;
    }

    public void publish() throws MqttException {
        var msg = new MqttMessage(getData());
        msg.setQos(0);
        client.publish(TOPIC, msg);
    }

    @Override
    public void close() throws MqttException {
        client.disconnect();
        client.close();
    }

    private static byte[] getData() {
        var formatter = DateTimeFormatter.ofPattern("HH:mm:ss");
        var payload = new Payload(
                formatter.format(LocalTime.now()),
                ThreadLocalRandom.current().nextInt(1000, 10000));
        return payload.toString().getBytes();
    }

    public static void main(String[] args) {
        var url = args[0];

        try (var publisher = new Publisher(url)) {
            var thread = new Thread(() -> {
                while (true) {
                    try {
                        publisher.publish();
                        Thread.sleep(1000);
                    } catch (MqttException e) {
                        System.out.println(e.getMessage());
                    } catch (InterruptedException e) {
                        break;
                    }
                }
            }
```

```
        });
        thread.start();

        System.out.println("Stoppen mit ENTER");
        System.in.read();
        thread.interrupt();
    } catch (MqttException | IOException e) {
        System.out.println(e.getMessage());
    }
  }
}
```

Hier nun das Anzeigeprogramm LiveChart:[6]

```
package chart;

import javafx.application.Application;
import javafx.application.Platform;
import javafx.scene.Scene;
import javafx.scene.chart.CategoryAxis;
import javafx.scene.chart.LineChart;
import javafx.scene.chart.NumberAxis;
import javafx.scene.chart.XYChart;
import javafx.scene.control.Alert;
import javafx.stage.Stage;
import org.eclipse.paho.client.mqttv3.MqttClient;
import org.eclipse.paho.client.mqttv3.MqttConnectOptions;
import org.eclipse.paho.client.mqttv3.MqttException;
import org.eclipse.paho.client.mqttv3.MqttMessage;

import java.util.concurrent.atomic.AtomicLong;
import java.util.function.Consumer;

public class LiveChart extends Application {
    private static final String TOPIC = "sensor/data";
    private static final long PERIOD = 5000; // Millisekunden
    private static final int WINDOW_SIZE = 10;

    private String url;
    private XYChart.Series<String, Number> series;
    private MqttClient client;

    @Override
    public void start(Stage primaryStage) {
        primaryStage.setTitle("Live Chart");

        var xAxis = new CategoryAxis();
        var yAxis = new NumberAxis();
        xAxis.setLabel("Uhrzeit");
        xAxis.setAnimated(false);
        yAxis.setLabel("Wert");
        yAxis.setAnimated(false);
```

---

6 Die JAR-Dateien von JavaFX müssen zur Compilierung dem Projekt zugeordnet
   werden.

```java
        var lineChart = new LineChart<>(xAxis, yAxis);
        lineChart.setTitle("Live Chart");
        lineChart.setAnimated(false);
        lineChart.setLegendVisible(false);

        series = new XYChart.Series<>();
        lineChart.getData().add(series);

        var scene = new Scene(lineChart, 800, 600);
        primaryStage.setScene(scene);
        primaryStage.show();

        var params = getParameters().getRaw();
        url = params.get(0);

        buildClient();

        if (client != null)
            subscribe();
    }

    @Override
    public void stop() throws Exception {
        super.stop();
        client.disconnect();
        client.close();
    }

    private void buildClient() {
        try {
            var clientId = MqttClient.generateClientId();
            var client = new MqttClient(url, clientId);
            var options = new MqttConnectOptions();
            options.setAutomaticReconnect(true);
            client.connect(options);
            this.client = client;
        } catch (MqttException e) {
            showError(e);
        }
    }

    private void subscribe() {
        try {
            var last = new AtomicLong(0);
            client.subscribe(TOPIC, 0, (topic, msg) -> throttle(last, msg, display));
        } catch (MqttException e) {
            showError(e);
        }
    }

    private void throttle(AtomicLong last, MqttMessage msg,
                    Consumer<MqttMessage> consumer) {

        var current = System.currentTimeMillis();
        if (current - last.get() > PERIOD) {
            last.set(System.currentTimeMillis());
            consumer.accept(msg);
        }
    }
```

```
    private final Consumer<MqttMessage> display = msg -> {
        var message = new String(msg.getPayload());
        var payload = Payload.fromString(message);
        Platform.runLater(() -> {
            series.getData().add(new XYChart.Data<>(payload.time, payload.data));
            if (series.getData().size() > WINDOW_SIZE)
                series.getData().remove(0);
        });
    };

    private void showError(MqttException e) {
        Platform.runLater(() -> {
            var alert = new Alert(Alert.AlertType.ERROR);
            alert.setContentText(e.getMessage());
            alert.showAndWait();
            System.exit(1);
        });
    }

    public static void main(String[] args) {
        launch(args);
    }
}
```

In der Methode `throttle` werden Daten "eliminiert", wenn sie zu schnell in Folge auftreten. Ein Wert wird nur angezeigt, wenn zwischen der Anzeige des letzten Wertes und dem Eintreffen des gerade empfangenen Wertes mindestens 5 Sekunden (`PERIOD`) vergangen sind.

In der `Consumer`-Methode wird der erste Wert aus der Liste der Messwerte entfernt, wenn die Anzahl der Listenelemente 10 (`WINDOW_SIZE`) überschritten hat.

Test

Broker starten

Anzeigeprogramm starten:

```
java --add-modules=javafx.controls -p %PATH_TO_FX%
-cp out/production/mqtt;../../libs/mqtt/* chart.LiveChart tcp://localhost:1883
```

Die Umgebungsvariable `PATH_TO_FX` zeigt hier auf das *lib*-Verzeichnis der JavaFX-Installation.

Publisher starten:

```
java -cp out/production/mqtt;../../libs/mqtt/* chart.Publisher tcp://localhost:1883
```

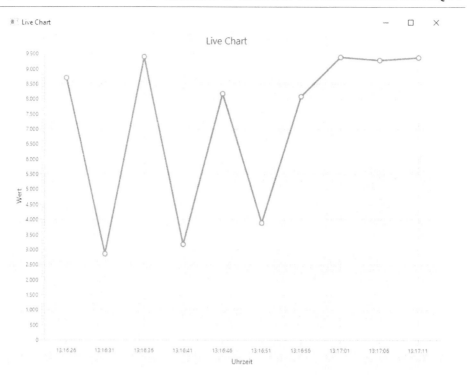

Abbildung 8-4: Messwerte in Live-Grafik

8.7   Persistent Session

In Kapitel 8.1 wurde das Feature "Persistent Session" erläutert. Mit dem Aufruf `setCleanSession(false)` für eine `MqttConnectOptions`-Instanz erzeugt der Broker eine *persistente Sitzung* für den Client. Die *Client-ID* identifiziert die Sitzung.

Wenn `setCleanSession(false)` vom Client aufgerufen wurde und der Broker bereits über eine Sitzung für den Client (mit derselben Client-ID) verfügt, verwendet er die vorhandene Sitzung und übermittelt dem Client die zuvor in die Warteschlange gestellten Nachrichten. Der Broker behandelt die Subskription also als dauerhaft.

Das folgende Beispiel (Paket *session*) demonstriert dieses Verhalten.

Der `Publisher` sendet alle 3 Sekunden Daten an den Broker.

```
package session;

import org.eclipse.paho.client.mqttv3.MqttClient;
import org.eclipse.paho.client.mqttv3.MqttConnectOptions;
import org.eclipse.paho.client.mqttv3.MqttException;
```

```
import org.eclipse.paho.client.mqttv3.MqttMessage;

import java.time.LocalTime;
import java.time.format.DateTimeFormatter;

public class Publisher implements AutoCloseable {
    private static final String TOPIC = "session/demo";
    private final MqttClient client;

    public Publisher(String url) throws MqttException {
        var clientId = MqttClient.generateClientId();
        var client = new MqttClient(url, clientId);
        var options = new MqttConnectOptions();
        options.setAutomaticReconnect(true);
        client.connect(options);
        this.client = client;
    }

    public void publish(String topic, String message) throws MqttException {
        var payload = message.getBytes();
        var msg = new MqttMessage(payload);
        msg.setQos(1);
        client.publish(topic, msg);
    }

    @Override
    public void close() throws MqttException {
        client.disconnect();
        client.close();
    }

    public static void main(String[] args) {
        var url = args[0];
        try (var publisher = new Publisher(url)) {
            var formatter = DateTimeFormatter.ofPattern("HH:mm:ss");

            for (var i = 0; i < 10; i++) {
                var msg = formatter.format(LocalTime.now()) + " " + i;
                publisher.publish(TOPIC, msg);
                System.out.println(msg);
                Thread.sleep(3000);
            }
        } catch (MqttException | InterruptedException e) {
            System.out.println(e.getMessage());
        }
    }
}
```

Das Programm SessionManager meldet den Client mit einer explizit vorgegebenen
Client-ID für eine persistente Sitzung und ein bestimmtes Topic an bzw. hebt die
Subskription auf.

```
package session;

import org.eclipse.paho.client.mqttv3.MqttClient;
import org.eclipse.paho.client.mqttv3.MqttConnectOptions;
```

```java
import org.eclipse.paho.client.mqttv3.MqttException;

public class SessionManager {
    private static final String TOPIC = "session/demo";

    public static void main(String[] args) {
        var url = args[0];
        var clientId = args[1];
        var op = args[2];

        try {
            var client = new MqttClient(url, clientId);
            var options = new MqttConnectOptions();
            options.setAutomaticReconnect(true);

            if (op.equals("subscribe"))
                options.setCleanSession(false);        // persistent session
            else if (op.equals("unsubscribe"))
                options.setCleanSession(true);
            client.connect(options);

            if (op.equals("subscribe"))
                client.subscribe(TOPIC, 1);
            else if (op.equals("unsubscribe"))
                client.unsubscribe(TOPIC);

            client.disconnect();
            client.close();
        } catch (MqttException e) {
            System.out.println(e.getMessage());
        }
    }
}
```

Der Consumer stellt die Verbindung zum Broker mit der vorgegebenen Client-ID für eine persistente Sitzung her. Hier wird nur noch ein *Callback Listener* gesetzt, da die Anmeldung mit der Client-ID für ein Topic bereits vom SessionManager erfolgt ist.

```java
package session;

import org.eclipse.paho.client.mqttv3.*;

import java.io.IOException;

public class Consumer implements AutoCloseable {
    private final MqttClient client;

    public Consumer(String url, String clientId) throws MqttException {
        var client = new MqttClient(url, clientId);
        var options = new MqttConnectOptions();
        options.setAutomaticReconnect(true);
        options.setCleanSession(false);

        client.setCallback(new MqttCallback() {
```

```
            @Override
            public void connectionLost(Throwable throwable) {
            }

            @Override
            public void messageArrived(String topic, MqttMessage mqttMessage) {
                var message = new String(mqttMessage.getPayload());
                System.out.println(message);
            }

            @Override
            public void deliveryComplete(IMqttDeliveryToken iMqttDeliveryToken) {
            }
        });

        client.connect(options);
        this.client = client;
    }

    @Override
    public void close() throws MqttException {
        client.disconnect();
        client.close();
    }

    public static void main(String[] args) {
        var url = args[0];
        var clientId = args[1];

        try (var consumer = new Consumer(url, clientId)) {
            System.out.println("Stoppen mit ENTER");
            System.in.read();
        } catch (MqttException | IOException e) {
            System.out.println(e.getMessage());
        }
    }
}
}
```

Test

Broker starten

Anmeldung (mit Client-ID 4711):

```
java -cp out/production/mqtt;../../libs/mqtt/* session.SessionManager
tcp://localhost:1883 4711 subscribe
```

Publisher starten:

```
java -cp out/production/mqtt;../../libs/mqtt/* session.Publisher
tcp://localhost:1883
```

Ausgabebeispiel:

```
18:40:34 0
18:40:37 1
```

```
18:40:40 2
...
```

Consumer starten:
```
java -cp out/production/mqtt;../../libs/mqtt/* session.Consumer
tcp://localhost:1883 4711
```

Ausgabebeispiel:
```
18:40:34 0
18:40:37 1
18:40:40 2
18:40:43 3
18:40:46 4
...
```

Wie man sieht werden auch die vor dem Start des Consumers vom Publisher gesendeten Daten empfangen.

Abmeldung:
```
java -cp out/production/mqtt;../../libs/mqtt/* session.SessionManager
tcp://localhost:1883 4711 unsubscribe
```

Wenn nach dem Start des Publishers der Broker beendet wird, werden nach dem Restart des Brokers alle noch nicht ausgesendeten Daten an den Consumer übermittelt. Wird *Mosquitto* verwendet, muss *persistence* den Wert *true* haben.

8.8 Aufgaben

1. Entwickeln Sie zu Kapitel 7.6 ("Nachrichten filtern") analoge MQTT-Programme Publisher und Subscriber.
    Nutzen Sie hierzu die hierarchische Struktur von Topics:
    news/priority/low, news/priority/normal, news/priority/high
    Lösung: siehe Paket filter

2. Implementieren Sie ein Kommandozeilen-orientiertes Chat-Programm. Ein solches Programm ist sowohl Publisher als auch Subscriber. Die eigene gesendete Nachricht soll nicht angezeigt werden. Hierzu ist die Client-ID neben Name und Text als Nachricht mitzusenden:
    ```
    if (!payload.getId().equals(clientId)) {
        System.out.println(payload.getName() + ": " + payload.getText());
    }
    ```
    Lösung: siehe Paket chat

3. MQTT-Programme und JMS-Programme können zusammenarbeiten (Konnektivität). Entwickeln Sie einen MQTT-Publisher und einen dazu passenden JMS-Subscriber (siehe Kapitel 7). Nutzen Sie den Broker ActiveMQ.

    Topic des MQTT-Publishers: *sensor/data*

    Topic des JMS-Subscriber: *dynamicTopics/sensor.data*

    MQTT-Nachrichten werden hierbei vom Broker automatisch in eine JMS-`BytesMessage` umgewandelt.

    Lösung: siehe Paket connectivity

9   Kommunikation über HTTP

Ziel dieses Kapitels ist es, eine Einführung in das *Hypertext Transfer Protocol* (*HTTP*) zu geben, einen einfachen Webserver zu entwickeln, HTTP/2, die sichere Datenübertragung mit SSL/TLS und den JDK-eigenen HTTP-Client im Beispiel vorzustellen.

9.1   Die Protokolle HTTP/1.0 und HTTP/1.1

HTTP ist ein Protokoll der Anwendungsschicht im TCP/IP-Schichtenmodell und regelt insbesondere, wie ein Webbrowser mit einem Webserver im Internet kommuniziert. HTTP verwendet auf der Transportschicht TCP.

Damit ein Webbrowser eine Webseite im Web abrufen kann, muss er sie zunächst adressieren. Ein *Uniform Resource Locator* (*URL*) ist eine standardisierte Adresse, mit der eine beliebige Ressource (z. B. eine HTML-Seite, ein GIF-Bild, eine PDF-Datei, ein Programm) lokalisiert werden kann.

So lokalisiert z. B. der URL `http://www.hs-niederrhein.de` die Website der Hochschule Niederrhein.

Der URL hat im Allgemeinen den folgenden Aufbau: [1]

        `protocol://server[:port][/resource]`

Hierbei sind die eingeklammerten Teile optional.

Die Angaben bedeuten:

`protocol`	Protokollname, hier: `http`
`server`	Host-Name oder IP-Adresse des Servers
`port`	Portnummer, unter der der Server läuft; die standardmäßige Portnummer für einen HTTP-Server ist 80 und muss nicht angegeben werden.
`resource`	Bezeichnung der Ressource, z. B. Pfad- und Dateiname

Pfad- und Dateiname müssen keine reale Datei im Dateisystem bezeichnen. Sie können auf der Serverseite als logischer Name zur eindeutigen Bezeichnung einer beliebigen Ressource interpretiert werden.

Der Client muss erst eine HTTP-Anfrage an den Server senden. Nach Bearbeitung dieser Anfrage sendet der Server eine HTTP-Antwort an den Client.

---

[1]   Angaben zum Account (Username, Passwort), wie sie z. B. beim Protokoll FTP verwendet werden, werden hier nicht betrachtet.

Ergänzende Information Die elektronische Version dieses Kapitels enthält Zusatzmaterial, auf das über folgenden Link zugegriffen werden kann https://doi.org/10.1007/978-3-658-37200-2_9.

© Springer Fachmedien Wiesbaden GmbH, ein Teil von Springer Nature 2022
D. Abts, *Masterkurs Client/Server-Programmierung mit Java*,
https://doi.org/10.1007/978-3-658-37200-2_9

Die Interaktion zwischen HTTP-Client und HTTP-Server für eine Anfrage umfasst im Normalfall die folgenden Schritte:

1. Der Server wartet auf eine eingehende *HTTP-Anfrage*.

2. Der Client erzeugt einen URL `http://...`

3. Der Client versucht, eine TCP-Verbindung zum Server aufzubauen.

4. Der Server akzeptiert den Verbindungswunsch.

5. Der Client sendet eine Nachricht (*HTTP-Anfrage*) an den Server und fordert die Ressource mit dem spezifizierten URL an.

6. Der Server verarbeitet die Anfrage (z. B. Ausführung einer Datenbankabfrage und Generierung einer HTML-Seite mit dem Abfrageergebnis).

7. Der Server sendet eine Rückantwort (*HTTP-Antwort*) an den Client, die die Repräsentation der angeforderte Ressource oder eine Fehlermeldung enthält.

8. Der Client verarbeitet die Antwort.

9. Der Client und/oder der Server schließen die TCP-Verbindung.

Der Server hat keine Kenntnis über vorangegangene Anfragen desselben Clients. Jede Anfrage wird unabhängig von vorhergehenden Anfragen bearbeitet. HTTP ist also ein *zustandsloses Protokoll*.

Für jede HTTP-Anfrage wird bei HTTP/1.0 in der Regel eine neue TCP-Verbindung aufgebaut. Enthält z. B. eine angeforderte HTML-Seite mehrere Grafiken, so muss jede dieser Grafiken separat angefordert werden (jeweils mit Verbindungsaufbau und -abbau).

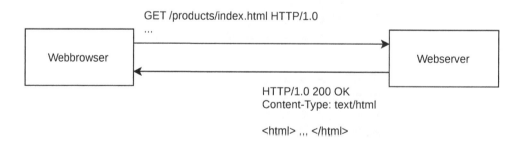

Abbildung 9-1: HTTP-Anfrage und HTTP-Antwort

HTTP/1.0 ist im RFC 1945 der IETF spezifiziert.[2]

----

2   https://tools.ietf.org/html/rfc1945

Die Version *HTTP/1.1* unterstützt sogenannte *persistente Verbindungen*. Während die TCP-Verbindung steht, können *mehrere* HTTP-Anfragen über diese Verbindung durchgeführt werden. Die Verbindung kann vom Client oder Server abgebaut werden. HTTP/1.1 ist im RFC 2616 der IETF spezifiziert sowie in den RFCs 7230 - 7235 überarbeitet.[3]

Die neue Version HTTP/2 beschleunigt und optimiert die Übertragung durch Zusammenfassung mehrerer Anfragen, Datenkompression und binäre Übertragung.[4]

→ Projekt http

Das folgende Programm (Paket *request*) zeigt den Inhalt der HTTP-Anfrage, die ein Webbrowser an den Webserver schickt. Das verwendete Format der HTTP-Antwort wird später erklärt.

```java
package request;

import java.io.BufferedOutputStream;
import java.io.BufferedReader;
import java.io.IOException;
import java.io.InputStreamReader;
import java.net.ServerSocket;

public class ShowRequest {
    public static void main(String[] args) {
        try (var server = new ServerSocket(50000)) {
            while (true) {
                try (var client = server.accept();
                    var in = new BufferedReader(new InputStreamReader(
                                    client.getInputStream()));
                    var out = new BufferedOutputStream(client.getOutputStream())) {

                    out.write("HTTP/1.1 200 OK\r\n".getBytes());
                    out.write("Content-Type: text/plain\r\n\r\n".getBytes());

                    var n = 0;
                    var length = 0;
                    var line = "";
                    while (true) {
                        line = in.readLine();
                        out.write((++n + "\t" + line + "\n").getBytes());

                        if (line == null || line.length() == 0)
                            break;

                        if (line.startsWith("Content-Length")) {
                            length = Integer.parseInt(line.substring(
                                            line.indexOf(':') + 1).trim());
                        }
                    }
                }
```

---

3   https://tools.ietf.org/html/rfc2616
4   https://tools.ietf.org/html/rfc7540   https://tools.ietf.org/html/rfc7541

```
            out.write('\t');
            for (int i = 0; i < length; i++) {
               int c = in.read();
               out.write((char) c);
            }
         }
      }
   } catch (IOException e) {
      System.err.println(e.getMessage());
   }
   }
}
```

Aufruf des Programms:

```
java -cp out/production/http request.ShowRequest
```

Anforderung einer fiktiven HTML-Seite im Webbrowser (hier: Firefox):

```
http://localhost:50000/abc/xyz.html
```

Ausgabe im Browser:

```
1  GET /abc/xyz.html HTTP/1.1
2  Host: localhost:50000
3  User-Agent: Mozilla/5.0 (Windows NT 10.0; Win64; x64; rv:96.0) ...
4  Accept: text/html,application/xhtml+xml,application/xml;q=0.9, ...
5  Accept-Language: de,en-US;q=0.7,en;q=0.3
6  Accept-Encoding: gzip, deflate
7  Connection: keep-alive
8  Upgrade-Insecure-Requests: 1
9  Sec-Fetch-Dest: document
10 Sec-Fetch-Mode: navigate
11 Sec-Fetch-Site: none
12 Sec-Fetch-User: ?1
13
```

Eine *HTTP-Anfrage* hat den folgenden Aufbau:

- *Kopfzeile*
  Sie enthält die *HTTP-Methode* (im Beispiel GET), den Namen der ange-
  forderten Ressource ohne Protokoll und Domain-Namen (im Beispiel
  /abc/xyz.html) und die verwendete Protokollversion (im Beispiel HTTP/
  1.1).

- *Anfrageparameter (optional)*
  Anfrageparameter liefern dem Server zusätzliche Informationen über den
  Client und seine Anfrage. Jeder Parameter benutzt eine eigene Zeile und
  besteht aus dem Namen, einem Doppelpunkt und dem Wert.

- eine *Leerzeile*

- *Nutzdatenteil (optional)*
  Hier stehen z. B. die in einem Formular eingetragenen Daten bei Anwendung der HTTP-Methode POST.

Kopfzeile, Anfrageparameter und Leerzeile enden jeweils mit *Carriage Return* und *Linefeed*: \r\n.

Im einfachsten Fall reicht eine Anfrage der Form

```
GET /index.html HTTP/1.1
```

aus, um bereits von einem Webserver verstanden zu werden.

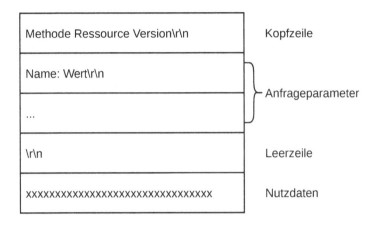

Abbildung 9-2: Aufbau der HTTP-Anfrage

Die HTTP-Methode spezifiziert die vom Server durchzuführende Aktion.

Wichtige HTTP-Methoden sind:

- GET
  Diese Methode fordert eine Ressource an (Lesen).

- POST
  Diese Methode überträgt Benutzerdaten an den Server.

- PUT
  Diese Methode wird verwendet, um eine Ressource auf dem Server zu erstellen bzw. zu ändern.

- DELETE
  Diese Methode wird verwendet, um eine Ressource auf dem Server zu löschen.

Anfrageparameter können in beliebiger Reihenfolge angegeben werden. Groß- und Kleinschreibung wird ignoriert.

Die gebräuchlichsten Anfrageparameter sind (siehe auch obiges Beispiel):

- Host
  Rechnername und optionale Portnummer des Servers

- User-Agent
  Kenndaten über den HTTP-Client

- Connection
  Dieser Parameter wird benutzt, um eine persistente TCP-Verbindung anzufordern bzw. zu schließen.

- Content-Length
  Länge der Daten (in Byte) im Nutzdatenteil

- Accept-Language
  Dieser Parameter gibt die vom Client bevorzugte Sprache an. Der Server kann dann z. B. eine HTML-Seite, die in mehreren Sprachvarianten vorliegt, in der vom Client gewünschten Sprache senden.

- Accept-Encoding
  Mit diesem Parameter gibt der Client an, welche Komprimierungsalgorithmen er versteht. Der Server kann z. B. große Dateien komprimieren, um die Übertragungszeit zu minimieren.

- Accept
  Dieser Parameter gibt die vom Client akzeptierten Medientypen an. Die gültigen Parameterwerte sind durch den MIME-Standard definiert.

MIME steht für den Standard *Multipurpose Internet Mail Extension*, der ursprünglich für E-Mails entworfen wurde.

MIME-Formatangaben werden von HTTP-Clients und HTTP-Servern benutzt. Clients nutzen sie, um dem Server mitzuteilen, welche Medientypen sie handhaben können. Server nutzen sie, um den Client über den Inhaltstyp der gesendeten Ressource zu informieren.

Die MIME-Formatangabe besteht aus einer Typ- und einer Subtyp-Angabe:

        typ/subtyp

Der MIME-Standard ist im RFC 1521 der IETF spezifiziert.[5]

Beispiele für Medientypen:

Typ/Subtyp	Beschreibung und übliche Erweiterung
text/html	HTML-Datei (*.htm, *.html)
text/plain	ASCII-Text (*.txt)

---

5   https://tools.ietf.org/html/rfc1521

`text/xml`	XML-Datei (*.xml)
`image/gif`	GIF-Bild (*.gif)
`image/jpeg`	JPEG-Bild (*.jpeg, *.jpg)
`image/png`	PNG-Bild (*.png)
`application/pdf`	PDF-Datei (*.pdf)
`application/octet-stream`	Binärdaten (*.bin, *.exe)
`application/zip`	ZIP-Datei (*.zip)

Für nicht standardisierte Subtypen wird das Präfix x- benutzt, z. B. bezeichnet audio/x-wav Audio-Dateien mit der Endung .wav.

Mit der HTTP-Methode POST können Benutzerdaten zum Server geschickt werden.

Das folgende Beispiel zeigt ein HTML-Formular, dessen Daten durch Betätigen des Buttons "Senden" zum Server gesendet werden. Die HTML-Seite *post.html* soll aus der lokalen Ablage vom Browser geladen werden.

HTML-Code des Formulars:

```
<html>
<head>
    <meta charset="utf-8">
    <title>POST</title>
</head>
<body>
<form action="http://localhost:50000/xxx" method="POST">
<pre>
Artikelnummer: <input type="text" name="nr" size="5" value="4711">
Bezeichnung:   <input type="text" name="bez" size="30"
                      value="Akku-Handstaubsauger">
Preis:         <input type="text" name="preis" size="10" value="15.99">
</pre>
    Beschreibung:<br>
    <textarea name="beschr" cols="60" rows="5">3 Zellen. Kabellos. Wandhalterung.
Fugendüse und Bürste</textarea>
    <p>
        <input type="submit" value="Senden">
        <input type="reset" value="Zurücksetzen">
</form>
</body>
</html>
```

Das obige Programm ShowRequest muss gestartet sein, dann kann der Button "Senden" gedrückt werden.

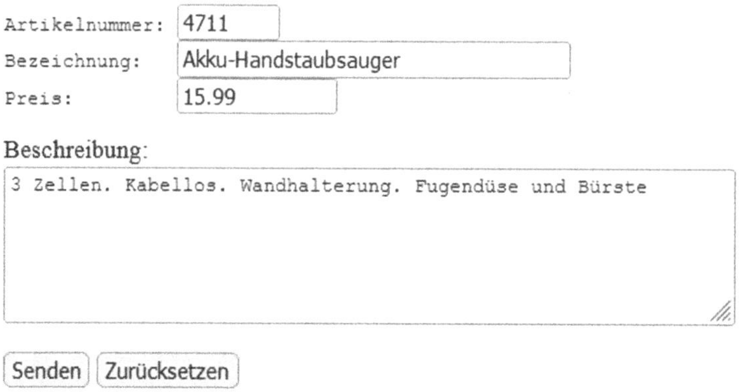

```
Artikelnummer: 4711
Bezeichnung:   Akku-Handstaubsauger
Preis:         15.99
```

Beschreibung:

```
3 Zellen. Kabellos. Wandhalterung. Fugendüse und Bürste
```

Senden Zurücksetzen

Abbildung 9-3: Ein Eingabeformular

Ausgabe im Browser:

```
1  POST /xxx HTTP/1.1
2  Host: localhost:50000
...
7  Content-Type: application/x-www-form-urlencoded
8  Content-Length: 117
...
18
   nr=4711&bez=Akku-Handstaubsauger&preis=15.99&beschr=3+Zellen.+Kabellos.+Wandhalt
   erung.+Fugend%C3%BCse+und+B%C3%BCrste
```

Die im Formular eingetragenen Daten werden im *URL-codierten Format* übertragen (`application/x-www-form-urlencoded`).

Die im Formular definierten Variablennamen (im Beispiel: `nr`, `bez`, `preis`, `beschr`) sind mit den vom Benutzer eingegebenen Werten verknüpft.

* Variable und Wert werden jeweils durch ein Gleichheitszeichen voneinander getrennt.
* Die einzelnen Name/Wert-Paare sind durch das Zeichen & getrennt.
* Alle Zeichen außer `a-z`, `A-Z`, `0-9`, ., -, * werden zuerst in Bytes nach einem Codierungsschema (z. B. `ISO-8859-1` oder `UTF-8`) konvertiert.
* Jedes Byte wird dann durch ein Prozentzeichen, gefolgt vom Hexadezimalwert des Bytes dargestellt.
* Leerzeichen werden durch + ersetzt.

Formulare können auch die `GET`-Methode nutzen, um Daten zu übertragen. Die URL-codierten Daten werden nach einem Fragezeichen ? an den URL angehängt.

Im HTML-Code des obigen Formulars muss nur POST durch GET ersetzt werden. Die Kopfzeile der HTTP-Anfrage hat dann das folgende Aussehen:

```
GET /xxx?nr=4711&bez=Akku-Handstaubsauger&preis=15.99&beschr=3+Zellen.+Kab
ellos.+Wandhalterung.+Fugend%C3%BCse+und+B%C3%BCrste. HTTP/1.1
```

Die so codierte Anfragezeichenkette nach dem Fragezeichen wird auch als *Query String* bezeichnet.

Eine *HTTP-Antwort* hat den folgenden Aufbau:

- *Kopfzeile*
  Sie besteht aus der Protokollversion, dem Status-Code und einer optionalen Status-Meldung.

- *Antwortparameter (optional)*
  Antwortparameter liefern dem Client zusätzliche Informationen über den Server und die Antwort.

- eine *Leerzeile*

- *Nutzdatenteil (optional)*
  Dieser enthält die angeforderte Ressource.

Beispiel:
```
HTTP/1.1 200 OK
Date: Fri, 24 Sep 2021 14:11:57 GMT
Server: Apache-Coyote/1.1
...
Content-Length: 3205
Content-Type: text/html

<html>...</html>
```

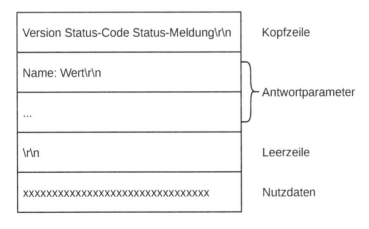

Abbildung 9-4: Aufbau der HTTP-Antwort

Der *Status-Code*[6] teilt dem Client mit, wie die gewünschte Aktion vom Server ausgeführt wurde.

Die Status-Codes sind wie folgt gruppiert:

100 - 199   Informative Meldungen
200 - 299   Die Anfrage war erfolgreich
300 - 399   Die Anfrage wurde weitergeleitet
400 - 499   Die Anfrage war fehlerhaft
500 - 599   Server-Fehler

Beispiele:

200   OK
201   Created
204   No Content
400   Bad Request
404   Not Found
500   Internal Server Error
501   Not Implemented

Gebräuchliche Antwortparameter sind:

* Date
  Aktuelles Datum des Servers zum Zeitpunkt der Beantwortung der Anfrage. Ein Beispiel:
  `Date: Fri, 24 Sep 2021 14:11:57 GMT`

* Server
  Kenndaten über den HTTP-Server

* Content-Type
  MIME-Format der Nutzdaten

* Content-Length
  Länge der Daten (in Byte) im Nutzdatenteil. Werden Webseiten dynamisch erzeugt, ist die Länge oft nicht bekannt, weshalb dieser Parameter dann weggelassen wird.

* Last-Modified
  Zeitpunkt der letzten Änderung der Ressource. Ein Beispiel:
  `Last-Modified: Fri, 24 Sep 2021 14:11:57 GMT`

* Connection
  Legt die für diese Verbindung gewünschte Optionen fest. Ein HTTP/1.1-

---

6   https://tools.ietf.org/html/rfc2616#section-10

Server, der persistente Verbindungen nicht unterstützt, verwendet den Header "Connection: close".

Gängige Browser (z. B. Firefox, Google Chrome) haben Web-Konsolen, mit denen der Netzwerkverkehr (Anfragen, Antworten) analysiert werden kann.

9.2   Ein einfacher Webserver

Im Folgenden (Paket *webserver1*) entwickeln wir einen einfachen Webserver, der nur die HTTP-Methode GET versteht, Query Strings aber nicht verarbeitet.

Der Konstruktor der Klasse SimpleWebserver wird mit drei Parametern aufgerufen:

- die Wurzel des Webverzeichnisses, das alle abrufbaren Ressourcen enthält,
- die Portnummer und
- ein boolescher Wert, der angibt, ob Zugriffe protokolliert werden sollen.

SimpleWebserver-Methoden:

void start()
  startet den Webserver.

void shutdown()
  beendet den Webserver.

```
package webserver1;

import java.io.File;
import java.io.IOException;
import java.net.ServerSocket;
import java.net.Socket;
import java.net.SocketException;

public class SimpleWebserver extends Thread {
    private static final String LOG_FILE = "access.log";
    private static final int SOCKET_TIMEOUT = 30000;
    private final File root;
    private final boolean log;
    private final ServerSocket serverSocket;

    public SimpleWebserver(File root, int port, boolean log) throws IOException {
        this.root = root.getCanonicalFile();
        this.log = log;

        if (!root.isDirectory())
            throw new IOException("No directory");

        if (log)
            AccessLog.initializeLogger(new File(LOG_FILE));
```

```java
            Runtime.getRuntime().addShutdownHook(new Thread(this::shutdown));
            serverSocket = new ServerSocket(port);
    }

    @Override
    public void run() {
        while (true) {
            try {
                Socket socket;
                try {
                    socket = serverSocket.accept();
                } catch (SocketException e) {
                    break;
                }

                socket.setSoTimeout(SOCKET_TIMEOUT);

                var request = new Request(socket, root, log);
                request.start();
            } catch (IOException e) {
                System.err.println(e.getMessage());
            }
        }
    }

    public void shutdown() {
        try {
            if (serverSocket != null) {
                serverSocket.close();
            }

            if (AccessLog.logger != null) {
                AccessLog.logger.close();
            }
        } catch (IOException ignored) {
        }
    }

    public static void main(String[] args) {
        var root = args[0];
        var port = Integer.parseInt(args[1]);
        var log = Boolean.parseBoolean(args[2]);

        try {
            var server = new SimpleWebserver(new File(root), port, log);
            server.start();
            System.out.println("SimpleWebserver gestartet ...");
            System.out.println("Stoppen mit ENTER oder Strg+C");
            System.in.read();
            System.exit(0);
        } catch (IOException e) {
            System.err.println(e.getMessage());
        }
    }
}
```

Die Bearbeitung einer HTTP-Anfrage erfolgt in einem Thread (siehe Klasse Request).

Ein *Shutdown-Hook* sorgt für das ordnungsgemäße Beenden des Servers, auch wenn das Programm mit *Strg + C* abgebrochen wird.

```java
package webserver1;

import java.io.*;
import java.net.Socket;
import java.net.SocketTimeoutException;
import java.net.URLConnection;
import java.net.URLDecoder;
import java.nio.charset.StandardCharsets;
import java.text.SimpleDateFormat;
import java.util.Calendar;
import java.util.Date;
import java.util.Locale;
import java.util.TimeZone;

public class Request extends Thread {
    private static final SimpleDateFormat simpleDateFormat =
                        new SimpleDateFormat("yyyy-MM-dd HH:mm:ss");
    private final File root;
    private final boolean log;
    private final Socket socket;

    public Request(Socket socket, File root, boolean log) {
        this.socket = socket;
        this.root = root;
        this.log = log;
    }

    @Override
    public void run() {
        try (var in = new BufferedReader(new InputStreamReader(
                            socket.getInputStream())));
             var out = new BufferedOutputStream(socket.getOutputStream())) {

            var request = in.readLine();
            if (request == null || request.trim().length() == 0)
                return;

            if (log) {
                AccessLog.logger.log("[" + simpleDateFormat.format(new Date())
                        + " " + socket.getInetAddress().getHostAddress() + ":"
                        + socket.getPort() + "] " + request);
            }

            if (!request.startsWith("GET")) {
                sendError(out, Status.NOT_IMPLEMENTED,
                        "Nur die HTTP-Methode GET ist implementiert.");
                return;
            }

            // Query Strings werden ignoriert.
            var path = getPath(request);
```

```java
        var idx = path.indexOf("?");
        if (idx >= 0) {
            path = path.substring(0, idx);
        }

        var file = new File(root, URLDecoder
                .decode(path, StandardCharsets.UTF_8))
                .getCanonicalFile();

        if (file.isDirectory()) {
            var indexFile = new File(file, "index.html");
            if (indexFile.exists() && !indexFile.isDirectory()) {
                file = indexFile;
            } else {
                sendError(out, Status.FORBIDDEN, "");
                return;
            }
        }

        if (!file.exists()) {
            sendError(out, Status.NOT_FOUND, "");
            return;
        }

        try (var is = new BufferedInputStream(new FileInputStream(file))) {
            var contentType = URLConnection.getFileNameMap()
                    .getContentTypeFor(file.getName());

            if (contentType == null) {
                contentType = "application/octet-stream";
            }

            sendHeader(out, Status.OK, contentType, file.length(),
                                    file.lastModified());

            var buffer = new byte[8192];
            var bytesRead = 0;
            while ((bytesRead = is.read(buffer)) != -1) {
                out.write(buffer, 0, bytesRead);
            }
        }

        out.flush();
    } catch (SocketTimeoutException ignored) {
    } catch (IOException e) {
        System.err.println(e.getMessage());
    }
}

private void sendError(BufferedOutputStream out, Status status, String reason)
            throws IOException {

    var msg = status.getMessage() + " " + reason;
    sendHeader(out, status, "text/html", msg.length(),
            System.currentTimeMillis());
    out.write(msg.getBytes());
    out.flush();
}
```

```
private void sendHeader(BufferedOutputStream out, Status status,
        String contentType, long length, long time) throws IOException {

    var header = "HTTP/1.1 " + status.getCode() + " " + status.getMessage()
            + "\r\nDate: " + getTime(System.currentTimeMillis())
            + "\r\nServer: SimpleWebserver"
            + "\r\nContent-Type: " + contentType
            + "\r\nContent-Length: " + length
            + "\r\nLast-Modified: " + getTime(time)
            + "\r\nConnection: close"
            + "\r\n\r\n";

    out.write(header.getBytes());
}

private static String getPath(String request) {
    return request.substring(4, request.length() - 9);
}

private static String getTime(long time) {
    var calendar = Calendar.getInstance();
    calendar.setTimeInMillis(time);
    var dateFormat = new SimpleDateFormat(
            "EEE, dd MMM yyyy HH:mm:ss 'GMT'", Locale.US);
    dateFormat.setTimeZone(TimeZone.getTimeZone("GMT"));
    return dateFormat.format(calendar.getTime());
}
}
```

Die einzelne HTTP-Anfrage wird in der run-Methode der von Thread abgeleiteten Klasse Request bearbeitet. Die Kopfzeile der Anfrage wird gelesen und analysiert. Nur Anfragen mit der HTTP-Methode GET werden berücksichtigt.

Die Methode getPath extrahiert den Pfad-/Dateinamen xxx aus der Kopfzeile:

```
GET /xxx HTTP/1.1
```

Ein URL-codierter Pfadname (siehe Kapitel 9.1) wird mit Hilfe der Klassenmethode decode der Klasse java.net.URLDecoder decodiert und dieser dann mit dem Wurzelverzeichnis verbunden.

Handelt es sich bei dieser File-Ressource um ein Verzeichnis und enthält dieses die Datei index.html, so wird der Inhalt von index.html gesendet.

Zur Bestimmung des Content-Type in der HTTP-Antwort wird die Methode

```
URLConnection.getFileNameMap().getContentTypeFor(...)
```

aufgerufen. Die abstrakte Klasse java.net.URLConnection ist die Superklasse derjenigen Klassen, die eine Netzverbindung zu einer durch den URL adressierten Ressource repräsentieren.

```
static FileNameMap getFileNameMap()
```
versucht eine benutzerspezifische Tabelle mit MIME-Typen über die System-Property -Dcontent.types.user.table=<datei> zu laden. Gelingt dies nicht, wird eine systeminterne Tabelle verwendet.

Aufbau der Tabelle (Auszug):

```
text/plain: \
    description=Plain Text;\
    file_extensions=.text,.txt,.java,;\
    icon=text;\
    action=browser

text/html= \
  description=HTML Document;\
  file_extensions=.htm,.html;\
  icon=html
```

Das Begleitmaterial enthält eine Beispieldatei.

Das Interface java.net.FileNameMap enthält die Methode

```
String getContentTypeFor(String fileName)
```

Sie liefert den MIME-Typ zu einem Dateinamen.

Status vom Typ enum enthält die hier benötigten Fehlercodes.

```
package webserver1;

public enum Status {
    OK(200, "OK"),
    FORBIDDEN(403, "Forbidden"),
    NOT_FOUND(404, "Not Found"),
    NOT_IMPLEMENTED(501, "Not Implemented");

    private final int code;
    private final String message;

    private Status(int code, String message) {
        this.code = code;
        this.message = message;
    }

    public int getCode() {
        return code;
    }

    public String getMessage() {
        return message;
    }
}
```

```java
package webserver1;

import java.io.BufferedWriter;
import java.io.File;
import java.io.FileWriter;
import java.io.IOException;

public class AccessLog {
    public static AccessLog logger;
    private final BufferedWriter logfileWriter;

    private AccessLog(File logfile) throws IOException {
        logfileWriter = new BufferedWriter(new FileWriter(logfile, true));
    }

    public static void initializeLogger(File logfile) throws IOException {
        if (logger == null)
            logger = new AccessLog(logfile);
    }

    public void log(String info) throws IOException {
        synchronized (logfileWriter) {
            logfileWriter.write(info);
            logfileWriter.newLine();
            logfileWriter.flush();
            System.out.println(info);
        }
    }

    public void close() {
        try {
            logfileWriter.flush();
            logfileWriter.close();
        } catch (IOException ignored) {
        }
    }
}
```

Aufruf des Servers (in einer Zeile einzugeben):

```
java -cp out/production/http webserver1.SimpleWebserver web 8080 true
```

oder

```
java -Dcontent.types.user.table=content-types.properties
-cp out/production/http webserver1.SimpleWebserver web 8080 true
```

In Firefox und Google Chrome kann mit der Funktionstaste F12 die Netzwerkanalyse aufgerufen werden.

Hier sollte die Option "Cache deaktivieren" gewählt werden, damit zur Kontrolle der Netzwerkaktivitäten die Ressourcen immer vom Server neu geladen werden.

Alternative Implementierung

Wir verwenden im Paket *webserver2* die Embedded-Version von *Apache Tomcat*, um mit Hilfe dieses API einen Webserver mit wenigen Zeilen zu implementieren (siehe auch Anhang A).

Zur Compilierung müssen die JAR-Dateien des Verzeichnisses *libs/tomcat* in den Klassenpfad eingebunden werden (siehe Anhang D).

```java
package webserver2;

import org.apache.catalina.connector.Connector;
import org.apache.catalina.core.StandardContext;
import org.apache.catalina.startup.Tomcat;
import org.apache.catalina.valves.AccessLogValve;

import java.io.File;
import java.util.logging.Level;
import java.util.logging.Logger;

public class SimpleWebserver {
    public static void main(String[] args) throws Exception {
        var docBase = args[0];
        var port = Integer.parseInt(args[1]);
        var log = Boolean.parseBoolean(args[2]);

        Logger.getLogger("org").setLevel(Level.SEVERE);
        var tomcat = new Tomcat();
        tomcat.setBaseDir(System.getProperty("java.io.tmpdir"));

        var ctx = tomcat.addWebapp("", new File(docBase).getAbsolutePath());

        if (log) {
            var valve = new AccessLogValve();
            valve.setDirectory(new File(".").getAbsolutePath());
            valve.setPrefix("log");
            valve.setSuffix(".txt");
            valve.setPattern("common");
            ((StandardContext) ctx).addValve(valve);
        }

        var con = new Connector();
        con.setPort(port);

        var service = tomcat.getService();
        service.addConnector(con);

        tomcat.start();

        System.out.println("Stoppen mit ENTER");
        System.in.read();
        tomcat.stop();
        tomcat.destroy();
    }
}
```

Zunächst werden die Kommandozeilenparameter eingelesen:

docBase (Basisverzeichnis für statische Ressourcen), port (Portnummer), log (Schalter für die Protokollierung, true oder false).

Zur Laufzeit werden nur schwere Fehler angezeigt. Tomcat benötigt ein Arbeitsverzeichnis. Es wird eine Webanwendung mit "leerem" Kontext-Pfad und Basisverzeichnis eingerichtet.

Hat log den Wert true, so werden die Server-Zugriffe in einer Datei protokolliert, deren Namen die folgende Form hat: log.*jjjj-mm-tt*.txt

Ein Konnektor wird erzeugt und an den vorgegebenen Port gebunden. Schließlich wird der Server gestartet. Mit Auslösen der Eingabetaste kann der Server heruntergefahren werden.

Aufruf des Servers (in einer Zeile einzugeben):

```
java --add-opens=java.base/java.lang=ALL-UNNAMED
--add-opens=java.base/java.io=ALL-UNNAMED
--add-opens=java.rmi/sun.rmi.transport=ALL-UNNAMED
-cp out/production/http;../../libs/tomcat/*
webserver2.SimpleWebserver web 8080 true
```

9.3 HttpURLConnection

Die Klasse java.net.URL repräsentiert einen *Uniform Resource Locator*.

Die URL-Methode

```
URLConnection openConnection() throws IOException
```

liefert ein java.net.URLConnection-Instanz, die eine Verbindung zu einer durch den URL adressierten Ressource repräsentiert. Wird HTTP als Protokoll verwendet, so liefert die Methode openConnection eine Instanz von HttpURLConnection (Subklasse von URLConnection).

Auf dieser Basis stellen wir einen Client vor, mit dem Dateien vom Webserver mittels HTTP heruntergeladen werden können (Paket *download*).

Wir verwenden die folgenden URLConnection-Methoden:

int getContentLength()
> liefert den Wert des Antwortparameters Content-Length.

InputStream getInputStream() throws IOException
> liefert einen Eingabestrom zum Lesen über diese Verbindung.

void connect() throws IOException
> stellt eine Verbindung explizit her, falls diese nicht bereits existiert. Operationen, die eine Verbindung voraussetzen, wie z. B. getContentLength, stellen die Verbindung bei Bedarf implizit her.

Zwei HttpURLConnection-Methoden:

```
String getRequestMethod()
```
   liefert den HTTP-Methode einer HTTP-Anfrage.

```
int getResponseCode() throws IOException
```
   liefert den HTTP-Status-Code einer HTTP-Antwort.

```java
package download;

import java.io.*;
import java.net.HttpURLConnection;
import java.net.URL;

public class Download {
    private String url;
    private final String dir;

    public Download(String url, String dir) {
        this.url = url;
        this.dir = dir;
    }

    public void process() throws IOException {
        // Leerzeichen ersetzen
        url = url.replaceAll(" ", "%20");
        var u = new URL(url);

        // Dateiname extrahieren
        var path = u.getPath();
        path = path.replaceAll("%20", " ");
        var idx = path.lastIndexOf("/");
        var file = dir + "/" + path.substring(idx + 1);

        var con = (HttpURLConnection) u.openConnection();

        System.out.println("Request: " + con.getRequestMethod() + " " +
                con.getURL());
        con.connect();
        System.out.println("Response-Code: " + con.getResponseCode());

        if (con.getResponseCode() != HttpURLConnection.HTTP_OK) {
            throw new IllegalStateException("Error: " + con.getResponseCode());
        }

        try (var in = new BufferedInputStream(con.getInputStream());
             var out = new BufferedOutputStream(new FileOutputStream(file))) {

            var length = con.getContentLength();
            if (length == -1)
                return;

            var c = 0;
            for (var i = 0; i < length; i++) {
                c = in.read();
                out.write(c);
            }
```

```
            System.out.println(length + " Bytes");
            System.out.println("Gespeichert in " + new File(file));
        }
    }

    public static void main(String[] args) {
        var url = args[0];
        var dir = args[1];

        try {
            new Download(url, dir).process();
        } catch (Exception e) {
            System.err.println(e.getMessage());
        }
    }
}
```

Aufrufbeispiele (Eingabe jeweils in einer Zeile):

```
java -cp out/production/http download.Download "http://localhost:8080/java.gif" tmp
```

```
java -cp out/production/http download.Download
"http://www.klavier-noten.com/schumann/Arabeske Op. 18.pdf" tmp
```

```
java -cp out/production/http download.Download
"https://tools.ietf.org/pdf/rfc1945.pdf" tmp
```

Im ersten Fall muss ein Webserver aus Kapitel 9.2 gestartet sein.

9.4 Netzwerk-Monitor

Um die zwischen einem HTTP-Client und einem HTTP-Server (Webserver) übertragenen HTTP-Anfragen und HTTP-Antworten kontrollieren zu können, gibt es zahlreichen Tools.

Wir können z. B. den in Kapitel 4.9 behandelten TCP-Monitor einsetzen, insbesondere dann, wenn nur Texte übertragen werden.

Beispiel (Kommandos jeweils in einer Zeile)

Starten des Webservers aus Kapitel 9.2:

```
java --add-opens=java.base/java.lang=ALL-UNNAMED
--add-opens=java.base/java.io=ALL-UNNAMED
--add-opens=java.rmi/sun.rmi.transport=ALL-UNNAMED
-cp out/production/http;../../libs/tomcat/*
webserver2.SimpleWebserver web 8080 false
```

Start des TCP-Monitors (auf Port 8888):

```
java -cp ../../04_TCP/monitor.jar monitor.TCPMonitor 8888 localhost 8080
request.txt response.txt
```

Start des Clients:

```
java -cp out/production/http download.Download "http://localhost:8888/page1.txt"
tmp
```

Inhalt von *request.txt*:

```
GET /page1.txt HTTP/1.1
User-Agent: Java/17.0.1
Host: localhost:8888
Accept: text/html, image/gif, image/jpeg, *; q=.2, */*; q=.2
Connection: keep-alive
```

Inhalt von *response.txt*:

```
HTTP/1.1 200
Accept-Ranges: bytes
ETag: W/"35-1611928452109"
Last-Modified: Fri, 29 Jan 2021 13:54:12 GMT
Content-Type: text/plain
Content-Length: 35
Date: Wed, 02 Feb 2022 13:32:40 GMT
Keep-Alive: timeout=60
Connection: keep-alive

Das steht auf Seite 1.
Hallo Welt!
```

Das IntelliJ Plugin *Network* ermöglicht es HTTP-Clients, HTTP-Anfragen und HTTP-Antworten in der IDE IntelliJ IDEA anzuzeigen.

Die *View Network* findet man unter *View > Tool Windows*. Dort kann der Port für den Proxy eingestellt und der Proxy-Server gestartet werden.

Beim Aufruf des HTTP-Clients müssen die folgenden Eigenschaften eingestellt sein:

- `http.proxyHost`

  Hostname oder IP-Adresse des Proxy-Servers

- `http.proxyPort`

  Portnummer des Proxy-Servers (Default: 80)

- `http.nonProxyHosts`

  Angabe der Hosts, auf die zugegriffen werden soll, ohne den Proxy-Server zu durchlaufen. Der Standardwert schließt alle gängigen Variationen der Loopback-Adresse (*localhost*) aus.

Beispiel

Starten des Webservers aus Kapitel 9.2 wie oben

Start des Proxy-Servers auf Port 8888

Start des Clients (Kommando in einer Zeile):

```
java -Dhttp.proxyHost=localhost -Dhttp.proxyPort=8888 -Dhttp.nonProxyHosts=
-cp out/production/http download.Download "http://localhost:8080/page1.txt" tmp
```

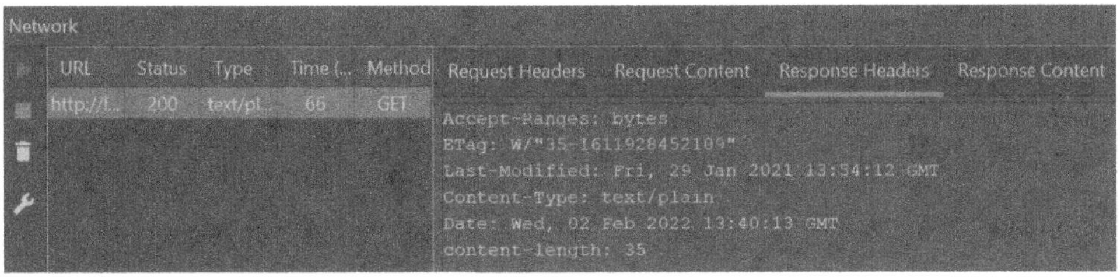

Abbildung 9-5: View Network in IntelliJ IDEA

9.5   Ein Webserver mit CRUD-Operationen

In diesem Kapitel entwickeln wir eine Stammdatenpflege (CRUD = Create, Read, Update und Delete) für Kontaktdaten (Paket *crud*), indem wir neben den HTTP-Methoden GET und POST auch PUT und DELETE einsetzen. Um das Beispiel einfach zu halten, verwenden wir nur wenige Attribute: Id, Name und Mailadresse.

```
package crud;

public class Contact {
    private int id;
    private String name;
    private String email;

    public Contact() {
    }

    public Contact(String name, String email) {
        this.name = name;
        this.email = email;
    }

    public int getId() {
        return id;
    }

    public void setId(int id) {
        this.id = id;
    }

    public String getName() {
        return name;
    }
```

```
public void setName(String name) {
    this.name = name;
}

public String getEmail() {
    return email;
}

public void setEmail(String email) {
    this.email = email;
}

@Override
public String toString() {
    return "Contact{" +
            "id=" + id +
            ", name='" + name + '\'' +
            ", email='" + email + '\'' +
            '}';
}
}
```

Die folgende Tabelle gibt eine Übersicht darüber, mit welchem URL und welcher HTTP-Methode Daten gelesen, eingefügt, geändert oder gelöscht werden können.

URL (Resource)	HTTP-Methode	Operation
/contacts	POST	Anlegen eines neuen Kontakts. Die Id wird vom Service vergeben.
/contacts	GET	Lesen aller Kontakte
/contacts/1	GET	Lesen des Kontakts mit einer vorgegebenen Id (hier: 1)
/contacts/1	PUT	Ändern des Kontakts mit der Id 1
/contacts/1	DELETE	Löschen des Kontakts mit der Id 1

Der Webserver wird mit Hilfe von Tomcat wie in Kapitel 9.2 realisiert. Um die CRUD-Operationen zu implementieren, verwenden wir ein *Jakarta Servlet*: eine spezielle Java-Klasse (Subklasse von `jakarta.servlet.http.HttpServlet`), deren Instanz Anfragen von Clients entgegennimmt und beantwortet.

Daten zwischen Client und Server werden im *JSON-Format* (siehe Kapitel 2) ausgetauscht.

Zur Compilierung und zur Laufzeit müssen die JAR-Dateien der Verzeichnisse *libs/tomcat* und *libs/json* in den Klassenpfad eingebunden werden.

```
package crud.server;

import org.apache.catalina.connector.Connector;
import org.apache.catalina.core.StandardContext;
import org.apache.catalina.startup.Tomcat;
import org.apache.catalina.valves.AccessLogValve;

import java.io.File;
import java.util.logging.Level;
import java.util.logging.Logger;

public class ContactServer {
    public static void main(String[] args) throws Exception {
        var port = Integer.parseInt(args[0]);
        var log = Boolean.parseBoolean(args[1]);

        Logger.getLogger("").setLevel(Level.SEVERE);
        var tomcat = new Tomcat();
        tomcat.setBaseDir(System.getProperty("java.io.tmpdir"));

        var ctx = tomcat.addWebapp("", new File(".").getAbsolutePath());

        var servletClass = ContactServlet.class;
        Tomcat.addServlet(ctx, servletClass.getSimpleName(),
                servletClass.getName());
        ctx.addServletMappingDecoded("/contacts/*", servletClass.getSimpleName());

        if (log) {
            var valve = new AccessLogValve();
            valve.setDirectory(new File(".").getAbsolutePath());
            valve.setPrefix("log");
            valve.setSuffix(".txt");
            valve.setPattern("common");
            ((StandardContext) ctx).addValve(valve);
        }

        var con = new Connector();
        con.setPort(port);

        var service = tomcat.getService();
        service.addConnector(con);

        tomcat.start();

        System.out.println("Stoppen mit ENTER");
        System.in.read();
        tomcat.stop();
        tomcat.destroy();
    }
}
```

Mit den folgenden Code-Zeilen wird das Servlet ContactServlet bekannt gemacht:

```
        var servletClass = ContactServlet.class;
        Tomcat.addServlet(ctx, servletClass.getSimpleName(),
                servletClass.getName());
        ctx.addServletMappingDecoded("/contacts/*", servletClass.getSimpleName());
```

Der Server hält die Daten zur Vereinfachung nur im Hauptspeicher. Die CRUD-Operationen sind in den HttpServlet-Methoden doGet, doPost, doPut und doDelete implementiert. Die Interfaces HttpServletRequest und HttpServletResponse repräsentieren die HTTP-Anfrage bzw. HTTP-Antwort.

```java
package crud.server;

import crud.Contact;
import jakarta.json.bind.Jsonb;
import jakarta.json.bind.JsonbBuilder;
import jakarta.servlet.http.HttpServlet;
import jakarta.servlet.http.HttpServletRequest;
import jakarta.servlet.http.HttpServletResponse;

import java.io.IOException;
import java.io.InputStreamReader;
import java.io.OutputStreamWriter;
import java.util.ArrayList;
import java.util.Collections;
import java.util.Map;
import java.util.TreeMap;
import java.util.concurrent.atomic.AtomicInteger;

public class ContactServlet extends HttpServlet {
    private final Map<Integer, Contact> contacts = Collections
                            .synchronizedMap(new TreeMap<>());
    private final AtomicInteger counter;
    private final Jsonb jsonb;

    public ContactServlet() {
        counter = new AtomicInteger();
        jsonb = JsonbBuilder.create();
    }

    @Override
    protected void doGet(HttpServletRequest req, HttpServletResponse resp)
            throws IOException {
        var path = req.getPathInfo();
        if (path == null) {
            var list = new ArrayList<Contact>();
            synchronized (contacts) {
                for (var key : contacts.keySet()) {
                    list.add(contacts.get(key));
                }
            }
            resp.setStatus(HttpServletResponse.SC_OK);
            resp.setContentType("application/json");
            jsonb.toJson(list, new OutputStreamWriter(resp.getOutputStream()));
        } else {
            var id = 0;
            try {
                id = Integer.parseInt(path.substring(1));
            } catch (Exception e) {
                resp.setStatus(HttpServletResponse.SC_BAD_REQUEST);
                return;
            }
```

```
            var contact = contacts.get(id);
            if (contact == null) {
                resp.setStatus(HttpServletResponse.SC_NOT_FOUND);
                return;
            }
            resp.setStatus(HttpServletResponse.SC_OK);
            resp.setContentType("application/json");
            jsonb.toJson(contact, new OutputStreamWriter(resp.getOutputStream()));
        }
    }

    @Override
    protected void doPost(HttpServletRequest req, HttpServletResponse resp)
            throws IOException {
        var contact = jsonb.fromJson(new InputStreamReader(
                req.getInputStream()), Contact.class);
        var id = counter.incrementAndGet();
        contact.setId(id);
        contacts.put(id, contact);
        resp.setStatus(HttpServletResponse.SC_CREATED);
        resp.setHeader("X-Id", String.valueOf(id));
    }

    @Override
    protected void doPut(HttpServletRequest req, HttpServletResponse resp)
            throws IOException {
        var path = req.getPathInfo();
        var id = 0;
        try {
            id = Integer.parseInt(path.substring(1));
        } catch (Exception e) {
            resp.setStatus(HttpServletResponse.SC_BAD_REQUEST);
            return;
        }
        var contact = contacts.get(id);
        if (contact == null) {
            resp.setStatus(HttpServletResponse.SC_NOT_FOUND);
            return;
        }
        var c = jsonb.fromJson(new InputStreamReader(
                req.getInputStream()), Contact.class);
        contact.setName(c.getName());
        contact.setEmail(c.getEmail());
        resp.setStatus(HttpServletResponse.SC_NO_CONTENT);
    }

    @Override
    protected void doDelete(HttpServletRequest req, HttpServletResponse resp) {
        var path = req.getPathInfo();
        var id = 0;
        try {
            id = Integer.parseInt(path.substring(1));
        } catch (Exception e) {
            resp.setStatus(HttpServletResponse.SC_BAD_REQUEST);
            return;
        }
```

```
            var contact = contacts.get(id);
            if (contact == null) {
                resp.setStatus(HttpServletResponse.SC_NOT_FOUND);
                return;
            }
            contacts.remove(contact.getId());
            resp.setStatus(HttpServletResponse.SC_NO_CONTENT);
        }
    }
```

Die Methode doPost verwendet den "erfundenen" Header X-Id, um dem Client die Id des erstellten Kontakts mitzuteilen.

Die Umwandlung von Objekten in JSON-Dokumente und umgekehrt wurde in Kapitel 2 behandelt.

Der Client ContactClient nutzt die Methoden der Klasse HttpURLConnection aus dem Paket java.net, um Daten mit HTTP zu senden und zu empfangen (siehe auch Kapitel 9.3). Das im Programm implementierte Testszenario deckt alle CRUD-Operationen ab.

```
package crud.client;

import crud.Contact;
import jakarta.json.bind.Jsonb;
import jakarta.json.bind.JsonbBuilder;

import java.io.IOException;
import java.io.InputStreamReader;
import java.io.OutputStreamWriter;
import java.net.HttpURLConnection;
import java.net.URL;
import java.util.ArrayList;
import java.util.List;

public class ContactClient {
    private static String BASE_URL;
    private static final Jsonb jsonb = JsonbBuilder.create();

    public static void main(String[] args) {
        var host = args[0];
        var port = Integer.parseInt(args[1]);
        BASE_URL = "http://" + host + ":" + port;

        try {
            System.out.println("\n--- Neuen Kontakt anlegen");
            var contact = new Contact("Flick, Pit", "pit.flick@gmx.de");
            var id = create(contact);
            System.out.println("Kontakt mit Id=" + id + " angelegt.");

            System.out.println("\n--- Neuen Kontakt anlegen");
            contact = new Contact("Meier, Hugo", "hugo.meier@gmx.de");
            id = create(contact);
            System.out.println("Kontakt mit Id=" + id + " angelegt.");
```

```
            System.out.println("\n--- Alle Kontakte lesen");
            var list = read();
            for (var c : list) {
                System.out.println(c);
            }

            System.out.println("\n--- Kontakt " + id + " lesen");
            contact = read(id);
            System.out.println(contact);

            System.out.println("\n--- Kontakt " + id + " ändern");
            if (contact != null) {
                contact.setEmail("hugo.meier@web.de");
                update(contact);
                System.out.println("Kontakt geändert");
            }

            System.out.println("\n--- Kontakt " + id + " lesen");
            contact = read(id);
            System.out.println(contact);

            System.out.println("\n--- Kontakt " + id + " löschen");
            if (contact != null) {
                delete(contact);
                System.out.println("Kontakt gelöscht");
            }

            System.out.println("\n--- Kontakt " + id + " lesen");
            contact = read(id);
            System.out.println(contact);
        } catch (Exception e) {
            System.err.println("Exception: " + e.getMessage());
        }
    }

    private static int create(Contact contact) throws IOException {
        var url = new URL(BASE_URL + "/contacts");
        var con = (HttpURLConnection) url.openConnection();
        con.setRequestMethod("POST");
        System.out.println(con.getURL() + " " + con.getRequestMethod());
        con.setDoOutput(true);
        con.setRequestProperty("Content-Type", "application/json");
        jsonb.toJson(contact, new OutputStreamWriter(con.getOutputStream()));

        var code = con.getResponseCode();
        if (code == HttpURLConnection.HTTP_CREATED) {
            var id = con.getHeaderField("X-Id");
            return Integer.parseInt(id);
        } else {
            throw new RuntimeException(String.valueOf(code));
        }
    }

    private static Contact read(int id) throws IOException {
        var url = new URL(BASE_URL + "/contacts/" + id);
        var con = (HttpURLConnection) url.openConnection();
        con.setRequestMethod("GET");
        System.out.println(con.getURL() + " " + con.getRequestMethod());
```

```
        var code = con.getResponseCode();
        if (code == HttpURLConnection.HTTP_OK) {
            return jsonb.fromJson(new InputStreamReader(
                        con.getInputStream()), Contact.class);
        } else if (code == HttpURLConnection.HTTP_NOT_FOUND) {
            return null;
        } else {
            throw new RuntimeException(String.valueOf(code));
        }
    }

    private static List<Contact> read() throws IOException {
        var url = new URL(BASE_URL + "/contacts");
        var con = (HttpURLConnection) url.openConnection();
        con.setRequestMethod("GET");
        System.out.println(con.getURL() + " " + con.getRequestMethod());

        var code = con.getResponseCode();
        if (code == HttpURLConnection.HTTP_OK) {
            var type = new ArrayList<Contact>() {
            }.getClass().getGenericSuperclass();
            return jsonb.fromJson(new InputStreamReader(
                        con.getInputStream()), type);
        } else {
            throw new RuntimeException(String.valueOf(code));
        }
    }

    private static void update(Contact contact) throws IOException {
        var url = new URL(BASE_URL + "/contacts/" + contact.getId());
        var con = (HttpURLConnection) url.openConnection();
        con.setRequestMethod("PUT");
        System.out.println(con.getURL() + " " + con.getRequestMethod());
        con.setDoOutput(true);
        con.setRequestProperty("Content-Type", "application/json");
        jsonb.toJson(contact, new OutputStreamWriter(con.getOutputStream()));

        var code = con.getResponseCode();
        if (code != HttpURLConnection.HTTP_NO_CONTENT) {
            throw new RuntimeException(String.valueOf(code));
        }
    }

    private static void delete(Contact contact) throws IOException {
        var url = new URL(BASE_URL + "/contacts/" + contact.getId());
        var con = (HttpURLConnection) url.openConnection();
        con.setRequestMethod("DELETE");
        System.out.println(con.getURL() + " " + con.getRequestMethod());

        var code = con.getResponseCode();
        if (code != HttpURLConnection.HTTP_NO_CONTENT) {
            throw new RuntimeException(String.valueOf(code));
        }
    }
}
```

Neben den in Kapitel 9.3 aufgeführten Methoden werden noch benutzt:

setRequestMethod	setzt die HTTP-Methode.
setRequestProperty	setzt einen HTTP-Header.
setDoOutput	kündigt an, dass Nutzdaten gesendet werden.
getOutputStream	liefert den Ausgabestrom.
getHeaderField	liefert den Wert eines Headers.

Start des Servers:

```
java -Dfile.encoding=UTF-8 --add-opens=java.base/java.lang=ALL-UNNAMED
--add-opens=java.base/java.io=ALL-UNNAMED
--add-opens=java.rmi/sun.rmi.transport=ALL-UNNAMED
-cp out/production/http;../../libs/tomcat/*;../../libs/json/*
crud.server.ContactServer 8080 false
```

Aufruf des Clients:

```
java -Dfile.encoding=UTF-8 -cp out/production/http;../../libs/json/*
crud.client.ContactClient localhost 8080
```

Die Kommandos müssen jeweils in einer einzigen Zeile im Terminal eingegeben werden.

Hier die Ausgabe des Clients:

```
--- Neuen Kontakt anlegen
http://localhost:8080/contacts POST
Kontakt mit Id=1 angelegt.

--- Neuen Kontakt anlegen
http://localhost:8080/contacts POST
Kontakt mit Id=2 angelegt.

--- Alle Kontakte lesen
http://localhost:8080/contacts GET
Contact{id=1, name='Flick, Pit', email='pit.flick@gmx.de'}
Contact{id=2, name='Meier, Hugo', email='hugo.meier@gmx.de'}

--- Kontakt 2 lesen
http://localhost:8080/contacts/2 GET
Contact{id=2, name='Meier, Hugo', email='hugo.meier@gmx.de'}

--- Kontakt 2 ändern
http://localhost:8080/contacts/2 PUT
Kontakt geändert

--- Kontakt 2 lesen
http://localhost:8080/contacts/2 GET
Contact{id=2, name='Meier, Hugo', email='hugo.meier@web.de'}
```

```
--- Kontakt 2 löschen
http://localhost:8080/contacts/2 DELETE
Kontakt gelöscht

--- Kontakt 2 lesen
http://localhost:8080/contacts/2 GET
null
```

Die übertragenen JSON-Daten können in der View Network (siehe Kapitel 9.4)
unter *Request Content* und *Response Content* geprüft werden.

Sie haben in diesem Kapitel bereits die Grundzüge des Programmierparadigmas
REST (Representational State Transfer) für Webservices kennen gelernt. REST
wird im Kapitel 12 vertieft.

9.6   HttpClient

Der neue HTTP-Client `java.net.http.HttpClient` wurde mit Java 11 zur Verfügung gestellt. Neben der Unterstützung von HTTP/2 (siehe das nächste Kapitel)
bietet er sowohl synchrone (`send`) als auch asynchrone (`sendAsync`) HTTP-Aufrufe.
Dieses API nutzt das Erzeugungsmuster *Builder*, um eine `HttpClient`-Instanz zu
erstellen.

Die Klasse `HttpResponse.BodyHandlers` implementiert einige nützliche Handler,
um Nutzdaten der HTTP-Antwort in geeignete Java-Objekte zu konvertieren.

So wird im folgenden Beispiel die Antwort als String geliefert:

```
HttpResponse<String> response = client.send(request,
                          HttpResponse.BodyHandlers.ofString());
```

Das folgende Programm (Paket *httpclient*) zeigt, wie Nutzdaten in Objekte vom
Typ `String`, `Stream<String>`, `bytes[]`, `Path` bzw. `InputStream` konvertiert werden.

```
package httpclient;

import java.io.BufferedReader;
import java.io.IOException;
import java.io.InputStreamReader;
import java.net.URI;
import java.net.http.HttpClient;
import java.net.http.HttpRequest;
import java.net.http.HttpResponse;
import java.nio.file.Paths;
import java.util.Arrays;

public class TestBodyHandlers {
    private static String baseUri;

    public static void main(String[] args) throws Exception {
        var host = args[0];
```

```java
        var port = Integer.parseInt(args[1]);
        baseUri = "http://" + host + ":" + port;

        var client = HttpClient.newBuilder()
                .version(HttpClient.Version.HTTP_1_1)
                .build();

        System.out.println("--- ofString");
        testString(client);

        System.out.println("--- ofLines");
        testLines(client);

        System.out.println("--- ofByteArray");
        testByteArray(client);

        System.out.println("--- ofFile");
        testFile(client);

        System.out.println("--- ofInputStream");
        testInputStream(client);
    }

    private static void testString(HttpClient client)
                throws IOException, InterruptedException {
        var request = HttpRequest.newBuilder()
                .uri(URI.create(baseUri + "/page1.txt"))
                .GET()  // Default
                .build();
        var response = client.send(request, HttpResponse.BodyHandlers.ofString());
        System.out.println("Status: " + response.statusCode());
        System.out.println(response.body());
    }

    private static void testLines(HttpClient client)
                throws IOException, InterruptedException {
        var request = HttpRequest.newBuilder()
                .uri(URI.create(baseUri + "/page1.txt"))
                .build();
        var response = client.send(request, HttpResponse.BodyHandlers.ofLines());
        System.out.println("Status: " + response.statusCode());
        response.body().forEach(System.out::println);
    }

    private static void testByteArray(HttpClient client)
                throws IOException, InterruptedException {
        var request = HttpRequest.newBuilder()
                .uri(URI.create(baseUri + "/page1.txt"))
                .build();
        var response = client.send(request, HttpResponse.BodyHandlers
                            .ofByteArray());
        System.out.println("Status: " + response.statusCode());
        var bytes = response.body();
        System.out.println(Arrays.toString(bytes));
    }

    private static void testFile(HttpClient client)
                throws IOException, InterruptedException {
        var request = HttpRequest.newBuilder()
```

```
                .uri(URI.create(baseUri + "/java.gif"))
                .build();
        var response = client.send(request,
                HttpResponse.BodyHandlers.ofFile(Paths.get("xxx.gif")));
        System.out.println("Status: " + response.statusCode());
        System.out.println("Gespeichert in " + response.body());
    }


    private static void testInputStream(HttpClient client)
                throws IOException, InterruptedException {
        var request = HttpRequest.newBuilder()
                .uri(URI.create(baseUri + "/page1.txt"))
                .build();
        var response = client.send(request, HttpResponse.BodyHandlers
                            .ofInputStream());
        System.out.println("Status: " + response.statusCode());
        try (var in = new BufferedReader(new InputStreamReader(response.body()))) {
            var line = "";
            while ((line = in.readLine()) != null) {
                System.out.println(line);
            }
        }
    }
    }f
}
```

Start des Servers:

```
java -cp out/production/http webserver1.SimpleWebserver web 8080 false
```

Aufruf des Clients:

```
java -cp out/production/http httpclient.TestBodyHandlers localhost 8080
```

Im obigen Programm erfolgen die HTTP-Aufrufe synchron. `TestAsync` (Paket *httpclient*) zeigt die asynchrone Verarbeitung.

Die Methode `sendAsync` liefert ein Objekt vom Typ

```
CompletableFuture<HttpResponse<String>>
```

Mit Hilfe von `CompletableFuture` können asynchrone Abläufe erzeugt und behandelt werden.[7]

```
package httpclient;

import java.net.URI;
import java.net.http.HttpClient;
import java.net.http.HttpRequest;
import java.net.http.HttpResponse;
import java.util.Arrays;
import java.util.concurrent.CountDownLatch;
import java.util.stream.Collectors;

public class TestAsync {
```

---

7   Siehe: Abts, D.: Grundkurs Java. Springer Vieweg, 11. Aufl. 2020 (Kapitel 26.5)

```java
    private static String baseUri;

    public static void main(String[] args) throws Exception {
        var host = args[0];
        var port = Integer.parseInt(args[1]);
        baseUri = "http://" + host + ":" + port;

        var client = HttpClient.newBuilder()
                .version(HttpClient.Version.HTTP_1_1)
                .build();

        System.out.println("--- testAsync1");
        var latch = new CountDownLatch(1);
        testAsync1(client, latch);
        latch.await();

        System.out.println("--- testAsync2");
        testAsync2(client);
    }

    private static void testAsync1(HttpClient client, CountDownLatch latch) {
        var request = HttpRequest.newBuilder()
                .uri(URI.create(baseUri + "/page1.txt"))
                .build();
        client.sendAsync(request, HttpResponse.BodyHandlers
                                            .ofString())
                .thenApply(response -> {
                    System.out.println("Status: " + response.statusCode());
                    return response;
                })
                .thenApply(HttpResponse::body)
                .thenAccept(s -> {
                    System.out.println(s);
                    latch.countDown();
                });
    }

    private static void testAsync2(HttpClient client) throws Exception {
        var targets = Arrays.asList(
                new URI(baseUri + "/page1.txt"),
                new URI(baseUri + "/page2.txt")
        );

        var futures = targets.stream()
                .map(target -> client
                        .sendAsync(HttpRequest.newBuilder(target).build(),
                                HttpResponse.BodyHandlers.ofString())
                        .thenApply(HttpResponse::body))
                .collect(Collectors.toList());

        System.out.println("Warten...");
        for (var future : futures) {
            System.out.println(future.get());
        }
    }
}
```

In testAsync1 wird ein CountDownLatch als Synchronisierungshilfe eingesetzt. Er ermöglicht das Warten auf die Beendigung eines Threads.

In testAsync2 werden zwei Anfragen verarbeitet. Der Aufruf von future.get() wartet auf das Vorliegen des Ergebnisses und gibt es dann zurück.

Start des Servers wie oben

Aufruf des Clients:

```
java -cp out/production/http httpclient.TestAsync localhost 8080
```

TestPost (Paket *httpclient*) zeigt, wie Neuanlage und Lesen von Kontakten aus Kapitel 9.5 mit HttpClient implementiert werden kann.

```java
package httpclient;

import crud.Contact;
import jakarta.json.bind.Jsonb;
import jakarta.json.bind.JsonbBuilder;

import java.io.IOException;
import java.net.URI;
import java.net.http.HttpClient;
import java.net.http.HttpRequest;
import java.net.http.HttpResponse;
import java.util.ArrayList;

public class TestPost {
    private static String baseUri;
    private static final Jsonb jsonb = JsonbBuilder.create();

    public static void main(String[] args) throws Exception {
        var host = args[0];
        var port = Integer.parseInt(args[1]);
        baseUri = "http://" + host + ":" + port;

        var client = HttpClient.newBuilder()
                .version(HttpClient.Version.HTTP_1_1)
                .build();

        System.out.println("--- post");
        testPost(client);

        System.out.println("--- get");
        testGet(client);
    }

    private static void testPost(HttpClient client)
            throws IOException, InterruptedException {
        var contact = new Contact("Flick, Pit", "pit.flick@gmx.de");
        var request = HttpRequest.newBuilder()
                .uri(URI.create(baseUri + "/contacts"))
                .header("Content-Type", "application/json")
```

```
                    .POST(HttpRequest.BodyPublishers.ofString(jsonb.toJson(contact)))
                    .build();
            var response = client.send(request, HttpResponse.BodyHandlers
                    .discarding());
            System.out.println("Status: " + response.statusCode());
            System.out.println("Id: " + response.headers().firstValue("X-Id").get());
        }

        private static void testGet(HttpClient client)
                    throws IOException, InterruptedException {
            var request = HttpRequest.newBuilder()
                    .uri(URI.create(baseUri + "/contacts"))
                    .build();
            var response = client.send(request, HttpResponse.BodyHandlers.ofString());
            System.out.println("Status: " + response.statusCode());
            var type = new ArrayList<Contact>() {}.getClass().getGenericSuperclass();
            var contacts = jsonb.fromJson(response.body(), type);
            System.out.println(contacts);
        }
    }
```

Start des Servers wie in Kapitel 9.5

Aufruf des Clients:

```
java -cp out/production/http;../../libs/json/* httpclient.TestPost localhost 8080
```

Neben `HttpURLConnection` und `HttpClient` existieren noch zahlreiche HTTP-Client-Bibliotheken.[8]

9.7 HTTP/2 und SSL/TLS im Beispiel

Im Mai 2015 wurde HTTP/2 als Nachfolger von HTTP/1.1 verabschiedet. Das HTTP/2-Protokoll enthält drei wichtige Neuerungen, durch die die bestehende Bandbreite bei der Datenübertragung besser ausgenutzt wird:

- Zusammenfassung mehrerer Anfragen (*Request-Multiplexing*),
- vom Server eingeleitete Datenübertragung (*Server-Push*),
- verbesserte Datenkompression.

Request-Multiplexing

Während in der Vorgängerversion über eine TCP-Verbindung nur jeweils eine HTTP-Anfrage, gefolgt von einer HTTP-Antwort zu einer Zeit fließen können, können nun simultan mehrere HTTP-Konversationen (Anfragen und Antworten) über eine TCP-Verbindung zwischen Client und Server abgewickelt werden.

---

8   Vitz, M.: Java-HTTP-Clients im Vergleich, in: JavaSPEKTRUM 5/2021 S. 54 - 57

Dazu sind HTTP-Anfragen und HTTP-Antworten in Streams, Messages und Frames organisiert. *Streams* bestehen aus ein oder mehreren Messages und lassen sich simultan über dieselbe TCP-Verbindung übertragen. Eine *Message* enthält wiederum mehrere Frames. Ein *Frame* enthält binär codierte Header- bzw. Nutzdaten.

Server-Push

Server-Push kann HTTP-Anfragen des Clients einsparen. Beispielsweise dann, wenn eine HTML-Seite mit verlinktem Bild angefordert wird, kann der Server die Übertragung des Bildes anbieten, ohne dass der Client eigens hierfür eine Anfrage stellen muss.

Datenkompression

HTTP/2 kann neben Nutzdaten auch erstmalig Header-Daten (also auch Cookies) mit Hilfe des Algorithmus *HPACK*[9] komprimieren und verringert damit den Umfang dieser Daten erheblich.

Aktuelle Implementierungen unterstützen HTTP/2 nur über verschlüsselte Verbindungen (SSL/TLS).

Webserver mit HTTP/2-Unterstützung und SSL/TLS

Zur Demonstration verwenden wir den mit Tomcat implementierten Webserver aus Anhang A (siehe Projekt *webserver*). Dieser Server unterstützt HTTP/2. Über einen Schalter (`true` im letzten obligatorischen Aufrufparameter) wird das Verschlüsselungsprotokoll SSL/TLS konfiguriert.

Sichere Datenübertragung mit SSL/TLS

Im Anhang A ist auch beschrieben, wie ein Schlüsselpaar und ein selbst signiertes Zertifikat erstellt werden kann (Projekt *certificate*). Mit Hilfe des Zertifikats kann der Server seine Identität gegenüber dem Client beweisen.

Ablauf der Authentifizierung

* Nach Aufbau der Verbindung durch den Client, schickt der Server als Antwort seinen öffentlichen Schlüssel und ein Zertifikat.
* Das Zertifikat wird vom Client geprüft.
* Nach erfolgreicher Authentifizierung des Servers, generiert der Client einen symmetrischen Schlüssel, den er mit dem öffentlichen Schlüssel des Servers verschlüsselt (asymmetrische Verschlüsselung).

9   https://tools.ietf.org/html/rfc7541

- Den verschlüsselten symmetrischen Schlüssel schickt der Client dann zum Server.
- Der Server kann diesen mit seinem privaten Schlüssel entschlüsseln.
- Den symmetrischen Schlüssel nutzt der Server für die symmetrische Verschlüsselung der danach übertragenen Daten (Anfrage und Antwort).
- Eine sichere Übertragung ist gewährleistet.

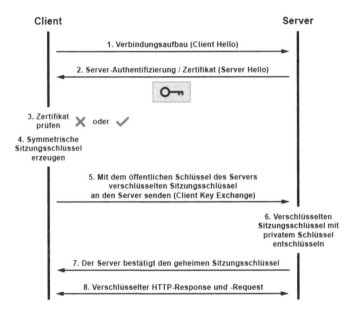

Abbildung 9-6: Authentifizierung mit SSL/TLS[10]

Test

keystore.jks und *certs.jks* (aus Projekt *certificate*) bereitstellen

Start des Servers (Kommando in einer Zeile):

```
java --add-opens=java.base/java.lang=ALL-UNNAMED
--add-opens=java.base/java.io=ALL-UNNAMED
--add-opens=java.rmi/sun.rmi.transport=ALL-UNNAMED
-cp ../../webserver/webserver.jar;../../libs/tomcat/*
WebServer "" web 8443 false true
```

Wir statten den Http-Client mit HTTP/2-Unterstützung und SSL/TLS-Funktionalität aus (Paket *http2*).

---

10 Quelle: https://www.elektronik-kompendium.de/sites/net/1811281.htm

```
package http2;

import java.net.URI;
import java.net.http.HttpClient;
import java.net.http.HttpRequest;
import java.net.http.HttpResponse;

public class TestClient {
    public static void main(String[] args) {
        var host = args[0];
        var port = Integer.parseInt(args[1]);

        var baseUrl = "https://" + host + ":" + port;

        System.setProperty("javax.net.ssl.trustStore", "certs.jks");
        System.setProperty("javax.net.ssl.trustStorePassword", "secret");

        try {
            var client = HttpClient.newBuilder()
                    .version(HttpClient.Version.HTTP_2)
                    .build();
            var request = HttpRequest.newBuilder()
                    .uri(new URI(baseUrl + "/page1.txt"))
                    .build();
            var response = client.send(request, HttpResponse.BodyHandlers
                                            .ofString());
            System.out.println("Status: " + response.statusCode());
            System.out.println("Version: " + response.version());
            System.out.println(response.body());
        } catch (Exception e) {
            System.err.println(e.getMessage());
        }
    }
}
```

Aufruf des Clients:

```
java -cp out/production/http http2.TestClient localhost 8443
```

Ausgabe:

```
Status: 200
Version: HTTP_2
Das steht auf Seite 1.
Hallo Welt!
```

SSL-Debugging kann mit der Eigenschaft `javax.net.debug` eingestellt werden:

```
java -Djavax.net.debug=all -cp out/production/http http2.TestClient localhost 8443
```

Fehlen in `TestClient` die beiden Anweisungen `System.setProperty(...)`, so können die Properties auch auf Kommandozeilenebene gesetzt werden:

```
java -Djavax.net.ssl.trustStore=certs.jks -Djavax.net.ssl.trustStorePassword=secret
-cp out/production/http http2.TestClient localhost 8443
```

Das folgende Programm (Paket *http2*) akzeptiert ein Zertifikat ohne Prüfung:

```java
package http2;

import javax.net.ssl.SSLContext;
import javax.net.ssl.TrustManager;
import javax.net.ssl.X509TrustManager;
import java.net.URI;
import java.net.http.HttpClient;
import java.net.http.HttpRequest;
import java.net.http.HttpResponse;
import java.security.KeyManagementException;
import java.security.NoSuchAlgorithmException;
import java.security.cert.X509Certificate;

public class TestClientInsecure {
    public static void main(String[] args) throws NoSuchAlgorithmException,
                                       KeyManagementException {
        var host = args[0];
        var port = Integer.parseInt(args[1]);

        var baseUrl = "https://" + host + ":" + port;

        try {
            // allow insecure SSL connections
            var client = HttpClient.newBuilder()
                    .sslContext(getInsecureContext())
                    .version(HttpClient.Version.HTTP_2)
                    .build();
            var request = HttpRequest.newBuilder()
                    .uri(new URI(baseUrl + "/page1.txt"))
                    .build();
            var response = client.send(request, HttpResponse.BodyHandlers
                            .ofString());
            System.out.println("Status: " + response.statusCode());
            System.out.println("Version: " + response.version());
            System.out.println(response.body());
        } catch (Exception e) {
            System.err.println(e.getMessage());
        }
    }

    private static SSLContext getInsecureContext()
            throws NoSuchAlgorithmException, KeyManagementException {

        var trustAllCerts = new TrustManager[]{
                new X509TrustManager() {
                    public X509Certificate[] getAcceptedIssuers() {
                        return null;
                    }

                    public void checkClientTrusted(
                            X509Certificate[] certs, String authType) {
                    }

                    public void checkServerTrusted(
                            X509Certificate[] certs, String authType) {
                    }
                }
        };
```

```
        var sslContext = SSLContext.getInstance("TLS");
        sslContext.init(null, trustAllCerts, null);
        return sslContext;
    }
}
```

Aufruf des "unsicheren" Clients:

```
java -cp out/production/http http2.TestClientInsecure localhost 8443
```

Zertifikat im Browser importieren

Die Website kann mit dem URL

```
https://localhost:8443
```

im Browser aufgerufen werden.

Da das Zertifikat selbst signiert wurde, meldet der Browser (z. B. *Google Chrome*):
"Dies ist keine sichere Verbindung". Über "Erweitert" kann dann die Webseite
trotzdem aufgerufen werden.

Das Zertifikat kann auch heruntergeladen werden. Die einzelnen Schritte dazu
sind:

- Auf *Nicht sicher* in der Adresszeile klicken,
- auf *Zertifikat (Ungültig)* klicken,
- Reiter *Details* wählen,
- dann *In Datei kopieren...*

Eine weitere Lösung für *Google Chrome* ist, das Zertifikat *server.cer* (aus Projekt
certificate) über die Zertifikatsverwaltung im Menü *Einstellungen* des Browsers als
vertrauenswürdiges Zertifikat zu importieren. Die einzelnen Schritte sind:

- *Sicherheit und Datenschutz* wählen,
- *Sicherheit* wählen,
- *Zertifikate verwalten* wählen,
- Reiter *Vertrauenswürdige Stammzertifizierungsstellen* wählen,
- dort *server.cer* importieren.

Danach sollte der Browser neu gestartet werden.

9.8 Aufgaben

1. Entwickeln Sie einen HTTP-Server, der als einzigen Dienst nach Verbindungsaufnahme mit einem Browser immer dieselbe PDF-Datei sendet. Der Server
   wird mit der Portnummer und dem Dateinamen als Parameter aufgerufen. Die
   HTTP-Antwort besteht aus der Kopfzeile mit Status-Code 200, den beiden
   Antwortparametern `Content-Type`, `Content-Length` und `Content-Disposition`,
   einer Leerzeile und dem Inhalt der Datei.

   `Content-Disposition` hat als Wert den zum Speichern vorgeschlagenen Dateinamen. Beispiel:

   ```
   Content-Disposition: attachment; filename=test.pdf
   ```

   Lösung: siehe Paket single

2. Entwickeln Sie, passend zum Server in Aufgabe 1, ein Download-Programm.
   Nutzen Sie `java.net.http.HttpClient` und den Body-Handler

   ```
   HttpResponse.BodyHandlers.ofFileDownload(Paths.get("tmp"),
          StandardOpenOption.CREATE, StandardOpenOption.WRITE));
   ```

   Hier ist *tmp* das Download-Verzeichnis. Der Dateiname ergibt sich aus dem
   Antwort-Header `Content-Disposition`.

   Lösung: siehe Paket single

3. Entwickeln Sie einen HTTP-Server, der den Benutzer auf eine andere Website
   umleitet (*Redirection*).

   Beispiel:

   Start des Servers:
   ```
   java -cp out/production/Aufgaben redirect.Redirector 8080
   http://de.wikipedia.org/wiki
   ```

   URL im Browser: `http://localhost/HTTP-Statuscode`

   Die Weiterleitung erfolgt hier an:
   `http://de.wikipedia.org/wiki/HTTP-Statuscode`

   Nutzen Sie hierzu in der HTTP-Antwort den Status "307 Temporary Redirect"
   und den `Location`-Header, im Beispiel:
   ```
   Location: http://de.wikipedia.org/wiki/HTTP-Statuscode
   ```

   Lösung: siehe Paket redirect

4. Implementieren Sie mit Hilfe von `java.net.http.HttpClient` ein allgemein-
   gültiges Download-Programm.

   Lösung: siehe Paket download

5. Implementieren Sie das Programm `ContactClient` aus Kapitel 9.5 mit Hilfe
   von `java.net.http.HttpClient`.

   Lösung: siehe Paket crud

10 Bidirektionale Verbindung mit WebSocket

Bei einer HTTP-Verbindung wird jede HTTP-Anfrage mit einer HTTP-Antwort abgeschlossen (siehe Kapitel 9). Anfrage und Antwort bestehen jeweils aus Header-Informationen und Nutzdaten. Jede vom Server an den Client gesendete Nachricht erfordert also eine vorhergehende Anfrage des Clients. Die Kommunikation wird also stets vom Client initiiert.

Viele moderne Webanwendungen, z. B. Anzeige von Börsenkursen, Verkehrsinformationen, Online-Spiele) müssen aber auf Ereignisse, die beim Server eintreten, reagieren. Hier ist dann eine vom Server initiierte Übertragung (*Server-Push*) erforderlich.

Bisher wurden hierfür proprietäre Verfahren eingesetzt wie z. B. Long Polling. Beim *Long Polling* antwortet der Server verzögert auf eine vom Client initiierte Anfrage. Er antwortet erst, wenn ein Ereignis vorliegt oder eine gewisse Zeitspanne verstrichen ist.

10.1 Das WebSocket-Protokoll

Das *WebSocket*-Protokoll[1] ist ein auf TCP basierendes Netzwerkprotokoll, das eine Ergänzung zu HTTP darstellt. Der Client startet wie bei HTTP eine Anfrage. Die zugrundeliegende TCP/IP-Verbindung bleibt aber nach der Übertragung der Client-Daten bestehen. Client und Server können nun jederzeit Nachrichten übertragen (bidirektionale Kommunikation). Ein ständiger Verbindungsaufbau und -abbau entfällt. Zudem entfallen die HTTP-Header-Informationen bei jeder Anfrage und Antwort.

Das WebSocket-Protokoll besteht aus zwei Phasen: Handshake und Datenverbindung.

Der *Handshake* wird vom Client eingeleitet. Er führt zu einem Protokollwechsel (*Upgrade*). Die zufällig generierte Zeichenkette `Sec-WebSocket-Key` dient der Überprüfung (*Challenge-Response*), ob beide Seiten den Wechsel wollen.

Der Server wendet eine beiden Seiten bekannte Operation auf den Wert von `Sec-WebSocket-Key` an und erzeugt damit den Wert von `Sec-WebSocket-Accept`. Der Client führt dieselbe Operation aus. Stimmt das Ergebnis mit dem vom Server gesendeten Wert überein, ist die Verbindung erfolgreich hergestellt.

Daten werden in Frames transportiert. Jeder Frame enthält einen 2 - 14 Byte langen Header und die Nutzdaten. Der Header besteht u. a. aus dem Operationscode und der Angabe zur Länge der Nutzdaten.

---

1 https://tools.ietf.org/html/rfc6455

Ergänzende Information Die elektronische Version dieses Kapitels enthält Zusatzmaterial, auf das über folgenden Link zugegriffen werden kann https://doi.org/10.1007/978-3-658-37200-2_10.

D. Abts, *Masterkurs Client/Server-Programmierung mit Java*,
https://doi.org/10.1007/978-3-658-37200-2_10

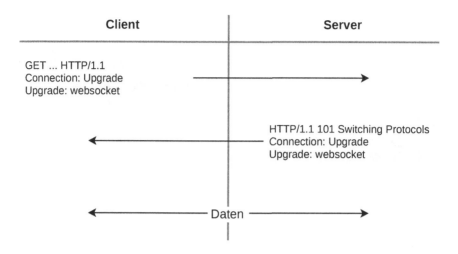

Abbildung 10-1: Ablauf des WebSocket-Protokolls

WebSocket Handshake

```
GET /ws/echo HTTP/1.1
Host: localhost:8080
Connection: Upgrade
Upgrade: websocket
Sec-WebSocket-Version: 13
Sec-WebSocket-Key: nvCM37i2AJqj40X8HbbkyQ==

        HTTP/1.1 101
        Upgrade: websocket
        Connection: upgrade
        Sec-WebSocket-Accept: b2DcRzHgMiYPwKTgvuxvkyr2iRI=
```

Analog zu HTTP hat der URL den folgenden Aufbau:

```
ws://server[:port][/resource]
```

Die gängigen Browser unterstützen das WebSocket-Protokoll.

10.2 Eine einfache WebSocket-Anwendung

Apache Tomcat implementiert das Jakarta WebSocket 2.0 API.[2]

→ **Projekt websocket**

Beispielhaft wollen wir zunächst einen einfachen Echo-Dienst realisieren. Die Klasse Echo (Paket *ws.server.echo*) implementiert diesen Dienst.

```java
package ws.server.echo;

import jakarta.websocket.*;
import jakarta.websocket.server.ServerEndpoint;

import java.io.IOException;

@ServerEndpoint("/echo")
public class Echo {
    @OnOpen
    public void onOpen(Session session) {
        System.out.println(session.getId() + ": onOpen");
    }

    @OnClose
    public void onClose(Session session) {
        System.out.println(session.getId() + ": onClose");
    }

    @OnError
    public void onError(Session session, Throwable error) {
        System.out.println(session.getId() + ": " + error.getMessage());
    }

    @OnMessage
    public void onMessage(Session session, String message) {
        try {
            session.getBasicRemote().sendText("[Server] " + message);
        } catch (IOException e) {
            System.err.println(e.getMessage());
        }
    }
}
```

Die Annotation @ServerEndpoint legt den Pfad fest, mit dem die Anwendung aufgerufen werden kann. Die mit den Annotationen @OnOpen, @OnClose, @OnError und @OnMessage versehenen *Callback-Methoden* werden beim Öffnen einer neuen WebSocket-Session, beim Schließen der Session, beim Auftreten eines Fehlers (z. B. bei Verbindungsproblemen) und beim Empfang von Daten aufgerufen.

---

2   https://jakarta.ee/specifications/websocket/2.0/apidocs

Das Interface `Session` repräsentiert eine Kommunikationsverbindung zwischen Client und Server.

Einge `Session`-Methoden:

```
String getId()
```
liefert die eindeutige Session-ID.

```
boolean isOpen()
```
prüft, ob der Socket offen ist.

```
void close()
```
schließt die Verbindung.

```
RemoteEndpoint.Basic getBasicRemote()
```
liefert die Referenz auf ein Objekt vom Interface-Typ `RemoteEndpoint.Basic`. Das Objekt repräsentiert die Gegenseite der Verbindung.

Die `RemoteEndpoint.Basic`-Methode
```
void sendText(String text) throws IOException
```
sendet eine Textnachricht.

Für *jede neue Verbindung* erzeugt Tomcat eine neue Instanz der Klasse `Echo`, sodass Client-spezifische Status-Informationen in dieser Instanz gespeichert werden können.

Außer Textdaten können auch Binärdaten (z. B. als `byte`-Array) empfangen und gesendet werden. Diese Möglichkeit betrachten wir hier nicht.

Hier nun der Server (Paket *ws.server*), der die in diesem Kapitel gezeigten Dienste anbietet:

```
package ws.server;

import org.apache.catalina.connector.Connector;
import org.apache.catalina.startup.Tomcat;
import ws.server.news.News;

import java.io.File;
import java.net.InetAddress;
import java.util.logging.Level;
import java.util.logging.Logger;

public class Server {
    public static void main(String[] args) throws Exception {
        var port = Integer.parseInt(args[0]);
        var news = Boolean.parseBoolean(args[1]);

        var contextPath = "/ws";
        var docBase = "web";
```

```
Logger.getLogger("org").setLevel(Level.SEVERE);

var tomcat = new Tomcat();
tomcat.setBaseDir(System.getProperty("java.io.tmpdir"));
var ctx = tomcat.addWebapp(contextPath,
                new File(docBase).getAbsolutePath());

var con = new Connector();
con.setPort(port);

var service = tomcat.getService();
service.addConnector(con);

tomcat.start();

System.out.println("DocBase: " + ctx.getDocBase());
String url = con.getScheme() + "://" +
        InetAddress.getLocalHost().getHostAddress() + ":" +
        con.getPort() + ctx.getPath();
System.out.println("URL: " + url);
System.out.println("Stoppen mit ENTER");

Thread newsThread = null;
if (news) {
    newsThread = new News.NewsThread();
    newsThread.start();
}

System.in.read();
if (newsThread != null)
    newsThread.interrupt();

tomcat.stop();
tomcat.destroy();
    }
}
```

Der Thread `newsThread` wird im Kapitel 10.3 benötigt.

Die Klasse `ws.server.echo.Echo` muss im Klassenpfad der Java-Anwendung zu finden sein. Das genügt bereits. Zur Laufzeit werden alle Klassen mit der Annotation `@ServerEndpoint` automatisch registriert.

Der Server wird wie folgt gestartet (Kommando in einer Zeile):

```
java --add-opens java.base/java.lang=ALL-UNNAMED
--add-opens java.rmi/sun.rmi.transport=ALL-UNNAMED
--add-opens java.base/java.io=ALL-UNNAMED
-cp out/production/websocket;../../libs/tomcat/*;../../libs/json/*
ws.server.Server 8080 false
```

Wir testen die Funktionalität zunächst im Browsers mit einer HTML-Seite, die JavaScript-Code enthält.

Datei *web/echo.html*:

```html
<html>
  <head>
    <meta charset="UTF-8" />
    <meta name="viewport" content="width=device-width, initial-scale=1.0" />
    <title>EchoClient</title>

    <script>
      const uri = "ws://" + window.location.host + "/ws/echo";
      let socket;

      function $(id) {
        return document.getElementById(id);
      }

      function sendMessage() {
        socket.send($("userInput").value);
        $("userInput").value = "";
      }

      window.onload = function () {
        if (!"WebSocket" in window) {
          $("status").innerHTML = "Der Browser unterstützt keine WebSockets.";
          return;
        }

        socket = new WebSocket(uri);

        socket.onopen = function (event) {
          $("status").innerHTML = "onOpen";
        };

        socket.onclose = function (event) {
          $("status").innerHTML = "onClose";
        };

        socket.onerror = function (error) {
          $("status").innerHTML = error;
        };

        socket.onmessage = function (event) {
          $("data").innerHTML += event.data + "<br>";
        };
      };

      window.onunload = function () {
        socket.close();
      };
    </script>
  </head>

  <body>
    <input id="userInput" type="text" />
    <button onclick="sendMessage()">Senden</button><p></p>
    <div id="status"></div><p></p>
    <div id="data"></div>
  </body>
</html>
```

Beim Laden der HTML-Seite werden die verschiedenen Callback-Funktionen registriert. Die Ereignisse onopen, onclose, onerror und onmessage haben die gleiche Bedeutung wie weiter oben.

Im Browser wird nun der URL aufgerufen:

```
http://localhost:8080/ws/echo.html
```

Schaltet man z. B. in *Google Chrome* die Entwicklertools (Taste F12) ein, so erhält man Informationen über die Netzwerkkommunikation zwischen Browser und Server, insbesondere über Headers und Nachrichten (Frames).

Java unterstützt mit HttpClient auch das WebSocket-API.

Das folgende Programm (Paket *ws.client*) sendet Zufallszahlen und gibt jeweils die Antwort des Servers aus.

```java
package ws.client;

import java.net.URI;
import java.net.http.HttpClient;
import java.net.http.WebSocket;
import java.util.concurrent.CompletionStage;
import java.util.concurrent.ExecutionException;

public class EchoClient {
    public static void main(String[] args) {
        var host = args[0];
        var port = Integer.parseInt(args[1]);

        var url = "ws://" + host + ":" + port + "/ws/echo";

        var listener = new WebSocket.Listener() {
            @Override
            public void onOpen(WebSocket webSocket) {
                System.out.println("onOpen");
            }

            @Override
            public CompletionStage<?> onText(WebSocket webSocket,
                        CharSequence data, boolean last) {
                System.out.println(data);
                webSocket.request(1);
                return null;
            }

            @Override
            public CompletionStage<?> onClose(WebSocket webSocket,
                        int statusCode, String reason) {
                System.out.println("onClose: " + statusCode + " " + reason);
                return null;
            }
```

```
        @Override
        public void onError(WebSocket webSocket, Throwable error) {
            System.out.println("onError: " + error.getMessage());
        }
    };

    var client = HttpClient.newHttpClient();
    var future = client.newWebSocketBuilder()
                    .buildAsync(URI.create(url), listener);

    try {
        var ws = future.get();
        ws.request(1);

        for (int i = 0; i < 5; i++) {
            var message = i + ". " + Math.random();
            ws.sendText(message, true);
            System.out.println("[Client] " + message);
            Thread.sleep(5000);
        }

        ws.sendClose(WebSocket.NORMAL_CLOSURE, "Closed");
    } catch (InterruptedException | ExecutionException e) {
        System.err.println(e.getMessage());
    }
  }
}
```

Nach Erzeugung einer HttpClient-Instanz mit newHttpClient() wird für diese mit newWebSocketBuilder() eine WebSocket.Builder-Instanz erstellt.

Die WebSocket.Builder-Methode

```
        CompletableFuture<WebSocket> buildAsync(
                URI uri, WebSocket.Listener listener)
```

stellt eine WebSocket-Verbindung zum vorgegebenen URI her und verknüpft sie mit einem Listener vom Typ WebSocket.Listener.

Die Methode gibt eine CompletableFuture-Instanz[3] zurück, deren Methode get() auf die Herstellung der WebSocket-Verbindung wartet und dann eine WebSocket-Instanz liefert.

Die hier verwendeten WebSocket-Methoden sind:

```
CompletableFuture<WebSocket> sendText(CharSequence message,
        boolean isLast)
```

sendet einen Text. Die gesamte Nachricht kann aus mehreren Teilen bestehen, isLast markiert, ob es sich um den letzten Teil dieser Nachricht handelt (true). Die Methode liefert eine CompletableFuture-Instanz zurück, die "abgeschlossen" ist, wenn die Nachricht gesendet wurde.

---

3   Siehe: Abts, D.: Grundkurs Java. Springer Vieweg, 11. Aufl. 2020 (Kapitel 26.5)

```
CompletableFuture<WebSocket> sendClose(int statusCode, String reason)
```

sendet eine "Close-Nachricht" mit Status und Grund. Die Methode liefert eine CompletableFuture-Instanz zurück, die "abgeschlossen" ist, wenn diese Nachricht gesendet wurde.

Ein Listener vom Typ WebSocket.Listener kann die Methoden onOpen, onText, onClose und onError überschreiben (die Signaturen können dem obigen Quellcode entnommen werden). Diese Methoden werden beim Empfang von Nachrichten bzw. beim Eintreten von entsprechenden Events automatisch aufgerufen.

```
void request(long n)
```

fordert n weitere Aufrufe von Listener-Methoden (onText, onClose) an.

Aufruf des Clients:

```
java -cp out/production/websocket ws.client.EchoClient localhost 8080
```

10.3 Server-Push

Das Beispiel in diesem Kapitel (Paket *ws.server.news*) demonstriert ein serverseitiges Push-Verfahren. Clients nehmen Verbindung mit dem Server auf und erhalten vom Server dann automatisch die Nachrichten, die beim Server eingehen.

```java
package ws.server.news;

import jakarta.websocket.OnClose;
import jakarta.websocket.OnError;
import jakarta.websocket.OnOpen;
import jakarta.websocket.Session;
import jakarta.websocket.server.ServerEndpoint;

import java.io.IOException;
import java.time.LocalDateTime;
import java.util.List;
import java.util.concurrent.CopyOnWriteArrayList;
import java.util.concurrent.atomic.AtomicInteger;

@ServerEndpoint("/news")
public class News {
    private static final List<Session> connections = new CopyOnWriteArrayList<>();

    @OnOpen
    public void onOpen(Session session) {
        System.out.println(session.getId() + ": onOpen");
        connections.add(session);
    }

    @OnClose
    public void onClose(Session session) {
```

```java
        System.out.println(session.getId() + ": onClose");
        connections.remove(session);
    }

    @OnError
    public void onError(Session session, Throwable error) {
        System.out.println(session.getId() + ": " + error.getMessage());
    }

    public static class NewsThread extends Thread {
        @Override
        public void run() {
            var counter = new AtomicInteger();
            System.out.println("NewsThread gestartet.");

            while (true) {
                var z = 5 + (int) (Math.random() * 6);
                try {
                    Thread.sleep(1000L * z);
                } catch (InterruptedException e) {
                    break;
                }
                broadcast("[" + LocalDateTime.now() + "] News " +
                        counter.incrementAndGet());
            }
        }

        private void broadcast(String message) {
            for (var session : connections) {
                try {
                    session.getBasicRemote().sendText(message);
                } catch (IOException e) {
                    System.err.println(e.getMessage());
                }
            }
        }
    }
}
```

Der vom Server gestartete Thread News.NewsThread generiert in zufälligen Zeitabständen neue Nachrichten.

Die bei Herstellung der Verbindung erzeugten Session-Instanzen werden in einer Liste vom Typ CopyOnWriteArrayList gespeichert. CopyOnWriteArrayList verhindert Ausnahmen vom Typ ConcurrentModificationException während der Iteration über die Elemente der Liste. Jeder einzelne Client ist durch eine Session-Instanz repräsentiert. Der Server sendet bei Eintreffen einer neuen Nachricht, diese an alle Clients (Methode broadcast).

Der Server wird analog zu Kapitel 10.2 gestartet. Der zweite Kommandozeilenparameter muss allerdings den Wert true haben. Hierdurch wird dann der oben erwähnte Thread gestartet.

Datei *web/news.html*:

```html
<html>
  <head>
    <meta charset="UTF-8" />
    <meta name="viewport" content="width=device-width, initial-scale=1.0" />
    <title>NewsClient</title>

    <script>
      const uri = "ws://" + window.location.host + "/ws/news";
      let socket;

      function $(id) {
        return document.getElementById(id);
      }

      function showMessage(text) {
        $("message").innerHTML += text + "<br>";
      }

      window.onload = function () {
        if (!"WebSocket" in window) {
          showMessage("Der Browser unterstützt keine WebSockets.");
          return;
        }

        socket = new WebSocket(uri);

        socket.onopen = function (event) {
          showMessage("onOpen");
        };

        socket.onclose = function (event) {
          showMessage("onClose");
        };

        socket.onerror = function (error) {
          showMessage(error);
        };

        socket.onmessage = function (event) {
          showMessage(event.data);
        };
      };

      window.onunload = function () {
        socket.close();
      };
    </script>
  </head>

  <body>
    <div id="message"></div>
  </body>
</html>
```

Aufruf im Browser:

```
http://localhost:8080/ws/news.html
```

Java-Client:

```java
package ws.client;

import java.io.IOException;
import java.net.URI;
import java.net.http.HttpClient;
import java.net.http.WebSocket;
import java.util.concurrent.CompletionStage;
import java.util.concurrent.ExecutionException;

public class NewsClient {
    public static void main(String[] args) {
        var host = args[0];
        var port = Integer.parseInt(args[1]);

        var url = "ws://" + host + ":" + port + "/ws/news";

        var listener = new WebSocket.Listener() {
            @Override
            public void onOpen(WebSocket webSocket) {
                System.out.println("onOpen");
            }

            @Override
            public CompletionStage<?> onText(WebSocket webSocket, CharSequence data,
                        boolean last) {
                System.out.println(data);
                webSocket.request(1);
                return null;
            }

            @Override
            public CompletionStage<?> onClose(WebSocket webSocket, int statusCode,
                        String reason) {
                System.out.println("onClose: " + statusCode + " " + reason);
                return null;
            }

            @Override
            public void onError(WebSocket webSocket, Throwable error) {
                System.out.println("onError: " + error.getMessage());
            }
        };

        var client = HttpClient.newHttpClient();
        var future = client.newWebSocketBuilder()
                        .buildAsync(URI.create(url), listener);

        try {
            var ws = future.get();
            ws.request(1);
```

```
            System.out.println("Stoppen mit ENTER");
            System.in.read();
            ws.sendClose(WebSocket.NORMAL_CLOSURE, "Closed");
        } catch (InterruptedException | IOException | ExecutionException e) {
            System.err.println(e.getMessage());
        }
    }
}
```

Aufruf des Clients:

```
java -cp out/production/websocket ws.client.NewsClient localhost 8080
```

Ausgabebeispiel:

```
onOpen
Stoppen mit ENTER
[2022-02-03T13:54:15.757624100] News 1
[2022-02-03T13:54:25.778640600] News 2
[2022-02-03T13:54:32.790065300] News 3
...
```

10.4 Eine Chat-Anwendung

Mit dem Chat-Client (Browser) ist das sogenannte "Chatten" mit mehreren Teilnehmern im Netz möglich. Der Teilnehmer kann sich an- und abmelden und Textzeilen an alle anderen aktiven Teilnehmer senden. Der Chat-Server registriert die angemeldeten Teilnehmer, repräsentiert durch Session-Instanzen, und verteilt eingehende Nachrichten an alle registrierten Teilnehmer (Methode broadcast).

Die Session-Instanzen werden wieder wie im letzten Beispiel in einer (statischen) Liste vom Typ CopyOnWriteArrayList gespeichert. Teilnehmer (username) werden in einer synchronisierten Map als Wert des Schlüssels Session-ID verwaltet.

Gegenüber den letzten Beispielen gibt es hier einige Besonderheiten:

- Die Annotation @ServerEndpoint enthält das Template /chat/{username}. Der Template-Parameter (username) wird vom Client zur Laufzeit bestimmt. Erst dann ist der URL festgelegt.

- Die mit @On... annotierten Callback-Methoden können ein oder mehrere mit @PathParam annotierte String-Parameter haben. @PathParam injiziert den Wert des entsprechenden Template-Parameters.

- Die mit @OnMessage annotierte Methode kann statt String ein Objekt als Parameter haben. Hierfür muss dann ein passender *Decoder* existieren, der den empfangenen Text in ein Objekt konvertiert.

- Die RemoteEndpoint.Basic-Methode sendObject kann ein Objekt senden. Für den Typ des Objekts muss ein passender *Encoder* existieren, der das Objekt in einen String konvertiert.

- Decoder und Encoder müssen in @ServerEndpoint angegeben werden.

Das Paket *ws.server.chat* enthält die Klassen

> Chat, Message, MessageDecoder und MessageEncoder.

```java
package ws.server.chat;

import jakarta.websocket.*;
import jakarta.websocket.server.PathParam;
import jakarta.websocket.server.ServerEndpoint;

import java.io.IOException;
import java.util.*;
import java.util.concurrent.CopyOnWriteArrayList;

@ServerEndpoint(value = "/chat/{username}",
        decoders = MessageDecoder.class,
        encoders = MessageEncoder.class)
public class Chat {
    private static final List<Session> connections = new CopyOnWriteArrayList<>();
    private static final Map<String, String> users = Collections
                                    .synchronizedMap(new HashMap<>());
    private String username;

    @OnOpen
    public void onOpen(Session session, @PathParam("username") String username) {
        System.out.println(session.getId() + ": onOpen");
        this.username = username;
        connections.add(session);
        users.put(session.getId(), username);
        login();
    }

    @OnClose
    public void onClose(Session session) {
        System.out.println(session.getId() + ": onClose");
        users.remove(session.getId());
        connections.remove(session);
        logout();
    }

    @OnError
    public void onError(Session session, Throwable error) {
        System.out.println(session.getId() + ": " + error.getMessage());
    }

    @OnMessage
    public void onMessage(Session session, Message message) {
        broadcast(message);
    }

    private void login() {
        var message = new Message();
        message.setFrom(username);
        message.setContent("Online");
        broadcast(message);
```

```
            System.out.println("Login: " + username);
            System.out.println("Anzahl User: " + users.size());
    }

    private void logout() {
        var message = new Message();
        message.setFrom(username);
        message.setContent("Offline");
        broadcast(message);
        System.out.println("Logout: " + username);
        System.out.println("Anzahl User: " + users.size());
    }

    private void broadcast(Message message) {
        for (var session : connections) {
            if (session.isOpen()) {
                try {
                    session.getBasicRemote().sendObject(message);
                } catch (IOException | EncodeException e) {
                    System.err.println(e.getMessage());
                }
            }
        }
    }
}


package ws.server.chat;

public class Message {
    private String from;
    private String content;

    public String getFrom() {
        return from;
    }

    public void setFrom(String from) {
        this.from = from;
    }

    public String getContent() {
        return content;
    }

    public void setContent(String content) {
        this.content = content;
    }
}


package ws.server.chat;

import jakarta.json.bind.Jsonb;
import jakarta.json.bind.JsonbBuilder;
import jakarta.json.bind.JsonbException;
import jakarta.websocket.DecodeException;
import jakarta.websocket.Decoder;

public class MessageDecoder implements Decoder.Text<Message> {
```

```
    private static final Jsonb jsonb = JsonbBuilder.create();

    @Override
    public Message decode(String s) throws DecodeException {
        try {
            return jsonb.fromJson(s, Message.class);
        } catch (JsonbException e) {
            throw new DecodeException(s, e.getMessage());
        }
    }

    @Override
    public boolean willDecode(String s) {
        return s != null;
    }
}


package ws.server.chat;

import jakarta.json.bind.Jsonb;
import jakarta.json.bind.JsonbBuilder;
import jakarta.json.bind.JsonbException;
import jakarta.websocket.EncodeException;
import jakarta.websocket.Encoder;

public class MessageEncoder implements Encoder.Text<Message> {
    private static final Jsonb jsonb = JsonbBuilder.create();

    @Override
    public String encode(Message message) throws EncodeException {
        try {
            return jsonb.toJson(message);
        } catch (JsonbException e) {
            throw new EncodeException(message, e.getMessage());
        }
    }
}
```

Message-Objekte werden in JSON-Dokumente und umgekehrt konvertiert.

Datei *web/chat.html*:

```
<html>
  <head>
    <meta charset="UTF-8" />
    <meta name="viewport" content="width=device-width, initial-scale=1.0" />
    <title>ChatClient</title>

    <script>
      let user;
      let socket;

      function $(id) {
        return document.getElementById(id);
      }
```

```
    function getUser() {
      let name = window.prompt("Name", "");
      name = name.trim();
      if (name.length == 0) name = "Unknown";
      user = name;
      $("user").innerHTML = user;
    }

    function showMessage(text) {
      $("message").innerHTML += text + "<br>";
    }

    function sendMessage() {
      let text = $("userInput").value.trim();
      if (text.length == 0) return;

      let data = {
        from: user,
        content: text,
      };

      socket.send(JSON.stringify(data));
      $("userInput").value = "";
    }

    window.onload = function () {
      if (!"WebSocket" in window) {
        showMessage("Der Browser unterstützt keine WebSockets.");
        return;
      }

      getUser();
      const uri = "ws://" + window.location.host + "/ws/chat/" + user;
      socket = new WebSocket(uri);

      socket.onopen = function (event) {
        showMessage("Sitzung gestartet");
      };

      socket.onclose = function (event) {
        showMessage("Sitzung beendet");
      };

      socket.onerror = function (error) {
        showMessage(error);
      };

      socket.onmessage = function (event) {
        const data = JSON.parse(event.data);
        showMessage(data.from + ": " + data.content);
      };
    };

    window.onunload = function () {
      socket.close();
    };
  </script>
</head>
```

```
<body>
  <b><div id="user"></div></b>
  <input id="userInput" type="text" size="80" />
  <button onclick="sendMessage();">Senden</button>
  <p></p>
  <div id="message"></div>
</body>
</html>
```

Beim Laden des Skripts wird der User abgefragt.

Der Server wird analog zu Kapitel 10.2 gestartet.

Aufruf im Browser (in zwei Tabs):

```
http://localhost:8080/ws/chat.html
```

Hugo	
	Senden
Sitzung gestartet Hugo: Online Emil: Online Hugo: Das ist ein Test! Emil: Es funktioniert!	

Abbildung 10-2: Zwei Verbindungen zum Chat-Server

10.5 Aufgaben

1. Die RemoteEndpoint.Basic-Methode

        void sendText(String partialMessage, boolean isLast) throws IOException

   sendet eine Textnachricht in Teilen. Die Teile der Nachricht werden der Reihe nach gesendet. Bei allen Teilen bis auf den letzten muss isLast auf false gesetzt sein. Beim letzten Teil muss isLast den Wert true haben.

   Implementieren Sie einen Server, der eine beliebige Anzahl von Zufallszahlen als Teilnachrichten an den Client sendet. Der Client sammelt diese Zahlen in einer Liste und berechnet das arithmetische Mittel der Zahlen, wenn er alle erhalten hat.

   Lösung: siehe Unterprojekt partial

2. Stellen Sie das Beispiel aus Kapitel 10.2 (Echo-Dienst) auf *WSS* (*WebSockets over SSL/TLS*) um: *wss://…*

Orientieren Sie sich an der Lösung für HTTPS in Kapitel 9.7.

Lösung: siehe Unterprojekt wss

3. Entwickeln Sie analog zu Kapitel 10.3 einen Push-Dienst.

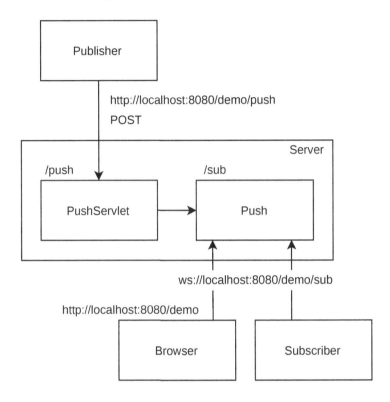

Das Java-Programm `Publisher` erzeugt eine Nachricht (bestehend aus Zeitstempel und Text) und sendet diese im JSON-Format mit der HTTP-Methode POST an den Server (siehe Kapitel 9.5).

Der Server registriert das Servlet `PushServlet`, das die POST-Anfrage entgegennimmt (vgl. `ContactServer` in Kapitel 9.5).

Das `PushServlet`:

```
package server;

import jakarta.servlet.http.HttpServlet;
import jakarta.servlet.http.HttpServletRequest;
import jakarta.servlet.http.HttpServletResponse;

import java.io.BufferedReader;
import java.io.IOException;
import java.io.InputStreamReader;
import java.nio.charset.StandardCharsets;

public class PushServlet extends HttpServlet {
```

```
@Override
public void doPost(HttpServletRequest req, HttpServletResponse resp)
                  throws IOException {
    try (var in = new BufferedReader(new InputStreamReader(
            req.getInputStream(), StandardCharsets.UTF_8))) {
        var line = in.readLine();
        Push.broadcast(line);
    }
  }
}
```

Die `ServerEndpoint`-Klasse `Push` speichert die aktiven Sessions, bietet die Callback-Methoden und die statische Methode `broadcast` analog zum Beispiel in Kapitel 10.3 an.

Das Programm `Subscriber` entspricht zum großen Teil dem `NewsClient` aus Kapitel 10.3.

Lösung: siehe Unterprojekt push

11   XML Web Services

Verfahren für den Zugriff auf entfernte Dienste gibt es schon lange:

DCOM (*Distributed Component Object Model*) für Windows-Systeme, CORBA (*Common Objekt Request Broker Architecture*) für nahezu alle Plattformen und RMI (*Remote Method Invocation*) für Java-Anwendungen. Allerdings sind die Formate der zu übertragenden Daten nur innerhalb eines Modells standardisiert.

Die Zusammenarbeit von Anwendungen, die auf unterschiedlichen Verfahren basieren, kann nur mit Hilfe von speziellen Brücken-Programmen sichergestellt werden.

Web Services sollen durch Nutzung von Internet-Standards auf eine einfache Art und Weise eine bessere Interoperabilität heterogener Anwendungen bieten.

11.1   Grundlagen

Services implementieren Teile eines Geschäftsprozesses aus Verarbeitungssicht. Die folgende Aufzählung enthält *allgemeine Anforderungen an Services*: [1]

* *Verteilung*
  Ein Service steht in einem Netzwerk zur Verfügung und hat ggf. Zugriff auf weitere Services.

* *Geschlossenheit*
  Ein Service implementiert eine in sich geschlossene Funktion und kann unabhängig von anderen Services aufgerufen werden.

* *Zustandslosigkeit*
  Ein Service kann unabhängig von früheren Aufrufen genutzt werden. Er startet bei jedem Aufruf im gleichen Zustand.

* *Lose Kopplung*
  Abhängigkeiten zwischen Services sind auf ein Minimum reduziert. Ein Service kann dynamisch zur Laufzeit vom Nutzer gesucht und aufgerufen werden.

* *Austauschbarkeit*
  Ein Service kann relativ leicht gegen einen anderen Service mit gleicher Schnittstelle ausgetauscht werden.

---

1   Siehe: Goll, J: Architektur- und Entwurfsmuster der Softwaretechnik. Springer Vieweg 2013, S. 352 f.

Ergänzende Information Die elektronische Version dieses Kapitels enthält Zusatzmaterial, auf das über folgenden Link zugegriffen werden kann https://doi.org/10.1007/978-3-658-37200-2_11.

- *Ortstransparenz*
  Auf welchem Rechner ein Service läuft, ist für den Nutzer nicht von Belang.

- *Plattformunabhängigkeit*
  Serviceanbieter und Servicenutzer können verschiedene Systeme (Rechner, Betriebssysteme) verwenden, ebenso können sich die eingesetzten Programmiersprachen unterscheiden.

- *Zugriff über eine Schnittstelle*
  Die Funktionalität eines Service wird den Clients über eine Schnittstelle bereitgestellt. Die Implementierung bleibt verborgen.

- *Verzeichnisdienst*
  Services sowie fachliche und technische Informationen zu Services können aus einem Verzeichnis abgerufen werden.

Diese Anforderung sind nach Wichtigkeit geordnet. Sie müssen in konkreten Lösungen natürlich nicht alle erfüllt sein.

Definition Web Service

Eine technische Erläuterung des Begriffs *Web Service* stellt den Zusammenhang zu Schnittstellen, Programmierung und Standards her:

"Web-Services sind selbstbeschreibende, gekapselte Software-Komponenten, die eine Schnittstelle anbieten, über die ihre Funktionen entfernt aufgerufen und die lose durch den Austausch von Nachrichten miteinander gekoppelt werden können. Zur Erreichung universeller Interoperabilität werden für die Kommunikation die herkömmlichen Kanäle des Internets verwendet." [2]

"A Web service is a software system designed to support interoperable machine-to-machine interaction over a network. It has an interface described in a machine-processable format (specifically WSDL). Other systems interact with the Web service in a manner prescribed by its description using SOAP-messages, typically conveyed using HTTP with an XML serialization in conjunction with other Web-related standards." [3]

Die zuletzt aufgeführte Definition weist auf die wichtigsten Standards für Web Services hin: HTTP, XML, SOAP und WSDL.

---

2   Gesellschaft für Informatik: Symposium auf der 33. GI-Jahrestagung, August 2003

3   http://www.w3.org/TR/ws-gloss

Klarstellung

Wenn in diesem Kapitel lapidar von *Web Services* die Rede ist, sind solche gemeint, die auf diesen eben erwähnten Standards basieren im Unterschied zu den im Kapitel 12 behandelten *RESTful Web Services*.

Ein *Web Service* wird innerhalb einer speziellen Laufzeitumgebung (Applikations-server) ausgeführt, die die notwendigen Protokolle unterstützt und die Nutzung weiterer Dienste wie beispielsweise Authentifizierung und Anbindung an Daten-banken erlaubt.

Die Nutzung eines Web Service soll hier zunächst anhand des einfachen Beispiels "Ermittlung des aktuellen Artikelpreises" verdeutlicht werden.

Die in Java implementierte Client-Anwendung enthält den an den Web Service gerichteten Aufruf der Methode `getPreis` mit der Artikelnummer 4711 als Argument:

```
var service = new PreisImplService();
var port = service.getPreisImplPort();
double preis = port.getPreis("4711");
```

Der Server enthält die Implementierung der Methode:

```
public double getPreis(String artikelnummer) { ... }
```

Die Methode sucht nach der vorgegebenen Artikelnummer und liefert als Ergebnis den zugehörigen Artikelpreis bzw. -1, falls der Artikel nicht gefunden wurde.

Analog zum Abruf einer Webseite im Webbrowser sendet der Client, der die Leistung des Web Service nutzen will, eine Anfrage via HTTP an die Adresse des Web Service (im Beispiel `http://localhost:8080/ws/preis`). Diese Anfrage wird vom Web Service verarbeitet und das Ergebnis wird als HTTP-Antwort an den Client zurückgeschickt.

Im Unterschied zum Abruf einer Webseite enthalten Anfrage und Antwort XML-Dokumente. Die Auszeichnungssprache XML (Extensible Markup Language) ist dazu geeignet, die zu übertragenden Daten exakt zu beschreiben. SOAP definiert die Regeln für die Kommunikation sowie alle Tags, die in den XML-Dokumenten verwendet werden dürfen.

SOAP

Eine *SOAP-Nachricht* besteht aus einem Umschlag (*Envelope*), der sich aus einem optionalen *Header* und einem notwendigen *Body* zusammensetzt. Der Body enthält die eigentliche Nachricht für den Empfänger, der Header zusätzliche Verarbei-tungsinformationen.

Wir verwenden hier SOAP in der Version 1.1.

SOAP-Anfrage:

```
<S:Envelope xmlns:S="http://schemas.xmlsoap.org/soap/envelope/">
  <S:Body>
    <ns2:getPreis xmlns:ns2="http://artikel.demo/">
      <artikelnummer>4711</artikelnummer>
    </ns2:getPreis>
  </S:Body>
</S:Envelope>
```

SOAP-Antwort:

```
<S:Envelope xmlns:S="http://schemas.xmlsoap.org/soap/envelope/">
  <S:Body>
    <ns2:getPreisResponse xmlns:ns2="http://artikel.demo/">
      <return>110.0</return>
    </ns2:getPreisResponse>
  </S:Body>
</S:Envelope>
```

Die Verwendung von HTTP als Transportprotokoll zur Übertragung der SOAP-Nachrichten ist am weitesten verbreitet. Gründe hierfür sind:

- HTTP-Server sind ausgereift und weit verbreitet,

- HTTP ermöglicht Verbindungen über Firewalls (Port 80),

- SOAP-Nachrichten können einfach in HTTP-Aufrufe eingebunden werden,

- Sicherheitsmechanismen für HTTP können auf SOAP-Nachrichten angewendet werden.

SOAP-Nachrichten können auch mit anderen Protokollen (z. B. SMTP, FTP, JMS) übertragen werden. Das ermöglicht beispielsweise einen zeitversetzten (asynchronen) Datenaustausch zwischen Client und Web Service.

Aufgrund der hier eingesetzten Technologien sind Web Services unabhängig vom Betriebssystem und von der für die Implementierung gewählten Programmiersprache.

WSDL

Mit Hilfe der XML-basierten Sprache *WSDL* (*Web Service Description Language*) werden Web Services beschrieben. WSDL-Dokumente enthalten eine Spezifikation der Funktionsschnittstellen sowie technische Details zum Web Service, z. B. das verwendete Transportprotokoll und die Adresse, unter der der Web Service erreicht werden kann. Nachfolgend ist ein Ausschnitt des WSDL-Dokuments des hier benutzten Beispiels aufgeführt.

WSDL-Dokumente können von Client-Anwendungen automatisch ausgewertet werden, um die genauen Aufrufmodalitäten eines Web Service zu erfahren. Auf dieser Basis können Clients dann zur Laufzeit den Programmcode zum Aufruf des gerade benötigten Web Service dynamisch einbinden. Damit können die Abhängigkeiten zwischen Service-Anbietern und Service-Nutzern auf ein notwendiges Minimum reduziert werden (*lose Kopplung*).

Wir nutzen hier WSDL in der Version 1.1.

```
<definitions targetNamespace="http://artikel.demo/" name="PreisImplService" ... >
   <types>
      <xsd:schema version="1.0" targetNamespace="http://artikel.demo/">
         <xsd:element name="getPreis" type="tns:getPreis" />
         <xsd:element name="getPreisResponse" type="tns:getPreisResponse" />

         <xsd:complexType name="getPreis">
            <xsd:sequence>
               <xsd:element name="artikelnummer" type="xsd:string" minOccurs="0" />
            </xsd:sequence>
         </xsd:complexType>

         <xsd:complexType name="getPreisResponse">
            <xsd:sequence>
               <xsd:element name="return" type="xsd:double" />
            </xsd:sequence>
         </xsd:complexType>
      </xsd:schema>
   </types>

   <message name="getPreis">
      <part name="parameters" element="tns:getPreis" />
   </message>

   <message name="getPreisResponse">
      <part name="parameters" element="tns:getPreisResponse" />
   </message>

   <portType name="Preis">
      <operation name="getPreis">
         <input ... message="tns:getPreis" />
         <output ... message="tns:getPreisResponse" />
      </operation>
   </portType>

   <binding name="PreisImplPortBinding" type="tns:Preis">
      <soap:binding transport="http://schemas.xmlsoap.org/soap/http"
         style="document" />
      <operation name="getPreis">
         <soap:operation soapAction="" />
         <input>
            <soap:body use="literal" />
         </input>
```

```
        <output>
            <soap:body use="literal" />
        </output>
    </operation>
</binding>

<service name="PreisImplService">
    <port name="PreisImplPort" binding="tns:PreisImplPortBinding">
        <soap:address location="http://localhost:8080/ws/preis" />
    </port>
</service>
</definitions>
```

Abbildung 11-1 zeigt, wie ein WSDL-Dokument strukturiert ist.

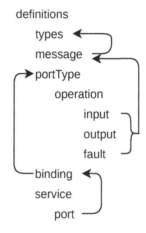

Abbildung 11-1: Aufbau eines WSDL-Dokuments (WSDL 1.1)

Das port-Element enthält die Adresse des Web Service und einen Verweis auf das binding-Element. Dort ist definiert, mit welchem Protokoll und in welcher Form Daten übertragen werden. binding verweist auf das portType-Element. Dieses definiert die Operationen des Service. Jedes operation-Element enthält ein input-Element und ggf. ein output- und fault-Element. Alle drei Elemente werden über message-Elemente genauer spezifiziert. Das types-Element enthält die Datentypen. Sie werden durch ein XML-Schema beschrieben.

SOA

Das Konzept der Web Services bietet die Möglichkeit, die Fähigkeiten einer sogenannten *Service-orientierten Architektur* (*SOA*) in Anwendungen zu nutzen.

In einer Service-orientierten Architektur können drei Komponenten unterschieden werden:

- Service-Anbieter,
- Service-Verzeichnis und
- Service-Nutzer.

Der *Service-Anbieter* (*Service Provider*) stellt einen Web Service bereit und veröffentlicht seine Verfügbarkeit in einem Verzeichnis.

Das *Service-Verzeichnis* (*Service Registry*) stellt Beschreibungen der Web Services (WSDL) bereit und unterstützt das Veröffentlichen und Auffinden von Web Services.

Der *Service-Nutzer* (*Service Consumer*) sucht und findet den gewünschten Web Service im Verzeichnis und nutzt ihn, indem er sich mit dem Anbieter verbindet.

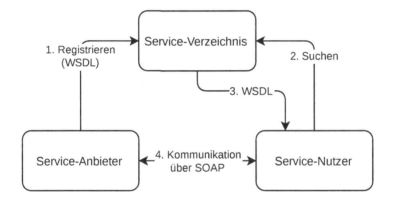

Abbildung 11-2: Komponenten einer Service-orientierten Architektur

11.2 Ein erstes Beispiel

Es gibt mehrere Open Source Frameworks zur Entwicklung von Web Services mit Java: z. B. *Apache CXF* und *Apache Axis2*.

Wir nutzen die Eclipse-Implementierung von XML Web Services: *Jakarta XML Web Services* (*JAX-WS*) in der Version 3.0 (siehe Anhang D).[4]

Zur Compilierung und Ausführung der Programme müssen die JAR-Dateien des Verzeichnisses *libs/xmlws* in den Klassenpfad eingebunden werden.

---

4   https://eclipse-ee4j.github.io/metro-jax-ws

→ Projekt xmlws

Als erstes Beispiel (Unterprojekt *bmi*) soll ein Web Service entwickelt werden, der den *Body-Mass-Index* (BMI) für die Bewertung des Körpergewichts eines Menschen (in kg) in Relation zu seiner Körpergröße (in m) berechnet.

Die hierfür zu implementierende Methode

```
String bmi(double gewicht, double groesse)
```

wird im *Service Endpoint Interface* (*SEI*) deklariert.

Service Endpoint Interface (SEI)

```
package demo.bmi;

import jakarta.jws.WebMethod;
import jakarta.jws.WebParam;
import jakarta.jws.WebService;

@WebService
public interface Bmi {
    @WebMethod
    String bmi(@WebParam(name = "gewicht") double gewicht,
            @WebParam(name = "groesse") double groesse);
}
```

Die Annotation @WebService gibt an, dass es sich um ein SEI (Service Endpoint Interface) für einen Web Service handelt. Mit @WebMethod wird die nachfolgende Methode als Service-Operation gekennzeichnet. @WebParam sorgt dafür, dass der Wert des Attributs name als Name des XML-Elements, das den Parameter beschreibt, in der WSDL verwendet wird.

Service Implementation Bean (SIB)

Die folgende Klasse implementiert das Interface.

```
package demo.bmi;

import jakarta.jws.WebService;

@WebService(endpointInterface = "demo.bmi.Bmi")
public class BmiImpl implements Bmi {
    @Override
    public String bmi(double gewicht, double groesse) {
        var bmi = gewicht / (groesse * groesse);
        var label = "";

        if (bmi < 18.5)
            label = "Untergewicht";
        else if (bmi >= 18.5 && bmi < 25)
            label = "Normalgewicht";
        else if (bmi >= 25 && bmi < 30)
            label = "Übergewicht";
```

```
        else
            label = "Adipositas";

        return String.format("%s: %.2f", label, bmi);
    }
}
```

Das Attribut `endpointInterface` der Annotation `@WebService` verbindet die Implementierung mit dem SEI. Das Gewicht ist in Kilogramm, die Größe in Meter anzugeben.

Die Klasse `jakarta.xml.ws.Endpoint` enthält Methoden, mit denen ein Web Service bereitgestellt, veröffentlicht und gestoppt werden kann:

```
        static Endpoint create(Object implementor)

        void publish(String address)

        void stop()
```

```
package server;

import demo.bmi.BmiImpl;
import jakarta.xml.ws.Endpoint;

import java.io.IOException;

public class BmiPublisher {
    public static void main(String[] args) throws IOException {
        var host = args[0];
        var port = Integer.parseInt(args[1]);

        var address = "http://" + host + ":" + port + "/ws/bmi";
        var implementor = new BmiImpl();

        var endpoint = Endpoint.create(implementor);
        endpoint.publish(address);

        System.out.println("Service gestartet: " + address);
        System.out.println("Stoppen mit ENTER");
        System.in.read();
        endpoint.stop();
    }
}
```

Die Quellcodes können auch in der Konsole wie folgt compiliert werden:

```
javac -encoding UTF-8 -d out/production/bmi -cp ../../libs/xmlws/*
bmi/src/demo/bmi/*.java bmi/src/server/*.java
```

Start des Servers:

```
java --add-opens java.base/java.lang=ALL-UNNAMED
-cp out/production/bmi;../../libs/xmlws/* server.BmiPublisher localhost 8080
```

Die Kommandos sind jeweils in einer einzigen Zeile im Terminal einzugeben.

Nun kann im Browser das *WSDL-Dokument* abgerufen werden:

```
http://localhost:8080/ws/bmi?wsdl
```

Das zugehörige XML-Schema ist ausgelagert und kann unter der Adresse

```
http://localhost:8080/ws/bmi?xsd=1
```

erreicht werden.

Der folgende Zusammenhang besteht zwischen den Java-Artefakten und den im WSDL-Dokument verwendeten Namen:

Java-Artefakt		WSDL-Dokument	
Paket	demo.bmi	targetNamespace	http://bmi.demo/
SEI	Bmi	portType	Bmi
Methode in SEI	bmi	operation	bmi
SIB	BmiImpl	service port	BmiImplService BmiImplPort

Nun können mit Hilfe der Klasse com.sun.tools.ws.WsImport Klassen und Interfaces zur Unterstützung der Entwicklung des Clients auf der Basis des WSDL-Dokuments generiert werden (Kommando in einer Zeile):

```
java -cp ../../libs/xmlws/jaxws-tools.jar com.sun.tools.ws.WsImport -Xnocompile
-encoding UTF-8 -s bmi/src -p generated http://localhost:8080/ws/bmi?wsdl
```

Der Server muss hierfür gestartet sein, damit das WSDL-Dokument unter der oben genannten Adresse abgerufen werden kann. Die erzeugten Artefakte werden dem Paket *generated* zugeordnet.

Web Service Client

```
package client;

import generated.BmiImplService;

import java.net.MalformedURLException;
import java.net.URL;

public class BmiClient {
    public static void main(String[] args) throws MalformedURLException {
        var wsdlLocation = System.getProperty("wsdlLocation");
        var service = wsdlLocation == null ? new BmiImplService() :
            new BmiImplService(new URL(wsdlLocation));

        var port = service.getBmiImplPort();
```

```
        System.out.println(port.bmi(46, 1.7));
        System.out.println(port.bmi(56, 1.7));
        System.out.println(port.bmi(78, 1.76));
        System.out.println(port.bmi(78, 1.6));
    }
}
```

Bei generated.BmiImplService handelt es sich um ein zuvor generiertes Artefakt.

Der Client kann wie folgt im Terminal compiliert werden:

```
javac -encoding UTF-8 -d out/production/bmi -cp ../../libs/xmlws/*
bmi/src/generated/*.java bmi/src/client/*.java
```

Normalerweise überlassen wir das aber der Entwicklungsumgebung (Build).

Die Ausführung des Programms BmiClient mit

```
        java -cp out/production/bmi;../../libs/xmlws/* client.BmiClient
```

liefert die folgende Ausgabe:

```
Untergewicht: 15,92
Normalgewicht: 19,38
Übergewicht: 25,18
Adipositas: 30,47
```

Generelle Anmerkung

Wir gehen davon aus, das Server und Client auf demselben Rechner entwickelt werden. Der Server wird mit den Kommandozeilen-Parametern *localhost* und *8080* gestartet. Dann lautet die Service-Adresse in der generierten WSDL

```
        http://localhost:8080/ws/bmi
```

Der für den Client generierte Code enthält diese Adresse (siehe den Quellcode von generated.BmiImplService):

```
        http://localhost:8080/ws/bmi?wsdl
```

Wird nun der Server auf einem anderen Rechner mit beispielsweise *192.168.2.99* und *8080* gestartet, lautet die Service-Adresse in der zur Laufzeit generierten WSDL

```
        http://192.168.2.99:8080/ws/bmi
```

Da der unveränderte Bytecode des Clients natürlich nach wie vor die Adresse

```
        http://localhost:8080/ws/bmi?wsdl
```

enthält, muss der URL der WSDL-Location überschrieben werden. Hierzu wird die Systemeigenschaft *wsdlLocation* beim Aufruf des Clients angegeben:

```
        -DwsdlLocation=http://192.168.2.99:8080/ws/bmi?wsdl
```

In diesem Fall wird der Eigenschaftswert im Programm BmiClient abgefragt und in einer URL-Instanz dem Konstruktor von BmiClient als Argument übergeben.

Wie in Kapitel 9.4 gezeigt können mit dem *IntelliJ Plugin Network* HTTP-Anfragen und HTTP-Antworten, insbesondere die SOAP-Nachrichten, in der IDE *IntelliJ IDEA* angezeigt werden. Dazu muss der Client dann mit den System-eigenschaften http.proxyHost, http.proxyPort und http.nonProxyHosts wie folgt aufgerufen werden:

```
java -Dhttp.proxyHost=localhost -Dhttp.proxyPort=8888 -Dhttp.nonProxyHosts=
-cp out/production/bmi;../../libs/xmlws/* client.BmiClient
```

Request Content:
```
<?xml version='1.0' encoding='UTF-8'?>
<S:Envelope xmlns:S="http://schemas.xmlsoap.org/soap/envelope/">
    <S:Body>
        <ns2:bmi xmlns:ns2="http://bmi.demo/">
            <gewicht>46.0</gewicht>
            <groesse>1.7</groesse>
        </ns2:bmi>
    </S:Body>
</S:Envelope>
```

Response Content:
```
<?xml version='1.0' encoding='UTF-8'?>
<S:Envelope xmlns:S="http://schemas.xmlsoap.org/soap/envelope/">
    <S:Body>
        <ns2:bmiResponse xmlns:ns2="http://bmi.demo/">
            <return>Untergewicht: 15,92</return>
        </ns2:bmiResponse>
    </S:Body>
</S:Envelope>
```

Im Terminal können die SOAP-Nachrichten auch als "Dump" angezeigt werden:
```
java -Dcom.sun.xml.ws.transport.http.client.HttpTransportPipe.dump=true
-cp out/production/bmi;../../libs/xmlws/* client.BmiClient
```

Auch mit *Windows PowerShell* kann sehr einfach der Web Service aufgerufen werden.

Das Skript *client.ps1* mit dem Inhalt

```
$url = "http://localhost:8080/ws/bmi?wsdl"
$proxy = New-WebServiceProxy -Uri $url
$response = $proxy.bmi(78, 1.76)
$response
```

kann im Terminal wie folgt aufgerufen werden:

```
powershell ./client.ps1
```

Ausgabe:
```
Übergewicht: 25,18
```

11.3   Ein Web Service mit CRUD-Operationen

Dieser Abschnitt zeigt, dass nicht nur einfache Datentypen als Argument- oder Rückgabetypen genutzt werden können. Außerdem erfahren Sie, wie Ausnahmen behandelt werden.

Der folgende Web Service (Unterprojekt *crud*) ermöglicht die Verwaltung von Artikeln:

- Speichern eines neuen Artikels,
- Suche nach einem Artikel,
- Ausgabe aller Artikel,
- Änderung eines Artikels und
- Löschen eines Artikels.

Ein Objekt vom Typ Artikel enthält Artikel-ID, -bezeichnung und -preis.

Jakarta XML Web Services verwendet intern das *Jakarta XML Binding* (JAXB), um Java-Objekte in XML-Dokumente bzw. Java-Klassen in XML-Schema-Dokumente zu transformieren.

In der folgenden Klasse `Artikel` wird eine Annotation genutzt, um die Reihenfolge der Elemente in einem komplexen XML-Schema-Typ festzulegen.

```
package demo.artikel;

import jakarta.xml.bind.annotation.XmlType;

@XmlType(propOrder = { "id", "bezeichnung", "preis" })
public class Artikel {
    private int id;
    private String bezeichnung;
    private double preis;

    public int getId() {
        return id;
    }

    public void setId(int id) {
        this.id = id;
    }

    public String getBezeichnung() {
        return bezeichnung;
    }

    public void setBezeichnung(String bezeichnung) {
        this.bezeichnung = bezeichnung;
    }

    public double getPreis() {
        return preis;
    }
```

```
    public void setPreis(double preis) {
        this.preis = preis;
    }
}
```

Der Web Service soll die folgenden Methoden anbieten (SEI):

```
package demo.artikel;

import jakarta.jws.WebMethod;
import jakarta.jws.WebParam;
import jakarta.jws.WebService;

import java.util.List;

@WebService
public interface ArtikelManager {
    @WebMethod
    void createArtikel(@WebParam(name = "artikel") Artikel artikel)
            throws ArtikelFault;

    @WebMethod
    Artikel getArtikel(@WebParam(name = "id") int id) throws ArtikelFault;

    @WebMethod
    List<Artikel> getArtikelListe();

    @WebMethod
    void updateArtikel(@WebParam(name = "artikel") Artikel artikel)
            throws ArtikelFault;

    @WebMethod
    void deleteArtikel(@WebParam(name = "id") int id) throws ArtikelFault;
}
```

```
package demo.artikel;

public class ArtikelFault extends Exception {
    public ArtikelFault() {
    }

    public ArtikelFault(String msg) {
        super(msg);
    }
}
```

Hier folgt nun die Implementierung (SIB). Aus Vereinfachungsgründen werden die Artikel nur im Hauptspeicher in einer Map gespeichert.

```java
package demo.artikel;

import jakarta.jws.WebService;

import java.util.*;
import java.util.stream.Collectors;

@WebService(endpointInterface = "demo.artikel.ArtikelManager")
public class ArtikelManagerImpl implements ArtikelManager {
    private final Map<Integer, Artikel> map = new Hashtable<>();

    @Override
    public void createArtikel(Artikel artikel) throws ArtikelFault {
        var id = artikel.getId();
        if (map.get(id) == null) {
            map.put(id, artikel);
        } else
            throw new ArtikelFault("Artikel " + id + " bereits vorhanden");
    }

    @Override
    public Artikel getArtikel(int id) throws ArtikelFault {
        var artikel = map.get(id);
        if (artikel == null)
            throw new ArtikelFault("Artikel " + id + " nicht vorhanden");
        return artikel;
    }

    @Override
    public List<Artikel> getArtikelListe() {
        return map.values()
                .stream()
                .sorted(Comparator.comparingInt(Artikel::getId))
                .collect(Collectors.toList());
    }

    @Override
    public void updateArtikel(Artikel artikel) throws ArtikelFault {
        var id = artikel.getId();
        if (map.get(id) == null)
            throw new ArtikelFault("Artikel " + id + " nicht vorhanden");
        else
            map.put(id, artikel);
    }

    @Override
    public void deleteArtikel(int id) throws ArtikelFault {
        if (map.get(id) == null)
            throw new ArtikelFault("Artikel " + id + " nicht vorhanden");
        else
            map.remove(id);
    }
}
```

Die Vorgehensweise zur Entwicklung des Web Service entspricht der des vorhergehenden Abschnitts.

Im WSDL-Dokument ist für jede Operation, die eine Ausnahme (ArtikelFault) auslösen kann, eine Fehlernachricht vorgesehen, z. B.

```
<operation name="createArtikel">
    <input wsam:Action="..." message="tns:createArtikel"/>
    <output wsam:Action="..." message="tns:createArtikelResponse"/>
    <fault message="tns:ArtikelFault" name="ArtikelFault" wsam:Action="..."/>
</operation>
```

Hier nun der Client:

```
package client;

import generated.Artikel;
import generated.ArtikelManagerImplService;

import java.net.MalformedURLException;
import java.net.URL;
import java.util.List;

public class ArtikelManagerClient {
    public static void main(String[] args) throws MalformedURLException {
        var wsdlLocation = System.getProperty("wsdlLocation");
        var service = wsdlLocation == null ? new ArtikelManagerImplService() :
                new ArtikelManagerImplService(new URL(wsdlLocation));
        var port = service.getArtikelManagerImplPort();

        try {
            System.out.println("--- Neue Artikel einfügen");
            for (int i = 0; i < 10; i++) {
                var artikel = new Artikel();
                artikel.setId(4711 + i);
                artikel.setBezeichnung("Bezeichnung " + (i + 1));
                artikel.setPreis(1.99 + i);
                port.createArtikel(artikel);
            }

            System.out.println("--- Artikel 4715 lesen und ändern");
            var artikel = port.getArtikel(4715);
            print(artikel);
            artikel.setPreis(10.);
            port.updateArtikel(artikel);

            System.out.println("--- Liste aller Artikel");
            printList(port.getArtikelListe());

            System.out.println("--- Artikel 4713 löschen");
            port.deleteArtikel(4713);

            System.out.println("--- Artikel 4713 lesen");
            artikel = port.getArtikel(4713);
            print(artikel);
        } catch (Exception e) {
            System.err.println(e.getMessage());
        }
    }
}
```

```
private static void print(Artikel artikel) {
    System.out.println(artikel.getId() + " " + artikel.getBezeichnung() + " "
        + artikel.getPreis());
}

private static void printList(List<Artikel> list) {
    for (var a : list) {
        print(a);
    }
}
}
```

Da der Artikel 4713, nachdem er gelöscht wurde, nicht vorhanden ist, wird eine Ausnahme ausgelöst.

Die folgende SOAP-Nachricht wird in diesem Fall zum Client geschickt:

```
<S:Envelope xmlns:S="http://schemas.xmlsoap.org/soap/envelope/">
    <S:Body>
        <S:Fault xmlns:ns4="http://www.w3.org/2003/05/soap-envelope">
            <faultcode>S:Server</faultcode>
            <faultstring>Artikel 5000 nicht vorhanden</faultstring>
            <detail>
                <ns2:ArtikelFault xmlns:ns2="http://artikel.demo/">
                    <message>Artikel 4713 nicht vorhanden</message>
                </ns2:ArtikelFault>
            </detail>
        </S:Fault>
    </S:Body>
</S:Envelope>
```

Das Begleitmaterial enthält auch ein *Windows-PowerShell*-Skript zum Testen der einzelnen Operationen.

11.4 Web Services mit Apache Tomcat veröffentlichen

Mit jedem HTTP-Server, der die Servlet-Technologie unterstützt, kann ein Web Service veröffentlicht werden, z. B. mit *Apache Tomcat*. Gegenüber der bisher genutzten Möglichkeit, einen Web Service zu starten, hat der Einsatz von Tomcat mehrere Vorteile:

- Veröffentlichung mehrerer Web Services innerhalb derselben Webanwendung,
- Nutzung von Container-gesteuerten Sicherheitsfunktionen (Authentifizierung),
- höhere Performance und Skalierbarkeit.

Wir nutzen hier den mit Tomcat implementierten Webserver aus Anhang A (siehe Projekt *webserver*).

Das Verzeichnis *web* (im Projekt *xmlws*) enthält das Unterverzeichnis *WEB-INF* mit dem Verzeichnis *lib* und der Datei *sun-jaxws.xml*.

Konfiguration der Endpoints

Die Datei *web/WEB-INF/sun-jaxws.xml* enthält die Endpoint-Beschreibungen der zu veröffentlichenden Web Services:

```
<?xml version="1.0" encoding="UTF-8"?>
<endpoints xmlns="http://java.sun.com/xml/ns/jax-ws/ri/runtime" version="2.0">
    <endpoint name="bmi" implementation="demo.bmi.BmiImpl" url-pattern="/bmi"/>
    <endpoint name="artikel" implementation="demo.artikel.ArtikelManagerImpl"
        url-pattern="/artikel"/>
</endpoints>
```

Die Bytecodes der zu veröffentlichenden Web Services werden jeweils in einer JAR-Datei zusammengefasst (hier die Web Services aus Kapitel 11.2 und 11.3) und in *web/WEB-INF/lib* abgelegt:

```
jar --create --file web/WEB-INF/lib/bmi.jar -C out/production/bmi demo
jar --create --file web/WEB-INF/lib/artikel.jar -C out/production/crud demo
```

Nun kann der Server gestartet werden:

```
java --add-opens=java.base/java.lang=ALL-UNNAMED
--add-opens=java.base/java.io=ALL-UNNAMED
--add-opens=java.rmi/sun.rmi.transport=ALL-UNNAMED
-cp ../../webserver/webserver.jar;../../libs/tomcat/*;../../libs/xmlws/*
WebServer /ws web 8080 false false
```

11.5   Oneway-Operationen

Mit der Annotation @Oneway wird für eine void-Methode festgelegt, dass die Operation *keine Nachricht* an den Aufrufer als Antwort sendet. Beim Aufruf einer solchen Operation wird die Kontrolle an den Aufrufer zurückgegeben, bevor die Methode ausgeführt wird.

Im WSDL-Dokument hat das operation-Element ein input-Element, aber kein output-Element.

Das folgende Beispiel (Unterprojekt *oneway*) zeigt den Unterschied zwischen dem Aufruf einer normalen void-Methode und einer Oneway-Operation.

```
package demo.oneway;

import jakarta.jws.Oneway;
import jakarta.jws.WebMethod;
import jakarta.jws.WebParam;
import jakarta.jws.WebService;
```

```
@WebService
public interface Send {
    @WebMethod
    void send1(@WebParam(name = "message") String message);

    @WebMethod
    @Oneway
    void send2(@WebParam(name = "message") String message);
}
```

```
package demo.oneway;
import jakarta.jws.WebService;

@WebService(endpointInterface = "demo.oneway.Send")
public class SendImpl implements Send {
    @Override
    public void send1(String message) {
        try {
            Thread.sleep(10000);
        } catch (InterruptedException ignored) {
        }
        System.out.println(message);
    }

    @Override
    public void send2(String message) {
        try {
            Thread.sleep(10000);
        } catch (InterruptedException ignored) {
        }
        System.out.println(message);
    }
}
```

Die Ausgabe der Nachricht message auf der Server-Seite wird in beiden Fällen um 10 Sekunden verzögert.

```
package client;

import generated.SendImplService;

import java.net.MalformedURLException;
import java.net.URL;

public class SendClient {
    public static void main(String[] args) throws MalformedURLException {
        var wsdlLocation = System.getProperty("wsdlLocation");
        var service = wsdlLocation == null ? new SendImplService() :
                new SendImplService(new URL(wsdlLocation));
        var port = service.getSendImplPort();
        System.out.println("--- send1 ---");
        port.send1("Hallo");
        System.out.println("--- send2 ---");
        port.send2("Auf Wiedersehen");
        System.out.println("--- Ende ---");
    }
}
```

Generierung der Artefakte und Starten von Server und Client erfolgt wie in Kapitel 11.2. Ebenso können hier mit Hilfe des Monitors die SOAP-Nachrichten protokolliert werden.

Ruft man den Client auf, sieht man deutlich den Unterschied: `send1` kehrt erst nach 10 Sekunden zurück, `send2` praktisch sofort.

SOAP-Antwort von `send1`:

```
<S:Envelope xmlns:S="http://schemas.xmlsoap.org/soap/envelope/">
   <S:Body>
      <ns2:send1Response xmlns:ns2="http://oneway.demo/" />
   </S:Body>
</S:Envelope>
```

Bei der Ausführung von `send2` wird lediglich der HTTP-Header

```
      HTTP/1.1 202 Accepted
```

als Antwort übertragen, keine SOAP-Nachricht.

11.6   Asynchrone Aufrufe

Der Client kann eine Methode so aufrufen, dass der Aufruf nicht so lange blockiert, bis das Ergebnis vorliegt. Vielmehr kann der Client weiter arbeiten. Er "wartet" *asynchron* auf das Ergebnis.

Polling oder Callback

Hierzu gibt es zwei Möglichkeiten:
* Der Client fragt von Zeit zu Zeit nach, ob die Antwort da ist (*polling, Pull-Prinzip*), oder
* er stellt eine *Callback*-Methode bereit, die dann automatisch aufgerufen wird, wenn die Antwort vorliegt (*Push-Prinzip*).

Wir demonstrieren diese beiden Möglichkeiten anhand eines einfachen Beispiels (Unterprojekt *async*). Der Web Service ermittelt, ob eine bestimmte Menge eines Produkts verfügbar ist. Die Bearbeitung kann unterschiedlich lange dauern (3 bis 8 Sekunden).

```
package demo.product;

import jakarta.jws.WebMethod;
import jakarta.jws.WebParam;
import jakarta.jws.WebService;

@WebService
public interface Product {
```

```
    @WebMethod
    boolean isAvailable(@WebParam(name = "id") int id,
                @WebParam(name = "amount") int amount);
}
```

```
package demo.product;

import jakarta.jws.WebService;

import java.util.Random;

@WebService(endpointInterface = "demo.product.Product")
public class ProductImpl implements Product {
    @Override
    public boolean isAvailable(int id, int amount) {
        var r = new Random();
        var delay = 3 + r.nextInt(6);
        try {
            Thread.sleep(delay * 1000);
        } catch (InterruptedException ignored) {
        }
        return r.nextBoolean();
    }
}
```

Damit Code für den asynchronen Aufruf (Polling bzw. Callback) generiert wird, muss das folgende XML-Dokument erstellt und beim Aufruf der Generierung der Artefakte berücksichtigt werden:

Bindings-Dokument async.xml

```
<bindings wsdlLocation="http://localhost:8080/ws/product?wsdl"
    xmlns="https://jakarta.ee/xml/ns/jaxws">
    <enableAsyncMapping>true</enableAsyncMapping>
</bindings>
```

Das Starten von Server und Client erfolgt wie in den früheren Beispielen.

Kommando zur Generierung (in einer einzigen Zeile):

```
java -cp ../../libs/xmlws/jaxws-tools.jar com.sun.tools.ws.WsImport -Xnocompile
-encoding UTF-8 -s async/src -p generated -b async/async.xml
http://localhost:8080/ws/product?wsdl
```

Es folgt der Quellcode des Client-Programms, der im Anschluss erläutert wird.

```
package client;

import generated.IsAvailableResponse;
import generated.Product;
import generated.ProductImplService;
import jakarta.xml.ws.AsyncHandler;
import jakarta.xml.ws.Response;
```

```java
import java.net.MalformedURLException;
import java.net.URL;
import java.util.concurrent.CountDownLatch;

public class ProductClient {
    private final Product port;
    private static final CountDownLatch latch = new CountDownLatch(1);

    public ProductClient() throws MalformedURLException {
        var wsdlLocation = System.getProperty("wsdlLocation");
        var service = wsdlLocation == null ? new ProductImplService() :
                new ProductImplService(new URL(wsdlLocation));
        port = service.getProductImplPort();
    }

    public static void main(String[] args) throws InterruptedException,
            MalformedURLException {
        var client = new ProductClient();
        client.invokeBlocking();
        client.invokeNonblockingPoll();
        client.invokeNonblockingCallback();
        System.out.println("Warte auf Antwort");
        latch.await();
    }

    private void invokeBlocking() {
        System.out.println("--- blocking ---");
        var isAvailable = port.isAvailable(4711, 10);
        System.out.println("isAvailable: " + isAvailable);
    }

    private void invokeNonblockingPoll() {
        System.out.println("--- nonblocking, polling ---");
        var res = port.isAvailableAsync(4711, 10);

        while (!res.isDone()) {
            System.out.println("Warte auf Antwort");
            try {
                Thread.sleep(1000);
            } catch (InterruptedException ignored) {
            }
        }

        try {
            var response = res.get();
            var isAvailable = response.isReturn();
            System.out.println("isAvailable: " + isAvailable);
        } catch (Exception e) {
            System.err.println(e.getMessage());
        }
    }

    private void invokeNonblockingCallback() {
        System.out.println("--- nonblocking, callback ---");
        port.isAvailableAsync(4711, 10, new MyHandler());
    }
```

```
private static class MyHandler implements AsyncHandler<IsAvailableResponse> {
    public void handleResponse(Response<IsAvailableResponse> res) {
        try {
            var response = res.get();
            var isAvailable = response.isReturn();
            System.out.println("isAvailable: " + isAvailable);
            latch.countDown();
        } catch (Exception e) {
            System.err.println(e.getMessage());
        }
    }
}
}
```

Nicht-blockierend mit Polling

Das generierte Interface generated.Product enthält die Methode

```
Response<IsAvailableResponse> isAvailableAsync(int id, int amount)
```

Das Interface jakarta.xml.ws.Response<T> repräsentiert die Antwort des Aufrufs. Es enthält u. a. die beiden folgenden Methoden:

```
boolean isDone()
T get() throws InterruptedException,
        java.util.concurrent.ExecutionException
```

isDone liefert true, sobald die Antwort vorliegt, sonst false. get liefert die Antwort, hier ein Objekt vom Typ IsAvailableResponse. Diese Klasse enthält die boolean-Property return.

Innerhalb einer Schleife wird im Abstand von einer Sekunde nachgefragt, ob die Antwort vorliegt (polling). Ist die Schleife beendet, so kann die Antwort mit get geholt werden.

Nicht-blockierend mit Callback

generated.Product enthält die Methode

```
Future<?> isAvailableAsync(int id, int amount,
        AsyncHandler<IsAvailableResponse> asyncHandler)
```

Response (siehe oben) ist ein Subinterface von Future.

Das Interface jakarta.xml.ws.AsyncHandler deklariert die Methode

```
void handleResponse(Response<T> res),
```

die automatisch aufgerufen wird, sobald die Antwort vorliegt.

Die innere Klasse MyHandler implementiert diese Methode für den Typparameter IsAvailableResponse.

Ein `CountDownLatch` sorgt dafür, dass die `main`-Methode nicht endet, bevor der Rückruf per Callback erfolgt ist.

Beispielhafte Ausgabe des Client-Programms:

```
--- blocking ---
isAvailable: false
--- nonblocking, polling ---
Warte auf Antwort
Warte auf Antwort
Warte auf Antwort
Warte auf Antwort
Warte auf Antwort
isAvailable: false
--- nonblocking, callback ---
Warte auf Antwort
isAvailable: true
```

11.7 Transport von Binärdaten

Bei SOAP-Nachrichten handelt es sich um XML-Dokumente, die ausschließlich Textzeichen enthalten dürfen. Will man nun Nachrichten mit binärem Inhalt übertragen, so kann man die binären Daten vor der Übertragung in eine Textform überführen (Codierung) und beim Empfänger wieder dekodieren.

Wir demonstrieren diesen Sachverhalt anhand eines Web Service, der den Upload und Download von Dateien anbietet (Unterprojekt *base64*).

```
package demo.transfer;

import jakarta.jws.WebMethod;
import jakarta.jws.WebParam;
import jakarta.jws.WebService;

@WebService
public interface Transfer {
    @WebMethod
    void upload(@WebParam(name = "name") String name, @WebParam(name = "data")
byte[] data);

    @WebMethod
    byte[] download(@WebParam(name = "name") String name);
}
```

Die `byte`-Arrays enthalten den Inhalt der Datei, `name` enthält den Dateinamen.

```
package demo.transfer;

import jakarta.jws.WebService;
import jakarta.xml.ws.WebServiceException;
```

```java
import java.io.*;
import java.nio.file.Files;
import java.nio.file.Paths;

@WebService(endpointInterface = "demo.transfer.Transfer")
public class TransferImpl implements Transfer {
    private static final String DIR = "tmp";

    @Override
    public void upload(String name, byte[] data) {
        try {
            Files.write(Paths.get(DIR, name), data);
        } catch (IOException e) {
            throw new WebServiceException("Fehler beim Upload: " + e.getMessage());
        }
    }

    @Override
    public byte[] download(String name) {
        try {
            return Files.readAllBytes(Paths.get(DIR, name));
        } catch (IOException e) {
            throw new WebServiceException("Fehler beim Download: " + e.getMessage());
        }
    }
}
```

`jakarta.xml.ws.WebServiceException` ist die Basisklasse aller Jakarta XML Web Services API-Laufzeitfehler (`RuntimeException`).

Im generierten XML-Schema ist für den Parameter `data` der XML-Schema-Datentyp `base64Binary` eingetragen.

Der `UploadClient` überträgt die Datei `duke.png` an den Web Service, der sie dann im Verzeichnis `tmp` speichert.

```java
package client;

import generated.TransferImplService;

import java.io.IOException;
import java.net.MalformedURLException;
import java.net.URL;
import java.nio.file.Files;
import java.nio.file.Paths;

public class UploadClient {
    public static void main(String[] args) throws MalformedURLException {
        var wsdlLocation = System.getProperty("wsdlLocation");
        var service = wsdlLocation == null ? new TransferImplService() :
                new TransferImplService(new URL(wsdlLocation));
        var port = service.getTransferImplPort();
        var name = "duke.png";
```

```
    try {
       var data = Files.readAllBytes(Paths.get(name));
       port.upload(name, data);
       System.out.println(name + " wurde hochgeladen.");
    } catch (IOException e) {
       System.err.println(e.getMessage());
    }
  }
}
```

Die Binärdaten werden nach dem *Base64-Verfahren* codiert.[5] Dabei werden Bytes in eine Folge von ASCII-Zeichen umgewandelt.

SOAP-Request

```
<S:Envelope xmlns:S="http://schemas.xmlsoap.org/soap/envelope/">
  <S:Body>
     <ns2:upload xmlns:ns2="http://transfer.demo/">
        <name>duke.png</name>
        <data>iVBORw0KGgoAA ... SUVORK5CYII=</data>
     </ns2:upload>
  </S:Body>
</S:Envelope>
```

Diese Codierung führt zu einer Vergrößerung des Datenvolumens um ca. ein Drittel.

```
package client;

import generated.TransferImplService;

import java.net.MalformedURLException;
import java.net.URL;
import java.nio.file.Files;
import java.nio.file.Paths;

public class DownloadClient {
   public static void main(String[] args) throws MalformedURLException {
      var wsdlLocation = System.getProperty("wsdlLocation");
      var service = wsdlLocation == null ? new TransferImplService() :
         new TransferImplService(new URL(wsdlLocation));
      var port = service.getTransferImplPort();
      var name = "duke.png";
      try {
         var data = port.download(name);
         Files.write(Paths.get(name), data);
         System.out.println(name + " wurde heruntergeladen.");
      } catch (Exception e) {
         System.err.println(e.getMessage());
      }
   }
}
```

---

5   https://de.wikipedia.org/wiki/Base64

Das Starten von Server und Client sowie die Generierung der Artefakte erfolgt wie in den früheren Beispielen.

MTOM

SOAP Message Transmission Optimization Mechanism (*MTOM*) ist ein Verfahren zur Optimierung der Übertragung binärer Daten.[6]

Der in der SOAP-Nachricht im Base64-Format enthaltene Inhalt wird aus der Nachricht entfernt und in den Anhang verschoben. In der Nachricht selbst befindet sich dann eine *Referenz* auf die Originaldaten (*raw bytes*) als HTTP-Attachment.

```
<S:Envelope xmlns:S="http://schemas.xmlsoap.org/soap/envelope/">
   <S:Body>
      <ns2:upload xmlns:ns2="http://transfer.demo/">
         <name>duke.png</name>
         <data>
            <xop:Include xmlns:xop="http://www.w3.org/2004/08/xop/include"
                href="cid:34585f69-58e2-4e8c-bb ... 1ef@example.jaxws.sun.com" />
         </data>
      </ns2:upload>
   </S:Body>
</S:Envelope>
```

Mit der Annotation @jakarta.xml.ws.soap.MTOM in der Implementierung des Web Service (Unterprojekt *mtom1*) wird die Optimierung eingeschaltet.

```
@WebService(endpointInterface = "demo.transfer.Transfer")
@MTOM
public class TransferImpl implements Transfer {
   ...
}
```

Das generierte WSDL-Dokument enthält einen *Policy-Eintrag*, der aussagt, dass MTOM verwendet wird.

```
<wsp:Policy wsu:Id="TransferImplPortBinding_MTOM_Policy">
   <ns1:OptimizedMimeSerialization wsp:Optional="true"
      xmlns:ns1="http://.../policy/optimizedmimeserialization"/>
</wsp:Policy>
```

Im binding-Element des WSDL-Dokuments wird auf diesen Eintrag verwiesen:

```
<binding name="TransferImplPortBinding" type="tns:Transfer">
   <wsp:PolicyReference URI="#TransferImplPortBinding_MTOM_Policy"/>
   ...
</binding>
```

---

6 https://de.wikipedia.org/wiki/
   SOAP_Message_Transmission_Optimization_Mechanism

Sollen sehr große Datenmengen ausgetauscht werden, können diese nicht mehr
komplett im Hauptspeicher gehalten werden, sodass `byte[]` als Datentyp aus-
scheidet. Mit Hilfe von `jakarta.activation.DataHandler` können Datenströme verarbeitet werden (Unterprojekt *mtom2*).

```
package demo.transfer;

import jakarta.activation.DataHandler;
import jakarta.jws.WebMethod;
import jakarta.jws.WebParam;
import jakarta.jws.WebService;
import jakarta.xml.bind.annotation.XmlMimeType;

@WebService
public interface Transfer {
    @WebMethod
    void upload(@WebParam(name = "name") String name,
            @WebParam(name = "data") @XmlMimeType("application/octet-stream")
                DataHandler data);

    @WebMethod
    @XmlMimeType("application/octet-stream")
    DataHandler download(@WebParam(name = "name") String name);
}
```

Die Annotation `@XmlMimeType("application/octet-stream")` sorgt dafür, dass im
WSDL-Dokument (XML-Schema) für die Elemente `data` und `return` das Attribut

```
        xmime:expectedContentTypes="application/octet-stream"
```

erzeugt wird.

Dies ermöglicht durch entsprechende Generierung die Nutzung des `DataHandler` in
den Client-Programmen.[7]

Die spezielle Implementierung `com.sun.xml.ws.developer.StreamingDataHandler`
bietet die Methode `moveTo`, um die übertragenen Daten in eine Datei zu speichern.

```
package demo.transfer;

import com.sun.xml.ws.developer.StreamingDataHandler;
import jakarta.activation.DataHandler;
import jakarta.activation.FileDataSource;
import jakarta.jws.WebService;
import jakarta.xml.ws.WebServiceException;
import jakarta.xml.ws.soap.MTOM;

import java.io.File;
import java.io.IOException;

@WebService(endpointInterface = "demo.transfer.Transfer")
@MTOM
```

---

7   Die Generierung erfordert hier eine Internet-Verbindung zum Zugriff auf das Schema
    http://www.w3.org/2005/05/xmlmime.

```java
public class TransferImpl implements Transfer {
    private static final String DIR = "tmp";

    @Override
    public void upload(String name, DataHandler data) {
        var path = DIR + "/" + name;
        try (var dh = (StreamingDataHandler) data) {
            dh.moveTo(new File(path));
        } catch (IOException e) {
            throw new WebServiceException("Fehler beim Upload: " + e.getMessage());
        }
    }

    @Override
    public DataHandler download(String name) {
        var path = DIR + "/" + name;
        var file = new File(path);
        if (!file.exists())
            throw new WebServiceException(
                "Fehler beim Download: Datei '" + name + "' existiert nicht.");
        return new DataHandler(new FileDataSource(file));
    }
}
```

Der UploadClient nutzt die Transfercodierung chunked, die die zu übertragenen
Daten als Folge mehrerer Teile (Chunks) codiert. Der Sender kann damit bereits
mit der Übertragung der Daten beginnen, ohne ihre Gesamtlänge zu kennen.

```java
package client;

import com.sun.xml.ws.developer.JAXWSProperties;
import generated.TransferImplService;
import jakarta.activation.DataHandler;
import jakarta.activation.FileDataSource;
import jakarta.xml.ws.BindingProvider;

import java.io.IOException;
import java.net.URL;
import java.util.Map;

public class UploadClient {
    public static void main(String[] args) throws IOException {
        var wsdlLocation = System.getProperty("wsdlLocation");
        var service = wsdlLocation == null ? new TransferImplService() :
                new TransferImplService(new URL(wsdlLocation));
        var port = service.getTransferImplPort();

        // Transfer-Encoding: chunked
        Map<String, Object> ctx = ((BindingProvider) port).getRequestContext();
        ctx.put(JAXWSProperties.HTTP_CLIENT_STREAMING_CHUNK_SIZE, 8192);

        var name = "duke.png";
        var dh = new DataHandler(new FileDataSource(name));
        port.upload(name, dh);
        System.out.println(name + " wurde hochgeladen.");
    }
}
```

```
package client;

import com.sun.xml.ws.developer.StreamingDataHandler;
import generated.TransferImplService;

import java.io.File;
import java.net.MalformedURLException;
import java.net.URL;

public class DownloadClient {
    public static void main(String[] args) throws MalformedURLException {
        var wsdlLocation = System.getProperty("wsdlLocation");
        var service = wsdlLocation == null ? new TransferImplService() :
            new TransferImplService(new URL(wsdlLocation));
        var port = service.getTransferImplPort();
        var name = "duke.png";
        try (var dh = (StreamingDataHandler) port.download(name)) {
            dh.moveTo(new File(name));
            System.out.println(name + " wurde heruntergeladen.");
        } catch (Exception e) {
            System.err.println(e.getMessage());
        }
    }
}
```

Setzt man den TCP-Monitor aus Kapitel 4 ein, kann man sich von der Transfer-codierung chunked beim UploadClient überzeugen.

```
java -cp ../../04_TCP/monitor.jar monitor.TCPMonitor 8888 localhost 8080
request.txt response.txt

java -DwsdlLocation=http://localhost:8888/ws/transfer?wsdl
-cp out/production/mtom2;../../libs/xmlws/* client.UploadClient
```

Die Datei *request.txt* enthält in der HTTP-Anfrage POST den Anfrageparameter:

```
        Transfer-Encoding: chunked
```

11.8   Filterketten

JAX-WS unterstützt sogenannte *Interzeptoren* (hier *Handler* genannt), die die Funktionalität auf Client- und/oder Serverseite erweitern. Hiermit können ausgehende und eingehende SOAP-Nachrichten beim Client bzw. Server ausgewertet und auch geändert werden (Vorverarbeitung, Nachverarbeitung).

So kann zum Beispiel auf der Clientseite ein Handler implementiert werden, der unabhängig von der Funktionalität des Web Service die ausgehende SOAP-Nachricht um Authentifizierungsdaten im SOAP-Header ergänzt.

Auf der Serverseite kann dann die eingehende SOAP-Nachricht geprüft werden, sodass der eigentliche Web Service gar nicht aufgerufen wird, falls die Authentifizierung fehlgeschlagen ist. Solche Handler können in der Regel mehrfach wiederverwendet werden und die fachliche Logik muss nicht zusätzlich aufgebläht werden.

Mögliche Einsatzbereiche sind:

*   Authentifizierung,
*   Verschlüsselung und Entschlüsselung,
*   Protokollierung,
*   Auditing (wer hat zu welcher Zeit was getan?)

Mehrere Handler können in einer Kette angeordnet sein, die dann in der Reihenfolge ihres Auftretens durchlaufen werden.

Während *SOAP Handler* Zugriff auf die komplette SOAP-Nachricht (Header und Body) haben, können *Logical Handler* nur auf die Nutzdaten des SOAP Body zugreifen. Wir betrachten hier nur SOAP Handler.

Wir wollen im Folgenden drei Handler implementieren (Unterprojekt *filter*):

*   Der `ClientHashHandler` schreibt den Usernamen und das Passwort des Benutzers in den SOAP-Header. Passwort ist hier der Hashwert (nach dem Verfahren SHA-256) des Klartextpassworts.
*   Der `ServiceHashHandler` extrahiert den Usernamen und den Hashwert und prüft diese Angaben gegen eine Tabelle (Klasse `DataStore`), die alle registrierten Benutzer mit dem Hashwert des Klartextpassworts enthält.
*   Der `LogHandler` zeichnet aus- und eingehende SOAP-Nachrichten auf. Er wird sowohl auf der Client- als auch auf der Serverseite eingesetzt.

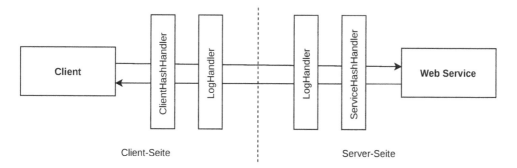

Abbildung 11-3: SOAP Handler des Beispiels

Wir demonstrieren die Wirkungsweise der Handler anhand eines sehr einfachen Web Service. Hier das SEI:

```
package demo.echo;

import jakarta.jws.WebMethod;
import jakarta.jws.WebParam;
import jakarta.jws.WebService;

@WebService
public interface Echo {
    @WebMethod
    String echo(@WebParam(name = "text") String text);
}
```

Der ClientHashHandler implementiert das Interface SOAPHandler mit vier Methoden, wobei hier nur die Methode handleMessage relevant ist.

handleMessage und handleFault liefern einen booleschen Wert zurück. Bei true wird die Verarbeitung mit evtl. weiteren Handlern fortgesetzt, bei false werden andere Handler nicht mehr ausgeführt.

handleMessage prüft zunächst, ob es sich um eine ausgehende (Request) oder eine eingehende Nachricht (Response) handelt. In diesem Beispiel muss die ausgehende SOAP-Nachricht geändert werden.

Der Hashwert wird mit Hilfe der Methoden der Klasse

```
java.security.MessageDigest
```

berechnet.

Das von ClientHashHandler erzeugte SOAP-Header-Element sieht wie folgt aus:

```
<credentials xmlns="http://handler.demo">
    <username>username</username>
    <password>Hashwert des Passworts (hexadezimal)</password>
</credentials>
```

```
package client.handler;

import jakarta.xml.ws.handler.MessageContext;
import jakarta.xml.ws.handler.soap.SOAPHandler;
import jakarta.xml.ws.handler.soap.SOAPMessageContext;

import javax.xml.namespace.QName;
import java.security.MessageDigest;
import java.security.NoSuchAlgorithmException;
import java.util.Set;

public class ClientHashHandler implements SOAPHandler<SOAPMessageContext> {
    private static final String ALGORITHM = "SHA-256";
    private final String username;
    private final String password;
```

```java
public ClientHashHandler(String username, String password) {
    this.username = username;
    this.password = password;
}

@Override
public void close(MessageContext ctx) {
}

@Override
public boolean handleFault(SOAPMessageContext ctx) {
    return true;
}

@Override
public boolean handleMessage(SOAPMessageContext ctx) {
    var outbound = (Boolean) ctx.get(MessageContext.MESSAGE_OUTBOUND_PROPERTY);

    if (outbound) {
        try {
            var msg = ctx.getMessage();
            var env = msg.getSOAPPart().getEnvelope();
            if (env.getHeader() == null)
                env.addHeader();
            var hdr = env.getHeader();
            var elem = hdr.addHeaderElement(new QName(
                    "http://handler.demo", "credentials"));
            elem.addChildElement(
                    new QName("http://handler.demo", "username"))
                    .addTextNode(username);
            elem.addChildElement(
                    new QName("http://handler.demo", "password"))
                    .addTextNode(digest(password));
            msg.saveChanges();
        } catch (Exception e) {
            throw new RuntimeException(e.getMessage());
        }
    }

    return true;
}

@Override
public Set<QName> getHeaders() {
    return null;
}

private String digest(String text) throws NoSuchAlgorithmException {
    var md = MessageDigest.getInstance(ALGORITHM);
    md.update(text.getBytes());
    var digest = md.digest();
    var sb = new StringBuilder();
    for (var b : digest) {
        sb.append(String.format("%02x", b));
    }
    return sb.toString();
}
}
```

Analog arbeitet der ServiceHashHandler. Aus einer eingehenden SOAP-Nachricht (Request) werden der Username und der Hashwert des Passworts extrahiert und geprüft, ob der Username registriert ist und ob der gesendete Hashwert mit dem beim Server gespeicherten Hashwert übereinstimmt. Diverse Fehler, die hier auftreten können, werden als *SOAP Fault* an den Client geschickt.

```java
package server.handler;

import jakarta.xml.soap.SOAPException;
import jakarta.xml.soap.SOAPHeader;
import jakarta.xml.soap.SOAPMessage;
import jakarta.xml.ws.handler.MessageContext;
import jakarta.xml.ws.handler.soap.SOAPHandler;
import jakarta.xml.ws.handler.soap.SOAPMessageContext;
import jakarta.xml.ws.soap.SOAPFaultException;

import javax.xml.namespace.QName;
import java.util.Set;

public class ServiceHashHandler implements SOAPHandler<SOAPMessageContext> {
    @Override
    public void close(MessageContext ctx) {
    }

    @Override
    public boolean handleFault(SOAPMessageContext ctx) {
        return true;
    }

    @Override
    public boolean handleMessage(SOAPMessageContext ctx) {
        var outbound = (Boolean) ctx.get(MessageContext.MESSAGE_OUTBOUND_PROPERTY);

        if (!outbound) {
            var msg = ctx.getMessage();
            SOAPHeader hdr = null;

            try {
                hdr = msg.getSOAPHeader();
            } catch (SOAPException ignored) {
            }

            if (hdr == null) {
                generateSOAPFault(msg, "Kein Header vorhanden.");
                return false;
            }

            var qn = new QName("http://handler.demo", "credentials");
            var it = hdr.getChildElements(qn);

            if (!it.hasNext()) {
                generateSOAPFault(msg, "Header 'credentials' ist nicht vorhanden.");
                return false;
            }
```

```
            var node = it.next();

            var list = node.getChildNodes();
            if (list.getLength() != 2) {
                generateSOAPFault(msg, "Header 'credentials' ist fehlerhaft.");
                return false;
            }

            var username = list.item(0).getTextContent();
            var password = list.item(1).getTextContent();

            if (username == null || password == null
                    || username.trim().length() == 0
                    || password.trim().length() == 0) {
                generateSOAPFault(msg, "Username bzw. Passwort fehlt.");
                return false;
            }

            var digest = DataStore.get(username);
            if (digest == null) {
                generateSOAPFault(msg, username + " ist nicht registriert.");
                return false;
            }

            if (!digest.equals(password)) {
                generateSOAPFault(msg, "Passwort ist falsch.");
                return false;
            }
        }

        return true;
    }

    @Override
    public Set<QName> getHeaders() {
        return null;
    }

    private void generateSOAPFault(SOAPMessage msg, String reason) {
        try {
            var body = msg.getSOAPBody();
            var fault = body.addFault();
            fault.setFaultString(reason);
            throw new SOAPFaultException(fault);
        } catch (SOAPException ignored) {
        }
    }
}
```

DataStore enthält die registrierten User mit den Hashwerten ihrer Passwörter.[8] Diese In-Memory-Lösung simuliert eine Datenbanktabelle.

---

8 Die Seite http://www.freeformatter.com/message-digest.html bietet die Möglichkeit, Hashwerte mit verschiedenen Algorithmen berechnen zu lassen.

```
package server.handler;

import java.util.HashMap;
import java.util.Map;

public class DataStore {
    private static final Map<String, String> map;

    static {
        map = new HashMap<>();
        map.put("hugo",
            "5c479f371e72181f28fc221d354a555cd2a070d68b04527d970322cc600b54d8");
        map.put("emil",
            "efbaa8cbfffc1af3afcf8082a3732e4d5111104ae3f6ef8b2545975e50497505");
    }

    public static String get(String key) {
        return map.get(key);
    }
}
```

Auch beim `LogHandler` ist nur die Methode `handleMessage` relevant. Hier wird aber sowohl auf ausgehende als auch eingehende Nachrichten reagiert. Wir nutzen das *Transformer API for XML*, um die Ausgabe des XML-Dokuments mit Zeilenumbrüchen und Einrückungen aufzubereiten, da sonst das gesamte Dokument in einer einzigen Zeile erscheinen würde.

```
package client.handler;

import jakarta.xml.soap.SOAPMessage;
import jakarta.xml.ws.handler.MessageContext;
import jakarta.xml.ws.handler.soap.SOAPHandler;
import jakarta.xml.ws.handler.soap.SOAPMessageContext;

import javax.xml.namespace.QName;
import javax.xml.transform.OutputKeys;
import javax.xml.transform.TransformerFactory;
import javax.xml.transform.stream.StreamResult;
import java.io.ByteArrayOutputStream;
import java.util.Set;
import java.util.logging.Logger;

public class LogHandler implements SOAPHandler<SOAPMessageContext> {
    private static final Logger log = Logger.getLogger(LogHandler.class.getName());

    @Override
    public void close(MessageContext ctx) {
    }

    @Override
    public boolean handleFault(SOAPMessageContext ctx) {
        log(ctx);
        return true;
    }
```

```
    @Override
    public boolean handleMessage(SOAPMessageContext ctx) {
        log(ctx);
        return true;
    }

    private static String prettyPrint(SOAPMessage msg) {
        try {
            var factory = TransformerFactory.newInstance();
            var transformer = factory.newTransformer();

            transformer.setOutputProperty(OutputKeys.INDENT, "yes");
            transformer.setOutputProperty(
                    "{http://xml.apache.org/xslt}indent-amount", "3");

            var source = msg.getSOAPPart().getContent();

            var out = new ByteArrayOutputStream();
            var result = new StreamResult(out);
            transformer.transform(source, result);

            return out.toString();
        } catch (Exception e) {
            throw new RuntimeException(e.getMessage());
        }
    }

    @Override
    public Set<QName> getHeaders() {
        return null;
    }

    private void log(SOAPMessageContext ctx) {
        var outbound = (Boolean) ctx.get(MessageContext.MESSAGE_OUTBOUND_PROPERTY);

        if (outbound) {
            log.info(" --- OUTGOING ---");
        } else {
            log.info(" --- INCOMING ---");
        }

        try {
            var msg = ctx.getMessage();
            var strMsg = prettyPrint(msg);
            log.info(strMsg);
        } catch (Exception e) {
            throw new RuntimeException(e.getMessage());
        }
    }
}
```

Die LogHandler für die Client- und Server-Seite stimmen bis auf den Paketnamen überein.

Nun müssen die Handler beim Client und beim Web Service registriert werden.

Handler registrieren

Die Implementierung des Web Service enthält die Annotation `@HandlerChain`. Die Datei *server-handler-chain.xml* muss zur Ausführung des Programms in dem Verzeichnis liegen, in dem auch `EchoImpl.class` liegt.

```
package demo.echo;

import jakarta.jws.HandlerChain;
import jakarta.jws.WebService;

@WebService(endpointInterface = "demo.echo.Echo")
@HandlerChain(file = "server-handler-chain.xml")
public class EchoImpl implements Echo {
    @Override
    public String echo(String text) {
        return text;
    }
}
```

Inhalt der Datei *server-handler-chain.xml*:

```
<?xml version="1.0" encoding="UTF-8"?>
<handler-chains xmlns="https://jakarta.ee/xml/ns/jakartaee">
    <handler-chain>
        <handler>
            <handler-class>server.handler.ServiceHashHandler</handler-class>
        </handler>
        <handler>
            <handler-class>server.handler.LogHandler</handler-class>
        </handler>
    </handler-chain>
</handler-chains>
```

Beim Client wird die Handler-Kette durch Aufruf der `Service`-Methode

```
        void setHandlerResolver(HandlerResolver handlerResolver)
```

registriert (siehe weiter unten).

Ausführungsreihenfolge

Die Ausführungsreihenfolge in der Handler-Kette ist wie folgt festgelegt: Bei ausgehenden Nachrichten startet die Verarbeitung mit dem ersten Handler in der Kette. Bei eingehenden Nachrichten ist die Reihenfolge umgekehrt (vgl. Abbildung 11-3).

```
package client;

import generated.EchoImplService;
import jakarta.xml.ws.soap.SOAPFaultException;

import java.net.MalformedURLException;
```

```
import java.net.URL;

public class EchoClient {
    public static void main(String[] args) throws MalformedURLException {
        var username = "hugo";
        var password = "oguh";

        var wsdlLocation = System.getProperty("wsdlLocation");
        var service = wsdlLocation == null ? new EchoImplService() :
                new EchoImplService(new URL(wsdlLocation));
        service.setHandlerResolver(new ClientHandlerResolver(username, password));
        var port = service.getEchoImplPort();

        try {
            var echo = port.echo("Hallo");
            System.out.println(echo);
        } catch (SOAPFaultException e) {
            System.err.println(e.getFault().getFaultString());
        }
    }
}
```

Der `ClientHandlerResolver` implementiert die Methode `getHandlerChain` des Interfaces `HandlerResolver`.

Die Reihenfolge der `add`-Aufrufe bestimmt die Reihenfolge in der Kette bei ausgehenden Nachrichten (siehe auch "Ausführungsreihenfolge" oben).

```
package client;

import client.handler.ClientHashHandler;
import client.handler.LogHandler;
import jakarta.xml.ws.handler.Handler;
import jakarta.xml.ws.handler.HandlerResolver;
import jakarta.xml.ws.handler.PortInfo;

import java.util.ArrayList;
import java.util.List;

public class ClientHandlerResolver implements HandlerResolver {
    private final String username;
    private final String password;

    public ClientHandlerResolver(String username, String password) {
        this.username = username;
        this.password = password;
    }

    @Override
    public List<Handler> getHandlerChain(PortInfo portInfo) {
        var handlerChain = new ArrayList<Handler>();
        handlerChain.add(new ClientHashHandler(username, password));
        handlerChain.add(new LogHandler());
        return handlerChain;
    }
}
```

Test

Klartextpasswort für "hugo" ist "oguh", für "emil" ist "lime".

Der in `LogHandler` verwendete `Logger` kann so konfiguriert werden, dass die Ausgabe in eine Datei gelenkt wird.

client-logging.properties hat den Inhalt:

```
handlers = java.util.logging.FileHandler
java.util.logging.FileHandler.pattern = filter/client_log.txt
java.util.logging.FileHandler.formatter = java.util.logging.SimpleFormatter
java.util.logging.FileHandler.append = true
```

server-logging.properties hat den Inhalt:

```
handlers = java.util.logging.FileHandler
org.apache.level = SEVERE
com.sun.level = SEVERE
java.util.logging.FileHandler.pattern = filter/server_log.txt
java.util.logging.FileHandler.formatter = java.util.logging.SimpleFormatter
java.util.logging.FileHandler.append = true
```

Start des Servers:

```
java -Djava.util.logging.config.file=filter/server_logging.properties
--add-opens java.base/java.lang=ALL-UNNAMED
-cp out/production/filter;../../libs/xmlws/* server.EchoPublisher localhost 8080
```

Artefakte für Client generieren:

```
java -cp ../../libs/xmlws/jaxws-tools.jar com.sun.tools.ws.WsImport -Xnocompile
-encoding UTF-8 -s filter/src -p generated http://localhost:8080/ws/echo?wsdl
```

Aufruf des Clients:

```
java -Djava.util.logging.config.file=filter/client_logging.properties
-cp out/production/filter;../../libs/xmlws/* client.EchoClient
```

Hier wird nur die Ausgabe beim Server gezeigt (Datei: *server_log.txt*). Das fettgedruckte XML-Fragment wurde vom `ClientHashHandler` eingefügt.

```
Feb. 6, 2022 2:23:04 PM server.handler.LogHandler log
INFORMATION:  --- INCOMING ---
Feb. 6, 2022 2:23:04 PM server.handler.LogHandler log
INFORMATION: <?xml version="1.0" encoding="UTF-8" standalone="no"?>
<S:Envelope xmlns:S="http://schemas.xmlsoap.org/soap/envelope/" xmlns:SOAP-
ENV="http://schemas.xmlsoap.org/soap/envelope/">
   <SOAP-ENV:Header>
      <credentials xmlns="http://handler.demo">
         <username>hugo</username>
         <password>5c479f371e72181f28fc221d354a555cd2a ... 600b54d8</password>
      </credentials>
   </SOAP-ENV:Header>
```

```
<S:Body>
    <ns2:echo xmlns:ns2="http://echo.demo/">
        <text>Hallo</text>
    </ns2:echo>
</S:Body>
</S:Envelope>

Feb. 6, 2022 2:23:05 PM server.handler.LogHandler log
INFORMATION:   --- OUTGOING ---
Feb. 6, 2022 2:23:05 PM server.handler.LogHandler log
INFORMATION: <?xml version="1.0" encoding="UTF-8" standalone="no"?>
<S:Envelope xmlns:S="http://schemas.xmlsoap.org/soap/envelope/" xmlns:SOAP-
ENV="http://schemas.xmlsoap.org/soap/envelope/">
    <SOAP-ENV:Header/>
    <S:Body>
        <ns2:echoResponse xmlns:ns2="http://echo.demo/">
            <return>Hallo</return>
        </ns2:echoResponse>
    </S:Body>
</S:Envelope>
```

SSL/TLS-Verschlüsselung

Wir wollen die Übertragung zwischen Client und Server verschlüsseln. Hierzu nutzen wir *Apache Tomcat*, erzeugen ein Server-Zertifikat und konfigurieren Server und Client so, dass die Daten verschlüsselt übertragen werden können.

Die Vorgehensweise entspricht der Darstellung in Kapitel 11.4 und Anhang A.

Die Datei *web/WEB-INF/sun-jaxws.xml* enthält die Endpoint-Beschreibung des zu veröffentlichenden Web Service:

```
<?xml version="1.0" encoding="UTF-8"?>
<endpoints xmlns="http://java.sun.com/xml/ns/jax-ws/ri/runtime" version="2.0">
    <endpoint name="echo" implementation="demo.echo.EchoImpl" url-pattern="/echo"/>
</endpoints>
```

keystore.jks und *certs.jks* müssen bereitgestellt werden. Kopieren Sie diese Dateien aus dem Projekt *certificate* (siehe Anhang A) in dieses Projektverzeichnis.

SSL-Server starten:

```
java -Djava.util.logging.config.file=filter/server_logging.properties
--add-opens=java.base/java.lang=ALL-UNNAMED
--add-opens=java.base/java.io=ALL-UNNAMED
--add-opens=java.rmi/sun.rmi.transport=ALL-UNNAMED
-cp out/production/filter;../../webserver/webserver.jar;../../libs/tomcat/*;
../../libs/xmlws/* WebServer /ws filter/web 8443 false true
```

Aufruf des SSL-Clients:

```
java -DwsdlLocation=https://localhost:8443/ws/echo?wsdl
-Djava.util.logging.config.file=filter/client_logging.properties
-Djavax.net.ssl.trustStore=certs.jks -Djavax.net.ssl.trustStorePassword=secret
-cp out/production/filter;../../libs/xmlws/* client.EchoClient
```

11.9 Contract First

Das WSDL-Dokument ist das zentrale Bindeglied zwischen Service-Nutzer und Service-Anbieter. Es beschreibt den Web Service plattform- und programmier-sprachenunabhängig.

Das WSDL-Dokument kann auf zwei Arten erstellt werden:

- *Code First*
  Es wird zunächst der Web Service in Java programmiert, daraus werden dann das WSDL-Dokument und andere Artefakte generiert. Diese Vor-gehensweise haben wir in allen Beispielen bisher gewählt.

- *Contract First*
  Es wird zuerst das WSDL-Dokument (z. B. von Hand oder mit geeigneten Tools) erstellt und hieraus der notwendige Java-Code generiert. Auf dieser Basis wird dann die Anwendungslogik des Web Service implementiert.

Bei beiden Vorgehensweisen werden die Artefakte zur Entwicklung des Clients aus dem WSDL-Dokument generiert.

Nachteile des Code-First-Ansatzes

Ein WSDL-Dokument manuell zu erstellen, ist relativ aufwändig. Warum dieser Weg aber doch sinnvoll ist, zeigen die folgenden Gefahren des Code-First-Ansatzes:

- Mit der Änderung des Web Service ändert sich automatisch das WSDL-Dokument. Die Gefahr ist vorhanden, dass sich dann auch Teile der Client-Artefakte mit ändern. Eine einmal erstellte Schnittstellenbeschreibung sollte aber stabil sein. Client-Anwendungen, die gegen die veröffentlichte Schnittstelle programmiert sind, sollten nicht geändert werden müssen.

- Auch beim Wechsel des Frameworks zur Entwicklung von Web Services (Einsatz anderer Generierungstools) kann sich das WSDL-Dokument ändern. Getroffene Annahmen bei der Generierung aus der Java-Implemen-tierung können leicht zu Inkompatibilitäten führen.

- Eine komplizierte, ungeschickte Implementierung des Web Service wirkt sich möglicherweise auf das generierte WSDL-Dokument aus, sodass dieses auch nur schwer verständlich ist.

Dem Aufwand bei der manuellen Erstellung steht die Einfachheit und Schnelligkeit der automatischen WSDL-Generierung gegenüber.

Ein *Kompromiss* wäre, den Code-First-Ansatz für die erstmalige Erstellung des WSDL-Dokuments zu verwenden und bei späteren Iterationen zum Contract-First-Ansatz zu wechseln. Darüber hinaus bietet JAX-WS eine Reihe von Möglichkeiten, mit Annotationen Inhalte des WSDL-Dokuments festzulegen.

Im Folgenden wird das Vorgehen beim *Contract-First-Ansatz* demonstriert (Unterprojekt *contract_first*). Ausgangsbasis ist das WSDL-Dokument *TimeService.wsdl*. Die Datei liegt im Verzeichnis *contract_first/web1* und hat den folgenden Inhalt:

```
<?xml version="1.0" encoding="UTF-8" standalone="no"?>
<wsdl:definitions xmlns:soap="http://schemas.xmlsoap.org/wsdl/soap/"
    xmlns:tns="http://time.demo/" xmlns:wsdl="http://schemas.xmlsoap.org/wsdl/"
    xmlns:xsd="http://www.w3.org/2001/XMLSchema" name="TimeService"
    targetNamespace="http://time.demo/">
    <wsdl:documentation>Test Contract First</wsdl:documentation>
    <wsdl:types>
        <xsd:schema targetNamespace="http://time.demo/">
            <xsd:element name="getTime">
                <xsd:complexType>
                    <xsd:sequence />
                </xsd:complexType>
            </xsd:element>
            <xsd:element name="getTimeResponse">
                <xsd:complexType>
                    <xsd:sequence>
                        <xsd:element name="time" minOccurs="1" maxOccurs="1">
                            <xsd:simpleType>
                                <xsd:restriction base="xsd:string">
                                    <xsd:length value="19"></xsd:length>
                                </xsd:restriction>
                            </xsd:simpleType>
                        </xsd:element>
                    </xsd:sequence>
                </xsd:complexType>
            </xsd:element>
        </xsd:schema>
    </wsdl:types>
    <wsdl:message name="getTimeRequest">
        <wsdl:part element="tns:getTime" name="parameters" />
    </wsdl:message>
    <wsdl:message name="getTimeResponse">
        <wsdl:part element="tns:getTimeResponse" name="parameters" />
    </wsdl:message>
    <wsdl:portType name="Time">
        <wsdl:operation name="getTime">
            <wsdl:input message="tns:getTimeRequest" />
            <wsdl:output message="tns:getTimeResponse" />
        </wsdl:operation>
    </wsdl:portType>
    <wsdl:binding name="TimeServiceSOAP" type="tns:Time">
        <soap:binding style="document"
            transport="http://schemas.xmlsoap.org/soap/http" />
```

```
   <wsdl:operation name="getTime">
      <soap:operation soapAction="http://time.demo/getTime" />
      <wsdl:input>
         <soap:body use="literal" />
      </wsdl:input>
      <wsdl:output>
         <soap:body use="literal" />
      </wsdl:output>
   </wsdl:operation>
</wsdl:binding>
<wsdl:service name="TimeService">
   <wsdl:port binding="tns:TimeServiceSOAP" name="TimeServiceSOAP">
      <soap:address location="http://localhost:8080/ws/time" />
   </wsdl:port>
</wsdl:service>
</wsdl:definitions>
```

Für das Weitere können wir dieser Beschreibung entnehmen:

Element	Name	Artefakt
targetNamespace	http://time.demo/	Paket: demo.time
portType	Time	SEI
operation	getTime	Time-Methode: getTime
service	TimeService	Klasse: TimeService
port	TimeServiceSOAP	TimeService-Methode: getTimeServiceSOAP

Der fett gedruckte Teil des obigen XML-Schemas zeigt, dass der Datentyp des Rückgabewerts der Operation getTime gegenüber den Möglichkeiten der automatischen Generierung weiter eingeschränkt ist: getTime liefert eine von null verschiedene Zeichenkette der Länge 19.

Das WSDL-Dokument als *Contract* kann also Service-Anforderungen spezifizieren, die mit der Angabe der Java-Datentypen alleine nicht ausgedrückt werden können.

Implementierung des Web Service

Zunächst wird ein Webserver gestartet, der das WSDL-Dokument ausliefert:

```
java --add-opens=java.base/java.lang=ALL-UNNAMED
--add-opens=java.base/java.io=ALL-UNNAMED
--add-opens=java.rmi/sun.rmi.transport=ALL-UNNAMED
-cp ../../webserver/webserver.jar;../../libs/tomcat/*;../../libs/xmlws/*
WebServer /ws contract_first/web1 8080 false false
```

Dann werden die Java-Artefakte zur Implementierung des Web Service generiert. Der generierte Quellcode befindet sich im Paket *generated_server*:

```
java -cp ../../libs/xmlws/jaxws-tools.jar com.sun.tools.ws.WsImport -Xnocompile
-encoding UTF-8 -s contract_first/src -p generated_server
http://localhost:8080/ws/TimeService.wsdl
```

Nun kann der Web Service implementiert werden.

```
package demo.time;

import generated_server.Time;
import jakarta.jws.WebService;

import java.time.LocalDateTime;
import java.time.temporal.ChronoUnit;

@WebService(endpointInterface = "generated_server.Time")
public class TimeServiceImpl implements Time {
    @Override
    public String getTime() {
        return LocalDateTime.now().truncatedTo(ChronoUnit.SECONDS).toString();
    }
}
```

Der Web Service kann nun wie bekannt mit Apache Tomcat veröffentlicht werden
(siehe Kapitel 11.4). Das Verzeichnis *contract_first/web2* enthält die Endpoint-
Beschreibung und das originale WSDL-Dokument *TimeService.wsdl*.

```
java --add-opens=java.base/java.lang=ALL-UNNAMED
--add-opens=java.base/java.io=ALL-UNNAMED
--add-opens=java.rmi/sun.rmi.transport=ALL-UNNAMED
-cp out/production/contract_first;../../webserver/webserver.jar;
../../libs/tomcat/*;../../libs/xmlws/* WebServer /ws contract_first/web2 8080 false
false
```

Implementierung des Clients

Die Generierung der Artefakte für den Client erfolgt mit:

```
java -cp ../../libs/xmlws/jaxws-tools.jar com.sun.tools.ws.WsImport -Xnocompile
-encoding UTF-8 -s contract_first/src -p generated_client
http://localhost:8080/ws/TimeService.wsdl
```

Der Client:

```
package client;

import generated_client.TimeService;

import java.net.MalformedURLException;
import java.net.URL;

public class TimeServiceClient1 {
    public static void main(String[] args) throws MalformedURLException {
        var wsdlLocation = System.getProperty("wsdlLocation");
```

```
        var service = wsdlLocation == null ? new TimeService() :
                new TimeService(new URL(wsdlLocation));
        var port = service.getTimeServiceSOAP();
        var time = port.getTime();
        System.out.println(time);
    }
}
```

Die WSDL-Adresse und der qualifizierte Service-Name sind in der Klasse

```
        generated_client.TimeService
```

codiert.

Um den Service-Aufruf flexibler zu gestalten, können die Parameter zur Herstellung der Verbindung mit dem Web Service erst zur Laufzeit bestimmt werden:

```
package client;

import generated_client.Time;
import jakarta.xml.ws.Service;

import javax.xml.namespace.QName;
import java.net.MalformedURLException;
import java.net.URL;

public class TimeServiceClient2 {
    public static void main(String[] args) throws MalformedURLException {
        var wsdlLocation = System.getProperty("wsdlLocation");
        var service = Service.create(
                new URL(wsdlLocation),
                new QName("http://time.demo/", "TimeService"));

        var port = service.getPort(Time.class);
        var time = port.getTime();
        System.out.println(time);
    }
}
```

```
static Service create(java.net.URL wsdlDocumentLocation,
        javax.xml.namespace.QName serviceName)
```

erzeugt eine Service-Instanz.

```
<T> T getPort(Class<T> sei)
```

liefert zum vorgegebenen SEI (Service Endpoint Interface) einen Proxy.

11.10 Fazit

Die Beispiele haben gezeigt, dass die Entwicklung von Web Services auf der Basis von *SOAP* relativ aufwändig ist.

Daten werden zwischen Client und Server im XML-Format ausgetauscht. XML ist schwieriger zu analysieren als JSON (siehe auch Kapitel 2).

Der Vorteil von JSON im Vergleich zu XML liegt in der einfachen Handhabung. Hinzu kommt, dass Daten im JSON-Format im Vergleich zu XML platzsparender codiert sind und direkt in ein JavaScript-Objekt konvertiert werden können.

Kapitel 12 zeigt, wie Web Services mit dem Architekturstil *REST* implementiert werden können. REST-APIs sind schlank und daher für moderne Anwendungen, insbesondere in webbasierten Szenarien, sehr gut geeignet.

11.11 Aufgaben

1. Die Mosteller-Formel ist eine mathematische Formel zur Abschätzung der Körperoberfläche (m^2) aus der Körpergröße (cm) und dem Körpergewicht (kg) beim Menschen:

   ```
   Oberfläche = Math.sqrt(Größe * Gewicht) / 60.
   ```
   [9]

   Erzeugen Sie einen Web Service und einen Client.

   Lösung: siehe Unterprojekt mosteller

2. Durch eine Hash-Funktion wird eine Nachricht auf einen Hashwert mit einer festen Länge abgebildet. In Java steht hierfür die Klasse `java.security. MessageDigest` zur Verfügung.

   • Entwickeln Sie ein Testprogramm, das zu einer Textnachricht den Hashwert mit Hilfe der Algorithmen MD5, SHA-1, SHA-256 oder SHA-512 berechnet und diesen im Hexadezimal-Format ausgibt.

   • Entwickeln Sie einen Web Service mit der Operation
   ```
   String digest(String text, String algorithm)
   ```

   • Entwickeln Sie dann einen Client, der diesen Web Service aufruft.

   Lösung: siehe Unterprojekt digest

3. Veröffentlichen Sie die Web Services aus den Aufgaben 1 und 2 mit Apache Tomcat (siehe Kapitel 11.4). Das Begleitmaterial zu diesem Buch enthält auch eine einfache Webanwendung, in der der Browser mit dem Web Service aus Aufgabe 2 kommuniziert.

   Lösung: siehe Verzeichnis web

---

9 Siehe http://de.wikipedia.org/wiki/Mosteller-Formel

4. Erstellen Sie einen Web Service mit der `Oneway`-Operation

    ```
    void send(Message message),
    ```

    die eine Nachricht auf der Server-Konsole ausgibt. `message` enthält den Zeit-
    stempel, den Benutzernamen und den eigentlichen Text. Implementieren Sie
    auch einen Client.

    Lösung: siehe Unterprojekt message

5. Erstellen Sie einen Client, der den Web Service aus Aufgabe 2 asynchron
    aufruft und für die Antwort eine Callback-Methode zur Verfügung stellt.

    Lösung: siehe Unterprojekt digest_client

6. Ein Webservice soll die Operation

    ```
    Image downloadImage(String name)
    ```

    anbieten, mit der ein Bild (vom Typ PNG oder JPG) heruntergeladen werden
    kann. Nutzen Sie MTOM und die Methode

    ```
    javax.imageio.ImageIO.read
    ```

    Der Client soll das Bild in einem `JFrame` anzeigen.

    Lösung: siehe Unterprojekt image

7. Entwickeln Sie einen Handler für einen Service Ihrer Wahl, der protokolliert,
    wie lange der Service (in Millisekunden) gelaufen ist. Die Startzeit soll im
    `SOAPMessageContext` festgehalten werden. Hier der relevante Ausschnitt aus
    dem Handler:

    ```java
    @Override
    public boolean handleMessage(SOAPMessageContext ctx) {
        var outbound = (Boolean)
                ctx.get(MessageContext.MESSAGE_OUTBOUND_PROPERTY);

        if (outbound) {
            var end = Instant.now();
            var start = (Instant) ctx.get("START");
            var duration = Duration.between(start, end);
            var message = String.format(
                    "Start: %s Ende: %s Dauer: %5d ms", start.toString(),
                            end.toString(), duration.toMillis());
            log.info(message);
        } else {
            ctx.put("START", Instant.now());
        }

        return true;
    }
    ```

    Lösung: siehe Unterprojekt time

8. Erstellen Sie nach dem *Contract-First-Ansatz* einen Web Service, der die
    folgende Operation anbietet:

    ```
    List<Integer> rand(int bound, int length)
    ```

Hier das zugehörige XML-Schema:

```
<xsd:schema targetNamespace="http://rand.demo/">
    <xsd:element name="rand" type="tns:rand" />
    <xsd:element name="randResponse" type="tns:randResponse" />

    <xsd:complexType name="rand">
        <xsd:sequence>
            <xsd:element name="bound" type="xsd:int" />
            <xsd:element name="length" type="xsd:int" />
        </xsd:sequence>
    </xsd:complexType>

    <xsd:complexType name="randResponse">
        <xsd:sequence>
            <xsd:element name="return" type="xsd:int" minOccurs="0"
                    maxOccurs="unbounded" />
        </xsd:sequence>
    </xsd:complexType>
</xsd:schema>
```

Die Operation soll `length` Zufallszahlen liefern, die zwischen `0` und `bound` liegen. Entwickeln Sie auch einen Client hierzu.

Lösung: siehe Unterprojekt random

9. Entwickeln Sie die folgenden beiden Services:

   * Prüfung, ob Artikel verfügbar sind:

       ```
       @WebMethod
       boolean isAvailable(@WebParam(name = "id") int id,
           @WebParam(name = "quantity") int quantity);
       ```

   * Bestellung entgegennehmen und bei Verfügbarkeit der benötigten Menge Ausgabe des Rechnungsbetrags:

       ```
       @WebMethod
       double order(@WebParam(name = "id") int id,
           @WebParam(name = "quantity") int quantity) throws OrderFault;
       ```

Der zweite Service verwendet den ersten. Der Client soll den zweiten Service asynchron aufrufen.

Zwei Server sind zu starten: Zuerst der `AvailabilityPublisher`, dann der `OrderPublisher`.

Lösung: siehe Unterprojekt order

10. Die Website *https://www.learnwebservices.com* bietet frei verfügbare SOAP-basierte Web Services. Erstellen Sie für den Web Service

   http://www.learnwebservices.com/services/tempconverter?wsdl

einen Client, der einen Celsius-Temperaturwert in Fahrenheit umrechnen lässt.

Lösung: siehe Unterprojekt public

12 RESTful Web Services

SOAP-basierte Web Services und die im Umfeld vorhandenen Standards sind gut geeignet, die Implementierung von SOA zu ermöglichen.

Allerdings haben die XML-Nachrichten einen recht großen Overhead: viele Metadaten, wenig Nutzdaten, was u. a. Analyse und Synthese solcher Nachrichten aufwändig macht. Zudem macht die Vielzahl von sogenannten "WS-*"-Standards (Spezifikationen im Kontext von Web Services mit SOAP/WSDL) einen guten Überblick fast unmöglich.

In den letzten Jahren (seit etwa 2014) ist eine leichtgewichtige und vom Datenformat unabhängige Alternative zur Realisierung von Service-basierten Anwendungen hervorgetreten: REST (Representational State Transfer).

Im Folgenden werden die Grundlagen von REST erläutert und die Implementierung von RESTful Web Services (hier kurz *REST-Services* genannt) auf der Basis von JAX-RS (Jakarta RESTful Web Services) vorgestellt.

12.1 Die Grundprinzipien von REST

REST (*Representational State Transfer*) ist ein Architekturstil, dessen Prinzipien wichtige Eigenschaften des Web – abstrahiert von der konkreten Architektur, die HTTP zugrunde liegt – zusammenfassen.[1] Das Web ist demgemäß eine Ausprägung des REST-Architekturstils.

Im Folgenden werden die Prinzipien, die REST zugrunde liegen, vorgestellt.

Ressourcenorientierung

Jede Client-Anfrage ist auf eine *Ressource* bezogen. Ressource steht hier für eine Informationseinheit, z. B. ein Textdokument, ein Bild, ein Auftrag in einem Auftragssystem usw., kann aber auch eine Sammlung von mehreren anderen Ressourcen sein.

Adressierbarkeit

Jede Ressource wird über einen eindeutigen *URI* (*Uniform Resource Identifier*) identifiziert.

---

[1] Der Begriff REST taucht erstmalig in der im Jahr 2000 beendeten Dissertation von Roy Thomas Fielding auf: R. T. Fielding, Architectural Styles and the Design of Network-based Software Architectures, PhD thesis, University of California 2000, http://www.ics.uci.edu/~fielding/pubs/dissertation/top.htm

Ergänzende Information Die elektronische Version dieses Kapitels enthält Zusatzmaterial, auf das über folgenden Link zugegriffen werden kann https://doi.org/10.1007/978-3-658-37200-2_12.

Beispiel:

```
http://www.test.de/customers/4711
```

identifiziert den Kunden mit dem Schlüssel 4711.

Unterschiedliche Repräsentationen

Es können verschiedene *Repräsentationen* ein- und derselben Ressource existieren.
So kann ein Client eine Ressource beispielsweise im XML-, HTML- oder JSON-
Format anfordern.

Verknüpfungen

Jede Repräsentation einer Ressource versetzt den Client in einen neuen Zustand
(*State*). Die Repräsentation kann einen Hyperlink enthalten, der mitteilt, welche
Aktion er als nächste ausführen kann. Die Verwendung des Hyperlinks gibt eine
weitere Repräsentation einer anderen Ressource zurück und der Client wird in
einen neuen Zustand versetzt (Zustandsübergang, *State Transfer*). Diese
Eigenschaft wird auch als "Hypermedia As The Engine Of Application State"
(*HATEOAS*) bezeichnet.

Statuslose Kommunikation

Um die Skalierbarkeit der Anwendung zu erhöhen und die Kopplung des Clients an
den Server zu verringern, wird auf einen Client-spezifischen Sitzungsstatus
verzichtet. Es existieren also keine Benutzersitzungen in Form von Sessions oder
Cookies.

Bei jeder Anfrage werden alle notwendigen Informationen wieder neu mitge-
schickt, der Zustand wird also vom Client gehalten oder der Server erstellt für den
Status eine eigene Ressource (Beispiel: Warenkorb).

Einheitlicher Zugriff auf Ressourcen

REST definiert einen einheitlichen Satz von Standardmethoden, die auf Ressourcen
angewendet werden können: GET, POST, PUT, PATCH, DELETE, HEAD und
OPTIONS.[2]

GET

Mit GET wird die Repräsentation einer Ressource abgefragt. Da nur lesend
zugegriffen wird, kann eine Ressource auf dem Server nicht verändert werden.

---

2   Es existieren noch die HTTP-Methoden CONNECT und TRACE. Diese werden hier
    nicht behandelt.

POST

Mit POST kann eine neue Ressource mit einem vom Server bestimmten URI erstellt werden. Mit POST kann aber auch eine beliebige Verarbeitung auf dem Server angestoßen werden.

PUT

PUT wird verwendet, um eine Ressource, deren URI bereits bekannt ist, zu erstellen oder zu ändern (d. h. komplett zu überschreiben).

PATCH

Mit PATCH wird ein Teil der Ressource geändert.

DELETE

Mit DELETE wird eine Ressource gelöscht.

HEAD

Im Unterschied zu GET wird mit HEAD keine Repräsentation zurückgeliefert, sondern nur Metadaten über die Ressource (Status-Code, Header). Hiermit kann z. B. die Existenz einer Ressource geprüft werden.

OPTIONS

OPTIONS liefert Informationen über eine Ressource, z. B. welche Repräsentationsformate unterstützt werden und welche Methoden erlaubt sind.

Diese Methoden können nach den folgenden Gesichtspunkten eingeordnet werden:

Sicher

Eine Methode heißt *sicher* (*safe*), wenn der Aufruf dieser Methode den Zustand der Ressource, auf die zugegriffen wird, nicht verändern kann. In diesem Sinne sind nur die Methoden GET, HEAD und OPTIONS sicher.

Idempotent

Eine Methode heißt *idempotent*, wenn ein mehrmaliges Aufrufen der Methode den gleichen Effekt bewirkt wie ein einmaliges. In diesem Sinne sind alle Methoden mit Ausnahme von POST und PATCH idempotent.

PATCH ist nicht idempotent, da z. B. der hierdurch initiierte Update serverseitig einen Zähler der Ressource erhöhen könnte.

Ein Beispiel

Ein Service verwaltet Textnachrichten, die vom Client erzeugt und abgefragt werden können.

Durch eine POST-Anfrage an den URL `http://www.test.de/messages` kann eine neue Nachricht erstellt werden:

```
POST /messages HTTP/1.1
Content-Type: application/json
Content-Length: 22

{"text":"Nachricht A"}
```

Der Service speichert diese Nachricht mit der ID 1.

Service-Antwort:

```
HTTP/1.1 201 Created
Location: http://www.test.de/messages/1
```

Der Aufruf von `http://www.test.de/messages/1` führt zur GET-Anfrage

```
GET /messages/1 HTTP/1.1
Accept: application/json
```

mit der Antwort:

```
HTTP/1.1 200 OK
Content-Type: application/json
Content-Length: 74

{"id":1,"text":"Nachricht A","timestamp":"2022-02-
01T16:35:50.780903500Z"}
```

REST und SOAP im Vergleich

Im Gegensatz zu REST sind SOAP-basierte Web Services *operationsorientiert*, d. h. für jede Operation ist die Zugriffsschnittstelle operationsspezifisch.

REST dagegen definiert immer dieselben oben aufgeführten Standardmethoden, um auf einer Ressource operieren zu können. REST ist *ressourcenorientiert*.

12.2   Ein erstes Beispiel

Ein erstes Beispiel soll zeigen, wie REST-Services in Java mit JAX-RS entwickelt werden können.

12.2.1 Die erforderlichen Bibliotheken

Wir nutzen das im Rahmen des Java Community Process entwickelte API *Jakarta RESTful Web Services* (*JAX-RS*). Das Open-Source-Projekt *Jersey* stellt die Referenzimplementierung für JAX-RS bereit. Im Internet sind die *API-Dokumentation* und ein *User Guide* verfügbar.

Zunächst werden die Bibliotheken vorgestellt, die hier und in späteren Beispielen verwendet werden (siehe auch Angang D). Diese sind auch im Begleitmaterial zu diesem Buch vorhanden.

Bibliothek	Beschreibung
libs/rest	Jakarta RESTful WebServices / Jersey
libs/jaxb	Jakarta XML Binding
libs/multipart	Jersey Media Multipart und MIME Streaming Extension
libs/okhttp	OkHttp – ein HTTP-Client für Java-Anwendungen

Das in *libs/jaxb* enthaltene *Jakarta XML Binding* wird zur Laufzeit nur zur Verwendung von XML bei der HTTP-Methode OPTIONS und beim Abruf von WADL (siehe später) gebraucht.

libs/multipart und *libs/okhttp* werden zusätzlich zu *libs/rest* für bestimmte Anwendungen in diesem Kapitel verwendet.

12.2.2 Der Web Service

→ Projekt rest

Das Unterprojekt *messages* enthält die Pakete *rest.messages* und *client*. Wir stellen zunächst den Service vor.

Der Service `MessagesResource` verwaltet Nachrichten vom Typ `Message` zur Vereinfachung in einer `Map` im Hauptspeicher. Eine `Message` besteht aus einer eindeutigen Id, der eigentlichen Textnachricht und einem Zeitstempel.

```
package rest.messages;

public class Message {
    private int id;
    private String text;
    private String date;

    public Message() {
    }
```

```
public Message(int id, String text, String date) {
    this.id = id;
    this.text = text;
    this.date = date;
}

public int getId() {
    return id;
}

public void setId(int id) {
    this.id = id;
}

public String getText() {
    return text;
}

public void setText(String text) {
    this.text = text;
}

public String getDate() {
    return date;
}

public void setDate(String date) {
    this.date = date;
}

@Override
public String toString() {
    return "Message{" +
            "id=" + id +
            ", text='" + text + '\'' +
            ", date='" + date + '\'' +
            '}';
}
}
```

Ressourcen des Dienstes

Ressource	URI	Methode
Alle Nachrichten	messages	GET *), POST
Einzelne Nachricht	messages/{id}	GET *), PUT, DELETE
Die letzten 3 Nachrichten	messages/limited?n=3	GET **)

*) Alternative Repräsentationsformen: Text, HTML, JSON
**) Repräsentationsform: JSON

JAX-RS benutzt diverse Annotationen, um eine Service-Methode einer HTTP-Anfrage eindeutig zuordnen zu können. Diese Annotationen betreffen vor allem den Ressourcenpfad, die HTTP-Methode und den Content-Type der HTTP-Anfrage bzw. HTTP-Antwort.

Die Klasse `MessageRessource` implementiert alle Service-Methoden. Erläuterungen finden Sie am Ende des Quellcodes.

```java
package rest.messages;

import jakarta.ws.rs.*;
import jakarta.ws.rs.core.Context;
import jakarta.ws.rs.core.MediaType;
import jakarta.ws.rs.core.Response;
import jakarta.ws.rs.core.UriInfo;

import java.util.List;
import java.util.Map;
import java.util.concurrent.ConcurrentHashMap;
import java.util.concurrent.atomic.AtomicInteger;
import java.util.stream.Collectors;

@Path("messages")
public class MessageResource {
    private static final Map<Integer, Message> map;
    private static final AtomicInteger counter = new AtomicInteger();

    static {
        map = new ConcurrentHashMap<>();
    }

    @GET
    @Produces(MediaType.TEXT_PLAIN)
    public String getAllMessagesAsText() {
        var stringBuilder = new StringBuilder();
        map.values().stream()
                .sorted((m1, m2) -> -m1.getDate().compareTo(m2.getDate()))
                .forEach(m -> stringBuilder.append(m.toString()).append("\n"));
        return stringBuilder.toString();
    }

    @GET
    @Path("{id}")
    @Produces(MediaType.TEXT_PLAIN)
    public Response getMessageAsText(@PathParam("id") int id) {
        var message = map.get(id);
        if (message == null) {
            return Response.status(Response.Status.NOT_FOUND).build();
        }
        return Response.ok(message.toString()).build();
    }

    @GET
    @Produces(MediaType.TEXT_HTML)
    public String getAllMessagesAsHtml() {
```

```java
    var stringBuilder = new StringBuilder(
            "<html><head><meta charset=\"UTF-8\"></head>" +
                    "<body><table border='1'>");
    map.values().stream()
            .sorted((m1, m2) -> -m1.getDate().compareTo(m2.getDate()))
            .forEach(m -> stringBuilder.append("<tr><td>")
                    .append(m.getId())
                    .append("</td><td>")
                    .append(m.getText())
                    .append("</td><td>")
                    .append(m.getDate())
                    .append("</td></tr>")
            );
    stringBuilder.append("</table></body></html>");
    return stringBuilder.toString();
}

@GET
@Path("{id}")
@Produces(MediaType.TEXT_HTML)
public Response getMessageAsHtml(@PathParam("id") int id) {
    var message = map.get(id);
    if (message == null) {
        return Response.status(Response.Status.NOT_FOUND).build();
    }
    var stringBuilder = "<html><head><meta charset=\"UTF-8\"></head><body>" +
            message.getId() +
            "<br>" +
            message.getText() +
            "<br>" +
            message.getDate() +
            "</body></html>";
    return Response.ok(stringBuilder).build();
}

@GET
@Produces(MediaType.APPLICATION_JSON)
public List<Message> getAllMessagesAsJson() {
    return map.values().stream()
            .sorted((m1, m2) -> -m1.getDate().compareTo(m2.getDate()))
            .collect(Collectors.toList());
}

@GET
@Path("{id}")
@Produces(MediaType.APPLICATION_JSON)
public Response getMessageAsJson(@PathParam("id") int id) {
    var message = map.get(id);
    if (message == null) {
        return Response.status(Response.Status.NOT_FOUND).build();
    }
    return Response.ok(message).build();
}

@GET
@Path("limited")
@Produces(MediaType.APPLICATION_JSON)
public List<Message> getAllMessagesAsJsonLimited(
        @QueryParam("n") @DefaultValue("3") int n) {
```

```
        n = n <= 0 ? 3 : n;
        var stringBuilder = new StringBuilder();
        return map.values().stream()
                .sorted((m1, m2) -> -m1.getDate().compareTo(m2.getDate()))
                .limit(n)
                .collect(Collectors.toList());
    }

    @POST
    @Consumes(MediaType.APPLICATION_JSON)
    public Response newMessage(@Context UriInfo uriInfo, Message message) {
        var id = counter.incrementAndGet();
        message.setId(id);
        map.put(id, message);
        var location = uriInfo.getAbsolutePathBuilder()
            .path(String.valueOf(id)).build();
        return Response.created(location).build();
    }

    @PUT
    @Path("{id}")
    @Consumes(MediaType.APPLICATION_JSON)
    public Response updateMessage(@PathParam("id") int id, Message message) {
        if (map.get(id) == null) {
            return Response.status(Response.Status.NOT_FOUND).build();
        } else {
            message.setId(id);
            map.put(id, message);
            return Response.noContent().build();
        }
    }

    @DELETE
    @Path("{id}")
    public Response deleteMessage(@PathParam("id") int id) {
        if (map.get(id) != null) {
            map.remove(id);
            return Response.noContent().build();
        } else {
            return Response.status(Response.Status.NOT_FOUND).build();
        }
    }

    @POST
    @Consumes(MediaType.APPLICATION_FORM_URLENCODED)
    public Response newMessageFromForm(@Context UriInfo uriInfo,
            @FormParam("text") String text, @FormParam("date") String date) {
        var id = counter.incrementAndGet();
        var message = new Message(id, text, date);
        map.put(id, message);
        var location = uriInfo.getAbsolutePathBuilder()
            .path(String.valueOf(id)).build();
        return Response.created(location)
            .status(Response.Status.MOVED_PERMANENTLY).build();
    }
}
```

Die Annotation @Path("messages") vor der Definition der Klasse legt den Ressourcenpfad fest. Dieser kann für verschiedene Methoden ergänzt werden.

MessagesResource verwendet zur Kennzeichnung der HTTP-Methoden die Annotationen @GET, @POST, @PUT und @DELETE.

Die Annotation @GET vor der Methode getAllMessagesAsText legt fest, dass eine GET-Anfrage zur Ausführung dieser Methode führt.

Hier stehen aber mehrere Methoden zur Auswahl. Welche Methode wird nun gewählt?

Die Annotation @Produces legt fest, welchen HTTP-Content-Type die GET-Antwort hat. Die Klasse jakarta.ws.rs.core.MediaType enthält String-Konstanten zur Bezeichnung von Medientypen.

Der Client kann die gewünschte Repräsentationsform über den Wert des HTTP-Headers Accept bestimmen. In unserem Beispiel kommt als Wert *text/plain*, *text/html* oder *application/json* infrage.

Diese Form der Anforderung einer Repräsentation vonseiten des Clients wird als *Content Negotiation* bezeichnet.

Die einzige mit @GET annotierte Methode, die als Repräsentationsform *text/plain* liefert, ist getAllMessagesAsText. Hiermit ist diese dann eindeutig bestimmt.

Die Annotation @Path("{id}") enthält einen sogenannten *Template-Parameter,* hier {id}. Lautet der (relative) Ressourcenpfad der Anfrage z. B. message/1, so wird 1 dem Parameter id zugeordnet.

Die Annotation @PathParam bei einem Methodenparameter injiziert den Wert des entsprechenden Template-Parameters. Im obigen Beispiel erhält der Parameter id dann den Wert 1.

Die Klasse jakarta.ws.rs.core.Response repräsentiert die HTTP-Antwort. Sie ermöglicht außer den reinen Nutzdaten noch Status und Header-Informationen zu liefern.

Die hier verwendeten Response-Methoden sind:

static Response.ResponseBuilder noContent()
    erzeugt einen ResponseBuilder für eine "leere" Antwort.

static Response.ResponseBuilder ok(Object entity)
    erzeugt einen ResponseBuilder, der eine Repräsentation enthält.

static Response.ResponseBuilder created(URI location)
    erzeugt einen ResponseBuilder für die neu angelegte Ressource und setzt den Location-Header für die HTTP-Antwort.

static Response.ResponseBuilder status(Response.Status status)
    setzt den HTTP-Status für die Antwort.

Die `ResponseBuilder`-Methode

```
Response build()
```

erzeugt eine `Response`-Instanz.

Die Methode `getAllMessagesAsJsonLimited` im obigen Quellcode enthält zwei Annotationen zu einem Parameter:

`@QueryParam`
Der Wert des Query-Parameters (hier n) wird in den Java-Parameter injiziert.
Beispiel: `messages/limited?n=5`

`@DefaultValue`
Der angegebene Wert (hier 3) gilt, wenn ein Wert vom Client nicht mitgeliefert wurde.

Die Annotation `@Consumes` legt fest, welchen Medientyp die so annotierte Methode für die Daten in der HTTP-Anfrage erwartet.
In unserem Beispiel:

> `MediaType.APPLICATION_JSON` (JSON-Format),
> `MediaType.APPLICATION_FORM_URLENCODED` (URL-codierte Daten).

Die Annotation `@Context` zu einem Methodenparameter (hier bei `newMessage` und `newMessageFromForm`) sorgt dafür, dass das Laufzeitsystem bestimmte Objekte injiziert.

Das Interface `jakarta.ws.rs.core.UriInfo` bietet verschiedene Methoden zur Abfrage von Informationen über den URI der Anfrage.
Die Anweisung

```
var location = uriInfo.getAbsolutePathBuilder()
                      .path(String.valueOf(id)).build();
```

in der Methode `newMessage` ermittelt den absoluten Pfad der Anfrage mit einem `UriBuilder`, erweitert diesen um den Pfad mit der Id der Message und baut damit den kompletten Pfad auf.

Die Methode `newMessage` erzeugt eine neue Nachricht und speichert ihren Ressourcenpfad im Location-Header der HTTP-Antwort, sodass der Client nach Auswertung dieses Headers insbesondere die vom Service vergebene Id der neuen Nachricht erfährt.

Die in der Methode `newMessageFromForm` verwendete Annotation `@FormParam` erlaubt die Extraktion von per POST gesendeten Feldwerten eines HTML-Formulars. Ist der Client ein Browser, so führt der Status *Moved Permanently* (301) zur sofortigen Weiterleitung (Redirect mit GET) an die im Location-Header angegebene Adresse.

Die von `jakarta.ws.rs.core.Application` abgeleitete Klasse `MyApplication` sorgt
für die Registrierung der JAX-RS-Ressourcen beim Server.

```
package rest.messages;

import jakarta.ws.rs.ApplicationPath;
import jakarta.ws.rs.core.Application;

import java.util.HashSet;
import java.util.Set;

@ApplicationPath("rest")
public class MyApplication extends Application {
   private final Set<Object> singletons = new HashSet<>();
   private final Set<Class<?>> classes = new HashSet<>();

   public MyApplication() {
      singletons.add(new MessageResource());
   }

   @Override
   public Set<Class<?>> getClasses() {
      return classes;
   }

   @Override
   public Set<Object> getSingletons() {
      return singletons;
   }
}
```

Die Methode `getClasses()` liefert eine Menge von JAX-RS-Ressourcenklassen.
Für jede HTTP-Anfrage, die sich an eine dieser Klassen richtet, wird *eine neue
Instanz* dieser Klasse vom Laufzeitsystem erzeugt.

Die alternative Methode `getSingletons()` liefert eine Menge von bereits erstellten
Instanzen. Diese Instanzen werden im Gegensatz zum oben beschriebenen Verhalten für alle Anfragen an die jeweilige Klasse beibehalten.

Der Service wird mit Hilfe des Web Servers aus Anhang A bereitgestellt:
```
java --add-opens=java.base/java.lang=ALL-UNNAMED
--add-opens=java.base/java.io=ALL-UNNAMED
--add-opens=java.rmi/sun.rmi.transport=ALL-UNNAMED
-cp out/production/messages;../../webserver/webserver.jar;
../../libs/tomcat/*;../../libs/rest/*;../../libs/jaxb/* WebServer /demo . 8080
false false
```

Alternativ kann der Server auch statische Ressourcen (wie HTML-Seiten, CSS-
Stylesheets und JavaScript-Dateien) bereitstellen. Die statischen Ressourcen liegen
hier im Verzeichnis *web*.

Hierbei handelt es sich um eine kleine Webanwendung, die den bereitgestellten REST-Service nutzt. Diese befindet sich im Begleitmaterial zu diesem Buch, sie wird hier allerdings nicht beschrieben.

Der benötigte Bytecode wird in einer JAR-Datei archiviert:

```
jar --create --file messages/web/WEB-INF/lib/messages.jar
-C out/production/messages rest
```

Start des Servers:

```
java --add-opens=java.base/java.lang=ALL-UNNAMED
--add-opens=java.base/java.io=ALL-UNNAMED
--add-opens=java.rmi/sun.rmi.transport=ALL-UNNAMED
-cp ../../webserver/webserver.jar;../../libs/tomcat/*;../../libs/rest/*;
../../libs/jaxb/* WebServer /demo messages/web 8080 false false
```

12.2.3 Die Beschreibungssprache WADL

Der Aufruf von

```
<Basis-URI>/application.wadl
```

(in unserem Beispiel also `http://localhost:8080/demo/rest/application.wadl`) im Browser liefert die Beschreibung des REST-Service in einem XML-basierten Format: *Web Application Description Language* (*WADL*). Diese Beschreibung wird aus der Implementierung des Service automatisch generiert:

```
<?xml version="1.0" encoding="UTF-8" standalone="yes"?>
<application xmlns="http://wadl.dev.java.net/2009/02">
    <doc xmlns:jersey="http://jersey.java.net/"
        jersey:generatedBy="Jersey: 3.0.3 ..."/>
    <doc xmlns:jersey="http://jersey.java.net/" jersey:hint="..."/>
    <grammars>
        <include href="application.wadl/xsd0.xsd">
            <doc title="Generated" xml:lang="en"/>
        </include>
    </grammars>
    <resources base="http://localhost:8080/demo/rest/">
        <resource path="messages">
            <method id="getAllMessagesAsText" name="GET">
                <response>
                    <representation mediaType="text/plain"/>
                </response>
            </method>
            <method id="getAllMessagesAsHtml" name="GET">
                <response>
                    <representation mediaType="text/html"/>
                </response>
            </method>
            <method id="getAllMessagesAsJson" name="GET">
                <response>
                    <representation mediaType="application/json"/>
                </response>
            </method>
```

```
<method id="newMessageFromForm" name="POST">
    <request>
        <representation mediaType="application/x-www-form-urlencoded">
            <param xmlns:xs="http://www.w3.org/2001/XMLSchema"
                    name="text" style="query" type="xs:string"/>
            <param xmlns:xs="http://www.w3.org/2001/XMLSchema"
                    name="date" style="query" type="xs:string"/>
        </representation>
    </request>
    <response>
        <representation mediaType="*/*"/>
    </response>
</method>
<method id="newMessage" name="POST">
    <request>
        <representation mediaType="application/json"/>
    </request>
    <response>
        <representation mediaType="*/*"/>
    </response>
</method>
<resource path="limited">
    <method id="getAllMessagesAsJsonLimited" name="GET">
        <request>
            <param xmlns:xs="http://www.w3.org/2001/XMLSchema" name="n"
                    style="query" type="xs:int" default="3"/>
        </request>
        <response>
            <representation mediaType="application/json"/>
        </response>
    </method>
</resource>
<resource path="{id}">
    <param xmlns:xs="http://www.w3.org/2001/XMLSchema" name="id"
            style="template" type="xs:int"/>
    <method id="getMessageAsJson" name="GET">
        <response>
            <representation mediaType="application/json"/>
        </response>
    </method>
    <method id="getMessageAsText" name="GET">
        <response>
            <representation mediaType="text/plain"/>
        </response>
    </method>
    <method id="deleteMessage" name="DELETE">
        <response>
            <representation mediaType="*/*"/>
        </response>
    </method>
    <method id="updateMessage" name="PUT">
        <request>
            <representation mediaType="application/json"/>
        </request>
        <response>
            <representation mediaType="*/*"/>
        </response>
    </method>
```

```
            <method id="getMessageAsHtml" name="GET">
                <response>
                    <representation mediaType="text/html"/>
                </response>
            </method>
        </resource>
      </resource>
    </resources>
</application>
```

12.2.4 Test mit cURL

Mit dem Kommandozeilenprogramm cURL (Client for URLs, siehe Angang D) kann
der Service getestet werden. Die Kommandos sind jeweils in einer Zeile einzugeben.

Zunächst werden drei neue Nachrichten gesendet.

Die Dateien *data1.json*, *data2.json* und *data3.json* haben den Inhalt:

```
{
  "text": "Nachricht A",
  "date": "2022-02-08"
}

{
  "text": "Nachricht B",
  "date": "2022-02-09"
}

{
  "text": "Nachricht C",
  "date": "2022-02-10"
}
```

```
curl -i -X POST -H "Content-Type: application/json"
http://localhost:8080/demo/rest/messages -d @messages/data1.json
```

Ausgabe:
```
HTTP/1.1 201
Location: http://localhost:8080/demo/rest/messages/1
Content-Length: 0
Date: ...
```

```
curl -i -X POST -H "Content-Type: application/json"
http://localhost:8080/demo/rest/messages -d @messages/data2.json
```

Ausgabe:
```
HTTP/1.1 201
Location: http://localhost:8080/demo/rest/messages/2
Content-Length: 0
Date: ...
```

```
curl -i -X POST -H "Content-Type: application/json"
http://localhost:8080/demo/rest/messages -d @messages/data3.json
```

Ausgabe:

```
HTTP/1.1 201
Location: http://localhost:8080/demo/rest/messages/3
Content-Length: 0
Date: ...
```

Lesen im Text-Format:

```
curl -i -X GET -H "Accept: text/plain" http://localhost:8080/demo/rest/messages
```

Ausgabe:

```
HTTP/1.1 200
Content-Type: text/plain
Content-Length: 159
Date: ...

Message{id=3, text='Nachricht C', date='2022-02-10'}
Message{id=2, text='Nachricht B', date='2022-02-09'}
Message{id=1, text='Nachricht A', date='2022-02-08'}
```

```
curl -i -X GET -H "Accept: text/plain" http://localhost:8080/demo/rest/messages/1
```

Ausgabe:

```
HTTP/1.1 200
Content-Type: text/plain
Content-Length: 52
Date: Thu, 25 Nov 2021 17:48:35 GMT

Message{id=1, text='Nachricht A', date='2022-02-08'}
```

Lesen im HTML-Format:

```
curl -i -X GET -H "Accept: text/html" http://localhost:8080/demo/rest/messages
```

Ausgabe:

```
HTTP/1.1 200
Content-Type: text/html
Content-Length: 261
Date: ...

<html><head><meta charset="UTF-8"></head><body><table border='1'>
<tr><td>3</td><td>Nachricht C</td><td>2022-02-10</td></tr>
<tr><td>2</td><td>Nachricht B</td><td>2022-02-09</td></tr>
<tr><td>1</td><td>Nachricht A</td><td>2022-02-08</td></tr>
</table></body></html>
```

```
curl -i -X GET -H "Accept: text/html" http://localhost:8080/demo/rest/messages/1
```

Ausgabe:

```
HTTP/1.1 200
Content-Type: text/html
Content-Length: 91
Date: ...

<html><head><meta charset="UTF-8"></head><body>
1<br>Nachricht A<br>2022-02-08
</body></html>
```

Lesen im JSON-Format:

```
curl -i -X GET -H "Accept: application/json"
http://localhost:8080/demo/rest/messages
```

Ausgabe:

```
HTTP/1.1 200
Content-Type: application/json
Content-Length: 151
Date: ...

[{"date":"2022-02-10","id":3,"text":"Nachricht C"},
{"date":"2022-02-09","id":2,"text":"Nachricht B"},
{"date":"2022-02-08","id":1,"text":"Nachricht A"}]
```

```
curl -i -X GET -H "Accept: application/json"
http://localhost:8080/demo/rest/messages/1
```

Ausgabe:

```
HTTP/1.1 200
Content-Type: application/json
Content-Length: 49
Date: ...

{"date":"2022-02-08","id":1,"text":"Nachricht A"}
```

```
curl -i -X GET -H "Accept: application/json"
http://localhost:8080/demo/rest/messages/limited?n=2
```

Ausgabe:

```
HTTP/1.1 200
Content-Type: application/json
Content-Length: 101
Date: ...

[{"date":"2022-02-10","id":3,"text":"Nachricht C"},
{"date":"2022-02-09","id":2,"text":"Nachricht B"}]
```

Änderung der Nachricht mit der ID 1:

```
curl -i -X PUT -H "Content-Type: application/json"
http://localhost:8080/demo/rest/messages/1 -d @messages/data4.json
```

Die Datei *data4.json* hat den Inhalt:

```
{
  "text": "Nachricht AAA",
  "date": "2022-02-08"
}
```

Ausgabe:
```
HTTP/1.1 204
Date: ...
```

Löschen der Nachricht mit der ID 2:

```
curl -i -X DELETE http://localhost:8080/demo/rest/messages/2
```

Ausgabe:
```
HTTP/1.1 204
Date: ...
```

Neue Nachricht im URL-codierten Format senden:

```
curl -i -X POST -H "Content-Type: application/x-www-form-urlencoded"
http://localhost:8080/demo/rest/messages -d "text=Neue Nachricht&date=2022-02-11"
```

Ausgabe:
```
HTTP/1.1 301
Location: http://localhost:8080/demo/rest/messages/4
Content-Length: 0
Date: ...
```

Alle Nachrichten im Text-Format ausgeben:

```
curl -i -X GET -H "Accept: text/plain" http://localhost:8080/demo/rest/messages
```

Ausgabe:
```
HTTP/1.1 200
Content-Type: text/plain
Content-Length: 164
Date: Thu, 25 Nov 2021 18:14:58 GMT

Message{id=4, text='Neue Nachricht', date='2022-02-11'}
Message{id=3, text='Nachricht C', date='2022-02-10'}
Message{id=1, text='Nachricht AAA', date='2022-02-08'}
```

Anstelle von cURL kann auch das grafische Tool *Postman* genutzt werden, um REST-Anfragen zu senden (siehe Anhang D).

12.2.5 Ein Java-Client

Mit Hilfe von `java.net.http.HttpClient` (siehe Kapitel 9.6) können wir einen Java-Client realisieren.

```java
package client;

import jakarta.json.bind.JsonbBuilder;
import rest.messages.Message;

import java.io.IOException;
import java.net.URI;
import java.net.http.HttpClient;
import java.net.http.HttpRequest;
import java.net.http.HttpResponse;
import java.util.ArrayList;
import java.util.List;

public class Client1 {
    private static String BASE_URI;
    private final HttpClient client = HttpClient.newBuilder()
            .version(HttpClient.Version.HTTP_1_1)
            .build();

    public static void main(String[] args) throws Exception {
        BASE_URI = args[0];

        var c = new Client1();

        c.post("/messages", "Nachricht A", "2022-02-08");
        c.post("/messages", "Nachricht B", "2022-02-09");
        c.post("/messages", "Nachricht C", "2022-02-10");

        c.get("/messages", "text/plain");
        c.get("/messages/1", "text/plain");

        c.get("/messages", "text/html");
        c.get("/messages/1", "text/html");

        c.get("/messages", "application/json");
        c.get("/messages/1", "application/json");
        c.get("/messages/limited?n=2", "application/json");

        c.getMessagesAsObjects();
        c.getMessageAsObject(1);

        c.head("/messages");
        c.head("/messages/1");

        c.options("/messages");
        c.options("/messages/1");

        c.put("/messages/1", "Nachricht AAA", "2022-02-08");
        c.delete("/messages/2");

        c.get("/messages", "text/plain");
    }
```

```
private void get(String uri, String mediaType) throws IOException,
        InterruptedException {
    System.out.println("\n--- GET " + BASE_URI + uri + " " + mediaType);
    var request = HttpRequest.newBuilder()
            .uri(URI.create(BASE_URI + uri))
            .header("Accept", mediaType)
            .GET()
            .build();
    var response = client.send(request, HttpResponse.BodyHandlers.ofString());
    var code = response.statusCode();
    System.out.println("Status: " + code);
    if (code == 200)
        System.out.println(response.body());
}

private void getMessagesAsObjects() throws IOException, InterruptedException {
    System.out.println("\n--- getMessagesAsObjects");
    var request = HttpRequest.newBuilder()
            .uri(URI.create(BASE_URI + "/messages"))
            .header("Accept", "application/json")
            .GET()
            .build();
    var response = client.send(request, HttpResponse.BodyHandlers.ofString());
    var code = response.statusCode();
    System.out.println("Status: " + code);
    if (code == 200) {
        var jsonb = JsonbBuilder.create();
        List<Message> list = jsonb.fromJson(response.body(),
                new ArrayList<Message>() {
        }.getClass().getGenericSuperclass());
        for (var message : list) {
            System.out.println(message);
        }
    }
}

private void getMessageAsObject(int id) throws IOException,
        InterruptedException {
    System.out.println("\n--- getMessageAsObject");
    var request = HttpRequest.newBuilder()
            .uri(URI.create(BASE_URI + "/messages/" + id))
            .header("Accept", "application/json")
            .GET()
            .build();
    var response = client.send(request, HttpResponse.BodyHandlers.ofString());
    var code = response.statusCode();
    System.out.println("Status: " + code);
    if (code == 200) {
        var jsonb = JsonbBuilder.create();
        var message = jsonb.fromJson(response.body(), Message.class);
        System.out.println(message);
    }
}

private void head(String uri) throws IOException, InterruptedException {
    System.out.println("\n--- HEAD " + BASE_URI + uri);
    var request = HttpRequest.newBuilder()
            .uri(URI.create(BASE_URI + uri))
```

```
                    .method("HEAD", HttpRequest.BodyPublishers.noBody())
                    .build();
        var response = client.send(request, HttpResponse.BodyHandlers.ofString());
        var code = response.statusCode();
        System.out.println("Status: " + code);
    }

    private void options(String uri) throws IOException, InterruptedException {
        System.out.println("\n--- OPTIONS " + BASE_URI + uri);
        var request = HttpRequest.newBuilder()
                    .uri(URI.create(BASE_URI + uri))
                    .method("OPTIONS", HttpRequest.BodyPublishers.noBody())
                    .build();
        var response = client.send(request, HttpResponse.BodyHandlers.ofString());
        var code = response.statusCode();
        System.out.println("Status: " + code);
        System.out.println(response.body());
    }

    private void post(String uri, String text, String date) throws IOException,
            InterruptedException {
        System.out.println("\n--- POST " + BASE_URI + uri);
        var message = new Message();
        message.setText(text);
        message.setDate(date);
        var jsonb = JsonbBuilder.create();
        var request = HttpRequest.newBuilder()
                    .uri(URI.create(BASE_URI + uri))
                    .header("Content-Type", "application/json")
                    .POST(HttpRequest.BodyPublishers.ofString(jsonb.toJson(message)))
                    .build();
        var response = client.send(request, HttpResponse.BodyHandlers
                        .discarding());
        var code = response.statusCode();
        if (code == 201) {
            var location = response.headers().firstValue("Location").get();
            System.out.println("Location: " + location);
        }
    }

    private void put(String uri, String text, String date) throws IOException,
            InterruptedException {
        System.out.println("\n--- PUT " + BASE_URI + uri);
        var jsonb = JsonbBuilder.create();
        var message = new Message();
        message.setText(text);
        message.setDate(date);
        var request = HttpRequest.newBuilder()
                    .uri(URI.create(BASE_URI + uri))
                    .header("Content-Type", "application/json")
                    .PUT(HttpRequest.BodyPublishers.ofString(jsonb.toJson(message)))
                    .build();
        var response = client.send(request, HttpResponse.BodyHandlers
                        .discarding());
        var code = response.statusCode();
        System.out.println("Status: " + code);
    }
```

```
    private  void delete(String uri) throws IOException, InterruptedException {
        System.out.println("\n--- DELETE " + BASE_URI + uri);
        var request = HttpRequest.newBuilder()
                .uri(URI.create(BASE_URI + uri))
                .DELETE()
                .build();
        var response = client.send(request, HttpResponse.BodyHandlers
                        .discarding());
        var code = response.statusCode();
        System.out.println("Status: " + code);
    }
}
```

Aufruf des Clients:

```
java -cp out/production/messages;../../libs/json/* client.Client1
http://localhost:8080/demo/rest
```

Ausgabe:

```
--- POST http://localhost:8080/demo/rest/messages
Location: http://localhost:8080/demo/rest/messages/1

--- POST http://localhost:8080/demo/rest/messages
Location: http://localhost:8080/demo/rest/messages/2

--- POST http://localhost:8080/demo/rest/messages
Location: http://localhost:8080/demo/rest/messages/3

--- GET http://localhost:8080/demo/rest/messages text/plain
Status: 200
Message{id=3, text='Nachricht C', date='2022-02-10'}
Message{id=2, text='Nachricht B', date='2022-02-09'}
Message{id=1, text='Nachricht A', date='2022-02-08'}


--- GET http://localhost:8080/demo/rest/messages/1 text/plain
Status: 200
Message{id=1, text='Nachricht A', date='2022-02-08'}

--- GET http://localhost:8080/demo/rest/messages text/html
Status: 200
<html><head><meta charset="UTF-8"></head><body><table border='1'>
<tr><td>3</td><td>Nachricht C</td><td>2022-02-10</td></tr>
<tr><td>2</td><td>Nachricht B</td><td>2022-02-09</td></tr>
<tr><td>1</td><td>Nachricht A</td><td>2022-02-08</td></tr>
</table></body></html>

--- GET http://localhost:8080/demo/rest/messages/1 text/html
Status: 200
<html><head><meta charset="UTF-8"></head>
<body>1<br>Nachricht A<br>2022-02-08</body>
</html>

--- GET http://localhost:8080/demo/rest/messages application/json
Status: 200

[{"date":"2022-02-10","id":3,"text":"Nachricht C"},
```

```
{"date":"2022-02-09","id":2,"text":"Nachricht B"},
{"date":"2022-02-08","id":1,"text":"Nachricht A"}]

--- GET http://localhost:8080/demo/rest/messages/1 application/json
Status: 200
{"date":"2022-02-08","id":1,"text":"Nachricht A"}

--- GET http://localhost:8080/demo/rest/messages/limited?n=2 application/json
Status: 200
[{"date":"2022-02-10","id":3,"text":"Nachricht C"},
{"date":"2022-02-09","id":2,"text":"Nachricht B"}]

--- getMessagesAsObjects
Status: 200
Message{id=3, text='Nachricht C', date='2022-02-10'}
Message{id=2, text='Nachricht B', date='2022-02-09'}
Message{id=1, text='Nachricht A', date='2022-02-08'}

--- getMessageAsObject
Status: 200
Message{id=1, text='Nachricht A', date='2022-02-08'}

--- HEAD http://localhost:8080/demo/rest/messages
Status: 200

--- HEAD http://localhost:8080/demo/rest/messages/1
Status: 200

--- OPTIONS http://localhost:8080/demo/rest/messages
Status: 200
<?xml version="1.0" encoding="UTF-8" standalone="yes"?>
<application xmlns="http://wadl.dev.java.net/2009/02">

    entspricht der Ausgabe in Kapitel 12.2.3

</application>


--- OPTIONS http://localhost:8080/demo/rest/messages/1
Status: 200
<?xml version="1.0" encoding="UTF-8" standalone="yes"?>
<application xmlns="http://wadl.dev.java.net/2009/02">
    <doc xmlns:jersey="http://jersey.java.net/"
       jersey:generatedBy="Jersey: 3.0.3 ..."/>
    <grammars>
       <include href="http://localhost:8080/demo/rest/application.wadl/xsd0.xsd">
          <doc title="Generated" xml:lang="en"/>
       </include>
    </grammars>
    <resources base="http://localhost:8080/demo/rest/">
        <resource path="messages/1">
            <method id="getMessageAsText" name="GET">
                <response>
                    <representation mediaType="text/plain"/>
                </response>
            </method>


            <method id="getMessageAsJson" name="GET">
```

```
            <response>
                <representation mediaType="application/json"/>
            </response>
        </method>
        <method id="getMessageAsHtml" name="GET">
            <response>
                <representation mediaType="text/html"/>
            </response>
        </method>
        <method id="updateMessage" name="PUT">
            <request>
                <representation mediaType="application/json"/>
            </request>
            <response>
                <representation mediaType="*/*"/>
            </response>
        </method>
        <method id="deleteMessage" name="DELETE">
            <response>
                <representation mediaType="*/*"/>
            </response>
        </method>
    </resource>
  </resources>
</application>


--- PUT http://localhost:8080/demo/rest/messages/1
Status: 204

--- DELETE http://localhost:8080/demo/rest/messages/2
Status: 204

--- GET http://localhost:8080/demo/rest/messages text/plain
Status: 200
Message{id=3, text='Nachricht C', date='2022-02-10'}
Message{id=1, text='Nachricht AAA', date='2022-02-08'}
```

12.2.6 Das Client-API von JAX-RS

JAX-RS bietet ein Client-API, dessen Implementierung intern Objekte ins JSON-Format konvertiert und umgekehrt.

Mit Hilfe der Klassenmethode `jakarta.ws.rs.client.ClientBuilder.newClient()` wird eine Instanz vom Typ des Interface `jakarta.ws.rs.client.Client` erzeugt.

Die `Client`-Methode

```
        WebTarget target(String uri)
```

liefert zum vorgegebenen URI `uri` ein Ressourcenziel.

Das Interface `javax.ws.rs.client.WebTarget` enthält u. a. die Methode

```
        Invocation.Builder request(),
```

die den Aufbau einer Anfrage startet.

Das Interface `jakarta.ws.rs.client.Invocation.Builder` bietet diverse Methoden. Hier nutzen wir:

`Invocation.Builder accept(String... mediaTypes)`
   legt den gewünschten Medientyp fest.

`Response get()`
   ruft die GET-Methode auf und liefert die Antwort zurück.

Die Klasse `jakarta.ws.rs.core.Response` repräsentiert die HTTP-Antwort.

Die `Response`-Methode

```
<T> T readEntity(Class<T> entityType)
```

stellt den Inhalt im entsprechenden Java-Typ bereit.

Die Klasse `jakarta.ws.rs.client.Entity<T>` repräsentiert die Nutzdaten, die gesendet werden.

`static <T> Entity<T> entity(T entity, MediaType mediaType)`
   erzeugt ein `Entity`-Objekt mit den Daten `entity` und dem Content-Type `mediaType`.

Weitere `Response`-Methoden:

`URI getLocation()`
   liefert den Wert des Location-Headers.

`int getStatus()`
   liefert den HTTP-Status der Antwort.

`Response.StatusType getStatusInfo()`
   liefert die komplette Status-Information der Antwort.

Die Klasse `jakarta.ws.rs.core.GenericType<T>` repräsentiert einen generischen Entity-Typ `T` (vgl. auch Kapitel 2.2, Abschnitt "Deserialisierung").

```java
package client;

import jakarta.ws.rs.client.Client;
import jakarta.ws.rs.client.ClientBuilder;
import jakarta.ws.rs.client.Entity;
import jakarta.ws.rs.core.GenericType;
import jakarta.ws.rs.core.MediaType;
import jakarta.ws.rs.core.Response;
import rest.messages.Message;

import java.util.List;

public class Client2 {
    private static String BASE_URI;
    private final Client client = ClientBuilder.newClient();

    public static void main(String[] args) {
        BASE_URI = args[0];
        var c = new Client2();
```

```
        c.post("/messages", "Nachricht A", "2022-02-08");
        c.post("/messages", "Nachricht B", "2022-02-09");
        c.post("/messages", "Nachricht C", "2022-02-10");

        c.get("/messages", "text/plain");
        c.get("/messages/1", "text/plain");

        c.get("/messages", "text/html");
        c.get("/messages/1", "text/html");

        c.get("/messages", "application/json");
        c.get("/messages/1", "application/json");
        c.get("/messages/limited?n=2", "application/json");

        c.getMessagesAsObjects();
        c.getMessageAsObject(1);

        c.head("/messages");
        c.head("/messages/1");

        c.options("/messages");
        c.options("/messages/1");

        c.put("/messages/1", "Nachricht AAA", "2022-02-08");
        c.delete("/messages/2");

        c.get("/messages", "text/plain");
    }

    private void get(String uri, String mediaType) {
        System.out.println("\n--- GET " + BASE_URI + uri + " " + mediaType);
        var target = client.target(BASE_URI + uri);
        var response = target.request().accept(mediaType).get();
        if (status(response) == 200)
            System.out.println(response.readEntity(String.class));
    }

    private void getMessagesAsObjects() {
        System.out.println("\n--- getMessagesAsObjects");
        var target = client.target(BASE_URI + "/messages");
        var response = target.request().accept(MediaType.APPLICATION_JSON).get();
        if (status(response) == 200) {
            List<Message> list = response.readEntity(new GenericType<>() {
            });
            for (var message : list) {
                System.out.println(message);
            }
        }
    }

    private void getMessageAsObject(int id) {
        System.out.println("\n--- getMessageAsObject");
        var target = client.target(BASE_URI + "/messages/" + id);
        var response = target.request().accept(MediaType.APPLICATION_JSON).get();
        if (status(response) == 200) {
            var message = response.readEntity(Message.class);
            System.out.println(message);
        }
    }
```

```java
    private void head(String uri) {
        System.out.println("\n--- HEAD " + BASE_URI + uri);
        var target = client.target(BASE_URI + uri);
        var response = target.request().head();
        status(response);
    }

    private void options(String uri) {
        System.out.println("\n--- OPTIONS " + BASE_URI + uri);
        var target = client.target(BASE_URI + uri);
        var response = target.request().accept(MediaType.WILDCARD_TYPE).options();
        System.out.println(response.readEntity(String.class));
    }

    private void post(String uri, String text, String date) {
        System.out.println("\n--- POST " + BASE_URI + uri);
        var target = client.target(BASE_URI + uri);
        var message = new Message();
        message.setText(text);
        message.setDate(date);
        var entity = Entity.entity(message, MediaType.APPLICATION_JSON);
        var response = target.request().post(entity);
        if (status(response) == 201) {
            var location = response.getLocation().toString();
            System.out.println("Location: " + location);
        }
    }

    private void put(String uri, String text, String date) {
        System.out.println("\n--- PUT " + BASE_URI + uri);
        var target = client.target(BASE_URI + uri);
        var message = new Message();
        message.setText(text);
        message.setDate(date);
        var entity = Entity.entity(message, MediaType.APPLICATION_JSON);
        var response = target.request().put(entity);
        status(response);
    }

    private void delete(String uri) {
        System.out.println("\n--- DELETE " + BASE_URI + uri);
        var target = client.target(BASE_URI + uri);
        var response = target.request().delete();
        status(response);
    }

    private int status(Response response) {
        var code = response.getStatus();
        var reason = response.getStatusInfo().getReasonPhrase();
        System.out.println("Status: " + code + " " + reason);
        return code;
    }
}
```

Aufruf des Clients:

```
java -cp out/production/messages;../../libs/rest/* client.Client2
http://localhost:8080/demo/rest
```

Die Ausgabe entspricht der Ausgabe des Programms Client1.

12.3 CRUD-Operationen mit Datenbank

Im Folgenden entwickeln wir einen Service zur Verwaltung von Kontaktdaten in einer Datenbank (Unterprojekt *contacts*). Hierzu benutzen wir das relationale Datenbanksystem MariaDB.

Wie im Anhang B erläutert ist die Datenbank *contacts_db* mit User *admin* und Passwort *secret* zu erstellen. Der Zugriff auf die Datenbank erfolgt über das JDBC-API. Zur Laufzeit muss der passende JDBC-Treiber *MariaDB Connector/J* hinzugefügt werden (*libs/mariadb*). In der Datei *context.xml* wird für den Webserver die Datenquelle als JNDI-Ressource konfiguriert.

Ein Kontakt besteht aus einer eindeutigen Id, einem Namen, einer Mailadresse und einem Kommentar:

```
package rest.contacts;

public class Contact {
    private int id;
    private String name;
    private String email;
    private String comment;

    public Contact() {
    }

    public Contact(String name, String email, String comment) {
        this.name = name;
        this.email = email;
        this.comment = comment;
    }

    public int getId() {
        return id;
    }

    public void setId(int id) {
        this.id = id;
    }

    public String getName() {
        return name;
    }
}
```

```
public void setName(String name) {
    this.name = name;
}

public String getEmail() {
    return email;
}

public void setEmail(String email) {
    this.email = email;
}

public String getComment() {
    return comment;
}

public void setComment(String comment) {
    this.comment = comment;
}

@Override
public String toString() {
    return "Contact{" +
            "id=" + id +
            ", name='" + name + '\'' +
            ", email='" + email + '\'' +
            ", comment='" + comment + '\'' +
            '}';
}
}
```

Ressourcen des Dienstes

Ressource	URI	Methode
Alle Kontakte	`contacts`	GET, POST
Einzelner Kontakt	`contacts/{id}`	GET, PUT, DELETE
Suche über Teil des Namens	`contacts/search?name=...`	GET

Der Datenaustausch erfolgt im JSON-Format.

Der Service

Die Datenbankzugriffsmethoden `create`, `insert`, `update`, `delete` und Methoden zur Auswertung (mit `select`) befinden sich alle in der Klasse `DBManager`.

Wir setzen hier grundlegende SQL- und JDBC-Kenntnisse voraus und erläutern den Quellcode deshalb nicht.

```java
package rest.contacts;

import javax.naming.InitialContext;
import javax.naming.NamingException;
import javax.sql.DataSource;
import java.sql.Connection;
import java.sql.SQLException;
import java.sql.Statement;
import java.util.ArrayList;
import java.util.List;

public class DBManager {
    private static Connection getConnection() throws NamingException, SQLException {
        var ctx = new InitialContext();
        var ds = (DataSource) ctx.lookup("java:comp/env/jdbc/myDB");
        return ds.getConnection();
    }

    public static void create() {
        try (var con = getConnection()) {
            var sql = "create table if not exists contact (" +
                    "id int auto_increment," +
                    "name varchar(50)," +
                    "email varchar(50)," +
                    "comment varchar(100)," +
                    "primary key (id))";
            var stmt = con.createStatement();
            stmt.executeUpdate(sql);
            stmt.close();
        } catch (Exception e) {
            System.err.println("DBManager.create: " + e.getMessage());
            throw new RuntimeException(e);
        }
    }

    public static int insert(Contact contact) {
        try (var con = getConnection()) {
            var sql = "insert into contact (name, email, comment) values (?,?,?)";
            var stmt = con.prepareStatement(sql, Statement.RETURN_GENERATED_KEYS);
            stmt.setString(1, contact.getName());
            stmt.setString(2, contact.getEmail());
            stmt.setString(3, contact.getComment());
            stmt.executeUpdate();
            var rs = stmt.getGeneratedKeys();
            var id = 0;
            if (rs.next())
                id = rs.getInt(1);
            stmt.close();
            return id;
        } catch (Exception e) {
            System.err.println("DBManager.insert: " + e.getMessage());
            throw new RuntimeException(e);
        }
    }

    public static int update(int id, Contact contact) {
        try (var con = getConnection()) {
            var sql =
                    "update contact set name = ?, email = ?, comment = ? where id = ?";
```

```java
            var stmt = con.prepareStatement(sql);
            stmt.setString(1, contact.getName());
            stmt.setString(2, contact.getEmail());
            stmt.setString(3, contact.getComment());
            stmt.setInt(4, id);
            var n = stmt.executeUpdate();
            stmt.close();
            return n;
        } catch (Exception e) {
            System.err.println("DBManager.update: " + e.getMessage());
            throw new RuntimeException(e);
        }
    }

    public static int delete(int id) {
        try (var con = getConnection()) {
            var sql = "delete from contact where id = ?";
            var stmt = con.prepareStatement(sql);
            stmt.setInt(1, id);
            var n = stmt.executeUpdate();
            stmt.close();
            return n;
        } catch (Exception e) {
            System.err.println("DBManager.delete: " + e.getMessage());
            throw new RuntimeException(e);
        }
    }

    public static List<Contact> query() {
        try (var con = getConnection()) {
            var sql = "select id, name, email, comment from contact order by name";
            var stmt = con.prepareStatement(sql);
            var rs = stmt.executeQuery();
            var list = new ArrayList<Contact>();
            while (rs.next()) {
                var c = new Contact();
                c.setId(rs.getInt(1));
                c.setName(rs.getString(2));
                c.setEmail(rs.getString(3));
                c.setComment(rs.getString(4));
                list.add(c);
            }
            rs.close();
            stmt.close();
            return list;
        } catch (Exception e) {
            System.err.println("DBManager.query: " + e.getMessage());
            throw new RuntimeException(e);
        }
    }

    public static List<Contact> query(String name) {
        try (var con = getConnection()) {
            var sql = "select id, name, email, comment from contact " +
                    "where name like ? order by name";
            var stmt = con.prepareStatement(sql);
            stmt.setString(1, "%" + name + "%");
            var rs = stmt.executeQuery();
            var list = new ArrayList<Contact>();
```

```
                while (rs.next()) {
                    var c = new Contact();
                    c.setId(rs.getInt(1));
                    c.setName(rs.getString(2));
                    c.setEmail(rs.getString(3));
                    c.setComment(rs.getString(4));
                    list.add(c);
                }
                rs.close();
                stmt.close();
                return list;
            } catch (Exception e) {
                System.err.println("DBManager.query(name): " + e.getMessage());
                throw new RuntimeException(e);
            }
        }
    }

    public static Contact find(int id) {
        try (var con = getConnection()) {
            var sql = "select id, name, email, comment from contact where id = ?";
            var stmt = con.prepareStatement(sql);
            stmt.setInt(1, id);
            var rs = stmt.executeQuery();
            Contact contact = null;
            if (rs.next()) {
                contact = new Contact();
                contact.setId(rs.getInt(1));
                contact.setName(rs.getString(2));
                contact.setEmail(rs.getString(3));
                contact.setComment(rs.getString(4));
            }
            rs.close();
            stmt.close();
            return contact;
        } catch (Exception e) {
            System.err.println("DBManager.find: " + e.getMessage());
            throw new RuntimeException(e);
        }
    }
}
```

Die in `MyApplication` registrierte Ressource `ContactListResource` enthält einen Konstruktor, der die DB-Tabelle *contact* in der Datenbank anlegt, sofern sie noch nicht existiert (siehe `DBManager.create()`). Man beachte, dass dieser Konstruktor nur ein einziges Mal mit dem Start des Servers aufgerufen wird.

```
package rest.contacts;

import jakarta.ws.rs.ApplicationPath;
import jakarta.ws.rs.core.Application;

import java.util.HashSet;
import java.util.Set;

@ApplicationPath("rest")
public class MyApplication extends Application {
```

```
    private final Set<Object> singletons = new HashSet<>();
    private final Set<Class<?>> classes = new HashSet<>();

    public MyApplication() {
        singletons.add(new ContactListResource());
    }

    @Override
    public Set<Class<?>> getClasses() {
        return classes;
    }

    @Override
    public Set<Object> getSingletons() {
        return singletons;
    }
}


package rest.contacts;

import jakarta.ws.rs.*;
import jakarta.ws.rs.core.Context;
import jakarta.ws.rs.core.MediaType;
import jakarta.ws.rs.core.Response;
import jakarta.ws.rs.core.UriInfo;

import java.util.List;

@Path("contacts")
public class ContactListResource {
    public ContactListResource() {
        DBManager.create();
    }

    @POST
    @Consumes(MediaType.APPLICATION_JSON)
    public Response newContact(@Context UriInfo uriInfo, Contact contact) {
        try {
            var id = DBManager.insert(contact);
            var location = uriInfo.getAbsolutePathBuilder()
                    .path(String.valueOf(id)).build();
            return Response.created(location).build();
        } catch (RuntimeException e) {
            System.err.println(e.getMessage());
            throw new WebApplicationException();
        }
    }

    @GET
    @Produces(MediaType.APPLICATION_JSON)
    public List<Contact> getContacts() {
        try {
            return DBManager.query();
        } catch (RuntimeException e) {
            System.err.println(e.getMessage());
            throw new WebApplicationException();
        }
    }
```

```
@GET
@Path("search")
@Produces(MediaType.APPLICATION_JSON)
public List<Contact> search(@QueryParam("name") @DefaultValue("") String name) {
    try {
        return DBManager.query(name);
    } catch (RuntimeException e) {
        System.err.println(e.getMessage());
        throw new WebApplicationException();
    }
}

@Path("{id}")
public ContactResource getContact(@PathParam("id") int id) {
    return new ContactResource(id);
}
}
```

`jakarta.ws.rs.WebApplicationException` ist eine von `RuntimeException` abgeleitete Klasse. Bei Auslösung einer solchen Exception wird eine HTTP-Antwort mit dem angegeben Status-Code zurückgegeben. Fehlt ein solcher Parameter wird der Status-Code 500 (Internal Server Error) zurückgegeben.

Die mit `@Path("{id}")` annotierte Methode `getContact` erzeugt eine neue Ressource vom Typ `ContactResource` und gibt diese als Ergebnis zurück. JAX-RS nutzt diese Ressource, um die Anfrage weiter zu bearbeiten.

Eine solche Ressource, die gewissermaßen Teil einer anderen Ressource ist, wird als *Subressource* bezeichnet. Diese muss in `MyApplication` nicht registriert werden.

```
package rest.contacts;

import jakarta.ws.rs.*;
import jakarta.ws.rs.core.MediaType;
import jakarta.ws.rs.core.Response;

public class ContactResource {
    private final int id;

    public ContactResource(int id) {
        this.id = id;
    }

    @GET
    @Produces(MediaType.APPLICATION_JSON)
    public Contact getContact() {
        Contact contact = null;
        try {
            contact = DBManager.find(id);
        } catch (RuntimeException e) {
            System.err.println(e.getMessage());
            throw new WebApplicationException();
        }
```

```
        if (contact == null) {
            throw new WebApplicationException(Response.Status.NOT_FOUND);
        }
        return contact;
    }

    @PUT
    @Consumes(MediaType.APPLICATION_JSON)
    public Response updateContact(Contact contact) {
        try {
            var n = DBManager.update(id, contact);
            if (n == 0) {
                return Response.status(Response.Status.NOT_FOUND).build();
            } else {
                return Response.noContent().build();
            }
        } catch (RuntimeException e) {
            System.err.println(e.getMessage());
            throw new WebApplicationException();
        }
    }

    @DELETE
    public Response deleteContact() {
        try {
            var n = DBManager.delete(id);
            if (n == 0) {
                return Response.status(Response.Status.NOT_FOUND).build();
            } else {
                return Response.noContent().build();
            }
        } catch (RuntimeException e) {
            System.err.println(e.getMessage());
            throw new WebApplicationException();
        }
    }
}
```

Zunächst muss der Datenbank-Server MariaDB (wie in Anhang A beschrieben) gestartet werden.

Start des REST-Servers:

```
java --add-opens=java.base/java.lang=ALL-UNNAMED
--add-opens=java.base/java.io=ALL-UNNAMED
--add-opens=java.rmi/sun.rmi.transport=ALL-UNNAMED
-cp out/production/contacts;../../webserver/webserver.jar;
../../libs/tomcat/*;../../libs/rest/*;../../libs/jaxb/*;../../libs/mariadb/*
WebServer /demo . 8080 false false contacts/context.xml
```

Alternativ kann der Server auch mit dem Verzeichnis *web* gestartet werden. Der benötigte Bytecode wird dazu in einer JAR-Datei archiviert:

```
jar --create --file contacts/web/WEB-INF/lib/contacts.jar
-C out/production/contacts rest
```

Start des Servers:

```
java --add-opens=java.base/java.lang=ALL-UNNAMED
--add-opens=java.base/java.io=ALL-UNNAMED
--add-opens=java.rmi/sun.rmi.transport=ALL-UNNAMED
-cp ../../webserver/webserver.jar;../../libs/tomcat/*;../../libs/rest/*;
../../libs/jaxb/*;../../libs/mariadb/* WebServer /demo contacts/web 8080 false
false contacts/context.xml
```

Der Client

Wir zeigen hier die mit JAX-RS entwickelte Variante:

```
package client;

import jakarta.ws.rs.client.Client;
import jakarta.ws.rs.client.ClientBuilder;
import jakarta.ws.rs.client.Entity;
import jakarta.ws.rs.core.GenericType;
import jakarta.ws.rs.core.MediaType;
import jakarta.ws.rs.core.Response;
import rest.contacts.Contact;

import java.util.List;

public class ContactClient {
    private static String BASE_URI;
    private final Client client = ClientBuilder.newClient();

    public static void main(String[] args) {
        BASE_URI = args[0];

        var c = new ContactClient();

        var contact1 = new Contact(
                "Mustermann, Max", "max.mustermann@web.de", "Test");
        var contact2 = new Contact(
                "Musterfrau, Maria", "maria.musterfrau@web.de", "Test");

        var id1 = c.post(contact1);
        var id2 = c.post(contact2);

        c.listContacts();

        var c1 = c.getContact(id1);
        System.out.println(c1);

        var c2 = c.getContact(id2);
        System.out.println(c2);

        c1.setName("Mustermann, Otto");
        c1.setEmail("otto.mustermann@web.de");
        c1.setComment("geändert");
        c.put(c1);

        c.search("Mustermann");
```

```
        c.delete(id2);
        c.listContacts();
    }

    private void listContacts() {
        System.out.println("\n--- listContacts");
        var target = client.target(BASE_URI + "/contacts");
        var response = target.request().accept(MediaType.APPLICATION_JSON).get();
        if (status(response) == 200) {
            List<Contact> list = response.readEntity(new GenericType<>() {
            });
            for (var contact : list) {
                System.out.println(contact);
            }
        }
    }

    private Contact getContact(int id) {
        System.out.println("\n--- getContact");
        var target = client.target(BASE_URI + "/contacts/" + id);
        var response = target.request().accept(MediaType.APPLICATION_JSON).get();
        Contact contact = null;
        if (status(response) == 200) {
            contact = response.readEntity(Contact.class);
        }
        return contact;
    }

    private int post(Contact contact) {
        System.out.println("\n--- post");
        var target = client.target(BASE_URI + "/contacts");
        var entity = Entity.entity(contact, MediaType.APPLICATION_JSON);
        var response = target.request().post(entity);
        if (status(response) == 201) {
            var location = response.getLocation().toString();
            System.out.println("Location: " + location);
            var id = location.substring(location.lastIndexOf("/") + 1);
            return Integer.parseInt(id);
        }
        return 0;
    }

    private void put(Contact contact) {
        System.out.println("\n--- put");
        var target = client.target(BASE_URI + "/contacts/" + contact.getId());
        var entity = Entity.entity(contact, MediaType.APPLICATION_JSON);
        var response = target.request().put(entity);
        status(response);
    }

    private void search(String name) {
        System.out.println("\n--- search");
        var target = client.target(BASE_URI + "/contacts/search")
                        .queryParam("name", name);
        var response = target.request().accept(MediaType.APPLICATION_JSON).get();
        if (status(response) == 200) {
            List<Contact> list = response.readEntity(new GenericType<>() {
            });
```

```
            for (var contact : list) {
                System.out.println(contact);
            }
        }
    }

    private void delete(int id) {
        System.out.println("\n--- delete");
        var target = client.target(BASE_URI + "/contacts/" + id);
        var response = target.request().delete();
        status(response);
    }

    private int status(Response response) {
        var code = response.getStatus();
        var reason = response.getStatusInfo().getReasonPhrase();
        System.out.println("Status: " + code + " " + reason);
        return code;
    }
}
```

Die WebTarget-Methode

```
        WebTarget queryParam(String name, Object... values)
```

erzeugt einen Query-Parameter.

Aufruf des Clients:

```
java -cp out/production/contacts;../../libs/rest/* client.ContactClient
http://localhost:8080/demo/rest
```

12.4   Upload und Download von Dateien

Die Klasse java.io.InputStream kann in den Zugriffsmethoden des REST-Service zum Lesen der Anfrage (Input-Daten) und für die Antwort (Output-Daten) genutzt werden.

Im folgenden Beispiel (Unterprojekt *files*) handelt es sich um einen Service zum Upload und Download von Dateien beliebigen Inhalts.

Der Service

```
package rest.files;

import jakarta.ws.rs.*;
import jakarta.ws.rs.core.MediaType;
import jakarta.ws.rs.core.Response;
import org.glassfish.jersey.media.multipart.FormDataMultiPart;

import java.io.FileInputStream;
import java.io.FileNotFoundException;
import java.io.IOException;
```

```java
import java.io.InputStream;
import java.nio.file.Files;
import java.nio.file.Paths;
import java.nio.file.StandardCopyOption;

@Path("files")
public class FileResource {
    private final static String PATH = "tmp";

    @GET
    @Path("download/{filename}")
    @Produces(MediaType.APPLICATION_OCTET_STREAM)
    public InputStream download(@PathParam("filename") String filename) {
        try {
            return new FileInputStream(PATH + "/" + filename);
        } catch (FileNotFoundException e) {
            System.err.println(e.getMessage());
            throw new WebApplicationException(Response.Status.NOT_FOUND);
        }
    }

    @PUT
    @Path("upload/{filename}")
    @Consumes(MediaType.APPLICATION_OCTET_STREAM)
    public Response upload(@PathParam("filename") String filename, InputStream is) {
        try {
            var filePath = PATH + "/" + filename;
            Files.copy(is, Paths.get(filePath), StandardCopyOption.REPLACE_EXISTING);
            System.out.println(filePath + " gespeichert");
            return Response.noContent().build();
        } catch (IOException e) {
            System.err.println(e.getMessage());
            throw new WebApplicationException();
        }
    }

    @POST
    @Path("upload")
    @Consumes(MediaType.MULTIPART_FORM_DATA)
    public Response upload(FormDataMultiPart multiPart) {
        try {
            var parts = multiPart.getFields("file");
            var files = new StringBuilder();
            for (var part : parts) {
                var is = part.getValueAs(InputStream.class);
                var disposition = part.getFormDataContentDisposition();
                var filePath = PATH + "/" + disposition.getFileName();
                Files.copy(is, Paths.get(filePath), StandardCopyOption
                                .REPLACE_EXISTING);
                System.out.println(filePath + " gespeichert");
                files.append(disposition.getFileName()).append(" ");
            }
            return Response.ok(files.toString()).build();
        } catch (Exception e) {
            System.err.println(e.getMessage());
            throw new WebApplicationException();
        }
    }
}
```

`MediaType.APPLICATION_OCTET_STREAM` legt fest, dass es sich um eine beliebige binäre Datei handelt.

JAX-RS bietet auch Unterstützung für die Verarbeitung von Dateien, die über ein Formular hochgeladen werden.

```
<form action="/demo/rest/files/upload" method="post" enctype="multipart/form-data">
    <input type="file" name="file" multiple>
    <button type="submit">Upload</button>
    <button type="reset">Reset</button>
</form>
```

Die Codierung der HTTP-Anfrage erfolgt gemäß dem Medientyp `multipart/form-data`.

Beispiel (Zwei kleine Textdateien werden hochgeladen):

Header:

```
Content-Type: multipart/form-data; boundary=----WebKitFormBoundarye9DzwNt4YzY1NciX
```

Body:

```
------WebKitFormBoundarye9DzwNt4YzY1NciX
Content-Disposition: form-data; name="file"; filename="test1.txt"
Content-Type: text/plain

Hallo
------WebKitFormBoundarye9DzwNt4YzY1NciX
Content-Disposition: form-data; name="file"; filename="test2.txt"
Content-Type: text/plain

Welt
------WebKitFormBoundarye9DzwNt4YzY1NciX--
```

Die `FormDataMultiPart`-Methode

```
        getFields
```

liefert zu einem Feldnamen eine Liste von `FormDataBodyPart`-Objekten.

Die `FormDataBodyPart`-Methode

```
        getFormDataContentDisposition
```

liefert den Content-Disposition-Header `FormDataContentDisposition` und der Aufruf von

```
        getValueAs(InputStream.class)
```

stellt den Dateiinhalt als `InputStream` zur Verfügung.

Im Konstruktor der Klasse `MyApplication` muss der *Multipart Provider* registriert werden:

```
public MyApplication() {
    singletons.add(new FileResource());
    singletons.add(new MultiPartFeature());
}
```

Das Begleitmaterial zu diesem Buch enthält auch eine etwas komfortablere Webanwendung.

Zur Compilierung und Ausführung wird zusätzlich die Bibliothek

> *libs/multipart*

(*Jersey Media Multipart* und *MIME Streaming Extension*) benötigt. Sie befindet sich im Begleitmaterial zu diesem Buch (siehe auch Anhang D).

Der Server wird mit dem Verzeichnis *web* gestartet. Der benötigte Bytecode wird dazu in einer JAR-Datei archiviert:

```
jar --create --file files/web/WEB-INF/lib/files.jar -C out/production/files rest
```

Start des Servers:

```
java --add-opens=java.base/java.lang=ALL-UNNAMED
--add-opens=java.base/java.io=ALL-UNNAMED
--add-opens=java.rmi/sun.rmi.transport=ALL-UNNAMED
-cp ../../webserver/webserver.jar;../../libs/tomcat/*;../../libs/rest/*;
../../libs/jaxb/*;../../libs/multipart/* WebServer /demo files/web 8080 false false
```

Der Client

```
package client;

import jakarta.ws.rs.client.Client;
import jakarta.ws.rs.client.ClientBuilder;
import jakarta.ws.rs.client.Entity;
import jakarta.ws.rs.core.MediaType;
import jakarta.ws.rs.core.Response;

import java.io.FileInputStream;
import java.io.FileNotFoundException;
import java.io.IOException;
import java.io.InputStream;
import java.nio.file.Files;
import java.nio.file.Paths;
import java.nio.file.StandardCopyOption;

public class FilesClient {
    private static String BASE_URI;
    private final Client client = ClientBuilder.newClient();
```

```java
public static void main(String[] args) {
    BASE_URI = args[0];

    var c = new FilesClient();

    c.upload("test.pdf");
    c.download("test.pdf");
}

private void upload(String filename) {
    var target = client.target(BASE_URI + "/files/upload/" + filename);
    try {
        var is = new FileInputStream(filename);
        var entity = Entity.entity(is, MediaType.APPLICATION_OCTET_STREAM);
        var response = target.request().put(entity);
        status(response);
    } catch (FileNotFoundException e) {
        System.err.println(e.getMessage());
    }
}

private void download(String filename) {
    var target = client.target(BASE_URI + "/files/download/" + filename);
    var response = target.request()
                    .accept(MediaType.APPLICATION_OCTET_STREAM).get();
    if (status(response) == 200) {
        try {
            var is = response.readEntity(InputStream.class);
            Files.copy(is, Paths.get(filename), StandardCopyOption
                                .REPLACE_EXISTING);
        } catch (IOException e) {
            System.err.println(e.getMessage());
        }
    }
}

private static int status(Response response) {
    var code = response.getStatus();
    var reason = response.getStatusInfo().getReasonPhrase();
    System.out.println("Status: " + code + " " + reason);
    return code;
}
}
```

Aufruf des Clients:

```
java -cp out/production/files;../../libs/rest/* client.FilesClient
http://localhost:8080/demo/rest
```

12.5 Zuverlässigkeit

Werden die HTTP-Methoden so verwendet, wie es in Kapitel 12.1 beschrieben ist, ist POST eine Methode, die nicht *idempotent* und damit prinzipiell nicht zuverlässig ist.

Besteht beim Client nach der Anfrage mit POST für die Neuanlage einer Ressource Unklarheit darüber, ob die Nachricht beim Server angekommen und verarbeitet worden ist und wird diese Anfrage wiederholt, kann im ungünstigsten Fall die Ressource zweimal erzeugt worden sein.

Zur Lösung dieser Problematik bestehen verschiedene Ansätze.[3]

12.5.1 PUT statt POST

Dieser Ansatz verwendet die idempotente Methode PUT. Allerdings muss der Client nun selbst den URI mit einem eindeutigen Schlüssel für die neue Ressource erzeugen. Dazu kann das UUID-Verfahren angewandt werden.

Der *UUID* (*Universally Unique Identifier*) besteht aus einer 16-Byte-Zahl, die mittels eines Zufallszahlenalgorithmus generiert wird. Die Wahrscheinlichkeit, dass zwei gleiche UUIDs erzeugt werden, ist verschwindend gering. Der UUID wird hexadezimal notiert und ist in fünf Gruppen unterteilt.[4]

Beispiel:

```
d55b57bb-307d-423c-a11f-047a6ed40bc1
```

Ist die Ressource mit diesem URI noch nicht vorhanden, wird sie mit PUT erzeugt, ansonsten aktualisiert.

Wir demonstrieren den Sachverhalt anhand eines einfachen REST-Service, der Aufträge verwaltet (Unterprojekt *reliable1*).

```
package rest.order;

import java.time.LocalDateTime;

public class Order {
    private String id;
    private String customer;
    private String product;
    private int quantity;
    private LocalDateTime dateTime;

    public Order() {
    }

    public Order(String id, String customer, String product, int quantity,
            LocalDateTime dateTime) {
        this.id = id;
        this.customer = customer;
        this.product = product;
```

---

3 Siehe Tilkov, S. u. a.: REST und HTTP. dpunkt.verlag, 3. Auflage 2015, Kapitel 13.2

4 https://tools.ietf.org/html/rfc4122

```
      this.quantity = quantity;
      this.dateTime = dateTime;
   }

   public String getId() {
      return id;
   }

   public void setId(String id) {
      this.id = id;
   }

   public String getCustomer() {
      return customer;
   }

   public void setCustomer(String customer) {
      this.customer = customer;
   }

   public String getProduct() {
      return product;
   }

   public void setProduct(String product) {
      this.product = product;
   }

   public int getQuantity() {
      return quantity;
   }

   public void setQuantity(int quantity) {
      this.quantity = quantity;
   }

   public LocalDateTime getDateTime() {
      return dateTime;
   }

   public void setDateTime(LocalDateTime dateTime) {
      this.dateTime = dateTime;
   }

   @Override
   public String toString() {
      return "Order{" +
            "id='" + id + '\'' +
            ", customer='" + customer + '\'' +
            ", product='" + product + '\'' +
            ", quantity=" + quantity +
            ", dateTime=" + dateTime +
            '}';
   }
}
```

```
package rest.order;

import jakarta.ws.rs.*;
import jakarta.ws.rs.core.MediaType;
import jakarta.ws.rs.core.Response;

import java.util.Map;
import java.util.concurrent.ConcurrentHashMap;

@Path("orders")
public class OrderResource {
    private static final Map<String, Order> map = new ConcurrentHashMap<>();

    @PUT
    @Path("{id}")
    @Consumes(MediaType.APPLICATION_JSON)
    public Response putOrder(@PathParam("id") String id, Order order) {
        if (map.get(id) == null) {
          map.put(id, order);
            return Response.status(Response.Status.CREATED).build();
        } else {
          map.put(id, order);
            return Response.noContent().build();
        }
    }

    @GET
    @Path("{id}")
    @Produces(MediaType.APPLICATION_JSON)
    public Response getOrder(@PathParam("id") String id) {
        var order = map.get(id);
        if (order == null) {
            return Response.status(Response.Status.NOT_FOUND).build();
        } else {
            return Response.ok(order).build();
        }
    }
}
```

12.5.2 Kombination von POST und PUT

Das Anlegen einer neuen Ressource läuft hier (Unterprojekt *reliable2*) in mehreren
Schritten ab:

- Der Client legt per POST auf dem Server eine neue, "leere" Ressource an.
- Der Server liefert den URI der neuen Ressource im Location-Header.
- Der Client übermittelt nun die eigentlichen Daten per PUT an diesen URI.
- Der Server aktualisiert die Ressource.

POST ohne anschließendes PUT würde beim Server eine ungenutzte, "leere"
Ressource übrig lassen. Der Server muss deshalb diese "leeren" Ressourcen in
regelmäßigen Abständen entfernen.

Im Vergleich zu einem einzelnen POST oder dem vorhergehenden Verfahren erhöht sich die Anzahl der Netzwerkinteraktionen.

```java
package rest.order;

import jakarta.ws.rs.*;
import jakarta.ws.rs.core.Context;
import jakarta.ws.rs.core.MediaType;
import jakarta.ws.rs.core.Response;
import jakarta.ws.rs.core.UriInfo;

import java.util.Map;
import java.util.concurrent.ConcurrentHashMap;
import java.util.concurrent.atomic.AtomicInteger;

@Path("orders")
public class OrderResource {
    private static final Map<String, Order> map = new ConcurrentHashMap<>();
    private static final AtomicInteger counter = new AtomicInteger();

    @POST
    @Consumes(MediaType.APPLICATION_JSON)
    public Response emptyOrder(@Context UriInfo uriInfo) {
        var id = String.valueOf(counter.incrementAndGet());
        var empty = new Order();
        map.put(id, empty);
        var location = uriInfo.getAbsolutePathBuilder().path(id).build();
        return Response.created(location).build();
    }

    @PUT
    @Path("{id}")
    @Consumes(MediaType.APPLICATION_JSON)
    public Response updateOrder(@PathParam("id") String id, Order order) {
        if (map.get(id) == null) {
            return Response.status(Response.Status.NOT_FOUND).build();
        }
        order.setId(id);
        map.put(id, order);
        return Response.noContent().build();
    }

    @GET
    @Path("{id}")
    @Produces(MediaType.APPLICATION_JSON)
    public Response getOrder(@PathParam("id") String id) {
        var order = map.get(id);
        if (order == null) {
            return Response.noContent().status(Response.Status.NOT_FOUND).build();
        } else {
            return Response.ok(order).build();
        }
    }

    @DELETE
    public void clean() {
        for (String key : map.keySet()) {
            var id = map.get(key).getId();
```

```
                if (id == null) {
                    map.remove(key);
                    System.out.println("Leere Ressource zu " + key + " wurde entfernt.");
                }
            }
        }
    }
}
```

POST legt eine neue, aber "leere" Ressource an und liefert den URI dieser Ressource an den Client zurück. Mit PUT wird diese Ressource "gefüllt", insbesondere wird das Feld id von Order belegt.

Die Methode clean sorgt dafür, alle leeren Ressourcen zu entfernen.

```
package client;

import jakarta.ws.rs.client.Client;
import jakarta.ws.rs.client.ClientBuilder;
import jakarta.ws.rs.client.Entity;
import jakarta.ws.rs.core.MediaType;
import jakarta.ws.rs.core.Response;
import rest.order.Order;

import java.time.LocalDateTime;

public class OrderClient {
    private static String BASE_URI;
    private final Client client = ClientBuilder.newClient();

    public static void main(String[] args) {
        BASE_URI = args[0];

        var c = new OrderClient();

        String uri = c.post();
        System.out.println(uri);

        // order.id wird vom Server gesetzt.
        Order order = new Order(null, "4711", "P001", 10, LocalDateTime.now());
        c.put(uri, order);

        order = c.get(uri);
        System.out.println(order);

        // Diese neue Ressource bleibt leer.
        uri = c.post();
        System.out.println(uri);
    }

    private String post() {
        var target = client.target(BASE_URI + "/orders");
        var empty = new Order();
        var entity = Entity.entity(empty, MediaType.APPLICATION_JSON);
        var response = target.request().post(entity);
        String location = null;
```

```
        if (status(response) == 201) {
            location = response.getLocation().toString();
        }
        return location;
    }

    private void put(String uri, Order order) {
        var target = client.target(uri);
        var entity = Entity.entity(order, MediaType.APPLICATION_JSON);
        var response = target.request().put(entity);
        status(response);
    }

    private Order get(String uri) {
        var target = client.target(uri);
        var response = target.request().get();
        Order order = null;
        if (status(response) == 200) {
            order = response.readEntity(Order.class);
        }
        return order;
    }

    private int status(Response response) {
        var code = response.getStatus();
        var reason = response.getStatusInfo().getReasonPhrase();
        System.out.println("Status: " + code + " " + reason);
        return code;
    }
}
```

Mit der folgenden REST-Anfrage wird die Methode clean aus OrderResource
aufgerufen.

```
package client;

import jakarta.ws.rs.client.ClientBuilder;

public class CleanClient {
    public static void main(String[] args) {
        final var BASE_URI = args[0];
        var client = ClientBuilder.newClient();
        var target = client.target(BASE_URI + "/orders");
        var response = target.request().delete();
        int status = response.getStatus();
        System.out.println("Status: " + status + " " + response.getStatusInfo()
                .getReasonPhrase());
    }
}
```

12.6 Parallelzugriffe

Wenn mehrere Clients zur selben Zeit dieselbe Ressource aktualisieren wollen, können Probleme (*Lost Update*) auftreten.

Beispiel:

Client A liest den Auftrag 1 mit dem *quantity*-Wert 10 in der Absicht diesen zu ändern. Client B liest ebenfalls den Auftrag 1 und erhöht die Menge von 10 um 1 auf 11. Danach erhöht Client A die Menge um 2. Die Menge enthält am Ende den Wert 12 und nicht 13. Wer zuletzt schreibt, gewinnt!

Bei relationalen Datenbanksystemen werden üblicherweise derartige Aktionen in einer Datenbank-Transaktion ausgeführt. Je nach verwendetem Sperrmechanismus können dann solche Phänomene verhindert werden.

In unserem REST-Beispiel (Unterprojekt *parallel*) können wir den *Lost Update* durch den Einsatz einer *optimistischen Nebenläufigkeitskontrolle* verhindern:[5]

Zu diesem Zweck wird ein Hashwert der Ressource vom Server erzeugt und im Header *ETag* (*Entity-Tag*) gesendet. Zur Berechnung des Hashwerts können verschiedene Algorithmen eingesetzt werden: MD5, SHA-1, SHA-256 oder SHA-512.

GET liefert nun neben der Repräsentation auch das aktuelle *ETag* der Ressource. PUT sendet dieses *ETag* in einem *If-Match-Header*. Der Service vergleicht nun das aktuelle *ETag* der zu ändernden Ressource mit dem gerade erhaltenen *ETag*. Stimmen beide überein, wird die Änderung vollzogen, ansonsten erhält der Client die Fehlermeldung *412 Precondition Failed*.

Die Klasse `Order` wurde dem Beispiel in Kapitel 12.5 entnommen.

```
package rest.order;

import jakarta.ws.rs.*;
import jakarta.ws.rs.core.Context;
import jakarta.ws.rs.core.MediaType;
import jakarta.ws.rs.core.Response;
import jakarta.ws.rs.core.UriInfo;

import java.security.MessageDigest;
import java.security.NoSuchAlgorithmException;
import java.util.Map;
import java.util.concurrent.ConcurrentHashMap;
import java.util.concurrent.atomic.AtomicInteger;

@Path("orders")
public class OrderResource {
    private static final Map<String, Order> map = new ConcurrentHashMap<>();
    private static final AtomicInteger counter = new AtomicInteger();
```

---

5   Siehe Tilkov, S. u. a.: REST und HTTP. dpunkt.verlag, 3. Auflage 2015, Kapitel 13.4

```
@POST
@Consumes(MediaType.APPLICATION_JSON)
public Response newOrder(@Context UriInfo uriInfo, Order order) {
    var id = String.valueOf(counter.incrementAndGet());
    order.setId(id);
    map.put(id, order);
    var location = uriInfo.getAbsolutePathBuilder().path(id).build();
    return Response.created(location).build();
}

@PUT
@Path("{id}")
@Consumes(MediaType.APPLICATION_JSON)
public Response updateOrder(
        @HeaderParam("If-Match") String tag,
        @PathParam("id") String id, Order order) {
    var oldOrder = map.get(id);
    if (oldOrder == null) {
        return Response.status(Response.Status.NOT_FOUND).build();
    }
    var digest = computeDigest(oldOrder);
    // tag enthält doppelte Anführungszeichen
    if (tag.equals("\"" + digest + "\"")) {
        order.setId(id);
        map.put(id, order);
        return Response.noContent().build();
    }
    return Response.status(Response.Status.PRECONDITION_FAILED).build();
}

@GET
@Path("{id}")
@Produces(MediaType.APPLICATION_JSON)
public Response getOrder(@PathParam("id") String id) {
    var order = map.get(id);
    if (order == null) {
        return Response.status(Response.Status.NOT_FOUND).build();
    }
    var digest = computeDigest(order);
    return Response.ok(order).tag(digest).build();
}

private static String computeDigest(Order order) {
    var content = order.getId() + order.getCustomer() + order.getProduct()
            + order.getQuantity() + order.getDateTime();
    try {
        var md = MessageDigest.getInstance("MD5");
        md.update(content.getBytes());
        var digest = md.digest();
        var sb = new StringBuilder();
        for (var b : digest) {
            sb.append(String.format("%02x", b));
        }
        return sb.toString();
    } catch (NoSuchAlgorithmException e) {
        return "";
    }
}
}
```

Der erste Parameter der Methode `updateOrder` enthält das *ETag* inkl. Anführungszeichen. Dieser Header-Wert wird über `@HeaderParam("If-Match")` automatisch
injiziert.

```
package client;

import jakarta.ws.rs.client.ClientBuilder;
import jakarta.ws.rs.client.Entity;
import jakarta.ws.rs.core.MediaType;
import rest.order.Order;

import java.time.LocalDateTime;

public class PostClient {
   private static String BASE_URI;

   public static void main(String[] args) {
      BASE_URI = args[0];
      var order = new Order(null, "4711", "P001", 10, LocalDateTime.now());
      var uri = post(order);
      System.out.println(uri);
   }

   private static String post(Order order) {
      var client = ClientBuilder.newClient();
      var target = client.target(BASE_URI + "/orders");
      var entity = Entity.entity(order, MediaType.APPLICATION_JSON);
      var response = target.request().post(entity);
      var code = response.getStatus();
      System.out.println("Status: " + code);
      String location = null;
      if (code == 201) {
         location = response.getLocation().toString();
      }
      return location;
   }
}
```

```
package client;

import jakarta.ws.rs.client.Client;
import jakarta.ws.rs.client.ClientBuilder;
import jakarta.ws.rs.client.Entity;
import jakarta.ws.rs.core.MediaType;
import rest.order.Order;

import java.util.Scanner;

public class UpdateClient {
   private final Client client = ClientBuilder.newClient();
   private String tag;

   public static void main(String[] args) {
      var BASE_URI = args[0];
```

```
        var c = new UpdateClient();

        var sc = new Scanner(System.in);
        System.out.print("> Id: ");
        var id = sc.nextLine();
        var order = c.get(BASE_URI + "/orders/" + id);

        if (order != null) {
            System.out.println(order);
            System.out.print("> + ");
            try {
                var quantity = order.getQuantity();
                quantity += Integer.parseInt(sc.nextLine());
                order.setQuantity(quantity);
                c.put(BASE_URI + "/orders/" + id, order);
                order = c.get(BASE_URI + "/orders/" + id);
                System.out.println(order);
            } catch (NumberFormatException e) {
                System.err.println("Keine Zahl");
            }
        }

        sc.close();
    }

    private Order get(String uri) {
        var target = client.target(uri);
        var response = target.request().get();
        Order order = null;
        var code = response.getStatus();
        if (code == 200) {
            tag = response.getHeaderString("ETag");
            System.out.println("ETag: " + tag);
            order = response.readEntity(Order.class);
        } else {
            System.out.println("Status: " + code);
        }
        return order;
    }

    private void put(String uri, Order order) {
        var target = client.target(uri);
        var entity = Entity.entity(order, MediaType.APPLICATION_JSON);
        var response = target.request().header("If-Match", tag).put(entity);
        var code = response.getStatus();
        System.out.println("Status: " + code);
    }
}
```

Testablauf

Der Server wird mit dem Verzeichnis *web* gestartet. Der benötigte Bytecode wird dazu in einer JAR-Datei archiviert:

```
jar --create --file parallel/web/WEB-INF/lib/parallel.jar
-C out/production/parallel rest
```

Start des Servers:

```
java --add-opens=java.base/java.lang=ALL-UNNAMED
--add-opens=java.base/java.io=ALL-UNNAMED
--add-opens=java.rmi/sun.rmi.transport=ALL-UNNAMED
-cp ../../webserver/webserver.jar;../../libs/tomcat/*;../../libs/rest/*;
../../libs/jaxb/* WebServer /demo parallel/web 8080 false false
```

PostClient ausführen:

```
java -cp out/production/parallel;../../libs/rest/* client.PostClient
http://localhost:8080/demo/rest
```

Ausgabe:

```
Status: 201
http://localhost:8080/demo/rest/orders/1
```

Client A und Client B starten jeweils das Programm `UpdateClient` (zwei Terminal-Fenster):

```
java -cp out/production/parallel;../../libs/rest/* client.UpdateClient
http://localhost:8080/demo/rest
```

Im Folgenden sehen Sie die verzahnte Interaktion beider Clients.

Client A

```
> Id: 1
ETag: "26dcd131abb3b6aa44ac51cfa353600e"
Order{id='1', customer='4711', product='P001', quantity=10, dateTime=2022-02-
09T14:00:42.100525100}
> +
```

Client B

```
> Id: 1
ETag: "26dcd131abb3b6aa44ac51cfa353600e"
Order{id='1', customer='4711', product='P001', quantity=10, dateTime=2022-02-
09T14:00:42.100525100}
> + 1
Status: 204
ETag: "34bec94c98e090dc98c92596db49f74c"
Order{id='1', customer='4711', product='P001', quantity=11, dateTime=2022-02-
09T14:00:42.100525100}
```

Client A

```
> + 2
Status: 412
ETag: "34bec94c98e090dc98c92596db49f74c"
Order{id='1', customer='4711', product='P001', quantity=11, dateTime=2022-02-
09T14:00:42.100525100}
```

Das Begleitmaterial zu diesem Buch enthält auch eine kleine Webanwendung zur Demonstration von Parallelzugriffen. Hierzu muss die Anwendung im Browser in zwei Tabs gestartet werden:

```
http://localhost:8080/demo
```

12.7   Caching

Die HTTP-Methode GET unterstützt ein sehr effizientes *Caching*. Ein REST-Service kann festlegen, unter welchen Bedingungen und für welchen Zeitraum ein Client die Antworten zwischenspeichern kann.

Es existieren zwei Modelle.[6]

Expirationsmodell: Vom Server gesendete HTTP-Header enthalten Informationen über die Gültigkeitsdauer einer Antwort. Innerhalb dieses Zeitraums kann der Client die zwischengespeicherte Antwort wiederverwenden, ohne mit dem Server erneut zu kommunizieren.

Validierungsmodell: Der Client fragt beim Server an, ob eine bereits gelieferte Antwort wiederverwendet werden kann. Hierdurch wird dann ggf. eine Übertragung der Antwortdaten vermieden.

Wir demonstrieren beide Modelle anhand eines einfachen REST-Service (Unterprojekt *caching*), der Aufträge (Klasse `Order` aus den vorhergehenden Abschnitten) verwaltet.

```
package rest.order;

...

@Path("orders")
public class OrderResource {
    private static final Map<String, Order> map = new ConcurrentHashMap<>();
    private static final AtomicInteger counter = new AtomicInteger();

    @POST
    @Consumes(MediaType.APPLICATION_JSON)
    public Response newOrder(@Context UriInfo uriInfo, Order order) {
        var id = String.valueOf(counter.incrementAndGet());
        order.setId(id);
        map.put(id, order);
        var location = uriInfo.getAbsolutePathBuilder().path(id).build();
        return Response.created(location).build();
    }

    @PUT
    @Path("{id}")
    @Consumes(MediaType.APPLICATION_JSON)
```

---

6   Siehe Tilkov, S. u. a.: REST und HTTP. dpunkt.verlag, 3. Auflage 2015, Kapitel 10

```
    public Response updateOrder(@PathParam("id") String id, Order order) {
        if (map.get(id) == null) {
            return Response.status(Response.Status.NOT_FOUND).build();
        }
        order.setId(id);
        map.put(id, order);
        return Response.noContent().build();
    }

    @GET
    @Path("{id}")
    @Produces(MediaType.APPLICATION_JSON)
    public Response getOrder(@PathParam("id") String id) {
        var order = map.get(id);
        if (order == null) {
            return Response.status(Response.Status.NOT_FOUND).build();
        }
        return Response.ok(order).build();
    }

    ...
}
```

In den folgenden Szenarien werden die Client-Programme PostClient und UpdateClient verwendet.

```
package client;

import jakarta.ws.rs.client.ClientBuilder;
import jakarta.ws.rs.client.Entity;
import jakarta.ws.rs.core.MediaType;
import rest.order.Order;

import java.time.LocalDateTime;

public class PostClient {
    private static String BASE_URI;

    public static void main(String[] args) {
        BASE_URI = args[0];
        var order = new Order(null, "4711", "P001", 10, LocalDateTime.now());
        var uri = post(order);
        System.out.println(uri);
    }

    private static String post(Order order) {
        var client = ClientBuilder.newClient();
        var target = client.target(BASE_URI + "/orders");
        var entity = Entity.entity(order, MediaType.APPLICATION_JSON);
        var response = target.request().post(entity);
        var code = response.getStatus();
        System.out.println("Status: " + code);
        String location = null;
        if (code == 201) {
            location = response.getLocation().toString();
        }
```

```
            return location;
        }
    }
}



package client;

import jakarta.ws.rs.client.Client;
import jakarta.ws.rs.client.ClientBuilder;
import jakarta.ws.rs.client.Entity;
import jakarta.ws.rs.core.MediaType;
import rest.order.Order;

import java.time.LocalDateTime;

public class UpdateClient {
    private static String BASE_URI;
    private final Client client = ClientBuilder.newClient();

    public static void main(String[] args) {
        BASE_URI = args[0];

        var c = new UpdateClient();

        var id = 1;
        var order = c.get(id);
        if (order != null) {
            order.setQuantity(order.getQuantity() + 1);
            order.setDateTime(LocalDateTime.now());
            System.out.println("Neue Menge: " + order.getQuantity());
            c.put(id, order);
        }
    }

    private Order get(int id) {
        var target = client.target(BASE_URI + "/orders/" + id);
        var response = target.request().get();
        Order order = null;
        var code = response.getStatus();
        System.out.println("Status: " + code);
        if (code == 200) {
            order = response.readEntity(Order.class);
        }
        return order;
    }

    private void put(int id, Order order) {
        var target = client.target(BASE_URI + "/orders/" + id);
        var entity = Entity.entity(order, MediaType.APPLICATION_JSON);
        var response = target.request().put(entity);
        var code = response.getStatus();
        System.out.println("Status: " + code);
    }
}
```

12.7.1 Expirationsmodell

Ausschnitt aus `OrderResource`:

```
@GET
@Path("exp/{id}")
@Produces(MediaType.APPLICATION_JSON)
public Response getOrderExp(@PathParam("id") String id) {
    var order = map.get(id);
    if (order == null) {
        return Response.status(Response.Status.NOT_FOUND).build();
    }

    var cc = new CacheControl();
    cc.setMaxAge(60); // 60 Sekunden
    cc.setNoTransform(true);
    cc.setMustRevalidate(true);

    return Response.ok(order).cacheControl(cc).build();
}
```

Die Klasse `jakarta.ws.rs.core.CacheControl` repräsentiert den Header *Cache-Control* in der HTTP-Antwort.

Mit dem Aufruf der Methode `setMaxAge` wird die Gültigkeitsdauer der Ressource relativ zum Zeitpunkt der Anfrage in Sekunden angegeben.

Mit `setNoTransform(true)` wird eine Transformation oder Konvertierung der Ressource (z. B. durch einen Proxy) verboten.

`setMustRevalidate(true)` bestimmt, dass der Cache den Status der Ressource überprüfen muss, bevor sie verwendet wird.

Die `ResponseBuilder`-Methode `cacheControl` setzt den Cache-Control-Header.

Der Server wird mit dem Verzeichnis *web* gestartet. Der benötigte Bytecode wird dazu in einer JAR-Datei archiviert:

```
jar --create --file caching/web/WEB-INF/lib/caching.jar
-C out/production/caching rest
```

Start des Servers:

```
java --add-opens=java.base/java.lang=ALL-UNNAMED --add-opens=java.base/java.io=ALL-
UNNAMED --add-opens=java.rmi/sun.rmi.transport=ALL-UNNAMED -cp
../../webserver/webserver.jar;../../libs/tomcat/*;../../libs/rest/*;../../libs/
jaxb/* WebServer /demo caching/web 8080 false false
```

Einfügen eines neuen Auftrags:

```
java -cp out/production/caching;../../libs/rest/* client.PostClient
http://localhost:8080/demo/rest
```

Ausgabe:

```
Status: 201
http://localhost:8080/demo/rest/orders/1
```

Abbildung 12-1: Links zur Ausführung der verschiedenen GET-Methoden

Wir testen die Anwendung mit Hilfe eines Browsers, z. B. Google Chrome. Hierzu benutzen wird die Entwicklertools von Chrome, die über das Menü zu erreichen sind oder mittels Tasturkürzel *Strg + Umschalttaste + I* oder mittels *F12*.

Achtung

Die Option *Cache deaktivieren* darf <u>nicht</u> gesetzt sein.

Unter dem Reiter *Netzwerk* können dann die Header der HTTP-Anfragen und HTTP-Antworten kontrolliert werden.

Der Aufruf von

```
http://localhost:8080/demo/test.html
```

liefert die HTML-Seite in Abbildung 12-1.

Testablauf

1.   Link "Expirationsmodell" ausführen

        … "quantity": 10 …

        Die HTTP-Antwort enthält:
```
HTTP/1.1 200
Cache-Control: no-transform, must-revalidate, max age=60
```

2.   Update:
```
java -cp out/production/caching;../../libs/rest/* client.UpdateClient
http://localhost:8080/demo/rest
```

3.   Wenn noch keine Minute ab 1. vergangen ist:

        Link "Expirationsmodell" ausführen

        … "quantity": 10 …

4.   Wenn eine Minute nach dem Update vergangen ist:

     Link "Expirationsmodell" ausführen

     … "quantity": 11 …

12.7.2 Validierungsmodell

Das Expirationsmodell ist sehr einfach zu implementieren. Es ist jedoch schwer im Vorhinein festzulegen, wie lange eine Ressource gültig ist.

Das Validierungsmodell setzt auf einen sogenannten bedingten GET-Request, der den Server fragt, ob die gecachte Repräsentation der Ressource noch gültig ist. Im Ja-Fall werden die Daten nicht erneut übertragen (HTTP-Status der Antwort: 304 Not Modified).

Variante 1

Validierung auf Basis des Modifikationszeitpunkts der Ressource

```
@GET
@Path("val1/{id}")
@Produces(MediaType.APPLICATION_JSON)
public Response getOrderV1(
        @Context Request request, @PathParam("id") String id) {
    var order = map.get(id);
    if (order == null) {
        return Response.status(Response.Status.NOT_FOUND).build();
    }

    var cc = new CacheControl();
    cc.setMaxAge(0);
    cc.setNoTransform(true);
    cc.setMustRevalidate(true);

    var date = convertFrom(order.getDateTime());
    var builder = request.evaluatePreconditions(date);
    if (builder == null) {
        // Die Ressource hat sich geändert.
        builder = Response.ok(order).lastModified(date);
    }
    return builder.cacheControl(cc).build();
}

private static Date convertFrom(LocalDateTime dateTime) {
    var instant = dateTime.toInstant(ZoneOffset.UTC);
    return Date.from(instant);
}
```

Hier wird mit Hilfe von @Context als erster Parameter ein Objekt vom Interface-Typ jakarta.ws.rs.core.Request injiziert.

Die Request-Methode

```
Response.ResponseBuilder evaluatePreconditions(Date lastModified)
```

prüft, ob die Vorbedingung erfüllt ist, also das vom Client gesendete Datum mit lastModified übereinstimmt. Ist das nicht der Fall, wird null zurückgeliefert.

Die Repräsentation der Ressource mit dem Cache-Control-Header und ggf. dem Modifikationszeitpunkt wird zum Client gesendet.

Testablauf

1.   Link "Validierungsmodell: Modifikationszeitpunkt" ausführen

... "quantity": 11 ...

Die HTTP-Antwort enthält:

```
HTTP/1.1 200
Last-Modified: Wed, 09 Feb 2022 14:13:59 GMT
Cache-Control: no-transform, must-revalidate, max-age=0
```

2.   Link "Validierungsmodell: Modifikationszeitpunkt" ausführen

... "quantity": 11 ...

Die HTTP-Anfrage enthält:

```
If-Modified-Since: Wed, 09 Feb 2022 14:13:59 GMT
```

Die HTTP-Antwort enthält:

```
HTTP/1.1 304
Cache-Control: no-transform, must-revalidate, max-age=0
```

3.   Update:

```
java -cp out/production/caching;../../libs/rest/* client.UpdateClient
http://localhost:8080/demo/rest
```

4.   Link "Validierungsmodell: Modifikationszeitpunkt" ausführen

... "quantity": 12 ...

Die HTTP-Anfrage enthält:

```
If-Modified-Since: Wed, 09 Feb 2022 14:13:59 GMT
```

Die HTTP-Antwort enthält:

```
HTTP/1.1 200
Last-Modified: Wed, 09 Feb 2022 14:20:16 GMT
Cache-Control: no-transform, must-revalidate, max-age=0
```

Variante 2

Validierung auf Basis eines Hashwerts der Ressource

```
@GET
@Path("val2/{id}")
@Produces(MediaType.APPLICATION_JSON)
public Response getOrderV2(
        @Context Request request, @PathParam("id") String id) {
    var order = map.get(id);
    if (order == null) {
        return Response.status(Response.Status.NOT_FOUND).build();
    }

    var cc = new CacheControl();
    cc.setMaxAge(0);
    cc.setNoTransform(true);
    cc.setMustRevalidate(true);

    var digest = computeDigest(order);
    var etag = new EntityTag(digest);
    var builder = request.evaluatePreconditions(etag);
    if (builder == null) {
        // Die Ressource hat sich geändert.
        builder = Response.ok(order).tag(etag);
    }
    return builder.cacheControl(cc).build();
}

private static String computeDigest(Order order) {
    var content = order.getId() + order.getCustomer() + order.getProduct()
            + order.getQuantity() + order.getDateTime();
    try {
        var md = MessageDigest.getInstance("MD5");
        md.update(content.getBytes());
        var digest = md.digest();
        var sb = new StringBuilder();
        for (var b : digest) {
            sb.append(String.format("%02x", b));
        }
        return sb.toString();
    } catch (NoSuchAlgorithmException e) {
        return "";
    }
}
```

In diesem Fall wird geprüft, ob die gecachte Repräsentation der Ressource mit der aktuellen übereinstimmt. Zu diesem Zweck wird ein Hashwert (*Entity-Tag, ETag*) vom Server erzeugt und im Header *ETag* gesendet.

Die Klasse `jakarta.ws.rs.core.EntityTag` repräsentiert den ETag-Header. Zur Berechnung des Hashwerts können verschiedene Algorithmen eingesetzt werden: MD5, SHA-1, SHA-256 oder SHA-512.

Die `Request`-Methode

    Response.ResponseBuilder evaluatePreconditions(EntityTag eTag)

prüft analog zur ersten Variante, ob die Vorbedingung erfüllt ist. Ist das nicht der Fall, wird `null` zurück geliefert. Die Repräsentation der Ressource mit dem Cache-Control-Header und ggf. dem ETag werden zum Client gesendet.

Testablauf

1.   Link "Validierungsmodell: ETag" ausführen

      ... "quantity": 12 ...

      Die HTTP-Antwort enthält:

```
HTTP/1.1 200
ETag: "7b0dba360c5bc8c9b1cd2989765e09fa"
Cache-Control: no-transform, must-revalidate, max-age=0
```

2.   Link "Validierungsmodell: ETag" ausführen

      ... "quantity": 12 ...

      Die HTTP-Anfrage enthält:

```
If-None-Match: "7b0dba360c5bc8c9b1cd2989765e09fa"
```

      Die HTTP-Antwort enthält:

```
HTTP/1.1 304
ETag: "7b0dba360c5bc8c9b1cd2989765e09fa"
Cache-Control: no-transform, must-revalidate, max-age=0
```

3.   Update:

```
java -cp out/production/caching;../../libs/rest/* client.UpdateClient
http://localhost:8080/demo/rest
```

4.   Link "Validierungsmodell: Modifikationszeitpunkt" ausführen

      ... "quantity": 13 ...

      Die HTTP-Anfrage enthält:

```
If-None-Match: "7b0dba360c5bc8c9b1cd2989765e09fa"
```

      Die HTTP-Antwort enthält:

```
HTTP/1.1 200
ETag: "31d9eb043255fcaecaa2f1812b4c52d3"
Cache-Control: no-transform, must-revalidate, max-age=0
```

Das Begleitmaterial zum Buch enthält eine etwas komfortablere weitere Webanwendung, die wie folgt im Browser aufgerufen werden kann:

```
http://localhost:8080/demo
```

sowie einen Java-Client für GET, mit dem die verschiedenen Testfälle ausprobiert
werden können. Dieser ist mit Hilfe von *OkHttp* implementiert (siehe Anhang D).

12.8 Asynchrone Verarbeitung

HTTP ist ein synchrones Anfrage/Antwort-Protokoll. Dauert die Verarbeitung auf dem Server länger und möchte der Client nicht die ganze Zeit blockiert sein und auf das Ergebnis warten, bietet sich eine *asynchrone Verarbeitung* an.

Hierzu existieren verschiedene Mechanismen, die in den folgenden Abschnitten vorgestellt werden:

- Regelmäßige Nachfrage des Clients beim Server, ob das Ergebnis vorliegt (*Polling*)
- Zustellung des Ergebnisses durch den Server (*Callback*)

In diesen beiden Fällen sendet der Server nach der Client-Anfrage nur eine Annahmebestätigung, das eigentliche Verarbeitungsergebnis erfolgt später. Während der Verarbeitungszeit auf dem Server ist der Client nicht blockiert und die Verbindung muss nicht offen gehalten werden.[7]

12.8.1 Polling

Abbildung 12-2 zeigt den Ablauf und den Datenaustausch zwischen Client und Server. Der Client sendet einen Auftrag (Job) an den Server. Sofort nach Eingang des Auftrags antwortet der Server mit einer Empfangsbestätigung und schickt dem Client eine Adresse, unter der er das Ergebnis der Verarbeitung aktiv abfragen kann. Solange dieses Ergebnis noch nicht vorliegt, erhält der Client den Status 404 (Unterprojekt *polling*).

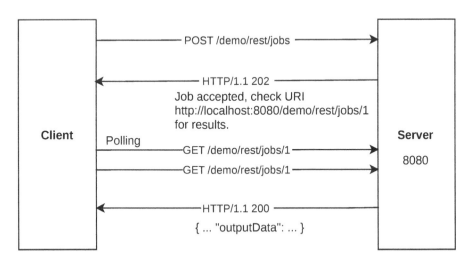

Abbildung 12-2: Polling-Szenario

---

7 Siehe Tilkov, S. u. a.: REST und HTTP. dpunkt.verlag, 3. Auflage 2015, Kapitel 13.1

```java
package rest.job;

public class Job {
    private int id;
    private String inputData;
    private String outputData;
    private String uri;

    public int getId() {
        return id;
    }

    public void setId(int id) {
        this.id = id;
    }

    public String getInputData() {
        return inputData;
    }

    public void setInputData(String inputData) {
        this.inputData = inputData;
    }

    public String getOutputData() {
        return outputData;
    }

    public void setOutputData(String outputData) {
        this.outputData = outputData;
    }

    public String getUri() {
        return uri;
    }

    public void setUri(String uri) {
        this.uri = uri;
    }

    @Override
    public String toString() {
        return "Job{" +
                "id=" + id +
                ", inputData='" + inputData + '\'' +
                ", outputData='" + outputData + '\'' +
                ", uri='" + uri + '\'' +
                '}';
    }
}


package rest.job;

import jakarta.ws.rs.*;
import jakarta.ws.rs.core.Context;
import jakarta.ws.rs.core.MediaType;
import jakarta.ws.rs.core.Response;
import jakarta.ws.rs.core.UriInfo;
```

```java
import java.util.Map;
import java.util.concurrent.ConcurrentHashMap;
import java.util.concurrent.ExecutorService;
import java.util.concurrent.Executors;
import java.util.concurrent.atomic.AtomicInteger;

@Path("jobs")
public class JobResource {
    private final Map<Integer, Job> map = new ConcurrentHashMap<>();
    private final AtomicInteger counter = new AtomicInteger();
    private final ExecutorService executorService;

    public JobResource() {
        this.executorService = Executors.newFixedThreadPool(10);
    }

    @POST
    @Consumes(MediaType.APPLICATION_JSON)
    public Response newJob(@Context UriInfo uriInfo, Job job) {
        var id = counter.incrementAndGet();
        job.setId(id);
        var location = uriInfo.getAbsolutePathBuilder()
                        .path(String.valueOf(id)).build();
        job.setUri(location.toString());
        executorService.execute(() -> runTask(job));
        var msg = "Job accepted, check URI " + location + " for results.";
        return Response.accepted(msg).header("Location", location).build();
    }

    @GET
    @Path("{id}")
    @Produces(MediaType.APPLICATION_JSON)
    public Response getJob(@PathParam("id") int id) {
        var job = map.get(id);
        if (job == null) {
            return Response.status(Response.Status.NOT_FOUND).build();
        }
        map.remove(id);
        return Response.ok(job).build();
    }

    private void runTask(Job job) {
        var inputData = job.getInputData();
        try {
            Thread.sleep(15000);
            var outputData = "Ergebnis zu '" + inputData + "'";
            job.setOutputData(outputData);
            map.put(job.getId(), job);
        } catch (InterruptedException ignored) {
        }
    }
}
```

Die Ausführung des Auftrags findet in einem eigenen Thread statt. Der Server richtet hierzu einen ExecutorService ein.

```
package client;

import jakarta.ws.rs.client.Client;
import jakarta.ws.rs.client.ClientBuilder;
import jakarta.ws.rs.client.Entity;
import jakarta.ws.rs.core.MediaType;
import jakarta.ws.rs.core.Response;
import rest.job.Job;

public class JobClient {
    private static String BASE_URI;
    private final Client client = ClientBuilder.newClient();

    public static void main(String[] args) {
        BASE_URI = args[0];

        var c = new JobClient();

        var location = c.post();
        if (location != null) {
            while (true) {
                try {
                    Thread.sleep(5000);
                } catch (InterruptedException ignored) {
                }

                System.out.println("Polling ...");
                var status = c.get(location);
                if (status != 404) {
                    break;
                }
            }
        }
    }

    private String post() {
        String location = null;
        var target = client.target(BASE_URI + "/jobs");
        var job = new Job();
        job.setInputData("Das ist mein Input!");
        var entity = Entity.entity(job, MediaType.APPLICATION_JSON);
        var response = target.request().post(entity);
        if (status(response) == 202) {
            location = response.getLocation().toString();
            System.out.println("Location: " + location);
            System.out.println(response.readEntity(String.class));
        }
        return location;
    }

    private int get(String uri) {
        var target = client.target(uri);
        var response = target.request().get();
        var status = status(response);
        if (status == 200) {
            var job = response.readEntity(Job.class);
            System.out.println("Job-Id: " + job.getId());
            System.out.println("OutputData: " + job.getOutputData());
        }
}
```

```
        return status;
    }

    private int status(Response response) {
        var code = response.getStatus();
        var reason = response.getStatusInfo().getReasonPhrase();
        System.out.println("Status: " + code + " " + reason);
        return code;
    }
}
```

Nach Erhalt der Empfangsbestätigung startet der Client alle 5 Sekunden eine GET-Anfrage (Polling) solange, bis das Ergebnis vorliegt.

Der Server wird mit dem Verzeichnis *web* gestartet. Der benötigte Bytecode wird dazu in einer JAR-Datei archiviert:

```
jar --create --file polling/web/WEB-INF/lib/polling.jar
-C out/production/polling rest
```

Start des Servers:

```
java --add-opens=java.base/java.lang=ALL-UNNAMED
--add-opens=java.base/java.io=ALL-UNNAMED
--add-opens=java.rmi/sun.rmi.transport=ALL-UNNAMED
-cp ../../webserver/webserver.jar;../../libs/tomcat/*;../../libs/rest/*;
../../libs/jaxb/* WebServer /demo polling/web 8080 false false
```

Start des Clients:

```
java -cp out/production/polling;../../libs/rest/* client.JobClient
http://localhost:8080/demo/rest
```

Ausgabe:

```
Status: 202 Accepted
Location: http://localhost:8080/demo/rest/jobs/1
Job accepted, check URI http://localhost:8080/demo/rest/jobs/1 for results.
Polling ...
Status: 404 Not Found
Polling ...
Status: 404 Not Found
Polling ...
Status: 200 OK
Job-Id: 1
OutputData: Ergebnis zu 'Das ist mein Input!'
```

Fazit

*   Durch wiederholte Anfragen an den Server besteht eine zusätzliche Netzwerklast.
*   Der Client erhält nicht unmittelbar nach Fertigstellung der Verarbeitung auf dem Server das Ergebnis, sondern erst bei der nächsten Anfrage.

- Das Ergebnis der Verarbeitung ist selbst eine Ressource. Nicht mehr benötigte Ressourcen müssen ggf. gelöscht werden.

12.8.2 Callback

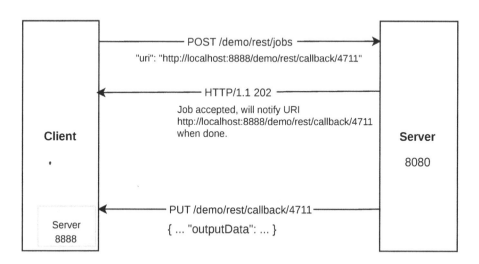

Abbildung 12-3: Callback-Szenario

Das Szenario aus dem vorhergehenden Abschnitt hat sich wie folgt geändert:

Der Client sendet das Job-Objekt nun mit einer Adresse (URI). Diesen URI (hier: *http://localhost:8888/demo/rest/callback/4711*) kann der Server verwenden, um das Ergebnis später zuzustellen. Zu diesem Zweck startet der Client zu Beginn selbst einen REST-fähigen Server auf Port 8888, der die PUT-Anfrage des Job-Servers zur Übermittlung des Ergebnisses entgegennimmt.

Abbildung 12-3 zeigt die Interaktion zwischen Client und Server.

Da nun zwei REST-Server im Spiel sind, teilen wir die Anwendung aus organisatorischen Gründen in zwei Unterprojekte auf: Unterprojekt *callback_server* und Unterprojekt *callback_client*.

Der Server

```
package rest.job;

import jakarta.ws.rs.Consumes;
import jakarta.ws.rs.POST;
import jakarta.ws.rs.Path;
```

```java
import jakarta.ws.rs.client.ClientBuilder;
import jakarta.ws.rs.client.Entity;
import jakarta.ws.rs.core.Context;
import jakarta.ws.rs.core.MediaType;
import jakarta.ws.rs.core.Response;
import jakarta.ws.rs.core.UriInfo;

import java.util.concurrent.ExecutorService;
import java.util.concurrent.Executors;
import java.util.concurrent.atomic.AtomicInteger;

@Path("jobs")
public class JobResource {
    private final AtomicInteger counter = new AtomicInteger();
    private final ExecutorService executorService;

    public JobResource() {
        this.executorService = Executors.newFixedThreadPool(10);
    }

    @POST
    @Consumes(MediaType.APPLICATION_JSON)
    public Response newJob(@Context UriInfo uriInfo, Job job) {
        var id = counter.incrementAndGet();
        job.setId(id);
        executorService.execute(() -> runTask(job));
        var uri = job.getUri();
        var msg = "Job accepted, will notify URI " + uri + " when done.";
        return Response.accepted(msg).build();
    }

    private void runTask(Job job) {
        var inputData = job.getInputData();
        try {
            Thread.sleep(15000);
            var outputData = "Ergebnis zu '" + inputData + "'";
            job.setOutputData(outputData);

            // Übermittlung des Ergebnisses an den Client
            var client = ClientBuilder.newClient();
            var target = client.target(job.getUri());
            var entity = Entity.entity(job, MediaType.APPLICATION_JSON);
            target.request().put(entity);
        } catch (InterruptedException ignored) {
        } catch (Exception e) {
            System.err.println(e.getMessage());
            System.err.println(e.getCause().getMessage());
        }
    }
}
```

Der Server wird mit dem Verzeichnis *web* gestartet. Der benötigte Bytecode wird dazu in einer JAR-Datei archiviert:

```
jar --create --file callback_server/web/WEB-INF/lib/callback_server.jar
-C out/production/callback_server rest
```

Start des Servers:

```
java --add-opens=java.base/java.lang=ALL-UNNAMED
--add-opens=java.base/java.io=ALL-UNNAMED
--add-opens=java.rmi/sun.rmi.transport=ALL-UNNAMED
-cp ../../webserver/webserver.jar;../../libs/tomcat/*;../../libs/rest/*;
../../libs/jaxb/* WebServer /demo callback_server/web 8080 false false
```

Der Client

```
package client;

import jakarta.ws.rs.Consumes;
import jakarta.ws.rs.PUT;
import jakarta.ws.rs.Path;
import jakarta.ws.rs.PathParam;
import jakarta.ws.rs.core.MediaType;
import jakarta.ws.rs.core.Response;

@Path("callback")
public class CallbackResource {
    @PUT
    @Path("{notificationId}")
    @Consumes(MediaType.APPLICATION_JSON)
    public Response put(@PathParam("notificationId") int notificationId, Job job) {
        System.out.println("Notification-Id: " + notificationId);
        System.out.println("Job-Id: " + job.getId());
        System.out.println("OutputData: " + job.getOutputData());
        return Response.noContent().build();
    }
}
```

CallbackResource wird wie üblich in MyApplication registriert.

Der im Client integrierte Server wird in der Methode startServer gestartet.

```
package client;

import jakarta.ws.rs.client.ClientBuilder;
import jakarta.ws.rs.client.Entity;
import jakarta.ws.rs.core.MediaType;
import jakarta.ws.rs.core.Response;
import org.apache.catalina.connector.Connector;
import org.apache.catalina.startup.Tomcat;

import java.io.File;
import java.net.URI;
import java.util.logging.Level;
import java.util.logging.Logger;

public class JobClient {
    private static String BASE_URI;
    private static String CALLBACK_BASE_URI;
```

```java
public static void main(String[] args) {
    BASE_URI = args[0];
    CALLBACK_BASE_URI = args[1];

    Logger.getLogger("org").setLevel(Level.SEVERE);
    startServer();

    int notificationId = 4711;
    post(notificationId);
    System.out.println("Der Client arbeitet weiter ...");
}

private static void startServer() {
    new Thread(() -> {
        try {
            var tomcat = new Tomcat();
            tomcat.setBaseDir(System.getProperty("java.io.tmpdir"));
            var ctx = tomcat.addWebapp("/demo",
                            new File(".").getAbsolutePath());
            var con = new Connector();
            con.setPort(new URI(CALLBACK_BASE_URI).getPort());
            var service = tomcat.getService();
            service.addConnector(con);
            tomcat.start();
            System.out.println("Stoppen mit ENTER");
            System.in.read();
            tomcat.stop();
            tomcat.destroy();
        } catch (Exception e) {
            System.err.println(e.getMessage());
        }
    }).start();
}

private static void post(int notificationId) {
    var client = ClientBuilder.newClient();
    var target = client.target(BASE_URI + "/jobs");
    var job = new Job();
    job.setInputData("Das ist mein Input!");
    job.setUri(CALLBACK_BASE_URI + "/callback/" + notificationId);
    var entity = Entity.entity(job, MediaType.APPLICATION_JSON);
    var response = target.request().post(entity);
    if (status(response) == 202) {
        System.out.println(response.readEntity(String.class));
    }
}

private static int status(Response response) {
    var code = response.getStatus();
    var reason = response.getStatusInfo().getReasonPhrase();
    System.out.println("Status: " + code + " " + reason);
    return code;
}
}
```

Start des Clients:

```
java --add-opens java.base/java.lang=ALL-UNNAMED
--add-opens java.base/java.io=ALL-UNNAMED
--add-opens java.rmi/sun.rmi.transport=ALL-UNNAMED
-cp out/production/callback_client;../../libs/rest/*;../../libs/tomcat/*
client.JobClient http://localhost:8080/demo/rest http://localhost:8888/demo/rest
```

Ausgabe:

```
Status: 202 Accepted
Job accepted, will notify URI http://localhost:8888/demo/rest/callback/4711 when
done.
Der Client arbeitet weiter ...
Stoppen mit ENTER
Notification-Id: 4711
Job-Id: 1
OutputData: Ergebnis zu 'Das ist mein Input!'
```

Fazit

- Der Client ist nun nicht nur ein Client, sondern auch ein Server. Das erfordert evtl. entsprechende Firewall-Regeln, damit der Client von außen als Server erreichbar ist.

- Der Client muss die asynchron eingehende Antwort seiner Anfrage zuordnen können. Im Beispiel muss dazu die *Notification-Id* eindeutig sein.

12.8.3 Client- und Server-API für asynchrone Verarbeitung

Die Verarbeitung von REST-Anfragen auf dem Server erfolgt standardmäßig synchron. Entgegennahme der Anfrage und ihre Verarbeitung erfolgen jeweils in ein und demselben Thread. Dieses Modell reicht aus, wenn die eigentliche Verarbeitung nur relativ kurze Zeit benötigt.

Das asynchrone Verarbeitungsmodell bietet sich an, wenn die Ausführung längere Zeit benötigt. Hier wird die Entgegennahme der Anfrage und die Auslieferung der Antwort von der eigentlichen Verarbeitung getrennt. Der I/O-Thread, der die Client-Verbindung unterhält, wird ausgesetzt (*suspend*) und nach Vorliegen des Verarbeitungsergebnisses wieder fortgesetzt (*resume*). Zudem kann die Verarbeitung abgebrochen werden, z. B. dann, wenn eine vorgegebene Dauer überschritten wurde (*Timeout*). Durch diese Vorgehensweise wird der Durchsatz des Servers in der Regel erhöht. Der freigegebene I/O-Thread kann für neue eingehende Anforderungen verwendet werden, während die eigentliche Verarbeitung der Anfrage noch in einem anderen Thread ausgeführt wird.

Unabhängig von der serverseitigen asynchronen Verarbeitung kann auch auf der Client-Seite asynchrone Verarbeitung eingesetzt werden. Hier muss der Client nicht auf das Vorliegen der Antwort aktiv warten. Die Fertigstellung kann jederzeit abgefragt werden (isDone()) oder der Client wird Event-gesteuert per Callback informiert.

Wir greifen das Beispiel aus dem letzten Abschnitt auf und nutzen das API für asynchrone Verarbeitung (Unterprojekt *async*).

Die Klasse Job gleicht der aus den vorhergehenden Abschnitten. Das Attribut uri wird jedoch nicht gebraucht.

Um verschiedene Verhaltensweisen der Anwendung testen zu können, enthält die Klasse Job zusätzlich das int-Attribut timeout. Hiermit kann die maximale Laufzeit eines Jobs in Sekunden angegeben werden.

```
package rest.job;

import jakarta.ws.rs.Consumes;
import jakarta.ws.rs.GET;
import jakarta.ws.rs.POST;
import jakarta.ws.rs.Path;
import jakarta.ws.rs.container.AsyncResponse;
import jakarta.ws.rs.container.CompletionCallback;
import jakarta.ws.rs.container.Suspended;
import jakarta.ws.rs.core.MediaType;

import java.util.concurrent.ExecutorService;
import java.util.concurrent.Executors;
import java.util.concurrent.Future;
import java.util.concurrent.TimeUnit;
import java.util.concurrent.atomic.AtomicInteger;

@Path("jobs")
public class JobResource {
    private final AtomicInteger numberOfSuccessResponses = new AtomicInteger();
    private final AtomicInteger numberOfFailures = new AtomicInteger();
    private final ExecutorService executorService;

    public JobResource() {
        this.executorService = Executors.newFixedThreadPool(10);
    }

    @POST
    @Consumes(MediaType.APPLICATION_JSON)
    public void doJob(@Suspended AsyncResponse asyncResponse, Job job) {
        asyncResponse.register((CompletionCallback) throwable -> {
            if (throwable == null) {
                if (asyncResponse.isCancelled())
                    numberOfFailures.incrementAndGet();
                else
                    numberOfSuccessResponses.incrementAndGet();
            } else {
                System.out.println(throwable.getMessage());
                numberOfFailures.incrementAndGet();
            }
        });
```

```
        final Future<?> task = executorService.submit(
                         () -> runTask(asyncResponse, job));

    asyncResponse.setTimeout(job.getTimeout(), TimeUnit.SECONDS);
    asyncResponse.setTimeoutHandler(asyncResp -> {
        asyncResp.cancel();
        task.cancel(true);
    });
}

@GET
@Path("status")
public String getStatus() {
    return "numberOfSuccessResponses: " + numberOfSuccessResponses +
            ", numberOfFailures: " + numberOfFailures;
}

private void runTask(AsyncResponse asyncResponse, Job job) {
    var inputData = job.getInputData();
    try {
        Thread.sleep(15000); // simuliert Zeitaufwand
        var outputData = "Ergebnis zu '" + inputData + "'";
        job.setOutputData(outputData);
        asyncResponse.resume(job);
    } catch (InterruptedException ignored) {
    }
}
}
}
```

Neu sind hier die Interfaces

> `AsyncResponse,`
> `CompletionCallback` und
> `TimeoutHandler`

sowie die Annotation

> `@Suspended`

Alle stammen aus dem Paket `jakarta.ws.rs.container`.

Die Annotation `@Suspended` in der Methode `doJob` sorgt dafür, dass die Antwort asynchron erzeugt wird. Nach Vorliegen des Ergebnisses wird die Verbindung wieder aufgenommen und die Antwort mit der `AsyncResponse`-Methode `resume` zurückgegeben.

Die `AsyncResponse`-Methode `setTimeout` setzt den *Timeout* gemäß der Angabe in der `Job`-Instanz. Der `TimeoutHandler` beendet die Verarbeitung und liefert eine entsprechende Fehlermeldung (HTTP-Status 503) an den Client.

Mit der registrierten `CompletionCallback`-Instanz wird der Status der Fertigstellung ausgewertet.

Der Server wird mit dem Verzeichnis *web* gestartet. Der benötigte Bytecode wird dazu in einer JAR-Datei archiviert:

```
jar --create --file async/web/WEB-INF/lib/async.jar -C out/production/async rest
```

Der Server wird dann wie üblich gestartet:

```
java --add-opens=java.base/java.lang=ALL-UNNAMED
--add-opens=java.base/java.io=ALL-UNNAMED
--add-opens=java.rmi/sun.rmi.transport=ALL-UNNAMED
-cp ../../webserver/webserver.jar;../../libs/tomcat/*;../../libs/rest/*;
../../libs/jaxb/* WebServer /demo async/web 8080 false false
```

Jederzeit kann während der Laufzeit des Servers die Anzahl der erfolgreichen Antworten und die Fehleranzahl abgefragt werden.

```java
package client;

import jakarta.ws.rs.client.ClientBuilder;

public class Status {
    public static void main(String[] args) {
        var BASE_URI = args[0];
        var client = ClientBuilder.newClient();
        var target = client.target(BASE_URI + "/jobs/status");
        var response = target.request().get();
        var code = response.getStatus();
        System.out.println("Status: " + code);
        if (code == 200) {
            System.out.println(response.readEntity(String.class));
        }
    }
}
```

Aufruf des Programms Status:

```
java -cp out/production/async;../../libs/rest/* client.Status
http://localhost:8080/demo/rest
```

Client mit Polling-Funktion

```java
package client;

import jakarta.ws.rs.client.ClientBuilder;
import jakarta.ws.rs.client.Entity;
import jakarta.ws.rs.core.MediaType;
import rest.job.Job;

public class PollingClient {
    private static String BASE_URI;
    private static Job job;
```

```
public static void main(String[] args) {
    BASE_URI = args[0];
    var timeout = Integer.parseInt(args[1]); // Sekunden

    job = new Job();
    job.setId(4711);
    job.setInputData("Das ist mein Input!");
    job.setTimeout(timeout);
    post();
}

private static void post() {
    var client = ClientBuilder.newClient();
    var target = client.target(BASE_URI + "/jobs");
    var entity = Entity.entity(job, MediaType.APPLICATION_JSON);
    var responseFuture = target.request().async().post(entity);

    while (!responseFuture.isDone()) {
        System.out.println("Polling ...");
        try {
            Thread.sleep(5000);
        } catch (InterruptedException ignored) {
        }
    }

    try {
        var response = responseFuture.get();
        var code = response.getStatus();
        System.out.println("Status: " + code);
        if (code == 200) {
            job = response.readEntity(Job.class);
            System.out.println("Id: " + job.getId());
            System.out.println("OutputData: " + job.getOutputData());
        }
    } catch (Exception e) {
        System.err.println(e.getMessage());
    } finally {
        client.close();
    }
}
}
```

Der Aufruf von `async()` liefert ein `AsyncInvoker`-Objekt, mit dem HTTP-Methoden asynchron ausgeführt werden können.

```
target.request().async().post(entity)
```

liefert dann ein `Future<Response>`-Objekt.

Aufruf von `PollingClient` mit verschiedenen Parametern für den Timeout (z. B. 5 oder 30).

```
java -cp out/production/async;../../libs/rest/* client.PollingClient
http://localhost:8080/demo/rest 30
```

Ausgabe:
```
Polling ...
Polling ...
Polling ...
Polling ...
Status: 200
Id: 4711
OutputData: Ergebnis zu 'Das ist mein Input!'
```

Wird das Programm mit Timeout 5 aufgerufen, so ist die Ausgabe:
```
Polling ...
Polling ...
Status: 503
```

Client mit Callback

```
package client;

import jakarta.ws.rs.client.ClientBuilder;
import jakarta.ws.rs.client.Entity;
import jakarta.ws.rs.client.InvocationCallback;
import jakarta.ws.rs.core.MediaType;
import jakarta.ws.rs.core.Response;
import rest.job.Job;

public class CallbackClient {
    private static String BASE_URI;
    private static Job job;
    private static volatile boolean running = true;

    public static void main(String[] args) {
        BASE_URI = args[0];
        var timeout = Integer.parseInt(args[1]); // Sekunden

        job = new Job();
        job.setId(4711);
        job.setInputData("Das ist mein Input!");
        job.setTimeout(timeout);
        post();
    }

    private static void post() {
        var client = ClientBuilder.newClient();
        var target = client.target(BASE_URI + "/jobs");
        var entity = Entity.entity(job, MediaType.APPLICATION_JSON);
        var responseFuture = target.request().async()
                .post(entity, new InvocationCallback<Response>() {
                    @Override
                    public void completed(Response response) {
                        var code = response.getStatus();
                        System.out.println("Status: " + code);
```

```
                                    if (code == 200) {
                                        job = response.readEntity(Job.class);
                                        System.out.println("Id: " + job.getId());
                                        System.out.println("OutputData: " +
                                                            job.getOutputData());
                                    }
                                    running = false;
                                }

                                @Override
                                public void failed(Throwable throwable) {
                                    System.err.println(throwable.getMessage());
                                    running = false;
                                }
                            });

        System.out.println("Der Client arbeitet weiter ...");

        while (running) {
            try {
                Thread.sleep(1000);
            } catch (InterruptedException ignored) {
            }
        }

        client.close();
    }
}
```

Der Aufruf von `post()` erhält als zweiten Parameter ein Objekt vom Interface-Typ `jakarta.ws.rs.client.InvocationCallback`. Hier müssen die Methoden `completed` und `failed` implementiert werden.

Aufruf von `CallbackClient` mit verschiedenen Parametern für den Timeout (z. B. 5 oder 30).

```
java -cp out/production/async;../../libs/rest/* client.CallbackClient
http://localhost:8080/demo/rest 30
```

Ausgabe:

```
Der Client arbeitet weiter ...
Status: 200
Id: 4711
OutputData: Ergebnis zu 'Das ist mein Input!'
```

Hinweis

Zu beachten ist, dass zwar im Client und im Server die Verarbeitung asynchron (*non-blocking*) erfolgt, die Übertragung von HTTP-Anfrage und -Antwort aber synchron verläuft. Bis die Antwort auf der Server-Seite vorliegt, bleibt die HTTP-Verbindung zwischen Client und Server offen.

12.9 Server-Sent Events (SSE)

Die Technik *Server-Sent Events* (*SSE*) wurde im Rahmen von HTML5 spezifiziert. Dabei handelt es sich um eine *Server-Push-Technik*, bei der der Client eine uni-direktionale HTTP-Verbindung zum Server offen hält. Über die offene Verbindung kann der Server jederzeit Nachrichten an den Client schicken, ohne dass die Verbindung zwischendurch getrennt und wieder neu hergestellt werden muss.[8]

Moderne Browser unterstützen diesen Standard und kümmern sich auch um den Wiederaufbau der Verbindung bei Abbrüchen.

SSE ähnelt dem *Long-Polling-Mechanismus*, es wird jedoch nicht nur eine Nach-richt pro Verbindung gesendet.

Der Ablauf im Einzelnen:

- Der Client sendet eine Anfrage, und der Server hält eine Verbindung, bis eine neue Nachricht bereit ist.
- Dann sendet der Server die Nachricht zurück an den Client, während die Verbindung weiterhin offen bleibt, so dass sie für eine weitere Nachricht verwendet werden kann, sobald sie verfügbar ist.
- Sobald eine neue Nachricht vorliegt, wird sie auf der gleichen ursprüng-lichen Verbindung an den Client gesendet.
- Der Client verarbeitet die vom Server gesendeten Nachrichten einzeln, ohne die Verbindung nach der Verarbeitung der einzelnen Nachrichten zu schließen.

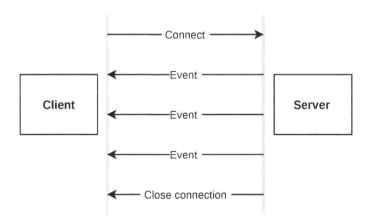

Abbildung 12-4: Server-Sent Events

---

8   https://html.spec.whatwg.org/multipage/server-sent-events.html#server-sent-events

Wir stellen im Folgenden Grundzüge des SSE-API anhand eines einfachen Beispiels vor (Unterprojekt *sse*).

Der REST-Service (siehe Abbildung 12-5) hat die Aufgabe, Nachrichten, die der `PostClient` erzeugt und ihm zusendet an Clients (`Consumer` und Browser) als Events zu verteilen. Diese beiden Clients melden sich hierfür als Abonnenten beim sogenannten *Broadcaster* des Services an.

Ein weiterer Client (`Status`) erhält für eine kurze Zeit Informationen über die Anzahl der bisher veröffentlichten Nachrichten.

Die mit JavaScript realisierte Webanwendung, die im Browser läuft, ist im Begleitmaterial zu diesem Buch enthalten. Sie wir hier allerdings nicht erläutert.

Die verwendete Klasse `Message` ist dieselbe wie in Kapitel 12.2.

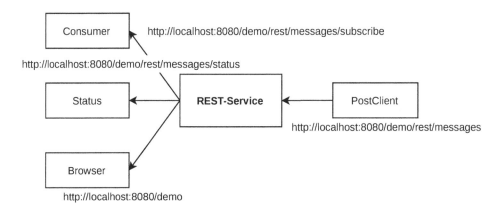

Abbildung 12-5: Szenario des Beispiels im Projekt sse

```
package rest.broadcast;

import jakarta.ws.rs.*;
import jakarta.ws.rs.core.Context;
import jakarta.ws.rs.core.MediaType;
import jakarta.ws.rs.core.Response;
import jakarta.ws.rs.sse.Sse;
import jakarta.ws.rs.sse.SseBroadcaster;
import jakarta.ws.rs.sse.SseEventSink;

import java.util.concurrent.atomic.AtomicInteger;

@Path("messages")
public class MessageResource {
   private final AtomicInteger counter = new AtomicInteger();
   private Sse sse;
   private SseBroadcaster broadcaster;
```

```java
@Context
public void setSse(Sse sse) {
    this.sse = sse;
    this.broadcaster = sse.newBroadcaster();
}

// Beim Broadcaster registrieren
@GET
@Path("subscribe")
@Produces(MediaType.SERVER_SENT_EVENTS)
public void getNewMessages(@Context SseEventSink eventSink) {
    broadcaster.register(eventSink);
}

// Empfangene Nachricht per Broadcast senden
@POST
@Consumes(MediaType.APPLICATION_JSON)
public Response newMessage(Message message) {
    var messageId = counter.incrementAndGet();
    message.setId(messageId);

    // OutboundSseEvent wird erzeugt.
    var event = sse.newEventBuilder()
            .id(String.valueOf(messageId)) // Event-Id
            .name("new-message") // Event-Name
            .mediaType(MediaType.APPLICATION_JSON_TYPE) // Typ der Event-Daten
            .data(Message.class, message) // Event-Daten
            .comment("Neue Nachricht") // Kommentar zum Event
            .build();

    broadcaster.broadcast(event);
    return Response.ok().build();
}

// Einfache Events senden
@GET
@Path("status")
@Produces(MediaType.SERVER_SENT_EVENTS)
public void getStatus(@Context SseEventSink eventSink) {
    new Thread(() -> {
        for (var i = 0; i < 5; i++) {
            // OutboundSseEvent wird erzeugt.
            var event = sse.newEventBuilder()
                    .name("status")
                    .mediaType(MediaType.TEXT_PLAIN_TYPE)
                    .data(Integer.class, counter.get())
                    .comment("Anzahl Nachrichten")
                    .build();

            eventSink.send(event);

            try {
                Thread.sleep(10000);
            } catch (InterruptedException ignored) {
            }
        }
    }).start();
}
}
```

Eine Sse-Instanz wird mit der mit @Context (siehe Kapitel 12.2) annotierten set-Methode injiziert. Damit können dann OutboundSseEvent-Instanzen und eine SseBroadcaster-Instanz erzeugt werden.

Die Methode newMessage empfängt eine Nachricht (vom PostClient), macht daraus ein OutboundSseEvent und verteilt dieses Event mit der SseBroadcaster-Methode broadcast an die angemeldeten Clients.

Diverse OutboundSseEvent.Builder-Methoden bauen ein Event auf:

- id setzt die eindeutige *Event-Id* (optional).
- name setzt einen eindeutigen Namen für den *Event-Typ* (optional). Damit können verschiedene Event-Kanäle auseinander gehalten werden und ein Client kann einen bestimmten Kanal abonnieren.
- mediaType legt den *Medientyp* für die Event-Daten fest.
- data setzt die *Event-Daten* und bestimmt ihren Java-Typ.
- comment legt einen *Kommentar* zum Event fest (optional).

Event-Stream-Format

Der Content-Type des Event-Streams ist: *text/event-stream*. Ein Event ist wie folgt aufgebaut. Hier ein Beispiel:

```
: Neue Nachricht\n
event: new-message\n
id: 1\n
data: {"id":1,"text":"...","date":"..."}\n\n
```

Die Methode getNewMessages registriert eine SseEventSink-Instanz beim Broadcaster. SseEventSink repräsentiert einen Event-Stream.

Events können auch gezielt auf Anfrage eines Clients gesendet werden. Das zeigt die Methode getStatus. Hier wird die Anzahl Nachrichten als Event mit Hilfe der SseEventSink-Methode send gesendet.

SSE unterstützt auch einen *Reconnection-Mechanismus*. Dieser ermöglicht Clients eine abgebrochenen Verbindung nach einer bestimmten Zeit wieder aufzunehmen. Die Standard-Timeout-Einstellung kann über retry: im Event-Stream geändert werden. Auf diese Möglichkeit gehen wir hier nicht ein.

Der PostClient erzeugt in zufälligen Zeitabständen zufällige Nachrichtentexte.

```
package client;

import jakarta.ws.rs.client.ClientBuilder;
import jakarta.ws.rs.client.Entity;
import jakarta.ws.rs.core.MediaType;
import rest.broadcast.Message;

import java.time.LocalDate;
import java.util.Random;

public class PostClient {
    private static String BASE_URI;

    public static void main(String[] args) {
        BASE_URI = args[0];

        var random = new Random();
        for (var i = 0; i < 9; i++) {
            post(getRandomString());
            try {
                Thread.sleep(1000 + random.nextInt(5000));
            } catch (InterruptedException ignored) {
            }
        }
    }

    private static void post(String text) {
        var client = ClientBuilder.newClient();
        var target = client.target(BASE_URI + "/messages");
        var message = new Message();
        message.setText(text);
        message.setDate(LocalDate.now().toString());
        var entity = Entity.entity(message, MediaType.APPLICATION_JSON);
        var response = target.request().post(entity);
        var code = response.getStatus();
        System.out.println("Status: " + code);
    }

    private static String getRandomString() {
        var length = 8 + (int) (Math.random() * 23);
        var sb = new StringBuilder();
        for (var i = 0; i < length; i++) {
            sb.append((char) (65 + (int) (Math.random() * 26)));
        }
        return sb.toString();
    }
}
```

```
package client;

import jakarta.ws.rs.client.ClientBuilder;
import jakarta.ws.rs.core.MediaType;
import jakarta.ws.rs.sse.SseEventSource;
import rest.broadcast.Message;

import java.io.IOException;
```

```
public class Consumer {
    public static void main(String[] args) {
        var BASE_URI = args[0];
        var client = ClientBuilder.newClient();
        var target = client.target(BASE_URI + "/messages/subscribe");

        try (var eventSource = SseEventSource.target(target).build()) {
            eventSource.register(
                    event -> { // event consumer
                        System.out.println("Name: " + event.getName());
                        System.out.println("Id: " + event.getId());
                        System.out.println("Kommentar: " + event.getComment());
                        var message = event.readData(Message.class,
                                MediaType.APPLICATION_JSON_TYPE);
                        System.out.println(message.getText() +
                                " (" + message.getDate() + ")");
                        System.out.println();
                    },
                    System.out::println, // error consumer
                    () -> System.out.println("Ende") // onComplete handler
            );
            eventSource.open();

            System.out.println("Stoppen mit ENTER");
            System.in.read();
        } catch (IOException ignored) {
        }

        client.close();
        System.exit(0);
    }
}
```

Um beim Client eingehende Events lesen und verarbeiten zu können, muss eine
SseEventSource-Instanz erzeugt werden. Mit der Methode register werden ein
Event Consumer (Typ InboundSseEvent), ein *Error Consumer* (Typ Throwable) und
ein *OnComplete-Handler* (Runnable) registriert.

Die SseEventSource-Methode open öffnet die Verbindung zum WebTarget und
startet die Verarbeitung eingehender Events. close schließt den Event-Stream.

```
package client;

import jakarta.ws.rs.client.ClientBuilder;
import jakarta.ws.rs.core.MediaType;
import jakarta.ws.rs.sse.SseEventSource;

public class Status {
    public static void main(String[] args) {
        var BASE_URI = args[0];
        var client = ClientBuilder.newClient();
        var target = client.target(BASE_URI + "/messages/status");
```

```
         try (var eventSource = SseEventSource.target(target).build()) {
             eventSource.register(
                     event -> {
                         System.out.println("Name: " + event.getName());
                         System.out.print(event.getComment() + ": ");
                         var data = event.readData(Integer.class,
                                                   MediaType.TEXT_PLAIN_TYPE);
                         System.out.println(data);
                         System.out.println();
                     }, System.out::println,
                     () -> System.out.println("Ende")
             );
             eventSource.open();

             Thread.sleep(60000);
         } catch (InterruptedException ignored) {
         }

         client.close();
         System.exit(0);
     }
}
```

Der benötigte Bytecode für den Server wird in einer JAR-Datei archiviert:

```
jar --create --file sse/web/WEB-INF/lib/sse.jar -C out/production/sse rest
```

Testablauf

Start des Servers:

```
java --add-opens=java.base/java.lang=ALL-UNNAMED
--add-opens=java.base/java.io=ALL-UNNAMED
--add-opens=java.rmi/sun.rmi.transport=ALL-UNNAMED
-cp ../../webserver/webserver.jar;../../libs/tomcat/*;../../libs/rest/*;
../../libs/jaxb/* WebServer /demo sse/web 8080 false false
```

Start des Clients Consumer:

```
java -cp out/production/sse;../../libs/rest/* client.Consumer
http://localhost:8080/demo/rest
```

Start des Clients PostClient:

```
java -cp out/production/sse;../../libs/rest/* client.PostClient
http://localhost:8080/demo/rest
```

Ausgabe von Consumer:

```
Name: new-message
Id: 1
Kommentar: Neue Nachricht
QIZRDKSIJJYTZYHWBQUZAUADFLO (2022-02-09)


...
```

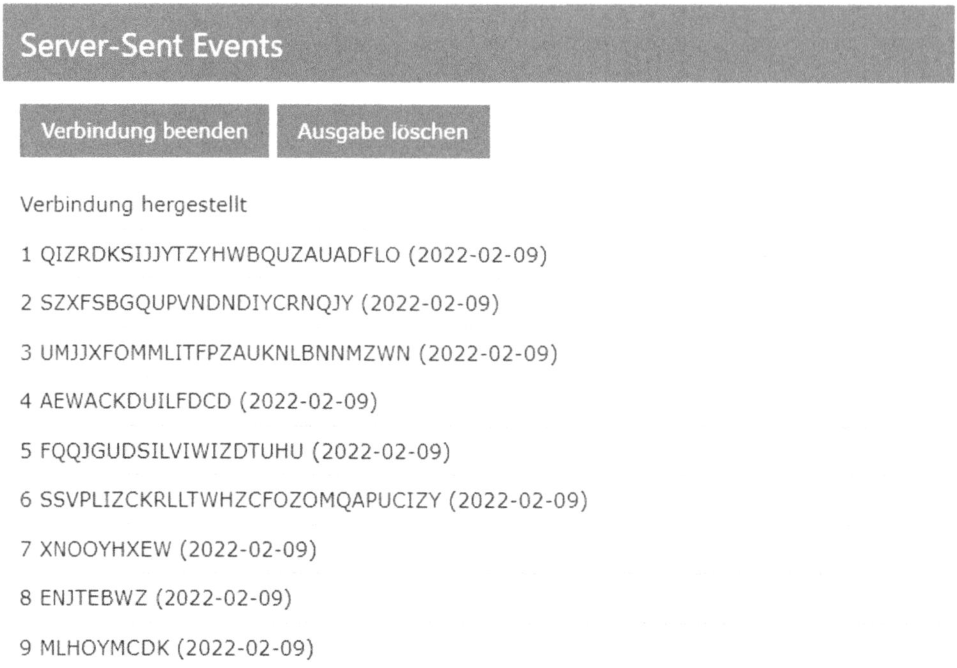

Server-Sent Events

[Verbindung beenden] [Ausgabe löschen]

Verbindung hergestellt

1 QIZRDKSIJJYTZYHWBQUZAUADFLO (2022-02-09)

2 SZXFSBGQUPVNDNDIYCRNQJY (2022-02-09)

3 UMJJXFOMMLITFPZAUKNLBNNMZWN (2022-02-09)

4 AEWACKDUILFDCD (2022-02-09)

5 FQQJGUDSILVIWIZDTUHU (2022-02-09)

6 SSVPLIZCKRLLTWHZCFOZOMQAPUCIZY (2022-02-09)

7 XNOOYHXEW (2022-02-09)

8 ENJTEBWZ (2022-02-09)

9 MLHOYMCDK (2022-02-09)

Abbildung 12-6: Webanwendung empfängt Server-Sent Events

Start des Clients `Status`:
```
java -cp out/production/sse;../../libs/rest/* client.Status
http://localhost:8080/demo/rest
```

Ausgabe von `Status`:
```
Name: status
Anzahl Nachrichten: 2

...
```

12.10 Filterketten

Für den Client und/oder den Server können Filter zur Vor- bzw. Nachbearbeitung von REST-Anfragen und REST-Antworten eingesetzt werden. Dies ist sinnvoll, um allgemeine Verarbeitungen (technische Querschnittsfunktionen), beispielsweise eine Protokollierung, durchzuführen. Damit muss im einzelnen Service nicht jedes Mal der gleiche Code erscheinen. Filter können in unterschiedlichen Anwendungs-szenarien wiederverwendet werden.

Grundlage zur Implementierung sind die folgenden Interfaces:

```
jakarta.ws.rs.container.ContainerRequestFilter
jakarta.ws.rs.container.ContainerResponseFilter
jakarta.ws.rs.client.ClientRequestFilter
jakarta.ws.rs.client.ClientResponseFilter
```

Alle Filter besitzen die Methode `filter`, die zu implementieren ist.

Während Response-Filter Zugriff auf Daten der REST-Anfrage und REST-Antwort haben, haben Request-Filter nur Zugriff auf Daten der REST-Anfrage.

Das folgende Beispiel nutzt den Service aus Kapitel 12.2, wobei nur die Methoden zum Anlegen, Ändern, Löschen und Anzeigen von Nachrichten auf Basis von JSON verwendet werden (Unterprojekt *filter*).

Während die Methoden POST und GET in diesem Beispiel von allen Benutzern aufgerufen werden können, sind PUT und DELETE geschützt. Hierzu wird das Authentifizierungsverfahren *HTTP Basic Authentication* verwendet.

Basic Authentication

Jersey unterstützt die Authentifizierung mit Benutzername und Passwort nach dem Verfahren *Basic Authentication*.[9]

Ein Client, der das JAX-RS Client API nutzt, muss dieses Feature zu Beginn registrieren:

```
HttpAuthenticationFeature feature = HttpAuthenticationFeature
    .basic(user, password);
target.register(feature);
```

Benutzername und Passwort werden mit einem Doppelpunkt verkettet, dann nach dem *Base64-Verfahren*[10] codiert und in einem speziellen HTTP-Header an den Server geschickt.

Zu beachten ist, dass es sich hierbei um keine echte Verschlüsselung von Benutzername und Passwort mit dem Ziel der Geheimhaltung handelt. *Base64* bildet 8-Bit-Binärdaten auf eine Zeichenkette aus Buchstaben ohne Umlaute, Ziffern, "+" und "/" nach einer festgelegten Regel ab.

Beispiel:

Ist der Benutzername "admin" und das Passwort "secret", so lautet der HTTP-Header:

```
Authorization: Basic YWRtaW46c2VjcmV0
```

---

9   https://tools.ietf.org/html/rfc7617

10 https://de.wikipedia.org/wiki/Base64

"YWRtaW46c2VjcmVV0" wird gemäß dem Base64-Verfahren auf der Serverseite wieder zu "admin:secret" decodiert.

Abbildung 12-7 gibt einen Überblick über die beim Client und Server eingesetzten Filter.

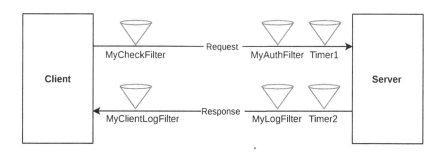

Abbildung 12-7: Einsatz von Filtern

In der Klasse `MyApplication` werden *vier Filter der Serverseite* registriert (zwei Request-Filter und zwei Response-Filter):

```
public MyApplication() {
    singletons.add(new MessageResource());
    singletons.add(new MyAuthFilter());
    singletons.add(new MyLogFilter());
    singletons.add(new Timer1());
    singletons.add(new Timer2());
}
```

Die Reihenfolge, in der die Filter durchlaufen werden, wird durch die Annotation `@Priority` mit einem numerischen Wert festgelegt.

Request-Filter werden dabei in aufsteigender Folge der Prioritäten durchlaufen, Response-Filter in absteigender Reihenfolge.

Filter beim Server

Der Request-Filter `MyAuthFilter` prüft die Gültigkeit von Benutzername und Passwort bei PUT und DELETE. `ContainerRequestContext` liefert Request-bezogene Informationen für den Filter, die Methode `abortWith` bricht die Filterkette ab.

```
package rest.filter;

import jakarta.annotation.Priority;
import jakarta.ws.rs.container.ContainerRequestContext;
import jakarta.ws.rs.container.ContainerRequestFilter;
import jakarta.ws.rs.core.Response;
```

```
import java.io.IOException;
import java.util.Base64;
import java.util.logging.Logger;

@Priority(1)
public class MyAuthFilter implements ContainerRequestFilter {
   private static final Logger LOGGER =
Logger.getLogger(MyAuthFilter.class.getName());

   @Override
   public void filter(ContainerRequestContext requestContext) throws IOException {
      var method = requestContext.getMethod();
      if (!method.equals("PUT") && !method.equals("DELETE"))
         return;

      var isValid = false;
      var auth = requestContext.getHeaderString("Authorization");
      if (auth != null) {
         var b = Base64.getDecoder().decode(auth.substring(6));
         var parts = new String(b).split(":");
         var user = parts[0];
         var password = parts[1];
         if (user.equals("admin") && password.equals("secret")) {
            isValid = true;
         }
      }

      if (!isValid) {
         LOGGER.warning("Nicht autorisiert");
         requestContext.abortWith(Response.status(Response.Status.UNAUTHORIZED)
            .build());
      }
   }
}
```

Der Request-Filter `Timer1` ermittelt die aktuelle Zeit in Nanosekunden und speichert diese im Request-Context.

```
package rest.filter;

import jakarta.annotation.Priority;
import jakarta.ws.rs.container.ContainerRequestContext;
import jakarta.ws.rs.container.ContainerRequestFilter;

import java.io.IOException;

@Priority(2)
public class Timer1 implements ContainerRequestFilter {
   @Override
   public void filter(ContainerRequestContext requestContext) throws IOException {
      var start = System.nanoTime();
      requestContext.setProperty("start", start);
   }
}
```

Der Response-Filter `Timer2` liest die Startzeit aus dem Request-Context und ermittelt hiermit die Dauer der Ausführung der Service-Methode. Mit Hilfe der injizierten `ResourceInfo`-Instanz können die beteiligte Ressourcenklasse und Ressourcenmethode ermittelt werden.

```
package rest.filter;

import jakarta.annotation.Priority;
import jakarta.ws.rs.container.ContainerRequestContext;
import jakarta.ws.rs.container.ContainerResponseContext;
import jakarta.ws.rs.container.ContainerResponseFilter;
import jakarta.ws.rs.container.ResourceInfo;
import jakarta.ws.rs.core.Context;

import java.io.IOException;
import java.util.logging.Logger;

@Priority(2)
public class Timer2 implements ContainerResponseFilter {
    private static final Logger LOGGER = Logger.getLogger(Timer2.class.getName());

    @Context
    ResourceInfo info;

    @Override
    public void filter(ContainerRequestContext requestContext,
                    ContainerResponseContext responseContext) throws IOException {
        var start = (Long) requestContext.getProperty("start");
        if (start != null) {
            var end = System.nanoTime();
            var resourceMethod = info.getResourceMethod();
            LOGGER.info("Dauer " + resourceMethod.getName() + ": " + (end - start)
                + " ns");
        }
    }
}
```

Der Response-Filter `MyLogFilter` speichert Informationen über Anfrage und Antwort. `ContainerResponseContext` liefert Response-bezogene Informationen für den Filter.

```
package rest.filter;

import jakarta.annotation.Priority;
import jakarta.ws.rs.container.ContainerRequestContext;
import jakarta.ws.rs.container.ContainerResponseContext;
import jakarta.ws.rs.container.ContainerResponseFilter;
import jakarta.ws.rs.container.ResourceInfo;
import jakarta.ws.rs.core.Context;

import java.io.IOException;
import java.util.logging.Logger;
```

```
@Priority(1)
public class MyLogFilter implements ContainerResponseFilter {
    private static final Logger LOGGER = Logger
                        .getLogger(MyLogFilter.class.getName());

    @Context
    ResourceInfo info;

    @Override
    public void filter(ContainerRequestContext requestContext,
                ContainerResponseContext responseContext) throws IOException {
        var resourceClass = info.getResourceClass();
        var resourceMethod = info.getResourceMethod();

        var sb = new StringBuilder();
        sb.append(resourceClass.getName())
                .append(":")
                .append(resourceMethod.getName())
                .append("\n")
                .append("  Request: ")
                .append(requestContext.getMethod())
                .append(" ")
                .append(requestContext.getUriInfo().getAbsolutePath())
                .append("\n")
                .append("  Response: ")
                .append(responseContext.getStatus())
                .append(" ")
                .append(responseContext.getStatusInfo());

        var mediaType = responseContext.getMediaType();
        if (mediaType != null)
            sb.append(", MediaType: ").append(mediaType);
        var location = responseContext.getLocation();
        if (location != null)
            sb.append(", Location: ").append(location);

        LOGGER.info(sb.toString());
    }
}
```

Filter beim Client

Auf der Clientseite werden der Request-Filter MyCheckFilter und der Response-Filter MyClientLogFilter eingesetzt.

MyCheckFilter prüft, ob ein *Authorization-Header* verwendet wird und bricht ggf. den Request ab.

ClientRequestContext liefert Request-bezogene Informationen für den Filter, die Methode abortWith bricht die Filterkette ab.

MyClientLogFilter speichert Informationen über Anfrage und Antwort.

ClientResponseContext liefert Response-bezogene Informationen für den Filter.

```java
package client.filter;

import jakarta.ws.rs.client.ClientRequestContext;
import jakarta.ws.rs.client.ClientRequestFilter;
import jakarta.ws.rs.core.Response;

import java.io.IOException;
import java.util.logging.Logger;

public class MyCheckFilter implements ClientRequestFilter {
   private static final Logger LOGGER = Logger
                         .getLogger(MyCheckFilter.class.getName());

   @Override
   public void filter(ClientRequestContext requestContext) throws IOException {
      var method = requestContext.getMethod();
      if (method.equals("PUT") || method.equals("DELETE")) {
         if (requestContext.getHeaderString("Authorization") == null) {
            LOGGER.warning("Header 'Authorization' fehlt");
            requestContext.abortWith(Response.status(Response.Status.BAD_REQUEST)
               .build());
         }
      }
   }
}
```

```java
package client.filter;

import jakarta.ws.rs.client.ClientRequestContext;
import jakarta.ws.rs.client.ClientResponseContext;
import jakarta.ws.rs.client.ClientResponseFilter;

import java.io.IOException;
import java.util.logging.Logger;

public class MyClientLogFilter implements ClientResponseFilter {
   private static final Logger LOGGER = Logger
                         .getLogger(MyClientLogFilter.class.getName());

   @Override
   public void filter(ClientRequestContext requestContext,
                   ClientResponseContext responseContext) throws IOException {
      var sb = new StringBuilder();
      sb.append("Request: ")
            .append(requestContext.getMethod())
            .append(" ")
            .append(requestContext.getUri())
            .append("\n")
            .append("   Response: ")
            .append(responseContext.getStatus())
            .append(" ")
            .append(responseContext.getStatusInfo());

      var mediaType = responseContext.getMediaType();
```

```
        if (mediaType != null)
            sb.append(", MediaType: ").append(mediaType);
        var location = responseContext.getLocation();
        if (location != null)
            sb.append(", Location: ").append(location);

        LOGGER.info(sb.toString());
    }
}
```

TestClient registriert mit der Client-Methode register die beiden Filter. In den Methoden put und delete wird jeweils der *Authorization-Header* für *Basic Authentication* gesetzt.

```
package client;

import client.filter.MyCheckFilter;
import client.filter.MyClientLogFilter;
import jakarta.ws.rs.client.Client;
import jakarta.ws.rs.client.ClientBuilder;
import jakarta.ws.rs.client.Entity;
import jakarta.ws.rs.core.GenericType;
import jakarta.ws.rs.core.MediaType;
import jakarta.ws.rs.core.Response;
import org.glassfish.jersey.client.authentication.HttpAuthenticationFeature;
import rest.messages.Message;

import java.util.List;

public class TestClient {
    private static String BASE_URI;
    private final Client client = ClientBuilder.newClient();

    public static void main(String[] args) {
        BASE_URI = args[0];

        var c = new TestClient();
        c.setup();

        c.post("/messages", "Nachricht A", "2022-02-08");
        c.post("/messages", "Nachricht B", "2022-02-09");
        c.post("/messages", "Nachricht C", "2022-02-10");
        c.get("/messages/1");
        c.get("/messages");
        c.put("/messages/1", "Nachricht AAA", "2022-02-08",
                "admin", "secret");
        c.delete("/messages/2", "admin", "secret");
        c.get("/messages/limited?n=2");
    }

    private void setup() {
        client.register(new MyCheckFilter());
        client.register(new MyClientLogFilter());
    }
```

```java
private void get(String uri) {
    System.out.println("\n--- GET " + BASE_URI + uri);
    var target = client.target(BASE_URI + uri);
    var response = target.request().accept(MediaType.APPLICATION_JSON).get();
    if (status(response) == 200) {
        if (uri.endsWith("messages") || uri.contains("limited")) {
            var list = response.readEntity(new GenericType<List<Message>>() {
            });
            for (var message : list) {
                System.out.println(message.getId() + ";" +
                        message.getText() + ";" + message.getDate());
            }
        } else {
            var message = response.readEntity(Message.class);
            System.out.println(message.getId() + ";" +
                    message.getText() + ";" + message.getDate());
        }
    }
}

private void post(String uri, String text, String date) {
    System.out.println("\n--- POST " + BASE_URI + uri);
    var target = client.target(BASE_URI + uri);
    var message = new Message();
    message.setText(text);
    message.setDate(date);
    var entity = Entity.entity(message, MediaType.APPLICATION_JSON);
    var response = target.request().post(entity);
    if (status(response) == 201) {
        var location = response.getLocation().toString();
        System.out.println("Location: " + location);
    }
}

private void put(String uri, String text, String date, String user,
            String password) {
    System.out.println("\n--- PUT " + BASE_URI + uri);
    var target = client.target(BASE_URI + uri);

    var feature = HttpAuthenticationFeature.basic(user, password);
    target.register(feature);

    var message = new Message();
    message.setText(text);
    message.setDate(date);
    var entity = Entity.entity(message, MediaType.APPLICATION_JSON);
    var response = target.request().put(entity);
    status(response);
}

private void delete(String uri, String user, String password) {
    System.out.println("\n--- DELETE " + BASE_URI + uri);
    var target = client.target(BASE_URI + uri);

    var feature = HttpAuthenticationFeature.basic(user, password);
    target.register(feature);

    var response = target.request().delete();
```

```
        status(response);
    }

    private int status(Response response) {
        var code = response.getStatus();
        var reason = response.getStatusInfo().getReasonPhrase();
        System.out.println("Status: " + code + " " + reason);
        return code;
    }
}
```

Der benötigte Bytecode für den Server wird in einer JAR-Datei archiviert:

```
jar --create --file filter/web/WEB-INF/lib/filter.jar -C out/production/filter rest
```

Start des Servers:

```
java -Djava.util.logging.config.file=filter/server_logging.properties
-Dfile.encoding=UTF-8 --add-opens=java.base/java.lang=ALL-UNNAMED
--add-opens=java.base/java.io=ALL-UNNAMED
--add-opens=java.rmi/sun.rmi.transport=ALL-UNNAMED
-cp ../../webserver/webserver.jar;../../libs/tomcat/*;../../libs/rest/*;
../../libs/jaxb/* WebServer /demo filter/web 8080 false false
```

Start des Clients:

```
java -Djava.util.logging.config.file=filter/client_logging.properties
-Dfile.encoding=UTF-8 -cp out/production/filter;../../libs/rest/* client.TestClient
http://localhost:8080/demo/rest
```

Inhalt von *client_log.txt* (Beispiel):

```
Feb. 09, 2022 6:19:14 PM client.filter.MyClientLogFilter filter
INFORMATION: Request: POST http://localhost:8080/demo/rest/messages
    Response: 201 Created, Location: http://localhost:8080/demo/rest/messages/1
Feb. 09, 2022 6:19:14 PM client.filter.MyClientLogFilter filter
INFORMATION: Request: POST http://localhost:8080/demo/rest/messages
    Response: 201 Created, Location: http://localhost:8080/demo/rest/messages/2
Feb. 09, 2022 6:19:14 PM client.filter.MyClientLogFilter filter
INFORMATION: Request: POST http://localhost:8080/demo/rest/messages
    Response: 201 Created, Location: http://localhost:8080/demo/rest/messages/3
...
```

Inhalt von *server_log.txt* (Beispiel):

```
Feb. 09, 2022 6:19:14 PM rest.filter.Timer2 filter
INFORMATION: Dauer newMessage: 142130200 ns
Feb. 09, 2022 6:19:14 PM rest.filter.MyLogFilter filter
INFORMATION: rest.messages.MessageResource:newMessage
    Request: POST http://localhost:8080/demo/rest/messages
    Response: 201 Created, Location: http://localhost:8080/demo/rest/messages/1
Feb. 09, 2022 6:19:14 PM rest.filter.Timer2 filter
INFORMATION: Dauer newMessage: 831400 ns
...
```

12.11 Rollenbasierter Zugriffsschutz und Verschlüsselung

Im folgenden Beispiel (Unterprojekt *security*), in dem wiederum Nachrichten wie im vorhergehenden Kapitel verwaltet werden, soll jeder Client-Zugriff über User und Passwort geschützt werden. Zudem soll anhand der Rolle, die ein User hat, der Zugriff für bestimmte Methoden erlaubt bzw. verboten werden.

In einer erweiterten Fassung soll die Verbindung mittel SSL/TLS verschlüsselt werden.

Rollenkonzept und Security Context

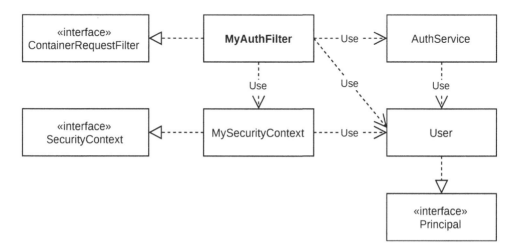

Abbildung 12-8: Klassendiagramm

Die Klasse User speichert Namen, Passwort und Rollen.

Die Klasse AuthService verwaltet User mit Name, Passwort und optionale Rollen. Die Methode authenticate prüft, ob ein User registriert ist und sich mit dem richtigen Passwort ausgewiesen hat.

Die Klasse MySecurityContext implementiert SecurityContext und liefert einige sicherheitsrelevante Informationen.

Der Request-Filter MyAuthFilter prüft den *Authorization-Header* und setzt im positiven Fall den *Security Context*.

```
package rest.auth;

import java.security.Principal;
import java.util.List;
```

```java
public class User implements Principal {
    private final String name;
    private final String password;
    private final List<String> roles;

    public User(String name, String password, String... roles) {
        this.name = name;
        this.password = password;
        this.roles = List.of(roles);
    }

    @Override
    public String getName() {
        return name;
    }

    public String getPassword() {
        return password;
    }

    public List<String> getRoles() {
        return roles;
    }
}
```

```java
package rest.auth;

import java.util.HashMap;
import java.util.Map;

public class AuthService {
    private static final Map<String, User> map = new HashMap<>();

    static {
        map.put("hugo", new User("hugo", "oguh", "admin"));
        map.put("emil", new User("emil", "lime", "user"));
    }

    public static User authenticate(String name, String pw) {
        var user = map.get(name);
        if (user != null) {
            if (user.getPassword().equals(pw))
                return user;
        }
        return null;
    }
}
```

```java
package rest.auth;

import jakarta.ws.rs.core.SecurityContext;

import java.security.Principal;

public class MySecurityContext implements SecurityContext {
```

```
    private final User user;
    private final String scheme;

    public MySecurityContext(User user, String scheme) {
        this.user = user;
        this.scheme = scheme;
    }

    @Override
    public String getAuthenticationScheme() {
        return SecurityContext.BASIC_AUTH;
    }

    @Override
    public Principal getUserPrincipal() {
        return this.user;
    }

    @Override
    public boolean isSecure() {
        return scheme.equals("https");
    }

    @Override
    public boolean isUserInRole(String role) {
        if (user.getRoles() != null) {
            return user.getRoles().contains(role);
        }
        return false;
    }
}


package rest.auth;

import jakarta.ws.rs.container.ContainerRequestContext;
import jakarta.ws.rs.container.ContainerRequestFilter;
import jakarta.ws.rs.container.PreMatching;
import jakarta.ws.rs.core.Response;

import java.io.IOException;
import java.util.Base64;

@PreMatching
public class MyAuthFilter implements ContainerRequestFilter {
    @Override
    public void filter(ContainerRequestContext requestContext) throws IOException {
        var auth = requestContext.getHeaderString("Authorization");
        if (auth == null) {
            var message = "Header 'Authorization' fehlt";
            System.err.println(message);
            requestContext.abortWith(Response.status(
                Response.Status.UNAUTHORIZED.getStatusCode(), message).build());
            return;
        }

        var b = Base64.getDecoder().decode(auth.substring(6));
```

```
        var parts = new String(b).split(":");
        var username = parts[0];
        var password = parts[1];

        var user = AuthService.authenticate(username, password);
        if (user == null) {
            var message = "User '" + username +
                                "' existiert nicht oder falsches Passwort";
            System.err.println(message);
            requestContext.abortWith(Response.status(
                Response.Status.UNAUTHORIZED.getStatusCode(), message).build());
            return;
        }

        var scheme = requestContext.getUriInfo().getRequestUri().getScheme();
        requestContext.setSecurityContext(new MySecurityContext(user, scheme));
    }
}
```

Die Annotation @PreMatching sorgt dafür, dass der Request-Filter ausgeführt wird, bevor die Zuordnung (Matching) zur geeigneten Ressource und Methode erfolgt.

```
package rest.messages;

import jakarta.annotation.security.RolesAllowed;
import jakarta.ws.rs.*;
import jakarta.ws.rs.core.*;

import java.util.List;
import java.util.Map;
import java.util.concurrent.ConcurrentHashMap;
import java.util.concurrent.atomic.AtomicInteger;
import java.util.stream.Collectors;

@Path("messages")
public class MessageResource {
    private static final Map<Integer, Message> map;
    private static final AtomicInteger counter = new AtomicInteger();

    static {
        map = new ConcurrentHashMap<>();
    }

    @GET
    @Produces(MediaType.APPLICATION_JSON)
    public List<Message> getAllMessagesAsJson() {
        return map.values().stream()
                .sorted((m1, m2) -> -m1.getDate().compareTo(m2.getDate()))
                .collect(Collectors.toList());
    }

    @GET
    @Path("{id}")
    @Produces(MediaType.APPLICATION_JSON)
    public Response getMessage(@PathParam("id") int id) {
```

```
        var message = map.get(id);
        if (message == null) {
            return Response.status(Response.Status.NOT_FOUND).build();
        }
        return Response.ok(message).build();
    }

    @POST
    @Consumes(MediaType.APPLICATION_JSON)
    public Response newMessage(@Context UriInfo uriInfo,
                        @Context SecurityContext sec, Message message) {
        if (sec.isUserInRole("user")) {
            System.out.println("Neue Nachricht von User '" +
                sec.getUserPrincipal().getName() + "'");
        }

        int id = counter.incrementAndGet();
        message.setId(id);
        map.put(id, message);
        var location = uriInfo.getAbsolutePathBuilder().path(String.valueOf(id))
                .build();
        return Response.created(location).build();
    }

    @PUT
    @Path("{id}")
    @Consumes(MediaType.APPLICATION_JSON)
    @RolesAllowed("admin")
    public Response updateMessage(@PathParam("id") int id, Message message) {
        if (map.get(id) == null) {
            return Response.noContent().status(Response.Status.NOT_FOUND).build();
        } else {
            message.setId(id);
            map.put(id, message);
            return Response.noContent().build();
        }
    }

    @DELETE
    @Path("{id}")
    @RolesAllowed("admin")
    public Response deleteMessage(@PathParam("id") int id) {
        if (map.get(id) != null) {
            map.remove(id);
            return Response.noContent().status(Response.Status.OK).build();
        } else {
            return Response.status(Response.Status.NOT_FOUND).build();
        }
    }
}
```

In der Methode newMessage wird der im Filter gesetzte *Security Context* als Parameter injiziert. Wenn der User, der den Request gesendet hat, der Rolle *user* zugeordnet ist, wird eine bestimmte Information auf der Konsole des Servers ausgegeben.

Die beiden Methoden `updateMessage` und `deleteMessage` dürfen nur von Usern mit der Rolle *admin* ausgeführt werden.

Hierfür sorgt die Annotation `@RolesAllowed("admin")`. In der Klasse `MyApplication` muss auch eigens das Feature

> `org.glassfish.jersey.server.filter.RolesAllowedDynamicFeature`

registriert werden:

```
public MyApplication() {
    singletons.add(new MessageResource());
    singletons.add(new MyAuthFilter());
    singletons.add(new RolesAllowedDynamicFeature());
}
```

Für den Test sind zwei User in `AuthService` eingerichtet.

Name: `hugo`, Passwort: `oguh`, Rolle: `admin`
Name: `emil`, Passwort: `lime`, Rolle: `user`

```
package client;

import jakarta.ws.rs.client.Client;
import jakarta.ws.rs.client.ClientBuilder;
import jakarta.ws.rs.client.Entity;
import jakarta.ws.rs.core.GenericType;
import jakarta.ws.rs.core.MediaType;
import jakarta.ws.rs.core.Response;
import org.glassfish.jersey.client.authentication.HttpAuthenticationFeature;
import rest.messages.Message;

import java.util.List;

public class MyClient {
    private static String BASE_URI;
    private final Client client = ClientBuilder.newClient();

    public static void main(String[] args) {
        BASE_URI = args[0];
        var c = new MyClient();

        c.setup("emil", "lime");
        // c.setup("hugo", "oguh");

        c.post("/messages", "Nachricht A", "2022-02-08");
        c.post("/messages", "Nachricht B", "2022-02-09");
        c.post("/messages", "Nachricht C", "2022-02-10");
        c.get("/messages/1");
        c.get("/messages");
        c.put("/messages/1", "Nachricht AAA", "2022-02-08");
        c.delete("/messages/2");
        c.get("/messages");
    }
```

```java
    private void setup(String user, String password) {
        var feature = HttpAuthenticationFeature.basic(user, password);
        client.register(feature);
    }

    private void get(String uri) {
        System.out.println("\n--- GET " + BASE_URI + uri);
        var target = client.target(BASE_URI + uri);
        var response = target.request().accept(MediaType.APPLICATION_JSON).get();
        if (status(response) == 200) {
            if (uri.endsWith("messages") || uri.contains("limited")) {
                var list = response.readEntity(new GenericType<List<Message>>() {
                });
                for (var message : list) {
                    System.out.println(message.getId() + ";" +
                            message.getText() + ";" + message.getDate());
                }
            } else {
                var message = response.readEntity(Message.class);
                System.out.println(message.getId() + ";" +
                        message.getText() + ";" + message.getDate());
            }
        }
    }

    private void post(String uri, String text, String date) {
        System.out.println("\n--- POST " + BASE_URI + uri);
        var target = client.target(BASE_URI + uri);
        var message = new Message();
        message.setText(text);
        message.setDate(date);
        var entity = Entity.entity(message, MediaType.APPLICATION_JSON);
        var response = target.request().post(entity);
        if (status(response) == 201) {
            var location = response.getLocation().toString();
            System.out.println("Location: " + location);
        }
    }

    private void put(String uri, String text, String date) {
        System.out.println("\n--- PUT " + BASE_URI + uri);
        var target = client.target(BASE_URI + uri);
        var message = new Message();
        message.setText(text);
        message.setDate(date);
        var entity = Entity.entity(message, MediaType.APPLICATION_JSON);
        var response = target.request().put(entity);
        status(response);
    }

    private void delete(String uri) {
        System.out.println("\n--- DELETE " + BASE_URI + uri);
        var target = client.target(BASE_URI + uri);
        var response = target.request().delete();
        status(response);
    }
```

```
    private int status(Response response) {
        var code = response.getStatus();
        var reason = response.getStatusInfo().getReasonPhrase();
        System.out.println("Status: " + code + " " + reason);
        return code;
    }
}
```

Das Feature `HttpAuthenticationFeature` wird wie in Kapitel 12.10 registriert, hier allerdings beim `jakarta.ws.rs.client.Client`. Es wirkt damit für alle Requests.

Der benötigte Bytecode für den Server wird in einer JAR-Datei archiviert:

```
jar --create --file security/web/WEB-INF/lib/security.jar
-C out/production/security rest
```

Start des Servers:

```
java --add-opens=java.base/java.lang=ALL-UNNAMED
--add-opens=java.base/java.io=ALL-UNNAMED
--add-opens=java.rmi/sun.rmi.transport=ALL-UNNAMED
-cp ../../webserver/webserver.jar;../../libs/tomcat/*;../../libs/rest/*;
../../libs/jaxb/* WebServer /demo security/web 8080 false false
```

Start des Clients:

```
java -cp out/production/security;../../libs/rest/* client.MyClient
http://localhost:8080/demo/rest
```

Wird der Client mit dem Usernamen *emil* und dem Passwort *lime* ausgeführt, erhält man das folgende Ergebnis.

Beispiel:

```
--- POST http://localhost:8080/demo/rest/messages
Status: 201 Created
Location: http://localhost:8080/demo/rest/messages/1

--- POST http://localhost:8080/demo/rest/messages
Status: 201 Created
Location: http://localhost:8080/demo/rest/messages/2

--- POST http://localhost:8080/demo/rest/messages
Status: 201 Created
Location: http://localhost:8080/demo/rest/messages/3

--- GET http://localhost:8080/demo/rest/messages/1
Status: 200 OK
1;Nachricht A;2022-02-08

--- GET http://localhost:8080/demo/rest/messages
Status: 200 OK
3;Nachricht C;2022-02-10
2;Nachricht B;2022-02-09
1;Nachricht A;2022-02-08
```

```
--- PUT http://localhost:8080/demo/rest/messages/1
Status: 403 Forbidden

--- DELETE http://localhost:8080/demo/rest/messages/2
Status: 403 Forbidden

--- GET http://localhost:8080/demo/rest/messages
Status: 200 OK
3;Nachricht C;2022-02-10
2;Nachricht B;2022-02-09
1;Nachricht A;2022-02-08
```

Beim Server wird dreimal ausgegeben:

```
Neue Nachricht von User 'emil'
```

Sichere Verbindung mit SSL/TLS

Wir wollen nun die Übertragung zwischen Client und Server mittels *SSL/TLS* verschlüsseln. Hierzu nutzen wir *Apache Tomcat*, erzeugen ein Server-Zertifikat und konfigurieren Server und Client so, dass die Daten verschlüsselt übertragen werden können. Die Vorgehensweise entspricht der Darstellung in Anhang A.

keystore.jks und *certs.jks* müssen bereitgestellt werden. Kopieren Sie diese Dateien aus dem Projekt *certificate* (siehe Anhang A) in dieses Projektverzeichnis.

SSL-Server starten:
```
java --add-opens=java.base/java.lang=ALL-UNNAMED
--add-opens=java.base/java.io=ALL-UNNAMED
--add-opens=java.rmi/sun.rmi.transport=ALL-UNNAMED
-cp ../../webserver/webserver.jar;../../libs/tomcat/*;../../libs/rest/*;
../../libs/jaxb/* WebServer /demo security/web 8443 false true
```

Aufruf des SSL-Clients:
```
java -Djavax.net.ssl.trustStore=certs.jks -Djavax.net.ssl.trustStorePassword=secret
-cp out/production/security;../../libs/rest/* client.Client2
https://localhost:8443/demo/rest
```

Hinweis zur Veröffentlichung von REST-Services mit Tomcat

Wenn mehrere Services von einer einzigen Tomcat-Instanz veröffentlicht werden sollen (also mehrere JAR-Dateien in *WEB-INF/lib*), dann müssen die Pfade in @ApplicationPath und die Paketnamen verschieden sein.

12.12 Aufgaben

1. Durch eine Hash-Funktion wird eine Nachricht auf einen Hashwert mit einer festen Länge abgebildet. In Java steht hierfür die Klasse `java.security.MessageDigest` zur Verfügung.

   Entwickeln Sie einen REST-Service, der für einen vorgegebenen Algorithmus (z. B. MD5, SHA-1, SHA-256 oder SHA-512) und einen Text den Hashwert berechnet und als Antwort hexadezimal codiert liefert. Der Client sendet die Daten im URL-codierten Format über POST.

   Beispiel:
   ```
   text=Das+ist+ein+Test.&algorithm=MD5
   ```

   Entwickeln Sie auch einen Java-Client mit dem JAX-RS Client API sowie ein HTML-Formular.

   Lösung: siehe Unterprojekt digest

2. Mit GET sollen vom Client zufällige Sensor-Werte abgefragt werden können. Hierzu soll die folgende Ressourcenmethode zur Verfügung gestellt werden:

   ```
   @GET
   @Produces({MediaType.APPLICATION_JSON, MediaType.APPLICATION_XML})
   public SensorValue getSensorValue() {
       return new SensorValue();
   }
   ```

   Je nach eingestelltem Medientyp (Methode `accept` beim Client) wird das Ergebnis im JSON- oder im XML-Format geliefert.

   Die Klasse `SensorValue` ist vorgegeben:

   ```
   package rest.sensor;

   import jakarta.xml.bind.annotation.XmlElement;
   import jakarta.xml.bind.annotation.XmlRootElement;
   import jakarta.xml.bind.annotation.adapters.XmlJavaTypeAdapter;

   import java.time.Instant;

   @XmlRootElement
   public class SensorValue {
     @XmlElement
     @XmlJavaTypeAdapter(MyInstantAdapter.class)
     public Instant time;
     public double value;

     public SensorValue() {
         time = Instant.now();
         value = Math.random() * 100;
     }

     @Override
     public String toString() {
         return "SensorValue{" +
   ```

```
                    "time=" + time +
                    ", value=" + value +
                    '}';
    }
}
```

Für die Konvertierung Objekt ↔ XML-Dokument muss das Attribut `time` vom
Typ `Instant` mit einem eigenen Adapter ausgestattet werden (siehe obige
Annotationen):

```
package rest.sensor;

import jakarta.xml.bind.annotation.adapters.XmlAdapter;

import java.time.Instant;

public class MyInstantAdapter extends XmlAdapter<String, Instant> {
  @Override
  public String marshal(Instant instant) throws Exception {
    return instant != null ? instant.toString() : null;
  }

  @Override
  public Instant unmarshal(String s) throws Exception {
    return s != null ? Instant.parse(s) : null;
  }
}
```

`marshal` konvertiert eine `Instant`-Instanz in eine Zeichenkette, `unmarshal`
konvertiert eine geeignete Zeichenkette in eine `Instant`-Instanz.

Beachten Sie, dass zur Ausführung des Servers die Bibliothek *libs/jaxb* in den
Klassenpfad eingebunden werden muss (siehe Kapitel 12.2).

Lösung: siehe Unterprojekt sensor

3. Diese Aufgabe soll die Möglichkeit von sogenannten *partiellen Updates* und
Multi-Updates demonstrieren. Ein REST-Service soll Aufträge (`Order`) in einer
Map verwalten.

Die Klasse `Order` enthält die Attribute:
```
int orderId
int customerId
List<Item> items
```
Die Klasse `Item` enthält die Attribute:
```
int productId
int quantity
```
Der Service soll die folgenden Ressourcen (HTTP-Methode, URI) anbieten:
* Neuanlage eines Auftrags:
  ```
  POST orders
  ```
* Lesen eines Auftrags:
  ```
  GET orders/{orderId}
  ```

- Ändern einer Auftragsposition (partieller Update):
  `PUT orders/{orderId}/items/{position}`
- Ändern aller Auftragspositionen (Multi-Update):
  `PUT orders/{orderId}/items`

Entwickeln Sie Client und Server.

Lösung: siehe Unterprojekt order

4. Realisieren Sie einen REST-Service zur Verwaltung von Aufgaben (Todo-Liste). Neben einer eindeutigen Id soll eine Aufgabe den Benutzernamen, die Beschreibung der Aufgabe und den Status für die Erledigung (`true`/`false`) enthalten.

   Die Daten sollen in einer von Apache Tomcat verwalteten Datenbank gespeichert werden (siehe Kapitel 12.3). Jeder Benutzer soll nur seine Aufgaben verwalten können und keinen Zugriff auf Aufgaben anderer Benutzer haben.

   Nutzen Sie die Konfiguration der HTTP-Authentifizierung und von SSL/TLS aus Kapitel 12.11. Innerhalb der Java-Anwendung kann der aktuell angemeldete Benutzer über den *Security Context* abgefragt werden. Die Datenbankzugriffsmethoden müssen den Benutzer berücksichtigen (Ergänzung der WHERE-Klausel in SQL).

   Entwickeln Sie auch einen Client mit dem JAX-RS Client API.

   Lösung: siehe Unterprojekt todos

5. Realisieren Sie die *optimistische Nebenläufigkeitskontrolle* (vgl. Kapitel 12.7) mit Hilfe einer im `Order`-Objekt gespeicherten Versionsnummer, die bei jeder Änderung um 1 hochgezählt wird.

   Lösung: siehe Unterprojekt parallel2

6. Diese Aufgabe soll Domänen-übergreifende Zugriffe mit *CORS* (*Cross-Origin Resource Sharing*) demonstrieren. Betrachten Sie das in der folgenden Abbildung dargestellte Szenario:

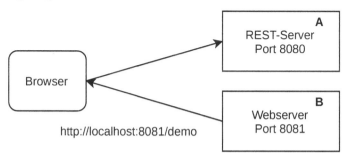

Ein REST-Server (A) bietet einen Service zur Verwaltung von Nachrichten an (siehe REST-Service aus Kapitel 12.2). Über einen Browser wird eine Single-Page-Webanwendung von einem Webserver (B) geladen (HTML-Seite, CSS,

JavaScript). Daten (im JSON-Format) sollen mittels AJAX-Requests bzw. *fetch* vom REST-Server abgefragt bzw. zu diesem gesendet werden (vgl. die Webanwendung im Projekt *messages* des Kapitels 12.2).

Nach Starten von REST-Server auf Port 8080 und Webserver auf Port 8081 kann im Browser diese Seite abgerufen werden: `http://localhost:8081/demo`

Nun erhält man einen Fehler, der in der Web-Konsole (z. B. von Google Chrome, Funktionstaste F12) erscheint:

Access to fetch at 'http://localhost:8080/demo/rest/messages' from origin 'http://localhost' has been blocked by CORS policy: Response to preflight request doesn't pass access control check: No 'Access-Control-Allow-Origin' header is present on the requested resource.

Solche Domänen-übergreifenden Zugriffe (das Skript stammt von B, soll aber Daten auf A abfragen bzw. ändern) sind in der Regel aus Sicherheitsgründen untersagt (*Same-Origin-Policy*).

CORS ist ein Verfahren, das diese Einschränkungen aufheben kann. Der REST-Server (A) kann hierzu bestimmte Header der Art `Access-Control-*` in seiner Antwort setzen.

Erstellen Sie einen Response-Filter, den Sie in `MyApplication` registrieren.

```
package rest.messages;

import jakarta.ws.rs.container.ContainerRequestContext;
import jakarta.ws.rs.container.ContainerResponseContext;
import jakarta.ws.rs.container.ContainerResponseFilter;

import java.io.IOException;

public class MyCORSFilter implements ContainerResponseFilter {
  @Override
  public void filter(ContainerRequestContext requestContext,
     ContainerResponseContext responseContext) throws IOException {

    var map = responseContext.getHeaders();
    map.add("Access-Control-Allow-Origin", "*");
    map.add("Access-Control-Allow-Methods", "GET,POST,PUT,DELETE");
    map.add("Access-Control-Allow-Headers", "Content-Type");
    map.add("Access-Control-Expose-Headers", "Location");
  }
}
```

Für eine komplexere Anfrage (z. B. mit PUT oder DELETE) wird eine zusätzliche Anfrage mit der HTTP-Methode OPTIONS gestellt, um herauszufinden, ob die geplante Anfrage erlaubt werden darf oder nicht.

Nach Neustart funktioniert die Anwendung fehlerfrei.

Lösung: siehe Unterprojekt cors

7. Um den Inhalt einer sehr großen Datei über einen REST-Service zu lesen, kann der Inhalt der Datei in Seiten einer bestimmten Größe aufgeteilt werden, die dann einzeln angefordert werden können, z. B. mit Query-Parametern:

```
GET /messages?page=3&size=10 HTTP/1.1
```

Testen Sie diese Technik mit Hilfe einer Datenbank, die eine Tabelle mit sehr vielen Datenzeilen enthält. Testdaten können über ein einfaches JDBC-Programm generiert werden (siehe Anhang B und Kapitel 12.3).

Daten können seitenweise wie im folgenden Beispiel abgefragt werden:

```
select message from messages order by id limit ? offset ?
```

Der Zusammenhang zwischen `page` und `offset` bzw. `size` und `limit` ergibt sich wie folgt:

```
limit = size
offset = (page - 1) * size
```

Lösung: siehe Unterprojekt paging

8. Mit der nicht idempotenten HTTP-Methode PATCH kann ein Teil der Ressource geändert werden (siehe Kapitel 12.1). Realisieren Sie einen REST-Service (Verwendung der Annotation @PATCH), der eine solche Teiländerung demonstriert, z. B. Preisänderung eines Produkts:

```
@PATCH
@Path("{id}")
@Consumes(MediaType.APPLICATION_JSON)
@Produces(MediaType.APPLICATION_JSON)
public Response updatePrice(@PathParam("id") int id,
                           Map<String, Double> price) {

    var product = map.get(id);
    if (product == null) {
        return Response.status(Response.Status.NOT_FOUND).build();
    } else {
        product.price = price.get("price");
        return Response.ok(product).build();
    }
}
```

Der Client soll `java.net.http.HttpClient` verwenden (siehe Kapitel 12.2.5).

Lösung: siehe Unterprojekt patch

9. *JSON Placeholder* (https://jsonplaceholder.typicode.com) ist eine Plattform, die ein Online-REST-API bietet. Man kann GET, POST, PUT, PATCH und DELETE verwenden. Allerdings werden Änderungen zwischen Aufrufen nicht beibehalten.

Implementieren Sie einen Client auf der Basis von `java.net.http.HttpClient` z. B. für die Ressource *posts*.

Lösung: siehe Unterprojekt apitest

MockLab (https://get.mocklab.io) stellt ebenfalls ein REST-API zur Verfügung. Hier kann das Datenmodell (JSON-Format) selbst vorgegeben werden.

Anhang A

A.1 Implementierung eines Webservers

Apache Tomcat ist ein mit Java implementierter Webserver, der sowohl statische Seiten ausliefern als auch in Java geschriebene Webanwendungen (beispielsweise auf Servlet-Basis) ausführen kann. Tomcat unterstützt diverse Kommunikationsprotokolle wie *HTTP/2, WebSocket* und *Server-Sent Events*.

Wir verwenden Tomcat in der Embedded-Version in einer speziell für die Zwecke dieses Buches geschriebenen Java-Anwendung. Diese ermöglicht:

- die Auslieferung statischer Ressourcen,
- die Protokollierung der Server-Zugriffe,
- die Konfiguration von Datenbank-Zugriffen,
- die Verwendung des Verschlüsselungsprotokolls SSL/TLS (*https*),
- die Veröffentlichung von Webservices.

Im Folgenden wird der Quellcode des Programms WebServer kurz erläutert.

→ Projekt webserver

```java
import org.apache.catalina.connector.Connector;
import org.apache.catalina.startup.Tomcat;
import org.apache.catalina.valves.AccessLogValve;
import org.apache.coyote.http2.Http2Protocol;
import org.apache.tomcat.util.net.SSLHostConfig;
import org.apache.tomcat.util.net.SSLHostConfigCertificate;

import java.io.File;
import java.net.InetAddress;
import java.net.URL;
import java.util.logging.Level;
import java.util.logging.Logger;

public class WebServer {
    public static void main(String[] args) throws Exception {
        ...
    }
}
```

Zunächst werden die Kommandozeilenparameter eingelesen:

```java
var contextPath = args[0];
var docBase = args[1];
var port = Integer.parseInt(args[2]);
var log = Boolean.parseBoolean(args[3]);
var ssl = Boolean.parseBoolean(args[4]);
var configFile = args.length == 6 ? args[5] : null;
```

© Springer Fachmedien Wiesbaden GmbH, ein Teil von Springer Nature 2022
D. Abts, *Masterkurs Client/Server-Programmierung mit Java*,
https://doi.org/10.1007/978-3-658-37200-2

contextPath	Hiermit wird die Anwendung aufgerufen. Beispiel: Lautet der Kontext-Pfad /demo, so ist der Aufruf: http://domain:port/demo.
docBase	Basisverzeichnis für statische Ressourcen
port	Portnummer
log	Schalter für die Protokollierung (true oder false)
ssl	Schalter für die Verwendung von SSL/TLS (true oder false)
configFile	Name der XML-Datei zur Konfiguration von Datenbank-Zugriffen. Dieser Parameter ist optional, kann also fehlen.

Zur Laufzeit werden nur schwere Fehler angezeigt. Tomcat benötigt ein Arbeitsverzeichnis:

```
Logger.getLogger("org").setLevel(Level.SEVERE);
var tomcat = new Tomcat();
tomcat.setBaseDir(System.getProperty("java.io.tmpdir"));
```

Es wird eine Webanwendung mit Kontext-Pfad und Basisverzeichnis eingerichtet:

```
var ctx = tomcat.addWebapp(contextPath, new File(docBase).getAbsolutePath());
```

Hat log den Wert true, so werden die Server-Zugriffe in einer Datei protokolliert, deren Namen die folgende Form hat: log.$jjjj$-mm-tt.txt

```
if (log) {
    var valve = new AccessLogValve();
    valve.setDirectory(new File(".").getAbsolutePath());
    valve.setPrefix("log");
    valve.setSuffix(".txt");
    valve.setPattern("common");
    ctx.getPipeline().addValve(valve);
}
```

Für Datenbank-Zugriffe wird eine Konfigurationsdatei benötigt. Hier muss auch *JNDI* (Java Naming and Directory Interface) aktiviert werden:

```
if (configFile != null) {
    ctx.setConfigFile(new URL("file:" + configFile));
    tomcat.enableNaming();
}
```

Portnummer und HTTP/2-Unterstützung werden festgelegt:

```
var con = new Connector();
con.setPort(port);
con.addUpgradeProtocol(new Http2Protocol());
```

Hat `ssl` den Wert `true`, so wird das Verschlüsselungsprotokoll SSL/TLS konfiguriert. `keystore.jks` enthält das Zertifikat. Der Schlüsselspeicher ist mit einem Passwort geschützt. Näheres hierzu im Abschnitt "Server-Zertifikat".

```
if (ssl) {
    var keystoreFile = "keystore.jks";
    var keystorePass = "secret";

    con.setScheme("https");
    con.setSecure(true);
    con.setProperty("defaultSSLHostConfigName", "localhost");
    con.setProperty("protocol", "HTTP/1.1");
    con.setProperty("SSLEnabled", "true");
    con.setProperty("maxThreads", "150");
    con.setProperty("clientAuth", "false");

    var sslHostConfig = new SSLHostConfig();
    sslHostConfig.setHostName("localhost");
    sslHostConfig.setSslProtocol("TLS");

    var sslHostConfigCertificate = new SSLHostConfigCertificate(
            sslHostConfig, SSLHostConfigCertificate.Type.RSA);
    sslHostConfigCertificate.setCertificateKeystoreFile(
            new File(keystoreFile).getAbsolutePath());
    sslHostConfigCertificate.setCertificateKeystorePassword(keystorePass);

    sslHostConfig.addCertificate(sslHostConfigCertificate);
    con.addSslHostConfig(sslHostConfig);
}
```

Zum Schluss wird der Server gestartet:

```
var service = tomcat.getService();
service.addConnector(con);
tomcat.start();

System.out.println("DocBase: " + ctx.getDocBase());
System.out.printf("URL: %s://%s:%d%s%n", con.getScheme(),
        InetAddress.getLocalHost().getHostAddress(), con.getPort(), ctx.getPath());
```

Mit Auslösen der Eingabetaste kann der Server heruntergefahren werden:

```
System.out.println("Stoppen mit ENTER");
System.in.read();

tomcat.stop();
tomcat.destroy();
System.exit(0);
```

Zur Compilierung müssen die JAR-Dateien des Verzeichnisses `libs/tomcat` eingebunden werden (siehe Anhang D).

Ein einfacher Funktionstest kann wie folgt durchgeführt werden. Das Begleitmaterial enthält hierzu eine HTML-Datei.

Aufruf des Servers (Der Befehl muss in einer einzigen Zeile im Terminal-Fenster
eingegeben werden.):

```
java -Dfile.encoding=UTF-8
--add-opens=java.base/java.lang=ALL-UNNAMED
--add-opens=java.base/java.io=ALL-UNNAMED
--add-opens=java.rmi/sun.rmi.transport=ALL-UNNAMED
-cp out/production/webserver;../libs/tomcat/* WebServer /demo web 8080 true false
```

Aufruf des URL im Browser:

```
http://localhost:8080/demo
```

Die Log-Datei enthält (Beispiel):

```
0:0:0:0:0:0:0:1 - - [05/Jul/2021:15:16:43 +0200] "GET /demo/ HTTP/1.1" 200 187
```

A.2 Server-Zertifikat

Secure Sockets Layer (*SSL*), die alte Bezeichnung für *Transport Layer Security*
(*TLS*), ist ein Netzwerkprotokoll um Daten verschlüsselt über *HTTPS* (*HyperText
Transfer Protocol Secure*) zu übertragen.[1] Der Server muss bei diesem Verfahren
seine Identität gegenüber dem Client beweisen. Das geschieht mit einem Zertifikat,
das von einer vertrauenswürdigen Zertifizierungsstelle stammen sollte. Wir nutzen
hier allerdings zur Vereinfachung ein *selbst signiertes Zertifikat*. Wurde das
Zertifikat vom Client akzeptiert und ist die Verbindung aufgebaut, werden die
Daten zwischen Client und Server verschlüsselt übertragen.

Für den Server muss ein Zertifikat erzeugt werden. Hierzu nutzen wir das Java-
Tool *keytool*.

→ Projekt certificate

Schlüsselpaar und Zertifikat erstellen

(Der Befehl muss in einer einzigen Zeile im Terminal-Fenster eingegeben werden.)

```
keytool -genkeypair
-alias demo -dname "CN=demo"
-ext san=dns:localhost,ip:127.0.0.1,ip:nnn.nnn.nnn.nnn
-validity 120
-keyAlg RSA
-keystore keystore.jks
-storepass secret
-keypass secret
```

---

1 https://de.wikipedia.org/wiki/Transport_Layer_Security
   https://de.wikipedia.org/wiki/Hypertext_Transfer_Protocol_Secure

Die hier verwendeten Schlüsselwörter haben die folgende Bedeutung:

`-alias`	Zertifikatsname
`-dname`	Aussteller
`-ext`	X.509 Erweiterung: `san` = *subject alternative name* `san` enthält die im Netz gültige IP-Adresse *nnn.nnn.nnn.nnn* des Rechners, auf dem der Server läuft.
`-validity`	Gültigkeit in Tagen
`-keyAlg`	Schlüsselalgorithmus
`-keystore`	Speicher
`-storepass`	Passwort für den Speicher
`-keypass`	Passwort für den Schlüssel

`keystore.jks` wird vom Server genutzt.

Zertifikat exportieren

(Der Befehl muss in einer einzigen Zeile im Terminal-Fenster eingegeben werden.)

```
keytool -exportcert -alias demo -keystore keystore.jks -storepass secret
-file server.cer
```

Zertifikat speichern

(Der Befehl muss in einer einzigen Zeile im Terminal-Fenster eingegeben werden.)

```
keytool -importcert -noprompt -alias demo -file server.cer -keystore certs.jks
-storepass secret
```

`certs.jks` wird vom Java-Client genutzt.

Um den Webserver aus A.1 mit TLS/SSL-Unterstützung ausführen zu können, muss zunächst die Datei `keystore.jks` in den Projektordner *webserver* kopiert werden.

Aufruf des Servers (Der Befehl muss in einer einzigen Zeile im Terminal-Fenster eingegeben werden.):

```
java -Dfile.encoding=UTF-8
--add-opens=java.base/java.lang=ALL-UNNAMED
--add-opens=java.base/java.io=ALL-UNNAMED
--add-opens=java.rmi/sun.rmi.transport=ALL-UNNAMED
-cp out/production/webserver;../libs/tomcat/* WebServer /demo web 8443 true true
```

Aufruf des URL im Browser:

```
https://localhost:8443/demo
```

Da das Zertifikat selbst signiert wurde, meldet der Browser (z. B. Chrome): "Dies ist keine sichere Verbindung". Über "Erweitert" kann dann die Webseite trotzdem aufgerufen werden.

Um den Webserver später bequemer aufrufen zu können, verpacken wir den Bytecode in einer JAR-Datei:

```
jar --create --file webserver.jar -C out/production/webserver .
```

Anhang B

B.1   Das Datenbankmanagementsystem MariaDB

Im Kapitel 12 verwenden wir in einigen Beispielen das relationale Datenbank-managementsystem *MariaDB* zur dauerhaften Speicherung von Daten. MariaDB ist durch eine Abspaltung aus MySQL entstanden und für alle gängigen Betriebs-systeme verfügbar.[1]

→ Projekt mariadb

Zur Erläuterung der einzelnen Anweisungen gehen wir im Folgenden davon aus, dass MariaDB mit dem DB-User *root* und dem Passwort *secret* in dem Verzeichnis D:\Programme\MariaDB 10.6 installiert wurde.

Das Begleitmaterial enthält Skripte zum Starten und Herunterfahren des DB-Servers, zum Starten eines kommandozeilenorientierten Clients. Projekt-abhängige Anweisungen zum Einrichten einer Datenbank sind ebenfalls enthalten.

DB-Server starten

```
"D:\Programme\MariaDB 10.6\bin\mariadbd"
```

DB-Server herunterfahren

```
"D:\Programme\MariaDB 10.6\bin\mariadb-admin" -u root -psecret shutdown
```

DB-Client aufrufen

```
"D:\Programme\MariaDB 10.6\bin\mariadb" -u root -psecret
```

Der Client kann mit exit beendet werden.

B.2   Funktionstest

Um die Funktionsfähigkeit im Zusammenspiel von Java-Programm, Webserver und DB-Server zu testen, erstellen wir eine Testdatenbank mit einer einzigen Tabelle und füllen diese mit einigen Testdatensätzen. Anschließend implementieren wir auf Basis von JDBC ein Java-Programm, dass die Daten aus der Datenbank abfragt und am Bildschirm anzeigt. Mit einem HTML-Formular sollen dann in einer Mini-Webanwendung Daten erfasst werden.

→ Projekt mariadb

---

1   https://de.wikipedia.org/wiki/MariaDB

Einrichten der Datenbank

Alle Eingaben erfolgen im Terminal-Fenster des DB-Clients.

Zunächst wird die Datenbank `test_db` mit dem User `testuser` erstellt. Der User erhält alle Rechte an dieser Datenbank.

```
create database test_db;
create user testuser identified by 'secret';
grant all on test_db.* to testuser;
```

Dann wird das Schema für die Tabelle `persons` eingerichtet. Der Wert für den Schlüssel (*primary key*) `id` wird vom System automatisch beim Einfügen einer neuen Datenzeile vergeben. Die Werte der Felder `first_name` und `last_name` können maximal 30 Zeichen enthalten.

```
use test_db;
create table persons (
    id int auto_increment,
    first_name varchar(30),
    last_name varchar(30),
    primary key (id)
);
```

Zehn Sätze werden eingefügt:

```
insert into persons (first_name, last_name) values ('Franny', 'Catt');
insert into persons (first_name, last_name) values ('Holly', 'Menico');
insert into persons (first_name, last_name) values ('Rani', 'Kilban');
insert into persons (first_name, last_name) values ('Natal', 'Burnep');
insert into persons (first_name, last_name) values ('Samara', 'Philippe');
insert into persons (first_name, last_name) values ('Mora', 'McCaghan');
insert into persons (first_name, last_name) values ('Rafael', 'Goodredge');
insert into persons (first_name, last_name) values ('Micheil', 'Mayor');
insert into persons (first_name, last_name) values ('Alfy', 'Slemmonds');
insert into persons (first_name, last_name) values ('Robby', 'Routh');
```

Ein JDBC-Programm zum Abfragen der Daten

```java
import java.sql.DriverManager;
import java.sql.SQLException;

public class Query {
    public static void main(String[] args) {
        var url = "jdbc:mariadb://localhost:3306/test_db";
        var user = "testuser";
        var password = "secret";

        try (var con = DriverManager.getConnection(url, user, password);
             var stmt = con.createStatement()) {

            var sql = "select id, first_name, last_name from persons";
            var rs = stmt.executeQuery(sql);
```

```
                while (rs.next()) {
                    System.out.printf("%4d %s %s%n",
                            rs.getInt(1),
                            rs.getString(2),
                            rs.getString(3));
                }
            } catch (SQLException e) {
                System.err.println(e.getMessage());
            }
        }
    }
}
```

Zur Laufzeit muss der passende *JDBC-Treiber* (*MariaDB Connector/J*) hinzugefügt werden (siehe Anhang D).

```
java -cp out/production/mariadb;../libs/mariadb/* Query
```

Ausgabe:

```
 1 Franny Catt
 2 Holly Menico
 3 Rani Kilban
 4 Natal Burnep
 5 Samara Philippe
 6 Mora McCaghan
 7 Rafael Goodredge
 8 Micheil Mayor
 9 Alfy Slemmonds
10 Robby Routh
```

Eine Webanwendung zum Eintragen neuer Daten

Wir konfigurieren den Webserver aus Anhang A so, dass Daten aus einem HTML-
Formular mit Hilfe eines Servlets in die Datenbank eingetragen werden können.

Das Basisverzeichnis web des Webservers hat die folgende Struktur:

```
web
    │   index.html
    │
    └───WEB-INF
        └───lib
                test.jar
```

index.html enthält das Formular, lib das Servlet verpackt in einer JAR-Datei.

Inhalt von index.html:

```html
<html>
    <head>
        <title>Neue Person</title>
    </head>
    <body>
        <form action="person" method="post">
            Vorname<br>
            <input type="text" name="firstName" required><br><br>
```

```
            Nachname<br>
            <input type="text" name="lastName" required><br><br>
            <input type="submit" value="Speichern">
        </form>
    </body>
</html>
```

Die Daten werden mit der HTTP-Methode POST an den URL `test/person` übertragen und vom Servlet `PersonServlet` entgegengenommen.

```java
package servlets;

import jakarta.servlet.annotation.WebServlet;
import jakarta.servlet.http.HttpServlet;
import jakarta.servlet.http.HttpServletRequest;
import jakarta.servlet.http.HttpServletResponse;

import javax.naming.InitialContext;
import javax.sql.DataSource;
import java.io.IOException;

@WebServlet("/person")
public class PersonServlet extends HttpServlet {
    @Override
    protected void doPost(HttpServletRequest req, HttpServletResponse resp)
            throws IOException {

        var firstName = req.getParameter("firstName");
        var lastName = req.getParameter("lastName");

        try {
            var ctx = new InitialContext();
            var ds = (DataSource) ctx.lookup("java:comp/env/jdbc/myDB");

            var sql = "insert into persons (first_name, last_name) values (?,?)";
            var stmt = ds.getConnection().prepareStatement(sql);
            stmt.setString(1, firstName);
            stmt.setString(2, lastName);
            stmt.executeUpdate();

            resp.setContentType("text/html");
            var printWriter = resp.getWriter();
            printWriter.print("<html>");
            printWriter.print("<body>");
            printWriter.print("<p>Daten wurden eingetragen<p>");
            printWriter.print("<a href='/test'>Zurück</a>");
            printWriter.print("</body>");
            printWriter.print("</html>");
            printWriter.close();
        } catch (Exception e) {
            throw new IOException(e);
        }
    }
}
```

In der Datei `context.xml` wird für den Webserver die Datenquelle als JNDI-Ressource konfiguriert:

```
<Context>
    <Resource type="javax.sql.DataSource"
              driverClassName="org.mariadb.jdbc.Driver"
              name="jdbc/myDB"
              url="jdbc:mariadb://localhost:3306/test_db"
              username="testuser"
              password="secret"
              maxWaitMillis="10000"
              maxIdle="30"
              maxTotal="100"
              auth="Container"/>
</Context>
```

Innerhalb des Servlets erfolgt der Datenbankzugriff über einen JNDI-Lookup.[2]

Zur Compilierung müssen die JAR-Dateien des Verzeichnisses `libs/tomcat` eingebunden werden (siehe Anhang D).

Das Servlet wird in eine JAR-Datei verpackt und nach `web/WEB-INF/lib` kopiert:

```
jar --create --file web/WEB-INF/lib/test.jar -C out/production/mariadb servlets
```

Aufruf des Servers (Der Befehl muss in einer einzigen Zeile im Terminal-Fenster eingegeben werden.):

```
java --add-opens=java.base/java.lang=ALL-UNNAMED
--add-opens=java.base/java.io=ALL-UNNAMED
--add-opens=java.rmi/sun.rmi.transport=ALL-UNNAMED
-cp ../webserver/webserver.jar;../libs/tomcat/*;../libs/mariadb/*
WebServer "/test" web 8080 false false context.xml
```

Hier ist `context.xml` als letzter Kommandozeilenparameter angegeben.

Aufruf des Formulars:

```
http://localhost:8080/test/
```

Ob die neue Person eingetragen wurde, kann mit dem Programm `Query` überprüft werden.

Nachdem der Test abgeschlossen ist, kann die Datenbank wieder entfernt und der DB-Server heruntergefahren werden.

---

2   https://de.wikipedia.org/wiki/Java_Naming_and_Directory_Interface

Die Eingaben erfolgen im Terminal-Fenster des DB-Clients:

```
use test_db;
drop table persons;
drop user testuser;
drop database test_db;
```

DB-Server herunterfahren

```
"D:\Programme\MariaDB 10.6\bin\mariadb-admin" -u root -psecret shutdown
```

Anhang C

HTTP-Status-Codes

Die folgende Tabelle führt alle HTTP-Status-Codes auf, die in den Programmbeispielen und Aufgaben dieses Buches benutzt werden.

101	Switching Protocols
200	OK
201	Created
202	Accepted
204	No Content
301	Moved Permanently
302	Found
304	Not Modified
307	Temporary Redirect
400	Bad Request
403	Forbidden
404	Not Found
412	Precondition Failed
500	Internal Server Error
501	Not Implemented
503	Service Unavailable

Anhang D

Bibliotheken (JAR-Dateien)

Die folgende Tabelle führt die in den Programmbeispielen und Aufgaben verwendeten Bibliotheken auf. Diese sind alle in den Materialien zu diesem Buch im Verzeichnis *libs* enthalten. Die Links verweisen auf Informationen zur Bezugsquelle, zur Spezifikation und zum API.

libs	Name	Version	Link
activemq	ActiveMQ "Classic"	5.16.3	https://activemq.apache.org https://jakarta.ee/specifications/messaging/3.0/apidocs
jaxb	Jakarta XML Binding	3.0.0	https://eclipse-ee4j.github.io/jaxb-ri
json	Jakarta JSON Binding API	2.0.0	https://jakarta.ee/specifications/jsonb
	Eclipse Yasson. Reference implementation of JSON-B	2.0.3	https://github.com/eclipse-ee4j/yasson/releases
	Jakarta JSON Processing API	2.0.0	https://jakarta.ee/specifications/jsonp
	JSON-P Default Provider	2.0.0	https://search.maven.org/artifact/org.glassfish/jakarta.json
mariadb	MariaDB Connector/J	2.7.3	https://mariadb.org/connector-java/all-releases
mqtt	Eclipse Paho Java Client	1.2.5	https://www.eclipse.org/paho/index.php?page=downloads.php https://www.eclipse.org/paho/files/javadoc
multipart	Jersey Media Multipart	3.0.3	https://mvnrepository.com/artifact/org.glassfish.jersey.media/jersey-media-multipart
	MIME Streaming Extension	1.9.15	https://mvnrepository.com/artifact/org.jvnet.mimepull/mimepull
okhttp	OkHttp	4.9.3	https://mvnrepository.com/artifact/com.squareup.okhttp3/okhttp
	Okio	3.0.0	
	Kotlin standard library	1.6.0	

libs	Name	Version	Link
rest	Jakarta RESTful WebServices	3.0.0	https://javadoc.io/doc/jakarta.ws.rs/jakarta.ws.rs-api/latest
	Jersey	3.0.3	https://eclipse-ee4j.github.io/jersey https://eclipse-ee4j.github.io/jersey.github.io/documentation/latest3x
rsocket	RSocket	1.1.1	https://rsocket.io https://javadoc.io/doc/io.rsocket/rsocket-core/latest https://www.reactive-streams.org/reactive-streams-1.0.3-javadoc/org/reactivestreams/package-summary.html https://projectreactor.io https://projectreactor.io/docs/core/release/api
tomcat	Apache Tomcat Embedded	10.0.14	https://tomcat.apache.org/download-10.cgi https://tomcat.apache.org/tomcat-10.0-doc/api https://jakarta.ee/specifications/websocket/2.0/apidocs
xmlws	Jakarta XML Web Services	3.0.0	https://eclipse-ee4j.github.io/metro-jax-ws https://javadoc.io/doc/jakarta.xml.ws/jakarta.xml.ws-api/3.0.0/jakarta.xml.ws/module-summary.html

Weitere verwendete Software und Tools

Name	Version	Link
Java 17 (JDK)	17.0.1	https://adoptium.net
JavaFX 17	17.0.1	https://openjfx.io
IntelliJ Plugin Network	1.5	https://plugins.jetbrains.com/plugin/9846-network https://github.com/ExpediaGroup/network-plugin

Name	Version	Link
Wireshark	3.6.1	https://www.wireshark.org
MariaDB Server	10.6.5	https://mariadb.org
cURL	7.80.1	https://curl.se
Postman REST Client	9.13.0	https://www.postman.com/product/rest-client
Eclipse Mosquitto	2.0.14	https://mosquitto.org/download
HiveMQ Community Edition	2021.3	https://github.com/hivemq/hivemq-community-edition
MQTT.js	4.3.4	https://github.com/mqttjs/MQTT.js/#browser https://unpkg.com/mqtt/dist/mqtt.min.js

Verwendungsnachweis Kapitel – Bibliotheken

Kapitel/Anhang	Bibliotheken
01	
02	json
03	json
04	json
05	rsocket, json
06	
07	activemq, json
08	mqtt, json, activemq
09	json, tomcat
10	json, tomcat
11	xmlws
12	rest, jaxb, multipart, okhttp, tomcat, mariadb

Kapitel/Anhang	Bibliotheken
A	tomcat
B	mariadb, tomcat

Anhang E

Literaturhinweise

Die folgenden Quellen sind für eine Vertiefung einzelner Themen dieses Buches gut geeignet.

Abts, D.: *Grundkurs Java. Von den Grundlagen bis zu Datenbank- und Netzanwendungen*. Springer Vieweg, 11. Auflage 2020

Ackermann, P.: *Professionell entwickeln mit JavaScript: Design, Patterns und Praxistipps*. Rheinwerk Computing, 2. Auflage 2018

Bassett, L.: *Introduction to JavaScript Object Notation*. O'Reilly 2015

Baun, C.: *Computernetze kompakt*. Springer Vieweg, 5. Auflage 2020

Bengel, G.; Baun, C.; Kunze, M.; Stucky, K.-U.: *Masterkurs Parallele und Verteilte Systeme*. Springer Vieweg, 2. Auflage 2015

Fuchs, P.: SQL: *Handbuch für Einsteiger*. BMU Verlag 2020

Goll, J.: *Entwurfsprinzipien und Konstruktionskonzepte der Softwaretechnik*. Springer Vieweg, 2. Aufl. 2019

Gorski, P. L.; Lo Iacono, L.; Nguyen, H. V.: *WebSockets. Moderne HTML5-Echtzeitanwendungen entwickeln*. Hanser 2015

Harold, E. R.: *Java Network Programming*. O'Reilly Media, 4. Auflage 2013

Hettel, J.; Tran, M. T.: *Nebenläufige Programmierung mit Java*. dpunkt.verlag 2016

Hillar, G. C.: *MQTT Essentials - A Lightweight IoT Protocol*. Packt Publishing 2017

JDBC Database Access Tutorial: *http://docs.oracle.com/javase/tutorial/jdbc*

Laube, M.: *Einstieg in SQL*. Rheinwerk Computing, 2. Auflage 2019

Lombardi, A.: Websockets: *Lightweight Client-Server Communications*. O'Reilly 2014

Meinel, C.; Asjoma, M.: *Die neue digitale Welt verstehen: Internet und WWW für alle*. Springer 2021

Oechsle, R.: *Parallele und verteilte Anwendungen in Java*. Hanser, 6. Auflage 2022

Plenk, V.: *Angewandte Netzwerktechnik kompakt: Dateiformate, Übertragungs-protokolle und ihre Nutzung in Java-Applikationen*. Springer Vieweg, 2. Auflage 2019

Pollard, B.: *HTTP/2 in Action*. Manning 2019

Spichale, K.: *API-Design: Praxishandbuch für Java- und Webservice-Entwickler*. dpunkt.verlag, 2. Auflage 2019

Steyer, R.: *Einführung in JavaFX/OpenJFX*. Springer Vieweg, 2. Aufl. 2022

Tilkov, S. u. a.: *REST und HTTP*. dpunkt.verlag, 3. Auflage 2015

Unterstein. M., Matthiessen, G.: *Anwendungsentwicklung mit Datenbanken*. Springer Vieweg, 5. Auflage 2013

Vitz, M.: Ein Einstieg in vier JSON-Bibliotheken für Java. In: JavaSPEKTRUM 1/2022 S. 54 – 58

Vitz, M.: Java-HTTP-Clients im Vergleich, in: JavaSPEKTRUM 5/2021 S. 54 - 57

Vonhoegen, H.: *XML: Einstieg, Praxis, Referenz. Das XML-Handbuch mit vielen Anwendungsbeispielen*. Rheinwerk Computing. 9. Auflage 2018

Wolf, J.: *HTML5 und CSS3: Das umfassende Handbuch*. Rheinwerk Computing, 3. Auflage 2019

Sachwortverzeichnis

@

@Consumes 341
@Context 341, 412
@DefaultValue 341
@DELETE 340
@FormParam 341
@GET 340
@HandlerChain 318
@HeaderParam 381
@JsonbDateFormat 24
@JsonbNumberFormat 24
@JsonbProperty 24
@JsonbTransient 24
@OnClose 263
@OnError 263
@Oneway 298
@OnMessage 263, 273
@OnOpen 263
@Path 340
@PathParam 273
@POST 340
@PreMatching 429
@Priority 418
@Produces 340
@PUT 340
@QueryParam 341
@RolesAllowed 431
@ServerEndpoint 263, 273
@Suspended 404
@WebMethod 288
@WebParam 288
@WebService 288
@XmlMimeType 308

A

Accept 340
Access-Control-* 438

ActiveMQ 154, 157, 189
Address Resolution Protocol 12
AlreadyBoundException 130
Anfrageparameter 220, 221
Antwortparameter 225
Anwendungsschicht 12
Apache ActiveMQ 154
Apache Tomcat 234, 441
Application 342
ARP 12
AsyncHandler 303
asynchron 8, 84, 153, 300
asynchrone Verarbeitung 393
AsyncResponse 404
Austauschbarkeit 281

B

backlog 60
Backpressure 106
Base64 24, 306, 417
base64Binary 305
BytesMessage 156

C

CacheControl 387
Cached Thread Pool 67
Caching 384
Callback 8, 143, 300, 393
CIDR 14
Classless Inter-Domain Routing 14
Client 6, 8, 354
Client/Server-Modell 6
Client/Server-System 7
ClientBuilder 354
Client-ID 188
ClientRequestContext 421
ClientRequestFilter 417

© Springer Fachmedien Wiesbaden GmbH, ein Teil von Springer Nature 2022
D. Abts, *Masterkurs Client/Server-Programmierung mit Java*,
https://doi.org/10.1007/978-3-658-37200-2

ClientResponseContext 421
ClientResponseFilter 417
Code First 322
CompletionCallback 404
ConcurrentModificationException 77, 145, 270
ConnectableFlux 109
ConnectException 60
Connection 156, 159, 175, 226
ConnectionFactory 155, 159
ContainerRequestContext 418
ContainerRequestFilter 417
ContainerResponseContext 420
ContainerResponseFilter 417
Content-Length 226
Content Negotiation 340
Content-Type 226
Contract First 322
CopyOnWriteArrayList 77, 145, 270, 273
CORS 437, 438
CountDownLatch 117
Cross-Origin Resource Sharing 437
CRUD 239
cURL 345

D
DatagramPacket 40, 41
DatagramSocket 39, 40, 41, 45
DataHandler 308
Date 226
Datenbank-Middleware 10
Datenhaltung 4
dauerhafter Subscriber 175
DELETE 221, 333
Destination 157
DHCP 38
Disposable 109
DNS 14, 38
Domain Name System 14, 38

Dynamic Host Configuration Protocol 38

E
Endpoint 289
Entity 355
Entity-Tag 379, 391
ETag 379, 391
Event-Stream-Format 412
Executors 67
ExecutorService 67
Expirationsmodell 384, 387

F
Fehlertoleranz 6
FIFO-Prinzip 185
FileNameMap 232
File Transfer Protocol 12, 55
Flux 105
FormDataBodyPart 370
FormDataContentDisposition 370
FormDataMultiPart 370
Framework 70
FTP 12, 55
Future 303

G
GenericType 355
Geschlossenheit 281
GET 221, 224, 332

H
Handler 310
HandlerResolver 319
Handshake 261
HATEOAS 332
HEAD 333
Heterogenität 6
HiveMQ 190

HPACK 254
HTTP 12, 55, 217, 282, 284
HTTP/1.0 218
HTTP/1.1 219
HTTP/2 219, 253
HTTP-Anfrage 218, 220
HTTP-Antwort 218, 225
HttpAuthenticationFeature 417, 433
HTTP Basic Authentication 417
HttpClient 248, 268
HTTP-Methode 220
HTTPS 444
Hypertext Transfer Protocol 12, 55, 217
HyperText Transfer Protocol Secure 444

I

idempotent 333
IETF 37, 55, 218, 219, 222
If-Match 381
InboundSseEvent 414
Inet4Address 16
Inet6Address 16
InetAddress 16
InetSocketAddress 18
IntelliJ Plugin Network 238
Interaktionsmodelle von RSocket 110
Internet 11
Internet Engineering Task Force 37
Internet Of Things 187
Internet Protocol 12
Interzeptor 310
Intranet 11
Invocation.Builder 355
InvocationCallback 408
IOT 187
IP-Adresse 13
IPv4 13
IPv6 14

iterativer Server 61

J

Jakarta Messaging 154
Jakarta RESTful Web Services 331, 335
Jakarta Servlet 240
Jakarta XML Binding 293, 335
Jakarta XML Web Services 287
Java Naming and Directory Interface 155
Java Remote Method Protocol 128
JavaScript Object Notation 21
JAXB 293
JAX-RS 331, 335
JAX-WS 287
JDBC 10
JDBC-Treiber 449
Jersey 335
Jersey Media Multipart 371
JMS 154, 187
JMS-Client 154
JMSDestination 167
JMSException 159
JMSExpiration 168
JMSMessageID 167
JMSPriority 167
JMS-Provider 154
JMSRedelivered 182
JMSReplyTo 169
JMSTimestamp 167
JNDI 155, 157, 451
JRMP 128
JSON 21
Jsonb 22
JSON-B 22
JsonbBuilder 22
JsonbConfig 24
JSON Binding 22
JSON-P 22

JSON Processing   22

K

keytool   444

L

Last-Modified   226

Lastverteilung   6

Last Will and Testament   189, 198

localhost   15

LocateRegistry   132

Logical Handler   311

Long Polling   261

Loopback-Adresse   14

lose Kopplung   281, 285

Lost Update   379

LWT   189

M

MapMessage   156, 173

MariaDB   358, 447

MariaDB Connector/J   449

MediaType   340, 341

Message   155, 156, 167, 168

Message Broker   153

MessageConsumer   157, 161

Message Consumer   154

MessageListener   161

Message Oriented Middleware   11, 153

MessageProducer   156, 160

Message Producer   154

Message Queueing Telemetry Transport   187

Message Selector   179

Message Transmission Optimization Mechanism   307

Middleware   10, 153

MIME   222

MIME Streaming Extension   371

mobiler Agent   139

MOM   11, 153

MOM-Server   153

Mosquitto   191

MQTT   187

MQTT-Broker   187

MQTT-Client-Bibliothek   191

MQTT Over Websockets   197

MQTT Over WebSockets   190

MTOM   307

Multicast   49

Multicast-Adresse   49

Multicast-Gruppe   49

Multicasting   49

MulticastSocket   50

Multimedia Streaming   38

MultiPartFeature   371

Multipurpose Internet Mail Extension   222

N

Namensdienst   125

Naming   130, 131, 133

Netzinfrastruktur   6

Netzwerk-Monitor   237

NotBoundException   130, 131

O

operationsorientiert   334

optimistische Nebenläufigkeitskontrolle   379

OPTIONS   333

Ortstransparenz   282

OutboundSseEvent   412

P

Parallelbetrieb   8

paralleler Server   65

PATCH   333

Persistent Session   189, 210

Plattformunabhängigkeit 282
Polling 143, 393
POP 55
Portnummer 15
Portweiterleitung 90
POST 221, 223, 333
Postman 348
Post Office Protocol 55
Präsentation 4
Proxy 128
Publish/Subscribe-Modell 172
Publisher 100, 102, 143, 172
Pull-Prinzip 143, 162, 300
Push-Prinzip 143, 163, 300
PUT 221, 333

Q
QoS 188
Quality of Service 188
Query String 225
Queue 167
QueueBrowser 167

R
Reactive Streams 99
reaktive Programmierung 99
Redelivery 164, 165
Registry 125, 126, 129
Remote 124, 126
RemoteEndpoint.Basic 264
RemoteException 124, 126
Remote Interface 126
Remote Method Invocation 11, 121, 125
Remote Object 127
Remote Procedure Call 11, 121
Remote Reference 128
Repräsentation 332
Representational State Transfer 248, 331

Request/Response-Modell 169
Request for Comments 37
Request-Multiplexing 253
ResourceInfo 420
Response 303, 340, 355
Response.StatusType 355
Ressource 331
ressourcenorientiert 334
REST 248, 327, 331
RESTful Web Service 331
REST-Service 331
Retained Message 188
RFC 37, 55, 218, 219, 222
RMI 11, 121, 125
rmiregistry 129
RolesAllowedDynamicFeature 431
RPC 11, 121
RPC-Modell 10
RSocket 99, 110

S
safe 333
Same-Origin-Policy 438
Secure Sockets Layer 444
SecurityContext 426
Security Manager 141
SEI 288
Server 7, 8, 226
Server-Push 254, 261
Server-Push-Technik 409
Server-Sent Events 409
ServerSocket 58
Service 318, 326
Service-Anbieter 287
Service Endpoint Interface 288
Service Implementation Bean 288
Service-Nutzer 287
Service-orientierte Architektur 286

Service-Verzeichnis 287

Session 156, 160, 167, 170, 173, 176, 179, 182, 264

SIB 288

Sicherheitsrisiko 6

Simple Mail Transfer Protocol 12, 55

Simple Network Management Protocol 38

Single-Page-Webanwendung 9

Skalierbarkeit 6

Skeleton 128

SMTP 12, 55

SNMP 38

SOA 286

SOAP 282, 283, 327

SOAP Handler 311

Socket 18, 57

SocketAddress 18

SocketException 39

SocketTimeoutException 46, 57, 58

Sse 412

SSE 409

SseBroadcaster 412

SseEventSink 412

SseEventSource 414

SSL 434, 444

SSL-Debugging 256

State 332

State Transfer 332

Status-Code 226

Stream 99

StreamingDataHandler 308

Stub 128

SubmissionPublisher 102

Subressource 364

Subscriber 100, 102, 143, 172

Subscription 101, 102

synchron 8

System Port 15

T

TCP 12, 55

TCP/IP 11

Telnet 12, 55

TemoraryQueue 170

Template-Parameter 340

TextMessage 156, 161

TFTP 38

Thread-Pool 67

TimeoutHandler 404

Timeout-Steuerung 46, 57, 58

Time-to-Live 50

TLS 434, 444

Topic 172, 176, 187

TopicSubscriber 176

Top Level Domain 15

Transaktionsmodus 182

Transformer API for XML 316

Transmission Control Protocol 12, 55

Transport Layer Security 444

Transportschicht 12

Trivial File Transfer Protocol 38

TTL 50

U

UDP 12, 37

UDP-Datagramm 37

UDP-Socket 39

Unicast 49

UnicastRemoteObject 124, 127

Uniform Resource Identifier 331

Uniform Resource Locator 217

Universally Unique Identifier 373

UnknownHostException 16

URI 331

UriBuilder 341

UriInfo 341

URL 217
URL-codiert 224
URLConnection 231
User Datagram Protocol 12, 37
User Port 15
UUID 373

V

Validierungsmodell 384, 389
Verarbeitung 4
Verbindungsschicht 12
Vermittlungsschicht 12
Verteiltes System 5
Verteilung 281
Verzeichnisdienst 282

W

WADL 343
Web Application Description Language
  343
WebApplicationException 364
Web Service 282
Web Service Description Language 284
WebServiceException 305

WebSocket 261, 268
WebSocket.Builder 268
WebSocket.Listener 268, 269
WebSockets over SSL/TLS 278
WebTarget 354
well-known service 15
wildcard address 14
Wildcard-Adresse 19
Windows PowerShell 292, 297
Wireshark 96
Wirtschaftlichkeit 5
World Wide Web 12
WSDL 282, 284
WSS 278
WWW 12

X

XML 282

Z

Zertifikat 258, 444
zustandslos 218
Zustandslosigkeit 281

LEHRBUCH

Dietmar Abts

Grundkurs JAVA

Von den Grundlagen bis
zu Datenbank- und Netzanwendungen

11. Auflage

Springer Vieweg

Jetzt bestellen:
link.springer.com/978-3-658-30493-5

Printed in the United States
by Baker & Taylor Publisher Services